**일상의
인문학**

일상의
인문학

넓게 읽고 깊이 생각하기

장석주

민음사

일상을 떠난 인문학은 없다

인문학(humanities)은 라틴어 '후마니타스(humanitas)'에서 나온 말이다. 후마니타스는 사람이 알아야 할 기초 소양의 보고인 문학, 역사, 철학을 하나로 아우른다. 먹고사는 것과 직접적인 연관은 없지만 인문학은 사람이 개별자에서 벗어나 나와 세계를 총체적으로 보는 것, 즉 사람과 문화, 그것을 둘러싼 우주와 생명 세계, 그 현상과 본질을 깊이 보게 한다. 필요와 욕망은 가깝고 근원은 멀다. 통찰이란 목전의 필요와 욕망을 넘어서서 근원을 꿰어 봄을 뜻한다. 무엇보다도 인문학의 큰 미덕은 창의성, 통찰력, 소통의 힘을 키워 준다는 점이다. 현실이 던적스럽고 갈 길이 흐릿할 때 인문학은 필요하다.

돈 되지 않은 인문학을 가욋밥 따위로 여기는 사람들이 한동안 입을 모아 인문학이 위기라고들 떠들며 미덕질을 해 댔다. 인문학의 위기는 곧 삶의 위기다. 전체에서 떨어져 나온 혼란 속에서 요동치는 잘게 쪼개진 삶들! 아무리 일을 해도 간난에서 벗어나기 힘든 삶이다. '88만 원 세대'는 '88만 원 세대'라는 덫을 벗지 못하고, 비정규직 노동자들은 비정규직의 덫을 벗지 못한다. 그렇게 삶은 갈수록 팍팍해진다. 잘게 쪼개진 삶은 과도한 욕망에 의해 삼켜지고, 이것은 실재가 없는 공허로 치닫는 삶의 과잉이 불러오는 위험 사회, 즉 불안과 공포와 불확실성으로 물렁물렁해진 세계를 가로지른다. 서로가 서로를 향해 사냥의 총부리를 들이대는 사회가 위험 사회가 아니겠는가! "이제 우리 모두는 사냥꾼이다. 또는 사냥꾼이 되라는 말을 들으며, 사냥꾼처럼 행동하도록 요구받거나 강요당한다."(지그문트 바우만, 『모두스 비벤디』) 이미 세상은 사냥꾼들의 정글이다. 사냥꾼의 무리에서 이탈해서 사냥을 그만두는 순간, 우리는 사냥감으로 전락한다. 우리에게는 사냥꾼으로 남느냐, 혹은 사냥감이 되느냐 하는 두 개의 선택지밖에 없다. 존재함은 소유함의 일부로 포식되고, 그 과정에서 존재들의 세계는 꾸밈의 과도함으로 내닫는다. 어디에나 넘쳐나는 거짓말과 피상성의 거품 속에서 됨됨이가 비루하여 꾀죄죄하고 한 누리의 삶을 잘 살 수는 없다. 누군가는 빈민으로, 누군가는 백수로, 누군가는 노숙자로 떠돈다. 누군가는 더는 기댈 데가 없어 스스로 숨을 끊는다. 위험과 불행의 요소는 어둠 속에 숨은 웅덩이처럼 여기저기 방치되어 있다.

　당신은 안녕한가? 당신의 안녕함이 누군가의 안녕하지 못함을 담보로 얻어진 것이라면 그것은 진정한 안녕함이 아니다. 그것은 처벌이나 단죄가 없더라도 실효된 악이다. 그런 까닭에 삶이 드난살이라 할지라도 맑고 순정한 눈빛을 잃어서는 안 된다. 저마다 돈 되는 것들에 정신이 팔려 정작 삶은 이리 치이고 저리 치여 이토록 진부함 속에 방치되고 있는 걸 보면 인문학이 위기라는 것은 빈말이 아닌지도 모른다. 인문학은 본질에서 삶을 살찌우고 풍요하게 만든다. 그것은 밥을 주고 실용으로 써먹는 데 소용이 닿지 않을지 모르지만 우리 삶을 잘 누리는 데 기여하는 학문이다. 그 인문학이 다시 돌아오고 있다고 수군거린다. 인문학의 고갈과 회생이 동시적으로 진행되고 있다. 삶이 고갈될수록 인문학의 필요가 더 요청되는 까닭이다. 사방으로 펼쳐진 책들! 나는 펼쳐진 책들을 날마다 꾸역꾸역 읽으며, 혼돈과 무질서 속에서 사유의 길을 찾으려고 애썼다. 움베르토 에코는 "책은 생명 보험이며, 불사(不死)를 위한 약간의 선금이다."(『책으로 천년을 사는 방법』)라고 했다. 책은 내 안의 타성과 망각을 깨는 도끼다. 죽음이 타성과 망각의 궁극이라면 움베르토 에코의 말은 딱 맞다. 살기 위해서 책을 읽어야 하지만 그것보다 죽지 않기 위해 책을 읽어야 한다. 내 사유는 책과 더불어 싹이 텄고 풍성해졌다. 그동안 내 사유의 주제는 기다림, 망각, 타인, 결혼, 사랑, 불륜, 외로움, 불면, 미국, 죽음, 소비, 통섭, 축구, 채식주의, 흡연, 여행, 좌파, 일, 먹는다는 것, 돈, 시간, 일요일, 웃음, 노마디즘, 리좀, 서평, 고백, 감정 자본주의, 국제공항, 군중, 탈현대, 생태주의, 정치, 피로, 쓰레기, 문학, 자유, 죽음, 장소, 이타주의, 우연들, 속도와 같은 것들이었다. 삶과 세계 속에서 이것들이 존재하는 방식에 대해 사유하고, 다시 그것들이 어떻게 인간의 가치와 존엄성을 드높이고 메마른 삶을 윤택하게 바꿀 수 있는지에 대해 궁리했다.

2010년 3월부터 현재까지 《세계일보》에 격주로 「장석주 시인의 인문학 산책」이란 이름으로 연재하고 있다. 이 연재 원고를 모아 '과속방지턱'이라는 다소 엉뚱한 제목을 붙여 책 한 권을 엮으려고 했다. 과속방지턱은 질주하는 차를 잠시 멈추게 하려고 도로 위에 만든 장치다. 달리는 자동차에게 속도를 강제로 늦추게 하는 과속방지턱은 가장 쓸모없는 도로의 장애물일 뿐이지만 과속방지턱은 도로를 건너려는 사람과 동물의 안전에 도움이 된다. 속도에 미친 문명의 부추김에 현혹된 사람들은 속도 강박에 사로잡혀 버렸다. 속도의 관성과 강박에 빠진 사람들이 스스로 멈춰 서기는 어려운 일이다. 마음의 속도를 스스로 통제하는 데 어려움을 겪는 이들을 위해 나는 과속방지턱 몇 개를 만드는 심정으로 이 책을 세상에 내보낸다. 그 과속방지턱 앞에서 사람들이 멈춰 서고, 그 멈춤 속에서 천천히 숨을 쉬고 천천히 자신과 세계를 돌아보고 사유하기를 바랐던 것이다.

그러나 이 책은 『일상의 인문학』이라는 제목을 달고 세상에 나간다. 정하고 보니, '과속방지턱'보다 제목과 내용이 상호 조응한다는 느낌이 든다. '일상'이란 일상범백사(日常凡百事)를 줄인 말이고, 일상은 흔하고 하찮은 것, 더러는 의미를 머금지 못한 채 날것의 덧없음으로 뒹구는 그 무엇이다. 어떤 사람에겐 일상이 평범함과 지루함의 감옥이다. 밥 먹고 잠자고 일하고 새끼를 기르고 사람을 만나면서 이루어지는 일상은 언뜻 보면 욕망과 권태 사이에 끼여 있는 듯하지만, 그 안을 깊이 들여다보면 생명의 기하학이 역동한다. 일상은 부분이자 전체이고, 내 실존적 현전을 구체적 움직임으로 바꾸는 지평이다. 자아는 잘게 쪼개져서 우연과 부조리가 번성하는 일상 속으로 흩어진다. 이때 일상은 "솥에는 밥이 끓고/벗어 놓은 신발 위엔/나뭇잎도 내린다/발자국처럼/나뭇잎도 쌓인다/어디로 가자는가? // 흰밥 한 그릇 그대로 식어 가고/식어 가듯이/얼굴도 없이/어디로 가자는가?"(장석남, 「생활」, 『고요는 도망가지 말아라』)라고 묻는 시간과 공간 속에 펼쳐진다. 진정한 실재가 모습을 드러내고, 온갖 비례와 대칭성과 기원들이 있고, 자아들의 욕망·감정·충동·생각·직관이 출현하고 자아들의 무덤이 즐비하게 늘어선 곳이기도 하다. 나는 일상의 강 위를 매어 있지 않은 배처럼 떠간다. 일상을 떠나서는 삶도 없고, 실존의 의미도 구할 수 없다. 그런 맥락에서 일상은 가장 훌륭한 인문학적 사유의 대상이기도 하다. 의미를 향한 존재로 살기를 갈망하는 모든 분들에게 이 책이 쓸모 있는 벗이 되기를 기대한다. 책 출간을 흔쾌하게 결정하고 밀어 주신 민음사 편집부와 3년여 동안 연재 지면을 내주신 《세계일보》 관계자 분께 두루 감사드린다.

2012년 초가을, 수졸재에서

장석주

9

차례

기다린다는 것

사뮈엘 베케트, 『고도를 기다리며』

우리는 먼 곳으로 떠난 연인을 기다리고, 관공서에서 인허가권이 떨어지기를 기다리고, 식민지 시절에는 조국의 해방을 기다리고, 늘 오늘의 괴로움이 끝나는 내일을 기다린다. 인생은 기다림의 연속이다. 기다린다는 것은 무엇인가? 기다림은 생명을 담보로 잡는다. 기다림은 생명을 담보로 잡은 존재의 기망(欺罔)이고 우리는 그 사실을 뻔히 알면서도 속아준다. 기다림은 존재에게 내려지는 유죄 선고다. 기다림은 자기 안에 숨은 욕망의 발가벗김이고 존재에의 불가피한 제약으로 무기력에 빠뜨리기도 한다. 기다림은 자아와 욕망하는 대상 사이에 가로놓인 균열과 비대칭성을 드러내는 존재 사건이다. 우리는 자주 기다림에 속박당하며 사는데, 이때 기다림은 존재를 절망적인 무기력에 내팽개침으로써 삶이 광대놀음이라는 사실을 폭로한다.

많은 사랑 노래들은 기다림을 소재로 가져다 쓴다. 기다림은 사랑을 단련시키는 중요한 요소이기 때문이다. "기다리게 해 놓고 오지 않는 사람아 / 이 시간은 너를 위하여 기다리는 것인데 // 기다리게 해 놓고 오지 않는 사람아 / 나는 기다림에 지쳐서 이제 그만 가노라 // 약속했던 시간을 허공에 두고 / 만나지도 못한 채 엇갈린 순간 속에 / 잃어버린 꿈을 잃어버린 꿈을 잠재우고 가노라 // 기다리게 해 놓고 오지 않는 사람아 / 나는 기다림에 지쳐서 이제 그만 가노라."(방주연 노래, 「기다리게 해 놓고」, 1975) 이 노래는 기다림이 너를 향한 내 욕망함의 좌초 위에서 성립되는 것임을 말한다. 내가 기다리는데, '너'는 오지 않는다. 욕망함의 대상인 '너'의 귀환이 이루어지지 않고, 그것이 끝없이 미루어지는 동안 기다림은 유효하다. 기다림은 오로지 기다리는 주체의 몫이다. 그러므로 '너를 위하여' 기다린다는 것은 엄밀하게 따지면 거짓이다. 기다리는 것은 오로지 기다리는 자를 위한 행위다. 기다리는 것도, 그만 기다림을 접고 일어나는 것도 기다리는 대상과는 무관한 나의 욕망에서 생겨난 사건이다. 이렇듯, 기다림은 타자의 부재 속에서 이루어지는 지루하고 초조한 존재의 공회전이다.

사뮈엘 베케트의 희곡에 나오는 두 방랑자, 에스트라공과 블라디미르는 시골길에서 '고도'를 기다린다. '고도'의 정체는 모호하다. 중요한 것은 '고도'가 아니다. 기다리는 행위 그 자체가 초점이다. 언제부터인가 앙상한 나무 한 그루만이 서 있는 시골길 위에서 기다림이란 헛발질을 하고 있는 두 방랑자의 얘기를 잠시 들어보자.

에스트라공: 우린 꽁꽁 묶여 있는 게 아니냔 말이다.
블라디미르: 묶여 있다고?
에스트라공: 그래 묶…… 여…… 있단 말이야.

블라디미르: 묶여 있다니 어떻게?

에스트라공: 손발이 다.

블라디미르: 도대체 묶긴 누가 묶고, 누구에게 묶여 있다는 거야?

에스트라공: 네가 말하는 그 작자에게.

블라디미르: 고도에게? 고도에게 묶여 있다고? 무슨 소리야? 무슨 뚱딴지 같은 소리야? (사이) 아직은 안 그렇다.

에스트라공: 그자 이름이 고도라고?

블라디미르: 그럴걸.(사뮈엘 베케트, 『고도를 기다리며』)

그들은 하염없이 고도를 기다리는데 고도가 딱히 누구인지조차 모른다. 그러면서도 그곳을 떠나지 못한 채 고도를 기다리고 있다. 그러나 온다는 고도는 오지 않고 낯선 소년이 나타나 오늘밤 고도가 오지 못하며, 내일은 꼭 올 것이란 전갈을 전하고는 사라진다. 모든 것은 불확실하고 모호한 채 오직 한 가지 고도를 기다려야 한다는 사실만은 분명하다. 그들은 무의미한 말을 주고받거나 장난하고 춤추는 것으로 기다림의 지루함을 잊고자 몸부림친다. 그들의 손발을 묶고 있는 것은 '고도'가 아니라 기다림이라는 기괴한 지옥이다. 황량한 길 위에 서 있는 두 방랑자는 기다림이란 지옥에 빠져 있는 것이다.

에스트라공: 그만 가자.

블라디미르: 가면 안 되지.

에스트라공: 왜?

블라디미르: 고도를 기다려야지.

에스트라공: 참 그렇지."(사뮈엘 베케트, 앞의 책)

삶은 없고 오로지 지리멸렬한 기다림과 기다리는 시간을 인내심 깊게 견디는 일만 남아 있다. 두 방랑자에게 기다림은 오지 않는 메시아(고도)를 향한 기도이고, 막연한 탄원이다. 기다림은 그것에서 버려짐이라는 전제에서 시작하고 그것을 향한 욕망의 유예가 그 현재다. 기다림의 구원은 그것에 대한 일체의 유예 속에서만 가능하다. 기다림은 희망과 기대를 낳는다. 그래서 기다림이 곧 구원이라는 착시가 생긴다. 기다리는 자에게는 기다림 이외의 그 어떤 것도 중요하지 않다. 기다리는 사람은 언제나 기다림 그 자체에만 집중한다. 기다림은 부재하는 그것을 욕망함이고, 따라서 그것은 역동하는 존재의 사건이 아니라 대상과 자기 사이의 하염없는 반복 운동이며 항상 욕망함의 좌초로 끝난다.

신라 때 사람인 박제상(朴堤上)과 그 아내에 대한 설화는 기다림이 존재의 고갈이며 존재의 경화(硬化)라는 사실을 보여 준다. 박제상은 일본에 볼모로 붙잡혀 간 왕족을 구하러 간다. 결국 왕의 동생을 구해 모국으로 보냈지만 그는 신라의 사람임을 고집하다가 일본에서 죽는다. 박제상의 아내는 치술령(鵄述嶺)이라는 고개에 서서 남편을 기다리다가 망부석으로 변한다. 경상북도 포항에서도 비슷한 설화가 전해진다. 신라 경애왕 때 소정승(蘇政丞)이 일본에 사신으로 갔는데, 그의 아내가 산에 올라가 남편을 기다리다 죽었다. 훗날 사람들은 그 산을 망부산이라 하고 망부사(望夫祠)라는 사당도 지었다고 한다. 왜 기다리는 자들은 돌이 되고, 죽음에 이르는가? 박제상과 소정승의 아내가 보여 주는 기다림은 기다리는 대상에의 순정한 자기 증여이고, 보상과 결실에 대한 아무 기약이 없는 존재에 대한 무한 투자다.

기다림은 우리를 먼 곳으로 데려가지 않는다. 기다림은 기다리는 자를 그 자리에 묶어 놓는다. 어머니는 시장에 따라나선 어린 내게 이렇게

16

명령하시곤 했다. "어디 가지 마! 여기서 꼼짝 말고 기다려!" 그때 기다림의 지루함이 내 존재를 삼켜 버리는 것을 느끼며 기다림이 현전에 대한 무자비한 구속이라는 사실을, 기다림이 만드는 욕망함의 패임으로 내 현전이 일그러질 것임을 번개와 같이 깨달았다. 이 하염없는 존재 퍼 주기는 결국은 자기 고갈에 이르고 만다. 더는 기다릴 힘이 없을 때 그들은 망부석이 되고 죽음에 이른다. "그에게는 더 이상 기다릴 힘이 없다. 만약 그 힘이 있다면 그는 기다리지 않으리라. 그는 이전보다 기다릴 힘을 덜 갖고 있다. 기다림이 기다릴 힘을 마모시키는 것이다. 기다림은 마모되지 않는 것이다. 기다림은 마모되지 않는 마모이다."(모리스 블랑쇼, 『기다림 망각』) 철학자가 날카롭게 성찰하고 있듯이 마모되지 않는 마모, 그게 기다림이다.

메시아니즘(Messianism)의 본질은 기다림이다. 사람들은 메시아가 나타나 악에 물든 세계를 멸망시키고 그 자리에 천국을 건설하리라는 약속이 실현되기를 기다린다. 사람들은 새 하늘과 새 땅이라는 지복의 시간이 오기를 기다리면서 현세의 고난을 참는다. 정작 예수는 메시아라는 칭호를 거절하고 메시아니즘도 거부했다. 기다리는 자는 지금 여기의 악과 고통을 말끔하게 씻어 줄 메시아가 도래하기 전에 먼저 기다림의 무한 속에서 무엇보다도 자기를 고갈에 빠뜨린다. 우리는 기다림 속에서 자기를 분리하고 자기를 배제한다. 그래서 기다림은 무한한 자기의 흩어짐이다. 마침내 기다림은 그것의 주체와 그 주체가 욕망했던 기다림의 대상을 무화시키고 그 텅 빈 자리에는 "기다림 속에서, 기다린다는 것이 기다림의 불가능성일 수밖에 없는 시간의 부재가 군림한다."(모리스 블랑쇼, 앞의 책) 살아 있는 동안 기다림은 끝나지 않는다.

에스트라공: 어디로 갈까?

블라디미르: 멀리 갈 수 없지.

에스트라공: 아냐, 아냐. 여기서 멀리 가 버리자.

블라디미르: 그럴 순 없다.

에스트라공: 왜?

블라디미르: 내일 다시 와야 할 테니까.

에스트라공: 뭣 하러 또 와?

블라디미르: 고도를 기다리러."(사뮈엘 베케트, 앞의 책)

지금 당신도 무언가를 기다리는 중이다. 기다림은 끝나지 않는 대신에 다만 기다림의 주체와 대상이 사라지고, 기다리는 시간들이 흘러가 부재에 이를 뿐이다. 우리 존재가 유한함에 있을 때 기다림은 시간의 무한성에도 불구하고 유한함에 종속된 것처럼 위장한다. 실은 기다림은 시간의 무한성 속에서 제 몸을 한없이 길게 늘어뜨릴 수 있다. 항상 먼저 끝나는 것은 기다림이 아니라 기다리는 사람이다. 사람은 유한한 존재이지만 기다림은 불사(不死)이고 무한이다. 그런데도 기다림이 품격을 가지려면 '어둠의 행실'을 벗고 '빛의 갑옷'을 입을 때일 것이다. 아무 일도 일어나지 않고 아무도 지나가지 않는 시골길 위에서 고도를 기다리는 두 늙은 방랑자처럼 우리는 이 불모의 세상에서 어떤 메시아를 기다려야 하는가? 메시아는 이미 우리 안에 와 있지 않은가?

함께 읽으면 좋은 책들

모리스 블랑쇼, 『기다림 망각』, 박준상 옮김, 그린비, 2009

사뮈엘 베케트, 『고도를 기다리며』, 오증자 옮김, 민음사, 2012

알랭 바디우, 『사도 바울』, 현성환 옮김, 새물결, 2008

망각이라는 몹쓸 질병

모리스 블랑쇼, 『기다림 망각』

우리는 망각과 망각 사이에서 산다. 기억이란 망각의 대양에 떠 있는 섬이다. 삶이란 언제나 기억보다 훨씬 더 많은 망각에 의해 지탱된다. 어린 시절의 즐거운 놀이들은 다 어디로 갔는가? 그것은 어린 시절과 함께 망각 저 너머로 흘러갔다. 우리는 마치 모든 것을 갖기 위해 모든 기억을 잃어버린 사람처럼 산다. 망각은 우리를 망각되는 것들에서 멀리 떨어진 곳으로 데려간다. 다시 돌아올 수 없는 그곳으로. 꼬리와 몸통을 뒤집음으로써 망각은 우리를 돌아올 수 없는 지점으로 데려간다. "우리가 망각을 향해 가는 것이 아니며, 또한 망각이 우리에게 찾아오는 것도 아니다. 하지만 갑자기 망각이 거기에 이미 언제나 있었다. 우리가 망각할 때, 우리는 모든 것을 이미 언제나 망각했던 것이다. 우리는 망각으로의 움직임 속에서 망각의 부동의 현전과 관계 가운데 있는 것이다."(모리스 블랑쇼, 『기다림 망각』) 사람은 망각에 이르기 전에 이미 망각되는 것과의 관계 안에서 망각에 부딪친다. 죽음을 망각하는 것이 그 한 예다. "죽음을 망각하면서, 죽음이 망각을 지속시키고 망각이 죽음을 가져오는 지점과 만나면서, 망각에 따라 죽음으로부터, 죽음에 따라 망각으로부터 우회하면서, 그렇게 두 번 우회하면서 우회의 진리 속으로 들어가기."(모리스 블랑쇼, 앞의 책) 망각의 한가운데에서 길을 잃은 사람은 어떻게 해야 하는가? 망각과 상관없이 내재적 욕망-기억은 작동한다. 사람은 살기 위해서 먹고 더 잘 살기 위해서 욕망한다. 이때 이중의 욕망은 온갖 망각을 가로지른다. 그러니까 살고자 하는 욕망은 망각에 선행한다. 그런 기초적인 바탕을 망각하고, 이중의 망각 속에서 먹기 위해서 살고 욕망하기 위해서 살려고 한다면 어떻게 되겠는가? 삶이 뒤틀릴 수밖에 없다. 그러나 때때로 역사에서 망각은 더할 수 없는 죄악이 되기도 한다.

새누리당 소속의 한 국회 의원이 한 방송사와 인터뷰하면서 '한일 합방 100주년'이라는 개념 없는 용어를 써서 누리꾼들에게 뭇매를 맞았다. '한일 합방'이라는 용어도 그렇거니와 '100주년'이라는 말도 터무니없기 그지없다. '한일 합방 100주년'이라니! 그게 자랑스럽게 기념할 만한 일인가? 들어 보니, 그 국회 의원은 자신이 내뱉은 용어의 부적합함을 지적질 당한 뒤에도 제 잘못을 인지하지 못한 태도를 취했다. 그는 방금 제 입에서 나온 말을 곧바로 부정했다. 그의 의식에는 수탈과 억압, 성과 노동의 착취, 청년들의 값없는 죽음으로 얼룩진 우리의 식민지 경험에 대한 역사 인식이 전무했기 때문에 당연히 한일 강제 병합이 민족의 씻을 수 없는 수치이고 아물지 않는 상처라는 인식조차 할 수 없었던 것은 아닐까. 그것은 그가 지닌 역사의식의 천박함을 증거한 것에 지나지 않는다. 이렇듯 역사를 망각하고, 그 망각의 부끄러움을 모르는 사람이 널려 있다. 하지만 그의 정치적 뿌리를 안다면, 이상한 일도 아니다. 일본 제국주의가 내선융화(內鮮融化), 내선융합(內鮮融合), 내선일체(內鮮一體)를 내세우며 조선인의 무의식의 식민화를 꾀했다는 사실은 잘 알려진 역사적 실체다. 일제 강점기에서 해방된 뒤 독립 국가의 건설에 참여한 많은 관료와 군인들이 일본 제국주의에 그들의 무의식이 동화되어 식민화되었던 사람들이라는 것도 부정할 수 없는 사실이거니와, 5·16 군사 쿠데타를 이끈 박정희가 일본 제국주의가 대륙을 침탈하려고 세운 만주군관학교 출신으로 만주군 장교로 근무하고, 최규하와 같은 고위 관료가 만주국 관리 양성 기관인 대동학원 출신으로 만주국 관리였다는 사실을 송두리째 부정할 수는 없다. 지금의 새누리당의 뿌리를 거슬러 올라가면 친일 잔재의 유습을 무의식에서 공유했던 박정희와 5·16 군사 쿠데타 세력이 만든 민주공화당에 이르게 된다. 그것이 '한일 합방 100주년'이라는 잘못된 용어를 낳은 뿌리이기도 하다.

박정희와 최규하 같은 이들이 만주국에서 했던 일들은 무엇인가? 그들은 일본이 세운 만주국에서 군인·경찰·관료로 지내면서 일본 제국주의의 수탈 대리인 노릇을 하고, 독립 투쟁을 했던 민초들의 가슴에 총부리를 들이댔던 사람들이다. 우리는 친일 잔재를 제대로 청산하지 못했다. "(일제와의) 정치적 협력 행위에 대한 책임을 추궁하기 위해서는 먼저 민족적 동일성에서 벗어나지 않으면 안 된다. 한국 민족이라는 규범적 집단으로부터 벗어나서 확실하고 명백하게 정치적 협력 행위에 대한 책임을 묻고 탄핵하는 것, 이것이 바로 앞으로의 과제가 되어야만 한다."(윤해동, 『식민지 근대의 패러독스』) 그러나 이 과제는 계속 유예되거나 흐지부지되었다. 그 결과는? 해방 70년이 가까움에도 불구하고 "우리는 아직까지 식민 지배의 과거로부터 빠져나오는 출구를 찾지 못했다."(윤해동, 앞의 책)라는 사실을 뼈아프게 자인해야만 한다. 박정희 사후 권력을 승계

한 전두환, 노태우 등은 친일 반민족 잔재의 기반 위에 뿌리를 내리고 출세한 사람들이다. 그들이 개인의 영달과 사적 이득을 얻기 위해 저지른 만행에서 촉발된 게 바로 5·18 민주 항쟁이다. 무수한 사람들이 죽음을 마다하지 않고 싸웠다. 벌써 30년 전의 일이다. 저 5·18 청문회에 불려 나온 가해자들은 자신들의 잘못을 추궁하는 삼엄한 물음들 앞에서 한 결같이 "기억이 나지 않는다."라고 모르쇠로 발뺌을 했다. 아직 그 희생 자들의 혈흔이 엄연하고 그 유족들의 고통이 현재 진행형인 데도 그들은 자신들의 만행을 망각을 앞세워 부정하고 뻔뻔스럽게 면죄부를 얻으려고 했다. 그들에게 망각은 자기 보호의 한 방편이었다.

근대의 역사 탐구자들이 동의하는 바, 우리가 겪은 근대화는 일정한 방식으로 제국주의 동화 정책과 연동한다. 도로, 철도, 항만 건설 등이 그러하고, 일제 강점기의 경성에 대한 대대적인 도시 계획이 그러하다. 그것이 폭력과 억압을 동반한, 선택의 여지 없이 강요된 근대이긴 하지만 일정 부분 근대에의 열망과 욕구의 배출구가 되었던 측면도 없지 않다. 그것은 욕망과 그것의 솔직성의 가능성 안에서 착시 현상을 일으킨 바가 있다. 바로 그렇기 때문에 일제 강점기가 우리 근대 발전의 태동에 촉매 역할을 했다는, 일부이긴 해도 식민지 지배 긍정론이 불식되지 않는다. 식민 기억에 대한 억압의 양태는 적극적 망각과 소극적 망각으로 나누어 살펴볼 수 있다. 윤해동에 따르면, 적극적 망각은 "국가 주도의 '정형화된 기억'의 구조 속에서 전형적으로 나타나는 것"인데, "식민 지배의 과거를 망각하려는 욕망"은 과거를 지우고 그 바탕 위에서 독립 국가를 세우고 새로운 역사를 쓰려는 욕망이며, 이것은 매우 자연스러운 현상이라는 것이다.(윤해동, 앞의 책) 아울러 소극적 망각은 "반주류적 입장에서 친일파 청산을 주장해 온 논의"에서 찾아볼 수 있는데, 여기에서도 '정형화된 기억'이 나타난다는 것이다.(윤해동, 앞의 책) 어느 한쪽만의 논리로는 친일과 반일이라는 폐쇄 회로에서 벗어날 수는 없다. 과거 역사에 대한 엄밀한 사유와 차가운 인식만이 과거 청산이라는 소모적 논란에서 우리를 벗어나게 할 수 있다.

세월이 갈수록 기억의 부실함이 그것을 망각의 자리로 넘기겠지만, 우리는 망각에 저항해야 한다. 그래도 결국 우리는 어제를 망각하고 역사를 망각하며 살게 될 것이다. 사유하는 법을 망각하고, 자기를 성찰하는 법을 망각하고, 함께 살아가는 법을 망각하고, 망각의 악순환 속에서 표류하면서, 바쁘게 살 것이다. 바쁘다는 핑계로 마땅히 기억해야 할 만한 일들을 고의적으로 유기하며, 그것을 망각의 불가피함이라고 여기는지도 모른다. 망각이 심해지면, 어쩌면 우리는 스스로를 망각하고, 망각한다는 그 사실 자체를 망각할지도 모른다. 그러나 망각은 삶을 망친다. 망각은 곧 기원의 기억 상실로 이어질 것이다. 해방 후 역사를 보면, 우리의 집단 망각은 친일 부역자들과 그 후손들의 죄과에 대해 면죄부를 준 꼴이 되고 말았다. 물론 친일 부역자를 찾아내고 처벌하려는 반민특위 따위의 활동이 없었던 것은 아니지만, 그것은 실패로 돌아갔다. 미군정과 이승만 정부가 나서서 친일파 인적 청산 문제를 덮어 버렸는데, 나라를 세우는 일에 "친일파라는 지목을 받는 사람이라 하더라도 인재 본위로 골라 쓰는 것쯤"(이광수, 「친일파의 변」, 공임순, 『식민지의 적자들』에서 재인용)은 새 나라의 건설이라는 '민족적 공익'이라는 대의를 위해 눈감아 주어야 한다는 논리가 어느 정도 먹혀든 탓이다. 이에 대해 공임순은 이렇게 쓴다. "이는 말 그대로 국가와 민족이라는 거대 담론으로 개인의 개별적이고 특수한 이해관계를 덮어 두거나 초월하는 것, 또는 개인의 사사로운 잘못을 '공익'이라는 시대적 과제로 면죄하거나 지우는 것이다."

24

(공임순, 『식민지의 적자들』) 사람은 무의식 중에 불편한 것에서 벗어나려는 성향이 있다. 우리 안에 스며든 식민지 잔재에 대한 불편함이 우리를 그 '공익'에 집단 망각의 형식으로 편승하게 만든 것이다. 망각의 역사 위로 개발 독재의 시대가 오고, 우리는 기꺼이 개발 독재 시대의 노동 기계 대열에 동참한다. 안거라는 집의 기능을 망각하고 부동산 투기라는 광풍 속에서 부유하는 우리들이란 근대 이후 국가가 주도한 자본주의적 '인간 개조'의 프로젝트 속에서 나날이 작아지는 오늘날 우리의 왜소해진 자화상이다. 왜 3·1절을 망각해서는 안 되는가? 그것이 우리의 현존과 자유 의지를 '크게' 키우려는 대의를 따르는 숭고한 실천 행위였기 때문이다.

함께 읽으면 좋은 책들

공임순, 『식민지의 적자들』, 푸른역사, 2005

모리스 블랑쇼, 『기다림 망각』, 박준상 옮김, 그린비, 2009

모리스 블랑쇼, 『도래할 책』, 심세광 옮김, 그린비, 2011

윤해동, 『식민지 근대의 패러독스』, 휴머니스트, 2007

일요일,
무거운 삶에 내리는 보상

에마뉘엘 레비나스, 『존재에서 존재자로』

일요일 아침. 일요일 아침이다. 당신은 무상(無償)의 선물처럼 주어진 일요일의 형이상학에 대해 진지하게 사유해 본 일이 있는가? 침대에서 눈을 뜬 순간부터 마음은 기쁨으로 충만하고, 일체의 노동과 잔업을 배제한 휴식과 휴지(休止)의 가능성으로 가슴은 설렌다. 연못의 물들은 햇빛으로 반짝이고, 곤줄박이 한 마리가 감나무 나뭇가지에 앉아 운다. 한 주에 40시간 이상을 직장에 매여 있는 노동자이든, 한 주일 내내 집에서 빈둥거린 백수이든 간에, 일요일은 공평하게 주어지는 신의 선물이다.

세계와 연루된다는 것, 직설하면 그것은 피로를 발생시킨다. 피로는 수고를 강제하는 세계 안에서 그렇다. "세계, 그것은 그 안에서 '자아'가 봉급을 타는 범속한 세계"(에마뉘엘 레비나스, 『존재에서 존재자로』)인 까닭이다. 일요일은 노동과 그로 인해 누적된 피로에서 놓여나는 날이다. "피로가 존재에 대한 유죄 판결이라면, 피로는 또한 경직, 초췌해짐, 삶의 원천과의 단절"이고, "존재함에 대한 존재자의 지연되어 있음"(에마뉘엘 레비나스, 앞의 책)이다. 일요일은 피로(경직·초췌해짐·단절) 속에 함부로 방기된 자기를 되찾아오는 시간이다. 버려진 자기를 되찾아 인격적 존엄을 회복한 나는 피로를 씻어 낸 그 능동성으로 끊어진 삶의 원천과 나를 다시 잇는다. 피로 속에서 거의 죽어 있던 나는 늦잠, 음식, 햇볕, 나태, 음식, 무위, 일과 수고의 일시적 유예, 자연의 축복…… 속에서 부활한다. 일요일의 이토록 많은 축복과 은혜 속에서 나는 '부활 프로젝트'를 성공리에 수행한다. 일요일은 즐기고 향유할 수 있는 시간으로 채워지는 까닭에 혼자 있을 때 존재 밑바닥을 적시는 멜랑콜리한 고독조차 감미롭다.

일요일엔 누구나 아무것도 하지 않을 수 있는 권리, 누구의 침해도 받지 않고 온전히 혼자 있을 수 있는 자유를 보장받는다. 일요일에 주체는 누구에게 소유되거나 지배될 수가 없다. 헨리 데이비드 소로(Henry David Thoreau)는 삶의 정수를 빨아들이고 깊이 있는 삶을 살기 위해 도시를 버리고 숲으로 갔다. "천천히 살며 오직 삶의 본질만 마주하고 삶이 내게 가르쳐 준 것 중에서 배우지 못한 것은 없는지 살펴보기 위해서, 마침내 죽게 되었을 때에야 제대로 살지 않았다는 것을 깨닫지 않기 위해서 나는 숲으로 갔다."(헨리 데이비드 소로, 『월든』) 소로에게 '숲'이 있었다면, 우리에겐 일요일이 있다. 일요일은 먹고 마시고 즐기며 사랑과 향유를 만끽하고, 삶의 본질과 마주하고 그것의 내면을 꼼꼼하게 더듬어 살필 수 있는 시간이다.

일요일 정오. "요일 중의 요일, 가장 늦게 탄생한 요일의 막내 자매, 모든 요일의 여왕이자 노동으로부터 해방된 날!"(서동욱, 『차이와 타자』) 일요일의 시간은 빠르게 흘러간다. 먹고 마시며 즐길 시간이 그만큼 빠르게 줄고 있다는 뜻이다. 우리는 그 흐름을 멈출 수가 없다. 일요일은 곧 정점을 찍는다. 정오의 태양은 우리 머리 위에 떠 있고, 하루 중에서 그림자가 가장 짧아지는 시각이다. 이미 일요일 오전에 우리는 휴식과 휴지의 시간 속에서 존재함을 넘치도록 향유했다. 향유는 우리의 자기성을 강화하고 이 세계 위에 굳게 세운다. 향유를 통해 우리는 더욱 우리 자신으로 돌아가는 것이다. 아울러 수고와 그로 인한 피로는 어느 정도 감경된 게 분명하다. 하지만 그것만으로는 부족하다. 무엇보다도 일요일의 즐거움은 풍부한 음식의 향유에서 찾을 수 있다. 세계가 도구적 연관성의 총체이기 이전에 먹을거리의 총체라면, 우리는 먹고 마시는 음식의 즐거움 속에서 세계와 나의 유대를 강화할 수 있다. 풍부한 먹을거리가 우리를 기쁘게 하는 것은 그것이 세계 내 존재로서 우리의 존재 기반을 단단하게 해 주는 까닭이다. 텃밭에서 거둔 갖가지 신선한 채소들을 조리하고, 두껍게 자른 붉은 고기들을 불에 익혀 풍성한 식탁을 준비한다. 자, 먹고 마시고 즐기자. "먹을거리가 우리 일상의 삶에서 차지하는 지위 때문에, 그리고 특히 먹을거리가 드러내 주는, 욕망과 그것의 만족 사이의 관계 때문에 먹을거리의 예는 특권적이다. 욕망과 그 만족 사이의 완벽한 대응이라는 특징을 가진다. 욕망은 완벽하게 그것이 욕망하는 바를 알고 있다. 그리고 음식물은 욕망 지향의 완전한 실현을 가능케 해 준다."(에마뉘엘 레비나스, 앞의 책)

일요일 오후의 느리지도 빠르지도 않은 시간들은 식후의 한가로움, 수다, 산책, 간식, 야구 중계, 낮잠으로 쪼개진다. 포만감은 우리를 졸음에 빠뜨린다. 저마다 나무 그늘 아래 놓인 안락의자나 거실의 소파 위에서 잠시 낮잠에 빠진다. "잠잔다는 것, 그것은 심적이고 물리적인 활동을 중지하는 것이다. 그러나 허공을 떠도는 추상적인 존재에게는 이 중지의 본질적인 조건이 결여되어 있다. 그 조건이란 장소다. 잠의 유혹은 자리에 눕는 행위 속에서 밀려든다. 자리에 눕는 것, 그것이 바로 존재를 장소에, 자리에 제한하는 일이다."(에마뉘엘 레비나스, 앞의 책) 문득 낮잠에서 깨어난다. 빛으로 넘쳐나는 세상이 우리 눈앞에 있다. 욕망의 대상으로서의 세계가 눈앞에 있을 때 우리는 욕망의 가능성으로, 그리고 욕망의 대상을 향해 나아갈 수 있는 가능성으로 낙관적인 존재가 되기도 한다. 우리 앞에는 여전히 일요일의 무수히 많은 시간이 펼쳐져 있다. 그 시간들은 봉급을 타는 범속한 세계의 시간이 아니다. 일요일은 비경제 활동의 시간들, 한 주일의 노동과 수고의 대가로 주어진 여가의 시간들로 채워진다. 피로는 여전히 우리 존재의 바닥에 눌어붙어 있다. 이것은 일요일 다음에 닥칠 월요일의 노동과 수고에 대한 압박이 드리운 그늘이다.

우리는 월요일에 불가피하게 범속한 세계로 떠밀려 나가야 한다. 일요일 오후의 돌연한 따분함은 어디에서 연유한 것일까? "수고와 여가의 교대 속에서 우리는 수고를 통해 얻은 수확을 향유한다. 이 시간은 천편일률적으로 따분한데, 그 까닭은 이 시간의 순간들 간에 서로 우열이 없기 때문이다. 이 시간은 일요일로, 즉 그 안에서 세계가 주어지는 순수한 여가로 흘러간다. 일요일은 일주일을 성스럽게 하지 못한다. 그 대신 일요일은 일주일을 보상한다. 상황이나 존재에의 연루, 이 연루가 수고라는, 현재 자체 속에서 회복되는 대신에 억압되고 보상되고 사라져 버린다."(에마뉘엘 레비나스, 앞의 책) 비록 일요일이 모든 시간을 축성해서 성스럽게 만들 수는 없을지 모르지만, 그것은 행복의 가능성에 대한 분명한 예시다. 수고와 봉급의 구조 속에서 벗어난 일요일 오후의 쾌락은 우리가 삶에 종속된 존재가 아니라 삶 안에서 자유를 누리는 존재임을 분명하게 부각시킨다.

일요일 저녁. 그것은 덧없이 다가온다. 일요일 저녁의 쓸쓸함은 휴가의 끝, 붉은 포도주병의 빈 바닥, 작별의 마지막 날들, 너무 일찍 죽어 버린 자들의 유품이 불러일으키는 멜랑콜리와 동일하다. 우리의 가슴을 파고드는 이 멜랑콜리, 문득 끝나 버린 일요일의 쓸쓸함은 일요일이 항구적 구원의 시간이 아니라 그저 순간들끼리 균질하며 서로의 결핍을 메우고 흘러가는 찰나들로 이루어진 경제적 시간이었음을 말해 준다. "밤이 내리면, 갑자기 작은 멜랑콜리가 쳐들어온다. 마침내 텔레비전이 참을 수 없어져서 꺼 버린다. 우리는 다른 곳으로 떠난다. 때로는 어린 시절까지 되돌아가기도 한다. 한 발자국 한 발자국 세며 걷던 산책 길. 그 배경에 떠오르는 학창 시절의 불안, 꾸며 낸 사랑 이야기들. 무엇인가가 마음을 휘돌아 지나간다. 그 느낌은 여름 소나기처럼 강렬하다. 불청객처럼 쳐들어온 영혼이 일으키는 이 작은 물결, 되돌아오는 익숙하면서 불편한 느낌. 그러나 그 느낌은 소중하다. 그것이 일요일 저녁이다."(필립 들레름, 『첫 맥주 한 모금 그리고 다른 잔잔한 기쁨들』)

일요일 아침의 가슴을 충만하게 했던 기쁨들은 다 어디로 갔는가? 갑자기 일요일들은 아주 무력하게 월요일 아침 아홉 시에 계시되는 노동과 수고의, 책임과 의무의 깊은 나락 속으로 가라앉는다. 일요일이 무질서하게 밀려오는 나날 중의 평범한 하루가 되어 버림으로써 그것은 위안이 될 수는 있을지언정 존재의 도약대가 되지는 못한다는 점을 증명한다. 우리가 일요일의 끝자락에서 만나는 돌연한 쓸쓸함은 그 때문이다. 그렇다 하더라도 일요일이 존재의 무거움을 견디게 하는 작은 구원의 시간이라는 점을 부정할 수는 없다. 일요일은 불가능성의 가능성을 여는 작은 문, 아니 그 문을 여는 손잡이다. 일요일에 존재의 느슨함에 머물며 쉬기만 해서는 안 된다. 그 피동성은 자기와 현재에 대해 지연되어 있음을 뜻한다. 일요일은 봉급과 수고 너머에 있는 그 무엇을 향하여 나가야 한다.

30

그렇게 하도록 주어진 자유와 부활의 시간이다.

함께 읽으면 좋은 책들

서동욱, 『차이와 타자』, 문학과지성사, 2000

에마뉘엘 레비나스, 『존재에서 존재자로』, 서동욱 옮김, 민음사, 2003

필립 들레름, 『첫 맥주 한 모금 그리고 다른 잔잔한 기쁨들』, 김정란 옮김, 장락, 1998

헨리 데이비드 소로, 『월든』, 강승영 옮김, 은행나무, 2011

살아남기 위해, 웃어라

앙리 베르그송, 「웃음」

이것은 몸속의 650개의 근육 중에서 231개의 근육과 206개의 뼈가 동시에 움직이게 하고, 숨을 헐떡이게 하고, 더러는 눈물샘을 자극하기도 한다. 생명의 파동, 불안의 해소, 기계적 경직에서의 도피, 무위(無爲)에 대한 반동, 사회적 몸짓임에 틀림없는 것, 이것은 무엇일까? 산소 공급을 두 배로 늘려 몸과 마음이 시원해지는 기분을 느끼게 하는 것, 바로 웃음이다. 웃음은 농담이나 조크에 대한, 예기치 못한 상황의 반전이나 전도(顚倒)에 대한 생리적 반응인가? 아니다. 웃음은 얼굴 표면의 메커니즘이 아니다. 행복한 자라서 웃는 게 아니라 웃어서 행복해지는 것이다. 웃음은 죽음에게 속박되고 자기에게 결박된 자아의 찰나적인 균열을 보여주며, 타자를 모방하면서 타자를 받아들이려는 자아의 돌이킬 수 없는 궤적으로 나타난다. 한 신경 과학자의 연구에 따르면, 유머와 조크 때문에 웃는 경우는 열 가지의 웃음 중에서 한두 개에 지나지 않는다. 웃음은 사람과 사람 사이에 주고받는 사회적 신호다. 누군가 웃기 시작하면 주변 사람들이 동조해서 따라 웃는다. 웃음은 진화한 영장류들이 보여 주는 일종의 집단 히스테리다. 우리는 웃음으로 타자의 얼굴 표상을 훔쳐 그 누군가의 얼굴 표상으로 내 얼굴을 대체한다. "특정 집단 속의 많은 사람들이 일시에 비이성적인 유사 행동을 보이는 것을 '집단 히스테리 (epidemic hysteria)'라고 하는데, 경련·실신·보행 장애·호흡 곤란 등의 신체 증상을 동반하며 흥분·황홀 상태 등 정신 증상이 전파된다. 별것 아닌 이유에서라도 한 사람(發端者)이 웃기 시작하면 순식간에 주변 인물들에게 번져 걷잡을 수 없는 웃음이 집단적·연속적으로 일어나는 경우가 있는데, 전문가들은 이것을 '웃음병(Epidemic of Laughing)'으로 부르기도 한다."(『지식 e SEASON 2』)

철학자 앙리 베르그송은 일찍이 웃음에 대해 주목하고 그것을 연구했다. 베르그송에 따르면 무엇보다도 웃음은 인간적인 것의 산물이다. 동물에게는 웃음이 없다. 사람들이 동물을 보고 웃을 때 필경 그것은 동물에게서 사람과 유사한 표정이나 태도를 연상하기 때문이다. 정신적 체감(體感)으로서의 피로가 그렇듯이 웃음 역시 사람만의 것이다. 동물의 세계에서는 피로도 웃음도 존재하지 않는다. 웃음은 "이웃에서 이웃으로 반응하면서 길게 가려는, 마치 산중의 천둥소리처럼 첫 폭발이 있고 나서도 울림이 이어지는 무언가"(앙리 베르그송, 『웃음 / 창조적 진화 / 도덕과 종교의 두 원천』)이다. 웃음은 의도하지 않은 행동의 반전(反轉)에서 생겨난다. 가장 흔한 예로 사람들의 예기치 않은 실수는 웃음을 유발한다. "거리를 달리던 사내가 비틀거리며 쓰러진다. 그러자 지나가던 사람들이 웃는다. 만일 그가 갑자기 땅바닥에 주저앉을 생각이었다고 상상했다면 사람들은 웃지 않았을 것이다. 그가 얼떨결에 앉은 것을 사람들은 아는 것이다. 그러고 보면 웃음을 나오게 한 것은 그의 태도의 갑작스러운 변화가 아니라, 변화 속에 본의 아닌 것이 있다는 것, 즉 실수다. 길에 돌멩이가 있었을지도 모른다. 걸음걸이를 바꾸거나 아니면 그 장애물을 피해서 지나가야만 했던 것이다. 그렇지만 유연함이 부족했던 탓인지, 멍청했던 탓인지, 그것도 아니면 몸이 고집을 부린 탓인지, 사정이 다른 것을 요구하는데도, 말하자면 경직이나 외부의 힘 탓으로 근육이 여전히 같은 운동을 계속했던 것이다. 그 때문에 그는 넘어진 것이고, 이를 보고 지나가던 사람들이 웃은 것이다."(앙리 베르그송, 앞의 책) 멋지게 차려입은 사내가 거리에서 돌부리에 차여 넘어진다. 이 넘어짐은 정신과 신체의 어떤 경직의 산물이다. 사람들은 그 광경을 보고 웃는다. "이 경직이 바로 웃음거리이고, 웃음은 그 징벌이다."(앙리 베르그송, 앞의 책) 아울러 웃음은 "경직을 유연함으로 교정하고, 개체를 전체에 재적응시키며, 모난 것을 제거해 둥글게 하는 것"(앙리 베르그송, 앞의 책)이다. 그렇다 하더라도 웃음의 대상이 되는 사람은 굴욕을 당하고 쓰라린 상처를 안는다. "웃음의 목적은 무엇보다도 교정이다. 굴욕을 주기 위한 웃음은 표적이 되는 사람에게 반드시 쓰라린 상처를 안겨 준다. 사회는 웃음으로 사람이 사회에 대해서 행한 자유 행동에 복수하는 것이다. 웃음에 만일 공감과 호의가 새겨져 있었다면 그 목적을 이루는 일은 없을 것이다."(앙리 베르그송, 앞의 책)

니체는 뱀에 목구멍을 물린 양치기에 관한 알쏭달쏭한 우화를 들려준다. "정말이지 내가 그때 보았던 것, 그와 같은 것을 나 일찍이 본 적이 없다. 몸을 비틀고 캑캑거리고 경련을 일으키며 찡그리고 있는 어떤 젊은 양치기가 눈에 들어오는 것이 아닌가. 입에는 시커멓고 묵직한 뱀 한 마리가 매달려 있었다. 내 일찍이 인간의 얼굴에서 그토록 많은 역겨움과 핏기 잃은 공포의 그림자를 본 일이 있었던가? 그는 잠을 자고 있었나? 뱀이 기어 들어가 목구멍을 꽉 문 것을 보니."(프리드리히 니체, 「환영과 수수께끼에 관하여」, 『짜라투스트라는 이렇게 말했다』) 초인이 아무리 힘껏 잡아당겨도 뱀은 꼼짝도 하지 않았다. 그때 초인은 양치기에게 물어뜯어라! 물어뜯어라! 외치고, 양치기는 뱀 대가리를 물어뜯었다. 그리고 뱀 대가리를 멀리 뱉어 내고는 벌떡 일어났다. "그는 이제 더 이상 양치기나 여느 사람이 아닌, 변화한 자, 빛으로 감싸인 자가 되어 웃고 있었다! 지금까지 이 지상에 그와 같이 웃어 본 자는 없었으리라!"(프리드리히 니체, 앞의 책) 뱀에 목구멍을 물린 양치기는 누구인가? 그것은 "더없이 무겁고 검은 온갖 것"에 목구멍을 물린 곤경에 빠져 이러지도 저러지도 못하는 우리들이 아닐까? 뱀은 타락한 세상이다. 뱀들은 어디에나 널려 있다. 그것들은 우리가 방심하는 순간을 파고들어 목구멍을 문다. 우리는 타락한 세상에 목구멍을 물린 자들이다. 우리는 치욕과 추함의 구덩이에서 몸을 비틀고 캑캑거리며 뒹군다. 뱀 대가리를 물어뜯고 그것을 멀리 내던지는 법을 모르는 자들은 고통과 증오의 굴레를 벗지 못한다. 웃음은 곤경에서 벗어나 더 높은 존재로의 도약을 했다는 하나의 징표다. 우리는 어떻게 그 곤경에서 벗어나 '변화한 자, 빛으로 감싸인 자, 웃는 자'가 될 수 있을까?

다시 니체는 정신의 세 가지 단계에 대해 말한다. "나는 지금 너희들에게 처음 낙타가 되고, 낙타에서 사자, 마침내 사자에서 어린아이가 되는 정신의 변신 이야기를 하려고 한다."(프리드리히 니체, 「세 가지 변신에 대하여」, 앞의 책) 낙타는 짐을 지고 사막을 건넌다. 굶주림과 추위, 갈증을 묵묵히 견뎌 내는 낙타! 삶이라는 짐을 지고 시간을 가로질러 가는 우리들에 대한 은유로 이보다 더 적확한 은유는 없다. 낙타에게 인내

35

력의 지고함, 희생의 숭고성이 없는 바는 아니나, 웃음을 찾을 수는 없다. 그다음 단계는 사자다. 사자는 타고난 용맹성으로 자유를 쟁취하고, 자기의 오아시스를 찾아간다. 사자는 낙타와 같이 현실에 순응하지 않고, 그것을 자아실현의 도구로 전환시키는 내적 힘을 가진 존재다. 그러나 사자에게서도 웃음은 찾을 수 없다. 존재의 가장 높은 단계는 잘 웃는 어린아이다. "어린아이는 천진난만이요, 망각이며, 새로운 시작, 놀이, 스스로의 힘으로 굴러가는 수레바퀴이고, 최초의 운동이자 신성한 긍정이다."(프리드리히 니체, 「세 가지 변신에 대하여」, 앞의 책) 천진난만함은 웃음의 근원이다. 그것이 어린아이들을 웃음의 천재로 만든다. 웃음이야말로 "스스로의 힘으로 굴러가는 수레바퀴이고, 최초의 운동이자 신성한 긍정"이 아니던가? 어린아이는 잘 웃는 자로서 삶에 휘둘리지 않고 그것을 자유자재로 갖고 논다.

웃음은 동물들, 늑대 인간, 흡혈귀에게는 없는 인간만이 가진 특징이다. 시인 보들레르도 그것을 꿰뚫어 보았다. "멜로드라마에 나오는 모든 불신자들, 즉 저주받고 영겁의 정죄를 받았으며, 숙명적으로 귀를 찢는 듯한 웃음소리가 두드러지는 자들은 모두 웃음의 순수한 정통성 안에 있다. …… 웃음은 악마적이다. 따라서 철저하게 인간적이다."(샤를 보들레르, 「웃음의 본질에 대해」, 『작품집』 2권, 발터 벤야민, 『보들레르의 파리』에서 재인용) 웃음은 철저하게, 사람의 사람됨에서 나오는 산물이다. 누가 우리에게서 웃음을 빼앗는가? 나쁜 정치가, 우둔하고 탐욕스러운 기업가, 먼지 한줌만도 못한 추악한 이기주의자들이 우리를 벌거벗은 생명으로 내몬다. 우리는 경계 밖으로 추방되었으나, 그 경계 밖에서도 거부된 자들이다. 현실이 난민 수용소로 변질되고, 삶이 비확정적인 존재 안에 거주할 때, 우리의 얼굴에서 웃음은 사라진다. 우리는 거의 죽어 가는 것이다. 웃음은 불안과 무기력을 넘어서려는 내면의 명령에서 나오는 생명의 충동이다. 무엇보다도 웃음은 생명의 약동이고, 기쁨의 실현이다. 살아남기 위해 웃어라! 충분히 살아남기 위해 더 많이 웃어라!

함께 읽으면 좋은 책들

발터 벤야민,『보들레르의 파리』, 조형준 옮김, 새물결, 2008

앙리 베르그송,『웃음 / 창조적 진화 / 도덕과 종교의 두 원천』, 이희영 옮김, 동서문화사, 2008

프리드리히 니체,『짜라투스트라는 이렇게 말했다』, 최승자 옮김, 청하, 1984

EBS 지식채널 e,『지식 e SEASON 2』, 북하우스, 2007

공항, 존재 전환의 변곡점

알랭 드 보통, 『공항에서 일주일을: 히드로 다이어리』

하는 일마다 보람과 성과 없이 허무하게 끝나고, 생계를 위해 마지못해 하는 일은 늘 빈약한 인내심을 시험하고, 그리하여 사는 게 한없이 따분해서 진절머리가 날 때, 한때 탐닉하던 칠레산 적포도주 몬테스 알파의 시큼달콤함도 지겹고, 언제 들어도 가슴을 울리던 라흐마니노프의 「피아노 협주곡」조차 아무 감흥이 일지 않는다. 의리가 박약한 친구들과 벌이던 주말 밤 포커판도 흥미를 잃고, 밀고 당기는 연애도 지겨워진다. 그렇게 모든 의욕을 잃고 오감이 무감각해진 존재는 마치 급류 위를 떠가는 통나무와 같은 상태로 변질된다. 무한한 피동성에 자신을 통째로 내준 것은 자기 안의 생동과 생기가 방전된 탓이다. 우리를 소진시킨 것은 무엇일까? 그것은 스스로를 과다하게 착취한 결과가 아닐까? 현대인은 누구나 멀티태스킹을 강제하는 사회의 요구로 자신을 과잉 탕진한다. 그렇게 우리는 피로에 찌들어 영혼이 경색되었던 것이다. 속절없이 피로에 찌든 자는 약자이며 병자다. 세계가 바로 그 약자들 때문에 위험에 빠진다고 말한 철학자는 니체다. "인간에게 가장 커다란 위험은 병자다. 악인이나 '맹수'가 아니다. 처음부터 실패자, 패배자, 좌절한 자 ─ 가장 약한 자들인 이들은 대부분 인간 삶의 토대를 허물어 버리고, 삶이나 인간이나 우리 자신에 대한 우리의 신뢰에 가장 위험하게 독을 타서 그것을 의심하게 만드는 자들이다."(프리드리히 니체, 『도덕의 계보』) 당신은 삶에 지쳐 있는가, 지독히 피로한가? 그렇다면 당신은 세계를 구축하는 신뢰에 독을 타서 그것을 의심하게 만드는 자, 즉 위험한 존재다.

문제는 피로다. 재독 철학자 한병철은 노동의 성과를 강제하는 현대 사회를 피로 사회라고 규정한다. 피로는 나에게서, 나의 뇌, 나의 심장, 나의 근육에서 나를 밀어내는 그 무엇이다. 피로의 수동성 속에서 나는 여러 개로 찢긴 채 가만히 그 찢김을 견디며 머문다. 아울러 피로는 너와 나를 분열시키고 연대에서 찢겨 나온 사람들을 각자의 피로 속에 고립시킨다. "성과 사회의 피로는 사람들을 개별화시키고 고립시키는 고독한 피로다."(한병철, 『피로 사회』) 너도 피로하고, 나도 피로하다. 우리는 그 피로 속에서 동병상련하거나 연대할 수 없다. 우리는 자신의 피로라는 참호 속에 혼자 웅크리고 있을 수밖에 없다. 그런 까닭에 현대 사회의 피로는 '분열적 피로'이기도 하다. '할 수 있다'라는 긍정성의 과잉에 잠겨 있는 사회에서 '해도 안 된다'라고 부정성을 주장하는 것은 발칙한 도발이고 파렴치한 저항이 될 수도 있다. 긍정성 과잉의 사회에 사는 사람들은 무한 성과주의로 내몰려 성과 기계가 될 수밖에 없다. 그 결과 심한 피로 속에서 우리 영혼은 타 버린다. 타 버린 영혼. 재가 되어 버린 영혼. 우리의 의욕은 급속하게 식고, 열정은 사그라진다. "성과 사회, 활동 사회는 그 이면에서 극단적 피로와 탈진 상태를 야기"하는데, 이때 "피로는 폭력이다. 그것은 모든 공동체, 모든 공동의 삶, 모든 친밀함을, 심지어 언어 자체마저 파괴하기 때문이다."(한병철, 앞의 책) 문제의 심각성은 이 피로가 타인이나 사회의 강제 때문이 아니라 자기 착취에서 비롯된다는 점이다. 피로는 우리를 어디로 데려가는가? 볼 수 없고, 말할 수 없는 상태, 시야에 자기 자아만이 가득 차 있는 자아-피로로 데려간다. 이때 자아라는 것은 나를 가두는 감옥, 하나의 허깨비에 지나지 않는다. 독창적인 철학자 한병철은 그 점을 놓치지 않는다. 모든 피로가 다 나쁜가? 그렇지는 않다. 한병철은 "자아의 조임쇠를 느슨하게 함으로써 틈새를 열어" 주는 피로에 대해 말한다. 그 틈새에서 피로는 보고 보여질 수 있는 피로, 만지고 만져질 수 있는 피로가 된다. 그게 바로 페터 한트케(Peter Handke)가 제시한 '세계를 신뢰하는 피로', '눈 밝은 피로'다. 이때 피로는 우리에게 영감을 주고 정신을 깨어나게 한다. "피로는 특별한 태평함, 태평한 무위의 능력을 부여한다. 그것은 모든 감각이 지쳐 빠져 있는 그런 상태가 아니다. 오히려 피로 속에서 특별한 시각이 깨어난다."(한병철, 앞의 책)

피로는 일상화되어 있고, 삶에 대한 지독한 염증과 그로 인한 우울증은 누구에게나 들이닥치는 범상한 일이다. 피로는 바이러스와 상관이 없다. 그러므로 어떤 면역학도 피로에 도움이 되지 않는다. "과잉 생산, 과잉 가동, 과잉 커뮤니케이션이 초래하는 긍정성의 폭력은 '바이러스적'이지 않다. 면역학은 그러한 폭력에 대해 아무런 수단도 가지고 있지 못하다."(한병철, 앞의 책) 피로는 긍정성의 과잉에서 초래된 '신경성 폭력 현상' 중의 하나다. 우리는 누구나 자주 그런 피로한 순간들, 영혼이 경색되는 순간들과 마주친다. 그럴 때 좋은 처방전은 무엇일까? 여행을 갈 수 있다면 좋았을 것이다. 그러나 먼 곳으로 떠날 수 있는 형편은 아니다. 그럴 때 나는 일없이 김포공항을 찾아가 빈둥거리다 돌아온다. 인천국제공항이 생긴 이후 김포공항은 그 전보다 훨씬 덜 붐빈다. 덜 붐비기 때문에 빈둥거리다 돌아오기에 더 좋아졌다. 공항이 곧 낙원은 아니지만 낙원의 입구는 될 수 있다. 공항에는 알 수 없는 저 먼 곳에 대한 동경과 설렘, 열대의 야자수들, 원시림과 바다, 그곳에 사는 야생 생물들이 뿜어내는 독특한 냄새들이 떠돈다. 입국 심사대 앞에 줄 지어 서 있는 사람들, 출국 심사대를 빠져나오는 사람들, 그리고 떠나는 이를 배웅하기 위해 나온 사람들, 돌아오는 이를 마중 나온 사람들······. 공항 내부에는 수많은 사람들이 북적인다. 그들을 구경하는 것만으로도 우울과 권태에서 빠져나올 수 있다. 공항 내부를 기웃거리는 일이 지겨워지면 출국장 옆에 있는 카페의 안락한 의자에 앉아 들고 간 찰스 부코프스키(Charles Bukowski)의 소설이나 알랭 드 보통(Alain de Botton)의 산문집을 읽으며 나른한 오후 시간을 흘려보낸다. 간혹 책을 덮고 유리창 너머 활주로를 하염없이 내다본다. 활주로에는 먼 곳에서 오는 비행기들이 착륙하고, 다른 비행기들은 먼 곳으로 떠나기 위해 이륙 준비를 하는 게 보인다. 어쨌든 공항은 내가 사는 곳과 뭔가 다른 공기로 채워져 있다. 그 공기가 나른한 내 몸과 정신을 일깨운다.

알랭 드 보통의 산문집을 읽다가 "집에서 슬프거나 따분할 때면 가 볼 만한 곳이 공항이다."라는 문장을 발견하고 놀랐다. 그는 따분할 때 비행기를 타러 공항에 가는 것이 아니라 공항을 감상하러 간다고 한다. 아마도 공항은 그의 기분을 즐겁게 만드는 장소의 하나임에 틀림없다. "공항의 매력이 집중된 곳은 터미널 천장에 줄줄이 매달려 비행기의 출발과 도착을 알리는 텔레비전 화면들이다. ······ 화면에 쉬지 않고 나타나는 안내문, 가끔 커서의 초조한 박동을 수반하기도 하는 안내문은 일견 단단하게 굳어 버린 듯한 우리의 삶이 얼마나 손쉽게 바뀔 수 있는지를 보여 준다.”(알랭 드 보통, 『동물원에 가기』) 그는 공항의 활주로에 서 있는 비행기들을 바라보며 상상의 날개를 펼친다. “비행기는 넓은 세상의 상징으로, 그 안에 자신이 건너온 모든 땅의 흔적을 담고 있다. 그 영원한 이동성은 정체와 속박으로 답답해진 마음에 상상의 평형 추를 제공한다.”(알랭 드 보통, 앞의 책) 비행기는 우리 어깨를 짓누르는 피로와 권태, 나날이 반복되는 지루한 일상에서의 구원을 상징한다. 그러니 어디론가 떠나기 위해 대기해 있는 비행기들의 정류장인 공항은 그 모든 억압을 떨치고 솟구쳐 올라 우리를 낙원으로 데려가리라는 환상을 꿈꾸게 한다. “오후 세 시, 권태와 절망이 위협적으로 몰려오는 시간, 감정에 깊은 크레바스들이 파여 있을 때, 늘 어딘가로 이륙하는 비행기가 있다는 생각만으로도 얼마나 큰 위로가 되는지.”(알랭 드 보통, 앞의 책) 비행기가 활주로에서 엔진이 가동하는 굉음을 내며 이륙 준비를 한다. 비행기는 사뿐하게 활주로를 떠나 대기로 떠오른다. 이제 비행기는 우리를 낯선 나라, 낯선 장소로 데려다 줄 것이다. 세계에 대한 환멸이 나 자신에 대한 환멸이고, 내가 느끼는 피로가 곧 세계에 대한 피로라면, 그 환멸과 피로는, 나와 세계로부터 가능한 한 멀리 감으로써 떨쳐 낼 수 있을지도 모른다. 공항은 내가 나에게서 가장 멀어질 수 있는 장소다. 그러니 공항은 환멸과 피로에서 나를 구원해 낼 수 있는 장소가 되는 것이다.

2009년 여름 알랭 드 보통은 히드로 공항 관계자에게서 뜻밖의 초청을 받는다. 공항의 상주 작가가 되어 한 주일 동안 공항에 머무르며 공항의 사람들과 일상들을 취재해 달라는 부탁을 받은 것이다. 그는 그 부탁을 수락하는데, 그 수락 이유를 이렇게 적는다. “혼돈과 불규칙성이 가득한 세계에서 터미널은 우아함과 논리가 지배하는 훌륭하고 흥미로운 피난처로 보인다. 이곳은 현대 문화의 상상력이 넘쳐 나는 중심이다. 만약 화성인을 데리고 우리 문명을 관통하는 다양한 주제들 — 테크놀로지에 대한 우리의 신앙에서부터 자연 파괴에 이르기까지, 우리의 상호관계성에서부터 여행을 로맨틱하게 대하는 태도에 이르기까지 — 을 깔끔하게 포착한 단 하나의 장소에 데려가야 한다면, 우리가 가야 할 곳은 공항의 출발과 도착 라운지밖에 없을 것이다. 결국 공항에서 좀 더 시간을 보내면 어떻겠냐는 그 특별한 제안을 받아들이지 말아야 할 이유는 바닥이 나고 말았다." 공항은 현대 문명의 모든 것이 동시적으로 구현된 공간이다. 온갖 인종과 문화가 소란 속에서 뒤섞이고 교차하는 이 공간은 우리가 어떻게 살아야 하는지를 생각해 보기에 더할 수 없이 좋은 장소다. 그러니 알랭 드 보통이 그런 기회를 마다할 리가 없었던 것이다.

제 나라를 떠나는 사람은 대개 국제공항을 통해 떠난다. 공항은 물론 집과 다른 장소다. 은행이나 관공서, 학교나 회사와도 다른 장소다. 공항은 여행자가 임시로 머무는 곳, 스쳐 지나가는 곳, 날마다 많은 사람들이 어디에서부턴가 도착하고 어디론가 출발하는 장소다. 공항 문턱, 이곳과 저곳을 연결하는 사이의 장소. 이때 '사이'란 자크 데리다에 따르면 "정의되지 않은 방향 전환의 거처"다. 공항에는 무수한 문, 출구, 통로가 있는데, 이것은 이질적인 것들의 혼재, 그 흐름을 이끌고, 흐름을 끊고, 흐름을 자연스럽게 잇는다. 공항으로 몰려드는 사람들은 모두 잠재적인 위반성을 내재화한, 아직 범죄를 실현하지 못한 사람들이다. 인권 침해의 요소가 있음에도 불구하고 세계의 국제공항들은 다투어 '알몸 투시기'로 알려진 전신 투시기를 설치하고 가동한다. 이 전신 투시기를 가동하는 출국 심사대와 입국 심사대는 불순물을 적시하고 걸러 내는 거름망이다.

공항에 들어서면 뭔가 알 수 없는 가벼운 흥분과 설렘이 있다. 왜 그럴까? 그것이 여행이든, 출장이든, 망명이든, 이주이든 공항은 이 삶에서 저 삶으로, 혹은 이 장소에서 저 장소로 달아나기가 실현되는 자리이기 때문이다. '나'를 지층화하고 있는 장소에서 새로운 장소로 달아나기, 혹은 탈영토화하기. 한 작가는 이렇게 쓴다. "공항에서 나는 내가 아닌 다른 존재와 나 자신 사이의 어떤 것이다. …… 공항에서 비행기표와 여권만 들고 출국 심사대를 빠져나갈 때마다 나는 거의 다른 존재가 된 듯한 착각에 빠진다. 그 착각은 참으로 감미롭다. 그런 점에서 공항은 환각의 극장이며 착각의 궁전이다. 그리하여 공항은 마침내 삶에 대한 절절한 역설이 되는 셈이다. 맞다. 덧없이 반복적으로 스쳐 가는 것들만이 영원하다."(김연수, 「그리고 우리에겐 오직 질문하고 여행할 권리만이 ─ 언제라도 나를 매혹시킬 세 개의 공간」, 『여행할 권리』) 그러니까 공항은 덧없는 반복, 즉 익숙한 '나'에서 또 낯선 '나'에게로 나가는 출구인 셈이다. 공항, 혹은 존재 전환의 변곡점.

공항은 나라와 나라 사이, 국경과 국경 사이에 있는 공간이다. 이 '사이'에서 우리는 낯선 존재로 변신한다. 우리 의식에서 타성과 인습적 사고가 휘발되고, 우리 존재가 어딘지 모르게 쇄신되어 가볍고 자유로워진 느낌이 드는 것이다. 현대의 첨단 테크놀로지가 집중화된 이 거대한 규모의 공공적 장소는 나·타자·우리의 전면적인 이방인화(化)가 일어나는 장소이기 때문이다. 이방인들은 어디서도 정착할 수 없고, 어디서도 함부로 죽어서도 안 된다. 공항은 어떤가? 여기서는 누구도 오래 머무를 수도 없고, 따라서 죽을 수도 없다. 이 '사이'는 삶과 죽음이 아니라 오로지 한시적인 흐름만을 허용한다. 다양한 역동성을 가진 흐름들. 이 '사이'에서 흐름의 접속, 배제, 단절, 도주가 실현된다. "혼돈과 불규칙성이 가득한 세계에서 터미널은 우아함과 논리가 지배하는 훌륭하고 흥미로운 피난처로 보인다. 이곳은 현대 문화의 상상력이 넘쳐 나는 중심이다. 만약 화성인을 데리고 우리 문명을 관통하는 다양한 주제들—테크놀로지에 대한 우리의 신앙에서부터 자연 파괴에 이르기까지, 우리의 상호 관계성에서부터 우리 여행을 로맨틱하게 대하는 태도에 이르기까지—을 깔끔하게 포착한 단 하나의 장소에 데려가야 한다면, 우리가 가야 할 곳은 공항의 출발과 도착 라운지밖에 없을 것이다."(알랭 드 보통,『공항에서 일주일을: 히드로 다이어리』) 세계 속에서 우연히 내던져진 뒤 자기의 타자성을 자각하고 사는 사람이라면 누구나 이방인이다. 실은 어머니와 연결된 탯줄이 끊어지는 순간부터 우리는 우주의 이방인으로서 삶을 시작한 것이다. 이방인, "다른 곳에서 와서 거처를 정한 사람"이면서 "계속 여행 중일지라도 지속적으로 머무는 사람"(게오르그 짐멜, 니콜 라피에르,『다른 곳을 사유하자』에서 재인용)이고, 그는 "안에 있는 동시에 밖에 있다. 그러니까 중간에, 문턱에 있는 것이다. 그는 출신 성분이나 다른 곳에서 흘러들어 왔다는 사실 때문에 자신이 정착한 집단 안에서 여느 사람들과는 다른 위치를 차지하거나 그런 위치를 부여받는다."(니콜 라피에르, 앞의 책) 이방인은 흐르면서 동시에 머무르는 자다. 이방인은 그 독특한 위치 때문에 "전통의 제약을 덜 받아 자유로운 의견을 제시"하고, "선입견에 덜 치우치고 비판적 사유"(니콜 라피에르, 앞의 책)를 할 수 있다. "모든 사람이 자기 자신에 대하여 가장 먼 존재"(프리드리히 니체, 앞의 책)라는 말을 받아들인다면, 우리는 우리-나-존재라는 이름의 이방인이 확실히 맞다! 알랭 드 보통이 말하는 화성인이란 제 신체에 바코드를 각인한 낯선 이방인의 또 다른 이름이 아닐까? 이를테면 여권이란 국적, 성별, 생년월일, 신장, 발급일자, 유효 기간을 포함한 '나'의 바코드인 셈이다.

대개의 국제공항은 그 규모가 거대하다. 그 물리적 규모의 압도적인 크기, 미로와 같이 얽힌 복잡한 통로와 블록들로 인해 처음 낯선 국제공항에 도착한 사람들은 의식이 외부의 그 무엇에 의해 짓눌리는 듯한 느낌을 받는다. 그 짓눌림은 의식의 마비와 판단 정지로 이어진다. "공항과 같은 거대 건물은 이러한 자연과의 관계를 거의 전적으로 무시해 버림으로써 참으로 압도적인 거대성을 얻는다. 이미 말한 바와 같이, 그것은 외면이 없는 건조물로서 우리를 사방으로 둘러싸는 절대적 환경이 된다. 그러면서 그것은 자연의 안정과 자유의 조화를 갖지 못함으로써, 그것의 근원성을 갖지 못함으로써 우리로 하여금 방향을 상실하게 하고 불안과 압박을 느끼게 한다. 그것은 독 안에 든 쥐라는 느낌과 비슷하다. 아무리 편리하더라도 우리는 절대적 환경이 어떤 기술적 의도 또는 관리의 의도에 의하여 기획된 것임을 느낀다. …… 그런데 이것은 바로 오늘의 기술 문명의 성격을 그대로 말하여 주는 것이다. 그것은 모든 인간을 완전히 그 안에 감싸 버린다. 그러면서 그렇게 감싸여 있는 것을 바르게 알아차리지 못하게 한다. 그것은 마치 과학 기술 문명의 모든 것이 인간의 편리만을 위하여 모든 것을 마련해 나가는 것으로 보이기 때문이다. 그것은 사실이다. 다만 그러한 편의의 증대 과정에서 사람은 그것에 사로잡히는 바가 되는 것이다. 그리고 그것으로 봉쇄되는 다른 자유와 가능성을 알 수 없게 되어 버리는 것이다."(김우창, 『법 없는 길』) 이때 우리는 외부의 것들을 지배하고 내 것, 먹을 수 있는 것과 쓸 수 있는 것으로 변환시키는 동화의 힘을 잃어버린다. 한 인문학자는 이렇게 쓴다. "물리적으로 볼 때 공항은 객관적으로 존재하는 건물이라기보다는 그들을 둘러싸는 분위기 또는 대기와 같이 도대체 공항을 밖으로부터 보는 경우가 드물게 마련인데, 그것은 안으로부터 경험되는 수밖에 없다. 물론 출발하는 공항 또는 여행객이 그럴 만한 마음의 여유가 있는 사람이라고 한다면, 도착하는 공항의 출입구를 잠시간 바라볼 기회가 없는 것은 아니지만, 그러한 경우도 오늘날의 거대 공항, 특히 시카고나 프랑크푸르트의 공항의 전체를 하나의 원근법 속에, 즉 한 사람의 적절한 시각으로부터 포착하는 것은 불가능하다. 전체의 모양을 파악하는 것은 공중 촬영의 각도로부터 또는 지도로만 가능하다. 이것은 공항이 아니라도 오늘날의 거대한 건물에서 흔히 보는 것이다."(김우창, 앞의 책)

국제공항에서 우리가 가장 흔하게 겪는 정신적 현상은 주체의 타자화다. 나에게서 수시로 '나'의 박리가 일어난다. 그러므로 공항 로비들을 떠도는 모든 사람들은 나에게서 떨어져 나온 '나'들이다. 이 타자들은 개별자로서가 아니라 먼지처럼 뭉쳐서 흘러 다닌다. 먼지, 혹은 유령들, 좀비들! 그들은 거기에 있지만 실은 거기에 존재하지 않는다. 그들은 항상 다른 곳을 사유한다. 그들은 사유하는 그 자리에 없고, 사유가 끝난 자리에 있다. "터미널에는 곧 하늘로 올라갈 비행기의 여행 일정을 알리는 스크린들이 일정한 간격을 두고 서 있다. …… 이 스크린은 무한하고 직접적인 가능성의 느낌을 내포하고 있다. 우리가 충동적으로 매표구에 다가가, 몇 시간 안에 창에 셔터를 내린 하얀 회반죽 집들 위로 기도 시간을 알리는 외침이 울려 퍼지는 나라, 우리가 전혀 모르는 언어를 사용하는 나라, 우리가 누구인지 아무도 모르는 나라로 떠나는 일은 얼마나 쉬운지 보여 주기 때문이다. 목적지의 세부 정보가 없다는 사실 때문에 오히려 초점이 맞지 않는 노스탤지어와 갈망의 이미지들이 흔들리며 떠오르기 시작한다."(알랭 드 보통, 앞의 책) 비행기 티켓을 파는 창구에서 우리가 구입하는 것은 실현되지 않은 삶, 혹은 놓쳐 버린 삶의 노스탤지어와 갈망이다.

공항을 사랑하는 또 한 사람이 있다. 우리의 소설가 김연수도 우울하고 따분할 때 공항에서 위로와 기분 전환의 계기를 찾는다. 그는 왜 공항을 찾아가는 걸까? "공항을 찾아가는 까닭은 내가 아닌 다른 존재가 되고자 하는 욕망 때문이 아닐까. 그러니 공항 대합실에 서서 출발하는 항공편들과 목적지를 볼 때마다 그토록 심하게 가슴이 두근거리겠지."(김연수, 앞의 책) 공항은 경계선이자 문턱, 혹은 이 세계와 저 세계 사이에 있는 틈새다. 그 틈새는 우리의 기분을 바꾸고 존재를 쇄신하게 만드는 마술이 일어나는 공간이다. "공항에서 나는 내가 아닌 다른 존재와 나 자신 사이의 어떤 것이다. 어떤 점에서 그 둘은 같다. 온전하게 나 자신으로 돌아가는 길이 바로 내가 아닌 다른 존재가 되는 길이다."(김연수, 앞의 책) 소설가는 공항을 내가 아닌 다른 존재로 변신할 수 있는 장소, 즉 '생을 바꾸는 공간'이라고 말한다. 공항에 들어서는 순간, 우리는 집을 떠난 여행자, 고국을 떠난 이방인이 되고 만다. 공항의 공기들은 그렇게 우리를 바꾸는 마법의 힘을 품고 있다. 자, 삶이 지루해질 때 공항에 나가 낯선 공기의 냄새를 맡으며 빈둥거려 보는 것은 어떨까? 나는 조만간 김포공항에 나가 한가롭게 오후 시간을 보내고 싶다.

함께 읽으면 좋은 책들

김연수, 『여행할 권리』, 창비, 2008

김우창, 『법 없는 길』, 김우창 전집, 민음사, 2006

알랭 드 보통, 『공항에서 일주일을: 히드로 다이어리』, 정영목 옮김, 청미래, 2009

알랭 드 보통, 『동물원에 가기』, 정영목 옮김, 이레, 2006

프리드리히 니체, 『도덕의 계보』, 강태원 옮김, 다락원, 2009

한병철, 『피로 사회』, 김태환 옮김, 문학과지성사, 2012

내 안의 노마디즘

자크 아탈리, 『호모 노마드, 유목하는 인간』

많은 사람들이 자기가 태어나고 자란 곳을 떠나 이곳저곳을 떠돌아다
닌다. 그들이 조국과 고향을 떠난 것은 가난, 불평등, 불의 때문이거나,
더 나은 삶의 질과 가치 있는 삶의 방식을 선택하기 위해서다. 그들은 자
신이 태어나고 자란 장소가 규정하는 운명을 거부하고 새로운 운명을 찾
아 나서는데, 더러는 이름을 바꾸고, 직업을 바꾸고, 국적을 바꾸기도 한
다. 그들은 한시도 한곳에 머무르지 않고 움직인다. 대개의 사람들은 잠
자는 동안만큼은 한곳에 머무는데, 이들은 잠조차도 이동하면서 잔다.
그들은 여행하면서, 출근하면서, 퇴근하면서, 틈틈이 잔다. 가수 겸 프로
듀서인 박진영은 어제는 뉴욕에, 오늘은 서울에 제 모습을 드러낸다. 소
설가 김영하는 안정된 직장(대학교수와 방송 진행자)과 집(아파트)을 버리
고 세계의 이곳저곳을 떠돌며 소설을 쓴다. 어쨌든 더 많은 사람들이 문
호 개방, 이동의 바람을 타고 움직인다. 이들의 직업은 다양한데, 그들 중

에서 많은 부류는 상인, 이주 노동자, 이민자, 예술가, 엔터테인먼트 비즈니스 종사자들이다. 우리는 그들은 싸잡아 '노마드'라고 부른다.

여러 철학자와 문명사가들은 21세기가 노마드(유목)의 시대가 될 것임을 예고했다. 그중의 한 사람이 자크 아탈리(Jacques Attali)다. 자크 아탈리는 인간이라는 종(種)이 나타나기 이전부터 생물체들은 노마드의 특성을 드러냈다고 말한다. 생물체들의 "이동성, 미끄러짐, 이주, 도약, 여행"이 바로 그것이다. 자크 아탈리는 인류가 출현하기 이전에 이미 "아메바에서 꽃으로, 생선에서 새로, 말에서 원숭이로 진화한 생명의 역사 자체가 이미 노마드적이었다."(『호모 노마드, 유목하는 인간』)라고, 인류가 태생적으로 노마드였다고 말한다. 노마드들은 인류 문명을 진화시키는 발명을 한다. 불, 사냥, 언어, 농경, 목축, 신발, 옷, 연장, 제식, 예술, 그림, 조각, 음악, 계산, 바퀴, 글씨, 법, 시장, 세라믹, 야금술, 승마, 배의 키, 항해, 신, 민주주의가 노마드의 발명품들이다. 그에 반해 정착민들은 국가, 세금, 감옥, 저축, 총, 대포, 화약들을 발명한다. 21세기에 들어서면서 새로운 노마드들이 나타났다. 이들은 휴대가 간편한 첨단 전자 장비를 갖추고 여러 나라를 옮겨 다니며 일한다. 디지털 노마드들이 바로 그들인데, 이들은 잡(Job) 노마드, 현대판 유목민, 비즈니스 집시로 불리기도 한다. 오늘날 10억 명 이상의 사람들이 일이나 정치적인 이유로 노마드의 삶을 산다. 그들은 이민자, 망명객, 이주 노동자, 노숙자, 여러 이유로 고국을 떠나 타국을 전전한다. 여기에 새로운 하이퍼 노마드, 즉 예술가, 노마드적 자산 보유자, 특허권 또는 노하우를 가진 사람들이 21세기 세계화의 주역이 될 것이라고 예언한다.

지금 이 순간에도 세계 인구 중에서 10억 명 이상의 사람들이 이민자, 출장자, 여행자와 같은 형태로 살아간다. 인류는 600만 년 동안 노마드로 살았고, 노마드의 역사는 불과 6000년 전에 고안되어 시작된 정착민의 역사를 압도한다. 그런데도 이제까지의 모든 역사는 항상 "정착민의 시각에서 국가의 도구라는 이름으로 써 왔다."(질 들뢰즈·펠릭스 가타리, 『천 개의 고원』) 역사는 노마디즘을 받아들인 적도 없고, 역사의 주체로 기록한 적도 없다. 정착민들이 만든 건 국가, 세금, 감옥이다. 반면 노마드는 불, 언어, 민주주의, 시장을 창안하고 이것들을 세계에 퍼뜨렸다. 자크 아탈리는 "2001년 9월 11일 테러는 노마드 반란자들이 정착민의 긍지(쌍둥이 탑)를 무너뜨리기 위해 노마드적 수단들을 빼돌려 이용한 사례로서 이러한 적의의 시작을 기록하였다."(자크 아탈리, 앞의 책)라고 분석한다. 이것은 제국과 노마드 반란자들의 전쟁이다. 그러니까 9·11 테러는 정착민의 제국이 시장, 민주주의, 이슬람이란 새로운 노마드의 도전 앞에 놓여 있다는 사실을 보여 준 하나의 상징적 사건이다. 그러나 이미 많은 것들을 이루고 그 이룬 것의 바탕 위에서 자유와 권리를 누린 '하이퍼 노마드' 중에서 새로운 삶의 방식에 대한 욕구가 싹트고 있다. 상업적 노마드의 삶에 불가결하게 따르는, 이동에 따른 환멸, 피로, 여행의 고통에 진절머리를 내고, "삶의 질이 최고인 곳이 아니라 시장이 자기들을 원하는 곳에 가서 살아야만" 하는 것에 분노하며, "움직이지 않을 권리, 돌아다니지 않아도 될 권리, 정착민이 될 권리"를 요구한다. 이들은 "시장의 주인이 되어 본 뒤에, 시장의 공허함 속에서 자신들마저 때때로 거부당하게 된 그들은 새로운 척하는 새로움, 시뮬라크르(simulacre), 조악한 천편일률, 표준화된 기분 전환 거리, 시니시즘(cynicism), 도덕적 매춘, 열병, 다름에 대한 증오, 자기 자신을 포함한 사람과 사물의 무가치성 등"에서 등을 돌리고 멀어져 가는 사람들이다. 이들은 누구인가? 예술가, 작가, 음악가, 발명가 중에서 "노마드로서 정착하고 정착민으로서 이동하는"

이들을, 자크 아탈리는 '트랜스휴먼'이라고 명명한다. 트랜스휴먼은 "가능한 한 가볍게 살고, 재산 때문에 거추장스러워지지도 않으며, 사상, 경험, 지식, 관계 이외에는 아무것도 축적하지 않는 것"을 삶의 의무로 삼는다. 자크 아탈리는 세계가 노마드와 정착민들이 시장 지배의 권력을 쥐기 위해 서로 갈등하고 경쟁하는 끔찍한 전쟁터가 되지 않고, 평화롭게 공존하기 위해, 정착민인 동시에 노마드인 트랜스휴먼으로 살 수 있는 시대가 열려야 한다고 주장한다. 트랜스휴먼은 정착민과 노마드라는 이분법을 거부하고, 오히려 그 이중성의 장점을 받아들여 자기 안에 내면화하는 사람들이다.

트랜스휴먼은 자신과 다른 문화와 인종, 종교와 신념에 속한 사람이라고 할지라도 그들을 야만인이라고 낙인찍지 않는다. 당연히 이방인과 이주 노동자들을 차별하지도 않고 환대할 것이다. 아울러 노마드와 마찬가지로 영토와 부동산을 축적하는 대신에 사상이나 지식으로 무장한다. 그들은 문화, 종교, 인종의 다양성을 자연스러운 것으로 받아들이며, 차이를 존중하면서 공동의 이익을 추구한다. 과연 자크 아탈리의 예견대로 노마드의 시대는 트랜스휴먼의 시대로 넘어갈 것인가?

20세기가 정착민이 세운 문명의 시대였다면 새로운 세기는 끊임없이 떠도는 자들이 세운 문명의 지배를 받게 될 것이다. 노마디즘의 세기를 맞은 것이다. 날마다 가정에서 직장으로 출퇴근을 하는 도시 노마드들에게는 이동이 노동 조건 자체이기도 하다. 노마드들은 일정한 곳에 머물러 사는 사람들에게 왜 떠나지 않는가라고 묻는다. 그들은 "만들어진 길에서 벗어나 움직이고, 떠돌며, 다른 곳을 사유"(니콜 라피에르, 『다른 곳을 사유하자』)한다. 떠도는 자들에게 "점유권, 사회적으로 안정된 위치, 자신의 것들에 둘러싸인 자기만의 공간, 자기가 속한 세계에서 인정받는 어떤 위상"(니콜 라피에르, 앞의 책)은 절대적인 것이 아니다. 언제든지 버릴 수 있는 것이다. 노마드들은 생존을 위해서 늘 새로운 유목을 발명한다. 그들의 이동을 가로막을 수 있는 것들은 없다. 노마드들은 한자리에 머물지 않고 이동하는 자들이지만 사실은 그들이 움직일 때야말로 실제로는 가장 진득하게 앉아 있을 때다. 그들은 움직이면서 움직이지 않는 자들이다.

"벽, 울타리, 담, 그리고 이 담들을 연결하는 도로에 의해 홈이 파이는 정주민적 공간과 달리 유목민적 공간은 매끈한 공간으로서 경로와 함께 지워지고 이동해 나가는 '특징 선'에 의해서만 구분된다. 심지어 사막의 얇은 막들은 상대방 위로 흘러내리면서 도저히 모방할 수 없는 소리를 내기도 한다. 유목민은 매끈한 공간 속에서 자신을 분배하고 이 공간을 차지하고 거주하며 보존한다. 이것이 바로 이들의 영토적 원칙이다. 따라서 유목민을 운동에 의해 규정하는 것은 잘못이다. 이와 반대로 일찍이 유목민은 오히려 옮겨 다니지 않는다고 주장한 토인비가 근본적으로 옳다. 이주민은 거주지가 황폐해지거나 불모지가 되면 환경을 버리고 떠나는 데 반해 유목민들은 떠나지 않으며 떠나기를 원하지 않는 자들로서, 숲이 점점 줄어들고 스텝이나 사막이 증가하면 나타나는 매끈한 공간 속에 있으면서 이러한 도전에 대한 응답으로서 유목을 발명해 낸다. 물론 유목민도 움직이지만 실제로는 앉아 있는 것이며, 움직이고 있을 때가 가장 진득하게 앉아 있을 때인 것이다. (안장 위에 정좌하고서 잰걸음으로 달리는 베두인족은 '평형 상태의 정수'를 보여 준다.) 유목민은 기다리는 방법을 알고 있다. 그는 무한한 인내력을 갖고 있다. 부동성과 속도, 긴장감과 돌진, '정지한 과정', 과정으로서의 정지 등 클라이스트에게서 나타나는 이러한 특징은 전형적으로 유목민적인 것들이다. 따라서 속도와 운동을 구별할 필요가 없다. 운동은 아무리 빨라도 그것만으로는 속도가 될 수 없으며, 속도는 아무리 늦어도, 설령 움직이지 않더라도 여전히 속도인 것이다. 운동은 외연적이며, 속도는 내포적이다. 운동은 '하나'로 간주되는 어떤 물체가 어느 한 지점에서 다른 한 지점으로 이동하는 경우 갖게 되는 상대적 성격을 가리키는 데 반해 속도는 어느 물체의 환원 불가능한 부분(원자)이 돌연 어떠한 지점에서라도 출현할 수 있는 가능성과 함께 소용돌이를 일으키는 방식으로 매끈한 공간을 차지하거나 채우는 경우 물체가 갖게 되는 절대적 성격을 가리킨다. (따라서 상대적 운동이 아니라 특정한 장소에서의 강렬한 체험을 통해 이루어지는 정신적 여행에 대한 이야기가 계속 전해 내려온 것은 전혀 놀랄 만한 일이 아니다. 이러한 여행은 유목의 일부이기 때문이다.) 요컨대 단지 유목민만이 절대적 운동, 즉 속도를 지니고 있으며 소용돌이 운동 내지 회전 운동은 본질적으로 전쟁 기계에 속하는 것이다."(질 들뢰즈·펠릭스 가타리, 앞의 책)

노마드들은 집이나 토지가 아니라 불, 지식, 제례 의식, 이야기, 미움, 회한과 같이 가볍고 몸에 휴대할 수 있는 것들만 갖고 움직인다. 오늘의 노마드들도 크고 무거운 것들은 버리고 떠난다. '비결정성과 변인의 지대'로, 혹은 '모험 지대'로. "나아가 이러한 움직임은 어떤 아찔한 장소, 비어 있는 공간, 이미 지나간 것과 아직 오지 않은 것 사이의 틈새에 대한 관심을 부추기고, 비결정성과 변인의 지대 혹은 표지판을 아직 세우지 않은, 모호한 정체성의 모험 지대에 대한 주의를 환기시킨다."(질 들뢰즈·펠릭스 가타리, 앞의 책) 과거에도 노마드들은 있었다. 수렵인, 유랑 농경민, 대상(隊商), 선원, 순례자, 해적, 걸인, 추방자, 계절 노동자 등은 다 노마드의 범주에 든다. 현대에 와서 정치 망명자, 여행자, 예술가, 히피, 지사 근무자, 비디오 게임 중독자, 휴대 전화나 인터넷 사용자들도 노마드의 윤리와 문화의 범주 안에서 사는 사람들이다.

자크 아탈리는 노마드를 하이퍼 노마드와 인프라 노마드로 나눈다. 하이퍼 노마드들은 예술가, 노마드적 자산 보유자, 특허권 또는 노하우 보유자들을 가리킨다. 그들은 수천만 명에 달하며, 세계를 지배하는 네트워크를 만들거나 실제와 가상 공간에서 새로운 식민지를 찾기 위해 끊임없이 이동한다. 인프라 노마드는 빈곤층 노마드인데, 이들이 인류의 대부분을 차지한다. 그들은 더 나은 삶의 조건을 찾아 이동한다. 그들은 호화스럽게 사는 노마드의 영토나 길로 진입하려고 시도하거나 지나가는데, 그 과정에서 크고 작은 분쟁과 전쟁을 치를 수 있다. 중앙아시아, 지중해, 카리브 해 등이 전략적 쟁점 지역으로 떠오를 것이다. 인프라 노마드는 항상 세계 변동의 주요 추동력이자 변수가 될 가능성이 크다. 그러나 국가들이 자리를 잡고 권력을 강화하면서 국경이라는 장벽을 만들어 이동을 통제한다. 몽골족, 인도 유럽인들, 투르크인들은 한때 유목민에서 정주민으로 전환하기도 했다. 그들은 성벽과 보루를 쌓고, 국경과 관료 제도를 고착시키며 정주성 권력으로 번성한다. 그들은 돌아다니는 사람을 잠재적 파괴자들로 규정한다. 그래서 국가들은 이동을 통제하고 감시하고 관리하기 위해 신분증 제도를 고안해 낸다. 그런 맥락에서 들뢰즈와 가타리는 『천 개의 고원』에서 국가의 근본 과업의 하나로 "자신이 통치하는 공간에 홈을 파거나, 매끄러운 공간들을 홈 패인 공간에 복무하도록 이용하는 것"이라고 말한다. 거칠게 요약하자면 정착민들은 땅을 소유하고 경작하며 거기에 제 삶을 고착시킨다. 반면 유목민들은 땅을 소유하지도 경작하지도 않는다. 유목민들은 홈 패인 곳에 제 삶을 고착시키지 않고 구획되지 않은 매끄러운 땅 위를 미끄러져 달아난다. 들뢰즈와 가타리는 그 사실을 "정착의 공간은 벽, 울타리, 울타리 사이의 길들에 의해 홈 패인 반면, 유목적 공간은 매끄럽고, 궤적들에 의해 지워지고 치환되는 '특질들(traits)'에 의해서만 표시된다."라고 말한다. 국가의 정치 권력은 사람과 물자, 혹은 상업과 자본의 흐름과 속도를 제한하고, 조절하며, 관리한다. 도로와 법을 통해 통제하는 권력으로(들뢰즈와 가타리 식의 용어로 말하면 매끄러운 공간에 홈을 파서) 흐름의 순환, 속도, 운동을 장악한다. "도시의 대문들, 세금 징수와 의무는 대중의 유동성, 이주민 무리(사람들·동물들·물건들)의 침투력에 대한 장벽이고 필터"들이다.

북한 탈주민이나 중국 조선족이 자신들의 영토에서 벗어나 한국으로 올 때 그들은 노숙자, 히피, 집시, 고아, 이주 노동자, 망명자, 여행자, 예술가, 유대인들과 마찬가지로 경계의 횡단자들, 호모 노마드들로 변신한다. 이들 횡단자는 끊임없이 지리적으로 움직임으로써 죽음의 위기에 빠진 삶을 구한다. 경계 넘기는 죽음에서 삶으로의 횡단이고, 살 길로의 미끄러짐이고, 새 세상으로의 도약이다. 이주, 월경(越境), 여행은 생명 진화의 눈부신 역사를 이룬 힘이다. "인간이라는 종(種)을 탄생시킨, 생물체의 그 엄청난 뒤얽힘은 이동성, 미끄러짐, 이주, 도약, 여행으로 이루어졌다. 꿈을 약탈당한 고래들이여, 더 멀리 가자. 저 먼 곳에 삶이 있다. 당신의 원반을 저 멀리 던져라. 그 원반이 날아간 곳으로 가자. 관습에 굴복하는 정주민으로 살지 말고, 더 멀리 떠나자. 이 세상의 무수한 경계와 국경을 넘는 호모 노마드들, 횡단자들이여, 더 멀리 가서 꿈꾸고 늘 다른 곳을 사유하자. 앞으로 우리는 더 많이 정착민이면서 동시에 노마드로 살아야 한다. 더 잦은 이민, 출장, 여행은 노마드적 삶의 징표들이다. 미래에는 "어쩌면 자기 기억을 변형시키거나, 다른 존재가 되거나, 이 몸에서 저 몸으로 여행을 하거나, 태어날 곳을 정하기 위해 시간을 거슬러 올라가거나, 새로운 모델이 욕망을 자극하면 곧바로 자기 자신은 노마드적 사물로 내버려지거나 하는 이 모든 일이 가능해질 수도 있다."(자크 아탈리, 앞의 책) 불가피하게 세계는 날이 갈수록 더욱더 노마드화할 것이다. 당연히 우리는 시장, 민주주의, 이슬람이라는 새로운 노마드적 환경 속에서 삶을 꾸려야 한다. 노마드는 인류의 지속 가능한 미래임이 분명하다. 잘 살기 위해서 우리는 몸과 의식을 바꿔야 한다. 어떻게? 지금까지 세계를 움직여 온 정착민적 가치와 삶의 방식에서 벗어나 끊임없이 쇄신과 변화를 강조하는 노마드의 대안적 삶의 방식에 맞게!

함께 읽으면 좋은 책들

니콜 라피에르, 『다른 곳을 사유하자』, 이세진 옮김, 푸른숲, 2007

이진경, 『노마디즘』 1, 2권, 휴머니스트, 2002

자크 아탈리, 『살아남기 위하여』, 양영란 옮김, 위즈덤하우스, 2010

자크 아탈리, 『호모 노마드, 유목하는 인간』, 이효숙 옮김, 웅진닷컴, 2005

질 들뢰즈·펠릭스 가타리, 『천 개의 고원』, 김재인 옮김, 새물결, 2001

유동하는 세계에서 살아가기

지그문트 바우만, 『고독을 잃어버린 시간』

통찰력이 뛰어난 사람에게서 마흔네 통의 편지를 받을 수 있다면, 정말 행복할 것이다. 그가 고독, 세대 간의 대화, 온라인과 오프라인, 트위터, 가상 섹스, 프라이버시, 소비, 자유에 대한 변화하는 개념, 유행, 소비 지상주의, 건강과 불평등, 신종 플루, 예측 불가능한 일과 예측 불가능하지 않은 일들, 공포증, 운명과 성격, 불황의 끝 따위에 대해 그 의미를 짚고, 오늘이 어떤 미래를 빚어낼 것인가를 알아듣게 설명해 준다면, 정말 행복할 것이다. 세계는 변화한다. 따라서 세계의 끊임없는 변화에 대처하지 않으면 안 되는데, 그 변화의 속도가 광속이고, 그래서 우리가 알아차리기도 전에 지나가 버리기도 한다. 문제는 세계가 그 변화를 일으키는 중력장 안에 있고, 우리 삶은 그 영향에서 벗어날 수 없다는 점이다. 유동하는 근대적 삶이 세계라는 냄비 속에서 펄펄 끓고 있다. "일시성의 영구성, 일과적인 것의 지속성, 행위의 주관적 결과를 반영하시 않는 객관적 결정, 영원히 규정되지 않는 사회적 역할, 더 정확히 말하면 사회적 역할이라는 닻도 없이 삶의 흐름 속에 던져지는 상황"(지그문트 바우만, 『모두스 비벤디』) 등이 유동하는 근대적 삶의 중심을 뚫고 지나간다. 그 변화의 소용돌이 속에서 정체성 혼란을 겪고, 세계의 변화 속도에 자주 멀미를 느끼고 있다면, 무엇보다도 먼저 그 변화를 투명하게 보고 인지할 수 있는 통찰력이 필요하다. 하지만 불행하게도 우리에게는 그러한 통찰력이 부족하다. 우리는 세계의 변화에 대해 유연하게 대처하지 못하고, 변화 속으로 떠밀려서 한자리에 머물고 싶어도 머물 수 없는 수수께끼와 같은 여행을 하고 있는 셈이다.

우리는 방금 지그문트 바우만(Zygmunt Bauman)에게서 온 마흔네 통의 편지를 받았다. 『고독을 잃어버린 시간』이라는 책이다. 이 책은 2008년에서 2009년까지 《여성들을 위한 라 레푸블리카》에 연재했던 것을 수정하고 편집해서 엮은 책이다. 바우만은 여전히 '액체 근대'라는 사유 체계 속에 살고 있다. 그는 지금의 세계를 '액체 근대'의 세계라고 명명한다. "이 액체 근대는 항상 움직이기 때문에 우리 모두는 싫든 좋든, 알든 모르든, 기쁘든 슬프든 간에, 심지어 우리가 움직이지 않고 한곳에 머물러 있으려 해도 끊임없이 여행으로 내몰린다."(지그문트 바우만, 『고독을 잃어버린 시간』) 이 말은 이 세계의 모든 것들이 끊임없이 액체와 같이 유동하면서 변화의 흐름 속에 놓여 있다는 뜻이다. 세계가 액체라면 그것은 한시도 같은 지점에서 같은 모습으로 고정되어 있을 수 없다. 패션, 유행들, 물건들, 사건들, 꿈과 희망들, 기회와 위협들……. 이 모든 것들은 딱딱한 사물처럼 제 자리에 고정되어 있는 게 아니라 액체로 출렁이며 흘러간다. 어제의 새로움은 오늘 이미 낡은 것이 되어 버린다. '액체 근대'는 우리를 자주 놀라게 한다. 액체로 흘러가는 세계의 변화 속도가 우리

의식의 속도를 간단하게 추월해 버리기 때문이다.

한 달 동안 무려 3000여 건의 문자 메시지를 보낸 10대 소녀가 있다. 이는 이 소녀가 결코 혼자서만 지내 본 적이 없다는 것을 뜻한다. 우리는 인터넷, 트위터나 페이스북, 휴대 전화로 누군가와 끊임없이 접속을 시도한다. 우리는 항상 타인들과, 그리고 세계와 접속하면서 삶을 꾸린다. 시간을 가리지 않고 접속은 무차별적으로 이루어지고 우리에겐 외로울 틈조차 없다. 우리가 온라인의 가상 세계와 연결되어 있는 동안 놓쳐 버린 것은 없을까? "결국 외로움으로부터 멀리 도망쳐 나가는 바로 그 길 위에서 정작 당신은 당신이 고독을 누릴 수 있는 기회를 놓쳐 버린다. 놓쳐 버린 그 고독은 바로 사람들로 하여금 '생각을 집중하게 해서' 신중하게 하고 반성하게 하며 더 나아가 인간끼리의 의사소통에 의미와 기반을 마련해 줄 수 있는 숭고한 조건이기도 하다."(지그문트 바우만, 앞의 책) 트위터(twitter)는 새들이 지저귀는 것을 뜻한다. 우리는 140자 이내의 가벼운 물음과 답변을 주고받으며 누군가와 연결을 유지한다. 스마트폰의 자판을 가볍게 터치하며 마치 새들이 지저귀듯 누군가와 재잘거리는 것이다. 온라인의 가상 세계 속으로 들어올수록 우리의 선택은 순간적으로 쉽게 이루어진다. 어깨에 걸친 '가벼운 외투'를 벗어 버리듯, '새들의 지저귐' 속에 자신을 방임하는 동안 우리는 고독을 누릴 수 있는 기회를 놓쳐 버린다. 우리가 놓친 것은 타인과의 진정한 소통을 위해 꼭 필요한 숭고한 조건이다.

웬일인지 우리는 점점 더 내가 누구인지 또는 무엇인지를 잘 모르는 상태로 떠밀린다. 내가 누구인지를 말하는 주변의 목소리들이 많아질 때, 혹은 개인의 비밀이 사적인 영역에서 벗어 나와 여기저기 나뒹굴 때, 우리는 자신이 누구인지를 말하는 데 어려움을 겪는다. 무심코 트위터나 페이스북을 하면서 우리는 자신이 어디에서 무얼 하고 있는지를 실시간으로 익명의 대중에게 중계한다. 그렇게 사적 비밀이 서식할 수 있는 시공을 지워 버린다. 프라이버시란 한 개인이나 집단의 정보를 격리시켜 이를 통해 자신들을 선택적으로 보여 줄 수 있는 능력과 연관된다. 프라이버시가 비밀을 유지할 수 있는 권리와 또 이런 권리가 타자에게 승인되고 인정되는 한에서만 가능하다고 할 때 비밀이 비밀로 지켜질 수 없다면 프라이버시도 존재할 수 없다. 그리하여 "프라이버시는 사람들이 지니고 있는 유일하고, 결코 나누어 가질 수 없는 그러한 주권이 유지되는 지대이자 바로 그처럼 주권을 지닌 사람들의 왕국이지 않으면 안 되는 영역이다."(지그문트 바우만, 앞의 책) 우리는 프라이버시를 방어하는 게 아니라 무심코 익명인들이 관람할 수 있는 공적인 영역으로 퍼다 나른다. 사적인 영역을 말살하는 이런 일들이, 통제할 수 없는 권력들이 아니라 프라이버시를 방어해야만 하는 개인의 자발적인 선택으로 이루어진다는 것은 심각하다. 그런데 우리는 그 심각성을 간과해 버린다. 바우만은 「프라이버시라는 기묘한 사건」이라는 소제목으로 세 통씩이나 연거푸 편지를 쓰면서 우리의 주의를 환기하는데, 이는 프라이버시의 위기야말로 삶의 위기라는 인식이 있기 때문이다.

1925년 폴란드 유대인 가정에서 태어난 바우만은 1989년 『모더니티와 홀로코스트』라는 책을 펴낸 뒤 세계적인 명성을 얻은 사회학자다. 그의 나이 예순네 살 때다. 대학에서 사회학과 철학을 전공하고, 1954년부터 1968년까지 바르샤바 대학에서 강의를 하다가 1960년대 말 폴란드에 불어닥친 반유대주의를 피해 1971년에 영국으로 망명했다. 그의 독창성은 근대를 '액체성'의 은유로 설명할 때 돋보인다. 우연히 손에 잡혀 읽은 『액체 근대(*Liquid Modernity*)』는 그의 책들을 부지런히 찾아 읽는 계기가 되었다. 땅이 물렁물렁하면 그 위에 세워진 어떤 건물도 견고한 안전성을 확보할 수 없다. 바우만은 근대성이 만든 견고성이 어떻게 액체화하고, 어떻게 '고형적' 국면에서 '유동하는' 국면으로 바뀌는지를 조목조목 짚는다. 그다음에 읽은 『모두스 비벤디(Modus Vivendi)』는 얇지만 매혹적인 책이다. '생활 양식'으로 번역할 수 있는 라틴어 제목 '모두스 비벤디'보다 부제인 '유동하는 세계의 지옥과 유토피아'라고 하는 게 책의 주제를 더 선명하게 드러낸다. 그의 은유를 빌리자면, 근대는 '정원사'의 시대였다. 유토피아의 꿈이 남아 있던 시절이다. 인류는 수세기 동안 불안과 공포가 없는 세상을 꿈꾸며 살았다. 말을 바꾸면, 유토피아를 바라보며 살 수 있었다. 지금은 '사냥꾼'의 시대다. 우리 앞에 놓인 선택지는 둘이다. 사냥꾼이 되느냐(죽이거나), 사냥감이 되느냐(죽거나). 살벌하지만 진실이다. "정원사에게 유토피아는 길의 끝이었다. 그러나 사냥꾼에게는 길 자체다. 정원사는 길의 끝을 유토피아의 정당화이자 궁극적 승리로 생각했다. 반면 사냥꾼에게 길의 끝은 이미 삶의 현실이 된 유토피아의 종착점이자 수치스러운 패배다. 한술 더 떠서 개인적인 실패를 보여 주는 꼼짝 못할 증거와 개인의 패배가 될 수도 있을 것이다. 다른 사냥꾼들이 사냥을 그만둘 가능성은 거의 없다. 그러므로 계속해서 사냥에 참가하지 못하면, 자기만 배제되었다는 수치심과 따라서 (추측컨대) 자기만 능력이 없다는 무력감 등을 느낄 수 있다."(지그문트 바우만, 『모두스 비벤디』) 우리는 원하든 원하지 않든 간에 사냥꾼으로 내몰린다. 사냥꾼의 삶이란 유토피아를 향해 나아가는 삶이 아니라 이미 유토피아 안에 들어와 있는 삶이다. 사냥꾼의 길은 끝나지 않으며, 끝나서도 안 된다. 사냥의 길이 끝나는 순간 그는 패배자로 낙인찍히고 사냥꾼의 대열에서 배제되기 때문이다. 그러므로 사냥은 끝이 없다. 끝은 오로지 패배와 배제의 방식으

63

로만 작동한다. 이 기괴한 유토피아는 우리가 삶의 의미에 대해 사색할 수 있는 기회를 박탈한다.

오늘날 대다수 젊은이들은 인터넷 서핑, 아이팟, 휴대 전화, 비디오 게임에 둘러싸인 채 살아간다. 이런 전자 문명이 만든 네트워크 속에서 개인과 개인의 관계, 그리고 사회적 유대 관계가 형성된다. 우리는 "가상적인 관계들이 현실적인 관계의 가장 실질적인 부분을 능가하는" 세계에 의존해서 살아갈 수밖에 없는데, 그런 세계 속에서 『고독을 잃어버린 시간』을 읽는 일은 꽤나 의미가 있다. 바우만은 그 특유의 통찰력으로 지식과 정보들이 넘쳐 나는 세상에서, 상호 모순으로 충돌하는 의견과 제안 사이에서, 혹은 우리에게 필요한 지식과 정보는 다른 넘치는 지식과 정보에 섞여 숨어 버린 상태에서 껍질이 아니라 '진리의 낟알'을 찾고 가려낼 수 있는 방법을 모색한다.

함께 읽으면 좋은 책들

지그문트 바우만, 『고독을 잃어버린 시간』, 조은평·강지은 옮김, 동녘, 2012

지그문트 바우만, 『모두스 비벤디』, 한상석 옮김, 후마니타스, 2010

지그문트 바우만, 『쓰레기가 되는 삶들』, 정일준 옮김, 새물결, 2008

지그문트 바우만, 『액체 근대』, 이일수 옮김, 강, 2009

지그문트 바우만, 『유동하는 공포』, 함규진 옮김, 산책자, 2009

쾌활하고 빠르고
조밀하고 날카로운

롤랑 바르트, 『중립』

올 3월 26일은 구조주의 기호학자이자 사상가이고, 비평가이면서 뛰어난 에세이스트인 롤랑 바르트(Roland Barthes, 1915~1980)가 세상을 뜬 지 서른두 해가 되는 날이었다. 바르트는 1980년 2월 25일 오랜 친구인 자크 랑의 권유로 당시 프랑스 사회당 당수였던 프랑수아 미테랑이 주재한 회식에 참석한 뒤 집에 걸어서 돌아간다. 오후 네 시경, 소르본 대학 후문의 에콜 가에서 길을 건너던 바르트는 달려오는 작은 트럭을 피하지 못한 채 사고를 당한다. 그는 즉시 살페트리에르 병원으로 이송되었다. 그로부터 한 달이 지나 같은 병원에서 사망한다. 교통사고가 직접적인 사인은 아니었지만 교통사고로 인해 만성적으로 앓아 온 호흡 부전이 폐 기능을 악화시켰는데, 그게 병원에서 밝힌 직접적인 사인이었다.

나는 발터 벤야민만큼이나 롤랑 바르트를 좋아한다. 무엇보다도 나는 그의 책들이 보여 주는 혼돈을 뚫고 나가는 시각의 독창성, 문체의 우아하고 발랄함, 사유의 깊이를 좋아한다. 좋아하니, 당연히 그의 책들을 부지런히 찾아 읽었다. 『중립』도 그렇게 읽게 되었다. 이 책은 롤랑 바르트가 1978년 2월 18일부터 6월 3일까지 15주 동안 콜레주 드 프랑스에서 강의하기 위해 준비한 단상과 메모를 엮은 것이다. 여기에는 참고 문헌 정보들, 요약, 주(註)가 포함되어 있다. 이 강의의 주제는 '중립', 더 정확하게는 '중립의 욕망'이다. 중립은 영도(零度)다. 갈등을 빚고, 선택해야 하고, 책임져야 하는 사안이 생기고, 그런 정황에 처할 때, 사람들은 어떻게 하는가? 그것들, 즉 갈등·선택·책임에서 달아나 그것들을 제거·회피·중지라는 방식으로 패러다임을 좌절시키고 주체와 무관한 것으로 만들어 피하는 것, 즉 새로운 패러다임을 창조해서 그것 안에 자신을 숨기는 게 중립이다. 중립은 새로운 존재 양식을 찾는 하나의 자유로운 선택이고 방식이라는 것이다. 바르트는 강의의 목표를 밝히면서 이렇게 쓴다. "나는 중립을 패러다임을 좌절시키는 것으로 규정한다. 아니 보다 정확히 말해 패러다임을 좌절시키는 모든 것을 중립이라고 부른다. 왜냐하면 나는 하나의 낱말을 정의하는 것이 아니기 때문이다. 나는 하나의 사실을 명명한다. 나는 하나의 이름 아래, 즉 여기서 중립이란 이름 아래 여러 가지 것을 결집시킨다." 첫 강의 주제로 다루어진 것은 '호의'와 '피로'다. 이 사소한 것들이 강의의 첫 주제라니! '피로'는 2월 18일의 첫 강의와 이어진 2월 25일의 강의에서도 이어지는 주제다.

바르트는 피로에 대해 "사회적 휴식에 대한 권리를 요구하는 개인적 육체의 소모적 요구"이고 "어떤 강렬함"이라는 것, 그리고 사회는 피로를 병가(病暇)와 같은 것을 줄 수 있는 구실, 즉 질병적 현실로 잘 인정하지 않는다는 사실에 대해 말한다. 바르트가 피로를 '계급적 현상'이라는 측면에서 언급할 때 나는 약간 놀란다. 피로는 세 개의 측면을 갖는다. 첫째, 노동으로서의 피로, 둘째, 게임으로서의 피로, 셋째, 창조로서의 피로다. 먼저 피로는 우리가 흔히 생각하는 것처럼 노동에 따른 육체의 소모에서 빚어지는 것이 아니다. 피로는 일의 시작과 함께 일이 요구하는 어떤 무한함이다. 피로는 육체나 근육의 문제가 아니라 형이상학적인 차원의 것이며, '정신적 체감'이다. 바르트가 포착하고 의미화한 것은 다음과 같다. "피로는 어떤 의미에서 죽음과 반대다. 왜냐하면 죽음은 생각할 수 없는 결정적인 것인 반면, 피로는 육체 속에 살 수 있는 무한성이기 때문이다." 둘째로 피로는 '사회적 변명 능력의 상실'과 관련되어 있다. 피로는 발언·성명·서명 따위의 요구로 가득 차 있는 세계에서 일종의 입장 표명이라는 것이다. 원치 않는 입장 표명의 요구에 대해 우리는 피로 뒤로 숨어 버린다. 이것도 저것도 아님, 즉 중립에 자신을 위치시키는 것이다. 피로라는 구실을 내세워, 단지 '나를 가만히 있게 해 줘!'라고 요구한다. 그렇게 "피로 뒤로 무의식적으로 피신"해 버리는 것이다. 이렇게 함으로써 피로는 "회피·보호의 사회적 게임" 속으로 포섭된다. 셋째로 피로의 자리는 앞에서 말했듯이 중립이다. 그것은 철학도, 체계도 아니다. 피로는 평범한 대화 속에서 만들어지고, 지칠 줄 모르고 말하는 타자에게서 온다. 많은 피로들은 강요당하는 무엇무엇에 관한 입장의 피로들이다. 피로는 고갈을 강요하는 사회에 대한 후퇴이고, 여러 입장에 대한 중립이라는 것이다. 우리가 피로를 유보 없이 받아들일 때 피로는 창조적인 것으로 바뀐다. 바르트는 이렇게 쓴다. "그러니까 피로의 권리는 새로움에 속한다. 새로운 것들은 피로(신물남)로부터 태어난다."

롤랑 바르트는 1915년 프랑스 북부 셰르부르에서 태어났다. 아버지는 해군 장교이고, 어머니는 알자스의 유리 제조인 집안에서 태어났다. 바르트는 자신의 혈통을 설명하면서 "1/4은 옛 귀족, 1/4은 지주 부르주아, 2/4는 자유직 부르주아가 전반적인 가난 속에 한데 어우러진" 가문이라고 말한다. 그는 '팔방미인'이라고 불러도 될 만큼 다재다능했으며, 문학, 기호학, 신화학, 서사학, 분류학, 글쓰기, 패션, 사진, 독서론, 텍스트의 유형학 등 여러 분야의 책을 썼다. 청년 시절 폐결핵으로 고등사범학교 진학과 교수 자격 시험을 작파하고, 소르본 대학에서 고전 문학을 전공한다. 젊은 시절에는 루마니아와 이집트의 대학에서 프랑스어 교수로 활동한다. 1953년에 『글쓰기의 영도(Le Degré zéro de l'écriture)』를 내고, 1957년에 『현대의 신화(Mythologies)』를 잇달아 내놓는다. 바르트는 두 권의 책을 내놓으며 프랑스 지식 사회에 이름을 알렸다. 1970년에 『텍스트의 즐거움(Le Plaisir du Texte)』을 내놓으며 문학 비평계에 큰 반향을 일으켰다.

바르트는 '저자의 죽음'을 선언함과 동시에 '독자의 탄생'을 선언한다. 혁명적 선언이다. 그 이전까지는 독서를 한다는 것, 혹은 문학 비평을 읽는다는 것은 텍스트 안에 드러난 저자의 의도를 파악하고, 저자의 문장을 따라가는 것이었다. 바르트에 따르면 '저자'는 여러 목소리 중의 하나일 따름이다. 한 인격체로서의 '저자'는 자기 텍스트의 극 속에 초대된 사람일 뿐이고, 다른 인물들 속의 한 인물이다. 그의 문학 작품은 그 자신만의 독창적인 창조물이 아니라 그 이전 선조들과 문화가 남겨 놓은 것을 빌려 와 조립한 것이다. "그의 텍스트로부터 와서 우리 생 속에 들어가는 저자는 통일된 단위가 없다. 그는 간단히 복수적인 '매력들'이며, 몇몇의 가냘픈 세부 사항들의 장소이고, 그럼에도 싱싱한 소설적 광휘의 근원이며, 다정함들의 불연속적인 노래다."(롤랑 바르트, 「사드, 푸리에, 로욜라」) 저자는 의미의 생산자이고 독자는 소비자라는 오래되고 견고한 등식은 지워진다. 독자 역시 저자와 동등하게 텍스트의 의미 생산에 참여한다. "대답, 그것은 거기에 자기의 역사, 자기의 언어, 자기의 자유를 가지고 와서 대답을 하는 우리들 각자이다. 하지만 역사, 언어, 자유는 끝없이 변하기에, 세상이 작가에게 하는 대답은 무한하다. 사람들은 모든 대답 밖에서 씌어졌던 것에 한시도 쉬지 않고 대답한다."(롤랑 바르트, 「라신느에 대하여」)

롤랑 바르트와의 인상적인 만남은 『기호의 제국(L'empire des signes)』에서 이루어졌다. 바르트는 일본을 방문한 뒤 음식, 정원, 집, 꽃꽂이, 얼굴, 하이쿠, 파친코 따위로 구성된 일본이라는 텍스트 안에서 문화적 포장이 내용을 대신한다는 사실을 이해한다. 그것은 실재들이 기호화하는 현상을 가리킨다. 사물의 표면이 사물 그 자체인 문화, 표면이 심층을 대신하는 문화를 놀라움 속에서 목격한 것이다. 기표들은 어떤 기의도 머금지 않는다. 포장 자체가 내용을 이룬다. 기표가 기의를 먹어 버리는 것이다. 사물의 안쪽은 공(空)이고, 그걸 감싼 포장이 실체다. 포장과 포장된 것, 안과 밖, 가면과 가면 뒤의 맨 얼굴, 실체와 본질 사이로 공(空)이 있다. 포장은 내용물을 삼켜 버리고, 가면은 맨 얼굴을 먹어 버린다. 표면이 곧 심층이다. 언제나 형식이 내용을, 실체가 본질을, 겉이 안을 삼켜 버린다. 일본 문화는 깊이를 지양한다. 나는 바르트의 책 중에서 '일본'을 기호의 진열장으로 보고 일본적인 사물과 풍속을 기호학으로 해석한 이 책을 가장 사랑한다. 나는 이 책을 여러 번에 걸쳐 읽으며 바르트의 '흔적들'을 찾아낸다. "텍스트의 즐거움을 만드는 것은, 그의 치환 불가능성, 즉 저자에 의해 남겨진 흔적이다."(뱅상 주브, 『롤랑 바르트』)

그는 독서가를 두 부류로 나눈다. 책에 밑줄을 긋는 사람과 긋지 않는 사람. 그는 후자였다. 바르트가 자신이 읽는 책에 흔적을 남기기 싫어했듯이 나 역시 일체의 흔적을 남기지 않는다. 바르트의 글들은 "쾌활하고, 빠르고, 조밀하고, 날카롭다."(수전 손택, 『우울한 열정』) 그래서일까?
바르트의 책 읽기에는 달콤한 쾌락이 있다. 내가 인상 깊게 읽은 바르트
의 책들은 다음과 같다. 『사랑의 단상』, 『카메라 루시다—사진에 관한 노
트』, 『글쓰기의 영도』, 『텍스트의 즐거움』, 『신화론』, 『작은 사건들』, 『롤
랑 바르트가 쓴 롤랑 바르트』, 『문학은 어디로 가고 있는가?』, 『이미지와
글쓰기』. 더러 빠진 게 있을지 모르겠다.

함께 읽으면 좋은 책들

그레이엄 앨런, 『문제적 텍스트 롤랑 바르트』, 송은영 옮김, 앨피, 2006

롤랑 바르트, 『기호의 제국』, 김주환 옮김, 민음사, 1997

롤랑 바르트, 『글쓰기의 영도』, 김웅권 옮김, 동문선, 2007

롤랑 바르트, 『롤랑 바르트가 쓴 롤랑 바르트』, 이상빈 옮김, 강, 1997

롤랑 바르트, 『중립』, 김웅권 옮김, 동문선, 2004

롤랑 바르트, 『텍스트의 즐거움』, 김희영 옮김, 동문선, 2002

뱅상 주브, 『롤랑 바르트』, 하태환 옮김, 민음사, 1994

수전 손택, 『우울한 열정』, 홍한별 옮김, 이후, 2005

별종이자
자기가 속한 종의 마지막 짐승

장 폴 사르트르, 『말』

아직도 사르트르(Jean Paul Sartre, 1905~1980)의 책들을 읽는 사람들이 있을까? 지식 사회에서조차 사르트르는 '잊혀진 가수'나 다름없다. 나는 근래에 실존주의 철학을 주창하고, 실존주의 문학을 대표하는 거장 사르트르를 읽거나 얘기하는 사람을 보지 못했다. 그의 열정을 삼켜 버린 공산주의는 덧없이 무너져 내리고, 지난 세기 그에게 바쳐졌던 그 많은 감탄과 찬사들은 물거품처럼 사라져 버렸다. 그런데도 우리는 그가 한때 어떤 사람에게 사상의 등불이고, 그토록 많은 개인들 마음에 울려 퍼지는 철학의 복음이었다는 사실을 잊을 수는 없다. 그는 당대 가장 영향력 있는 잡지를 창간하고 그것을 중심에서 이끌었다. 그는 카페 생 제르맹 데 프레에서 여가수 그레코를 위해 상송 가사를 쓰고, 평생의 동지이자 반려자인 시몬 드 보부아르(Simone de Beauvoir, 1908~1986)와 더불어 '전설'이 된 독특한 삶의 스타일을 발명하고 그것을 실천했다. 그는 열광의 대상이고, '하나의 깃발'이었다. 세계의 수많은 지식인이 그가 있었기 때문에 사물·세계·존재를 바라보는 새로운 시각을 지니게 되었다. 하지만 사르트르 이후 젊은이들은 그에게 등을 돌리고 푸코나 알튀세르, 라캉 등을 사유의 스승으로 삼았다. 지금 그는 잊혀진 사람이다. 생전의 대담에서 후세의 판단 앞에서 어떤 두려움도 갖고 있지 않다고 발설하며 사르트르는 "비록 완전히 확신하는 것은 아니지만, 나는 100년 후의 사람들이 여전히 내 작품을 읽어 줄 것을 희망한다."라고 덧붙였다. 사르트르의 평전을 쓴 베르나르 앙리 레비처럼 우리는 사르트르에 대하여 이렇게 물어볼 수도 있을 것이다. "그러니까 별종이자 자기가 속한 종의 마지막 짐승, 아마도 그와 더불어 멸종된 짐승이었는가?" 혹은 "과연 감정과 지성을 낳는 하나의 기계, 현대인들의 도피처, 하나의 나침반이었는가?"

프랑스 실존주의를 대표하는 철학자이자 작가이며 사상가인 장 폴 사르트르는 1905년 파리에서 태어났다. 두 살 때 해군 장교인 아버지가 죽자 슈바이처 가문의 홀어머니와 외할아버지 밑에서 자랐다. 장서로 가득 찬 할아버지의 서재는 그의 삶을 낙인찍는 근원적 체험의 바탕이 되었다. "나는 책에 둘러싸여서 인생의 첫걸음을 내디뎠으며, 죽을 때도 필경 그렇게 죽게 되리라. 할아버지의 서재는 도처에 책이었다."(장 폴 사르트르, 『말』) 외할아버지의 서재는 하나의 세계였다. 그는 필연적으로 자연이 아니라 책이 만든 지식의 세계 속에서 자아를 만들어 간 사람이다. 카뮈가 알제리의 태양과 바다에 그토록 열광한 것에 반해 사르트르는 그것들을 책이 대신했다. "내 속을 아무리 뒤져 보아도 시골에서 어린 시절을 보낸 사람들이 갖는 짙은 추억도 즐거운 탈선도 없다. 나는 흙을 파본 일도, 둥지를 훑어본 일도 없다……. 오직 책들만이 나의 새들이며 둥지며 가축이며 외양간이며 시골이었다."(장 폴 사르트르, 앞의 책) 그는 어떻게 20세기 지성사의 중심에 우뚝 설 수 있었을까? 사르트르는 에콜 노르말(파리고등사범학교)에서 철학, 심리학, 사회학을 공부하며 평생의 반려자인 보부아르를 만난다. 이때 당대의 석학으로 알려진 레몽 아롱과 메를로 퐁티를 만나 평생의 벗으로 사귄 것도 그가 거머쥔 행운 중의 하나다. 1929년에는 교수 자격 시험에 수석으로 합격한 후 교직에 몸담았다. 1932년 베를린 프랑스 문화원의 강사로 있던 레몽 아롱에게서 처음으로 후설의 현상학에 관해 듣고 이듬해 베를린에서 잠시 독일 철학을 공부했다. 베를린에서 돌아온 뒤 현상학을 접목한 실존 철학에 몰두하면서 1938년에 첫 소설 『구토(*Nausea*)』를 출판함으로써 소설가로 이름을 알리고, 1943년에는 『존재와 무』를 내놓아 철학자로서의 명성마저 굳혔다. 제2차 세계 대전이 일어나자 징집되었다가 한때 포로 생활을 하고, 나중에는 레지스탕스 운동에도 뛰어들었다. 전후 메를로 퐁티와 '사회주의 자유'라는 저항 단체를 만들어 '참여 지식인'으로 변모하면서 실존주의가 널리 알려지면서 그 명성도 높아졌다.

'실존주의'로 묶이는 사르트르와 카뮈는 1943년에 처음으로 만난다. 두 사람은 철학으로나 정치 이념으로나 꽤 닮아 있었고, 그 닮음이 만든 인력으로 그들은 만나자마자 친구가 되었다. 타인을 칭찬하는 데 매우 인색했던 사르트르였지만, 카뮈에 대해서는 예외적인 태도를 취했다. 사르트르는 카뮈의 작품을 두고 "그의 작품은 우리에게 고전적이고 환상이 배제된, 그러면서도 인류의 위대함에 대한 신뢰로 가득 찬 문학의 가능성을 보여 준다!"라고 평했다. 사르트르는 나치 독일의 지배 아래에 들어간 파리에서 아무 유보 없이 저항 운동에 뛰어든 카뮈에 대해 경의를 표한다. 사르트르와 보부아르, 그리고 카뮈 부부는 함께 자주 어울렸다. 사르트르는 "카뮈는 재미있는 사람이었고, 우리는 함께 즐거운 시간을

73

보내곤 했다. 우리는 수많은 음담패설을 이야기했으며, 그의 부인과 보부아르는 못 들을 말을 들었다는 표정을 지어 보이곤 했다."라고 회고하기도 했다. 두 사람의 우정은 카뮈가 『반항적 인간』을 내놓은 1951년까지 이어졌다. 카뮈는 이 책에서 폭력 사용을 정당화하는 마르크스적 혁명을 거부한다는 제 소신을 또렷하게 드러낸다. 사르트르는 카뮈의 입장에 실망을 드러내며 카뮈를 '현실적 갈등과 동떨어져 있는 지식인'이라고 비난하고 나선다. 결국 두 사람은 정치와 철학의 노선 차이로 갈라선다. 사르트르는 '혁명적 인간'의 길을 따르고, 카뮈는 '반항적 인간'의 길을 따른다. 그것은 우연성의 철학과 부조리 철학의 대립이기도 했다. 사르트르는 공산주의로 완전히 '개종'하고, 카뮈는 공산주의에서 발을 빼며 반공산주의로 돌아선다. 이로써 그들의 관계는 끝장나고 두 사람은 오랫동안 불화하며 '논쟁'이라는 정신적 드잡이를 했다. 이즈막의 사르트르는 그 스스로 문학의 중심이고, 철학과 사상의 제국에서 군림하는 '황제'였다. 1945년 《현대(Le Temp Modern)》를 창간하고, 이를 통해 알제리 해방 전선에 힘을 보태고, 베트남 전범 국제 재판에 참가하기도 했다. 한편으로 사르트르는 그의 열광적인 지지자만큼 많은 적을 상대해야만 했다. 반대자들은 그를 역겨워했고, 그가 식당에 나타나는 순간 곧 그 식당을 나가 버리는 사람들도 있었다. 사르트르는 '음탕한 독사', '타자를 치는 하이에나', '펜을 든 재규어', '역겨운 쥐새끼', '나라를 좀먹는 공산주의 암세포'였다. 한 신문은 사르트르를 혼자만으로 "내전을 일으키는 전쟁 기계"라고 쓰고, 다른 신문은 그를 가리켜 "증오, 질투, 우둔함, 가장 더러운 성 등이 범벅된 곰팡이"라고 적었다.

사르트르는 집을 싫어하고, 호텔을 좋아했다. 그는 어머니와 함께 살기 위해 아파트를 구입하긴 했지만, 집이란 "곧 존재의 보관소, 동일성과 실존의 침전 작용이라는 사실"(베르나르 앙리 레비, 『사르트르 평전』) 때문에 집을 싫어했다. 집은 자아와 정체성을 끊임없이 응고시킨다. 아무것도 소유하지 않고 물건들(혹은 욕망)의 구속에서 벗어나고, 대신에 "자신의 정체성이 닻을 내리고 고정시킬 수 있는 지점을 갖지 않는 그런 상태"(베르나르 앙리 레비, 앞의 책)를 좋아한 사르트르는 유목민처럼 이 호텔에서 저 호텔로 전전하며 삶을 이어 갔다. 그가 정말 원한 것은 이 세계 안에서의 익명 상태, 아무 구속 없는 자유의 감정 그 자체였다. 그는 사팔뜨기이자 콧소리 나는 작은 목소리에 키 작은 남자였다. 그런데도 주변에는 '여인들'이 끊이질 않았다. 그는 끝도 없는 에너지로 수많은 저작을 내놓는데, "나는 오직 여자들을 유혹하기 위해 글을 썼다."라고 공공연하게 말하기도 했다. 소설로는 단편집 『벽』과 다섯 권으로 된 미완의 장편 『자유의 길』 연작이 있고, 「파리 떼」, 「닫힌 방」, 「더러운 손」, 「악마와 선신」, 「알토나의 유폐자들」 등의 희곡 작품도 있다. 철학서로는 『실존주의는 휴머니즘이다』, 『변증법적 이성 비판』과 유고작 「도덕을 위한 노트」가 있으며, 비평서로 『보들레르』, 『성자 주네』, 『집안의 천치』, 『말라르메』가 있다. 1964년 자서전 『말』을 펴내고 얼마 뒤에 노벨 문학상 수상자로 지명되었으나 수상을 거부했다. 이후에도 저술 활동을 계속해 1971년 플로베르 평전 『집안의 천치』 1, 2권을 출판하였으나 1973년에 실명한 뒤로는 문학 저술을 중단하고, 1980년 4월 15일 사망하여 파리 몽파르나스 묘지에 묻혔다.

따져 보면, 나는 사르트르의 책들을 제대로 읽어 내지 못했다는 생각이 든다. 기억이 가물가물할 정도로 오래전에 자서전 『말』을 읽고, 단편집 『벽』, 『실존주의는 휴머니즘이다』, 『보들레르』, 『말라르메』 따위를 읽었다. 허나 그의 희곡들도 읽지 않았고, 『존재와 무』도 읽다가 포기했다.

내가 다시 『존재와 무』를 읽어야겠다고 마음먹은 것은 근자에 읽은 베르나르 앙리 레비가 쓴 『사르트르 평전』, 로널드 애런슨이 쓴 『사르트르와 카뮈: 우정과 투쟁』의 영향 때문이다. '즉자'로의 끈끈이 붙음에서 벗어나기 위하여. 즉자에 붙잡히고 익사한 대자에서 벗어나고 도약하기 위하여.

함께 읽으면 좋은 책들

로널드 애런슨, 『사르트르와 카뮈: 우정과 투쟁』, 변광배·김용석 옮김, 연암서가, 2011

베르나르 앙리 레비, 『사르트르 평전』, 변광배 옮김, 을유문화사, 2009

장 폴 사르트르, 『말』, 정명환 옮김, 민음사, 2008

장 폴 사르트르, 『실존주의는 휴머니즘이다』, 박정태 옮김, 이학사, 2008

못 말리는 자유주의자

고종석, 『감염된 언어』

시인 김수영은 가장 아름다운 우리말 열 개로, 마수걸이, 에누리, 색주가, 은근짜, 군것질, 총채, 글방, 서산대, 벼룻돌, 부싯돌을 꼽은 바 있다. 지금 세대의 언어 감각으로는 왜 이 말들이 가장 아름다운 우리말에 들어가는지 납득하기 어려운 바도 있겠다. 그로부터 반세기쯤 지난 뒤에 고종석(高宗錫, 1959~)은 가장 아름다운 우리말 열 개로, 가시내, 서리서리, 그리움, 저절로, 설레다, 짠하다, 아내, 가을, 넋, 술을 꼽았다. 김수영과 고종석이 꼽은 가장 아름다운 우리말에는 어떤 공통점도 없다. 오히려 다름과 차이가 확연하게 드러나는데, 그 다름과 차이는 두 사람의 말-살이와, 그 말-살이를 품었던 시대가 그토록 다르다는 사실을 보여준다. 그 다름과 차이는 개인의 취향과 편견의 차이, 그들의 언어적 미감을 주조했을 계급과 출신 지역의 다름을 드러낸다. 언어에 대한 고종식의 각별한 애정은 두드러지는 ⌐의 특징 중의 하나다. 그는 한국어, 더

77

나아가 언어 보편에 대한 관심이 깊고, 언어가 어떻게 삶을 만드는 데 관여하는지에 대해 사유하기를 좋아한다.

고종석은 1959년 서울에서 태어나 전라도 사람의 자의식을 갖고 살면서, 저널리스트, 소설가, 언어학자 따위와 관련한 직종에 종사해 왔다. 그의 말대로 '전라도'는 그의 정서적·정치적 기호를 강하게 드러낸다. 그는 성균관대 법학과를 졸업하고 서울대 대학원과 파리 사회과학고등연구원에서 언어학 석사, 박사 과정을 수료했다. 《코리아타임스》의 기자로 언론계에 들어와 《한겨레》,《시사저널》 기자를 거쳐, 《한국일보》 객원 논설위원직에도 있었다. 장편 소설 『기자들』을 펴내면서 작품 활동을 시작한 뒤, 소설을 쓰고 사회적 의제에 대한 에세이와 칼럼 등을 썼다. 그의 정체성이 가장 드러날 때는 에세이스트일 때다. 달리 말하면 그의 책 중에서 형식의 구애 없이 사유의 내용을 자유롭게 적어 낸 책들이 가장 좋았다는 뜻이다. 내 서가에는 그가 지은 스무 권쯤 되는 책들이 한 줄로 나란히 꽂혀 있다. 『제망매(祭亡妹)』, 『엘리아의 제야』, 『코드 훔치기』, 『국어의 풍경들』, 『모국어의 속살』, 『고종석의 여자들』, 『어루만지다: 사랑의 말, 말들의 사랑』, 『자유의 무늬』, 『감염된 언어』, 『신성동맹과 함께 살기』, 『독고준』, 『서얼단상』, 『히스토리아』, 『책읽기 책일기』, 『언문세설』, 『바리에떼: 문화와 정치의 주변 풍경』, 『도시의 기억』, 『경계긋기의 어려움』, 『사랑의 말, 말들의 사랑』, 『말들의 풍경』. 이 목록을 보니 그의 책들이 나올 때마다 내가 부지런히 따라가며 읽었음을 알겠다. 서가 어딘가에 이 목록에서 빠진 책들이 한두 권 더 있을지도 모른다. 대개는 사 보았고, 더러는 그의 책을 펴낸 출판사에서 보내 주어 읽었다. 어쨌든 나는 고종석의 열혈 독자다.

고종석의 문장은 사람을 끌어당기는 인력(引力)이 있다. 그것은 무엇일까? 그가 쓰는 한국어 문장은 우아하고 견실하다. 아울러 어휘를 골라 쓰는 데 섬세하고 정확하다. 그는 대개의 사람들이 '한글'과 '한국어'를 한 뜻으로 두루뭉술하게 쓰는 관행에 이의를 제기하면서 굳이 분별해서 쓸 것을 제안한다. "일상적 화용 맥락에서 언어를 가리킬 때는 '한국어'로, 문자 체계를 가리킬 때는 '한글'로 구별해 사용하는 것이 좋겠다."(고종석, 『감염된 언어』) 그는 누구보다도 한국어 통사 체계 안에서 제 생각과 느낌들, 더러는 의표를 찌르는 통찰과 지혜를 화사하게 펼쳐 내는 사람이다. 특히 정치에 대한 제 의견을 담백하게 담아내는 고종석의 정치 칼럼들은 이념들이 엄벙덤벙 가리산지리산할 때 어느 한쪽으로 치우치는 법 없이 또렷하다. 늘 뜻이 새긴 듯 분명하고 균형 잡힌 것이 감탄을 자아내게 한다. 사유의 냉철함과 그것을 싣는 언어의 적확한 표현보다는 특정 정치 이념을 흠모하고 섬기는 정열이 지나쳐 제 한 몸을 던지는 것을 기꺼워하는 열혈 이론가들이 득세하는 한국 사회에서 더욱 돋보이는 대목이다. 아울러 가끔씩 그의 글에는 촌철살인의 유머가 담긴다. 예를 들면 이런 문장이다. "대한민국에서 '한국'이라는 말보다 '조선'이라는 말을 더 좋아하는 건《조선일보》와 한총련 내의 주사파밖에 없는 것 같다. 대한민국의 법적·역사적 정통성을 확고히 믿고 있는 나로서는 철딱서니 없이 '조선의 청년'을 자임하는 주사파 학생들도 한심스럽지만, '조선'이라는 제호에 그렇게 집착을 보이는《조선일보》도 아주 수상쩍다. …… 애국 단체들은 도대체 뭐하고 있는지 모르겠다, 이런 빨갱이 신문을 가만 놔두다니. 정말 나 같은 반공주의자는 불안해서 살 수가 없다."(고종석, 앞의 책) 이 책에서 이 문장을 처음 읽었을 때 나는 떼굴떼굴 구르며 웃었다. 2003년에는《조선일보》에서 주관하는 동인문학상 심사 거부를 선언하여 이목을 끌기도 했나. 아마도 그런 이유들 때문에 '고종석'을 저자로 삼은 책들을 부지런히 구해다 읽었을 것이다.

　고종석의 이념적 자리는 그 자신의 말을 그대로 받아들인다면 좌파도 우파도 아닌 영역이다. 그가 제 말과 글의 무게를 두는 쪽은 좌도 우도 아닌, 정치적 올바름의 쪽이다. 얼핏 그와는 달라 보이는 우파적 신념가에 속하는 복거일을 "식민지 체험과 분단 상황이 강요한 좌우의 집단주의 편집증을 어루만지며, '개인'으로 향하는 좁다란 오솔길을 만들어 냈다."라고 평가하면서, 그를 자신의 '사상의 은사'로, '의식화의 원흉'으로 서슴없이 내세울 때, 나는 좀 놀랐다. 고종석은 늘 민족주의적 인력권의 바깥에서 사유하고 글쓰기를 해 온 사람이다. 그렇다면 복거일이 민족주의라는 지배적 정서에 맞서 꿋꿋하게 '개인'을 옹호하고 보편주의를 주창하는 사람이라는 맥락에서 이해되지 않는 바도 아니다. 그러나 복거일과 고종석은 닮은 데보다는 다른 데가 더 많다. 복거일은 재벌에 우호적이고, 노동조합에 차가운 입장을 취한다. 노동조합의 독점적 권력이 시장 기능을 마비시키고 노동의 질을 떨어뜨리며 결과적으로 물가에 나쁜 영향을 미친다는 관점에는 복거일과 고종석의 생각이 같다. 고종석은 노조가 비판받아야 하듯 재벌도 비판받아야 한다고 생각한다. "나는 노조가 시장을 경직시키는 것처럼, 재벌 역시 시장을 경직시킨다고 생각한다. 그러니까, 노동의 공급을 독점해 노동 시장에서 경쟁을 제한하는 노조 못지않게, 그룹 내부의 그물과 정치권과의 유착을 통해 독점적 지위를 강화함으로써, 즉 경쟁을 제한함으로써, 시장의 몫을 줄여 온 재벌도 비난받아야 한다고 생각한다."(고종석, 앞의 책) 그는 민족주의가 품은 순수 혈통주의의 배타적 폐쇄성이 저지른 반인륜적 범죄 때문에 민족주의와 민족주의 망령에 종속되거나 그 강령에 따르기를 거부한다. 그는 더도 덜도 아닌 개인주의자다. 이때 개인은 '민족'이라는 집합 단위에 종속되는 개체로서보다는 그 무엇에 종속될 수 없고, 그 무엇으로도 대체될 수 없는, 존재함 그 자체로 숭고한 개인, 즉 "인류의 기본적 단위로서의 개인, 궁극적 소수로서의 개인"이다. 아울러 고종석은 생래적 자유주의자다. 그가 "내가 이해하는 자유주의자는 만인이 파시즘을 옹호하고, 만인이 볼셰비즘을 지지해도 이를 수락하지 않는 정신의 이름이다. 그 자유주의자는 비판을 통해서, 그리고 그것만으로 충분치 않을 때는 폭력에 호소해서라도 전체주의를 분쇄할 각오가 되어 있는 사람이다. 그는 사상의 자유 시장을 옹호하지만, 그 사상의 자유 시장을 근본적으로 부정하는 사상에 대해서만은 너그러울 수 없는 사람이다. 그런 점에서 자유주의자는 때때로 반민주주의자다."(고종석, 앞의 책)라고 쓸 때 그것은 자신의 의지에 반하는 일체의 속박과 책무로부터의 자유주의를 선언하는 것이다. 자유는 나와 너의 차이를 인정하고 받아들이는 데서 시작한다. 그가 비판을 통해서, 그것으로 충분치 않을 때 폭력의 수단을 빌려서라도 자유를 억압하는 전체주의를 분쇄할 각오가 되어 있다고 말할 때, 그것은 자유를 위해서 기꺼이 비용을 지불할 준비가 되어 있다는 말이다. 전체주의가 분쇄되어야만 하는 이유는 분명하다. 다양한 사회적 조건의 공존을 허용하고, 차이를 가진 사람들이 그 차이로 인해 불이익을 당하지 않고 존재할 수 있는 권리를 인정하는 사회가 자유주의 사회인데, 전체주의는 그것을 정면으로 부정한다. 전체주의는 사상의 자유 시장을 허락하지 않는다. 물론 우리 사회에서 자유주의자가 희귀한 사례는 아니다. 대개의 자유주의자들은 자신의 자유를 위한 대가나 비용을 지불하는 것에 인색하다. 많은 사람들이 자유를 거저 누리려고 하지만, 고종석은 기꺼이 그 비용을 감당하겠다는 의지가 확고하다. 만인 대 일인이 맞서는 구조에서도 기꺼이 일인의 자리에 서서 만인의 비난과 폭력을 감수하겠다는 것은 비상한 윤리 의식이 없다면 불가능한 발상이다. 그런 면에서 고종석은 윤리적 자유주의자다.

함께 읽으면 좋은 책들

고종석, 『감염된 언어』, 개마고원, 1999

고종석, 『국어의 풍경들』, 문학과지성사, 1999

고종석, 『모국어의 속살』, 마음산책, 2006

고종석, 『신성동맹과 함께 살기』, 개마고원, 2006

미셸 푸코를 기억하라!

미셸 푸코, 『감시와 처벌: 감옥의 역사』

미셸 푸코(Michel Foucault, 1926~1984)가 사유하는 영역은 철학과 의학에 걸쳐 있다. 푸코의 사유는 권력에 대한 그의 집요한 탐구, 광기에 대한 그의 도저한 관심으로 나뉜다. 광기는 역사에서 배제하고 이성에 의해 지워진 것에 속한다. 서양 역사에서 미치광이들을 사회와 격리시켜 가두기 시작한 것은 17, 18세기 무렵이다. 인간적 질서의 일부로 받아들여졌던 광기는 근대적인 의미의 가족과 국가가 탄생하면서부터 '환한 대낮'에서 추방되어 수용소에 보내 고립시키고, 이성과 도덕규범, 그리고 도덕규범의 획일적 '어둠 속'에 묻어 격리시켜 버린다. 17세기에 접어들면서 유럽 사회는 정신병자, 기형인, 부랑자, 실업자, 거지, 빈민들을 닥치는 대로 붙잡아 가두는 대감금의 시대가 열린다. 그 까닭은 이들이 근대 사회가 요구하는 인간 표준에 미치지 못했기 때문이다. 미친 사람들은 다른 세계에서 온 손님들이 아니라 이 세계에서 나온 익숙한 존재들이라고 이해되었다. 아울러 광기는 더는 인간이 알 수 없는 신비성의 번뜩임이 아니라 그저 치료해야만 하는 병리학적 징후이고, 사회가 정해 놓은 어떤 표준에서 벗어난 비표준적 개체라는 징표에 지나지 않았다. 푸코는 이것들을 다시 사유의 공간으로 끌어내 고고학의 대상으로 삼는다.『정신병과 심리학』은 1954년에 나온 푸코의 첫 책이다. 푸코는 이 책을 통해 과연 심리학이 정신병을 제압할 수 있는가에 대해 답한다. 먼저 결론을 말하자면 심리학은 인간 내면에서 섬광과 같이 터져 나오는 광기를 제압할 수 없다. 심리학은 광기의 발작으로 생이 찢겨 나간 네르발에게도, 아르토에게도, 니체에게도 아무런 대책이 될 수 없었다. 이어진『광기의 역사』,『임상 의학의 탄생』같은 초기 저작들은 앞으로 펼쳐질 시선, 비이성과 광기에 대한 '푸코 사상'의 예고편이다.

1926년 프랑스 중서부 푸아티에의 유복한 집안에서 태어난 미셸 푸코는 열여덟 살에 바칼로레아 시험에 합격한 뒤 다시 고등사범학교 준비반 과정에 들어가 공부하지만 시험에서는 낙방한다. 푸코가 고등사범학교 시험에 합격한 것은 1947년 고등학교를 졸업한 지 4년이 지난 뒤였다. 스물여섯 살 때인 1951년에 교수자격시험에 합격한 뒤 알튀세르의 추천으로 고등사범학교에 자리를 얻어 강의를 한다. 푸코는 30대 전반기를 스웨덴, 폴란드, 독일에서 보내는데, 신분은 프랑스 문화원장이었다. 서른여덟 살에『광기의 역사』로 박사 학위를 받은 뒤 대학으로 돌아온다. 훗날 후기 구조주의 철학자, 교수, 지식인으로 이름을 알렸지만, 무엇보다도 콜레주 드 프랑스에서의 명강의, 천재적인 철학자, 거리의 투쟁가로 기억될 것이다. 그는 정신 의학, 의학, 감옥의 체계에 대한 비판과 성의 역사를 새롭게 해석하고, 권력과 지식의 관계에 대한 이론과 서양이 쌓아 온 지식의 역사에 관한 '담론'을 다루었다. 그의 해석과 담론들은 여러 논쟁과 토론을 촉발시켰다. 사람들이 푸코가 '저기에 있다!'라고 말한다. 그쪽으로 가 보면 푸코는 이미 거기에 없다. 사람들은 다시 푸코가 '여기에 있다!'라고 말한다. 그쪽으로 가 보면 푸코는 이미 거기에 없다. 푸코 자신은 이렇게 적는다. "내가 누구인지 묻지 마라. 나에게 거기에 그렇게 머물러 있으라고 요구하지도 마라. 이것이 나의 도덕이다. 이것이 내 신분 증명서의 원칙이다."(미셸 푸코, 『지식의 고고학』) 푸코는 사유와 쟁점과 투쟁이 필요한 여기저기에서 나타난다. 그는 스페인, 브라질, 폴란드, 이란 등의 국경을 종횡으로 넘나들고, 이민자 운동, 사형 제도 폐지, 근대 권력의 폭력에 짓눌린 소수자 인권을 옹호하는 투쟁에 앞장선다. 따지고 보면, 그가 출몰했던 곳은 늘 권력의 폭력이 작동하는 곳, 그리하여 투쟁이 필요한 곳, 혹은 투쟁이 있는 곳이었다. 한마디로 그는 근대 권력의 폭력과 맞서 싸운 전사, 즉 한치의 물러섬이 없는 '전쟁 기계'였다.

『말과 사물』이 처음 나온 것은 1966년이다. 놀라운 일이 벌어지는데, 그것은 이 어려운 책이 나오자마자 빵집에서 '모닝빵'이 팔려 나가듯 팔려 나가는데, 카페에서도 휴가지에서도 이 책을 읽는 사람을 만나는 것도 드문 일이 아니었다. 『말과 사물』은 프랑스에서만 11만 부가 팔렸는데 그로 인해 얻은 명성은 곧바로 푸코 강연의 인기로 이어졌다. 그 당시 푸코의 강연장은 어디든지 사람들로 넘쳐 났다. 프랑스 사회에서 잠재된 지적인 것에 대한 열망을 엿볼 수 있는 대목이다. "푸코는 늘 전투의 먼지나 술렁임을 환기하고 있습니다. 사유 전체가 그에게는 하나의 전쟁 기계인 것처럼 보입니다."(질 들뢰즈, 1986년 클레르 파르네와의 대담에서. 『책과 만나다』에서 재인용) 푸코를 알게 된 것은 김현이 엮은 『미셸 푸코의 문학 비평』을 통해서다. 1980년대 후반기로 접어들며 서울에서도 지식인들이나 작가들이 모인 자리마다 푸코에 대한 이야기들이 풍성했다. 나는 의

무감으로 푸코를 읽었다. 읽으니, 복잡하고 어려워서 그랬던지 머리에 잘 들어오지 않았다. 세 권으로 된 『성의 역사』는 본디 이 책들이 가진 어려움에 번역의 난삽함까지 더해져 읽기가 힘들었던 기억이 선명하다. 성은 억압되었는가? 푸코는 그 반대라고 말한다. 성의 역사는 억압이 아니라 선동과 증대의 역사다. 거기서 수많은 '말'과 '권력 그물'이 생겨났기 때문에 마치 성이 억압된 듯한 착시가 생겼다. 수음을 금지한 것은 자본주의의 발달과 함께 노동력의 필요가 커지자 쓸데없는 노동력의 낭비를 막기 위한 목적이었다. 푸코는 청교도주의나 금욕주의를 의심하고, 그 이면을 파헤친다. 그 결과 당시에는 '성 담론'이 활발하게 개진되고, 고해나 성 의학, 정신 분석학 따위가 지식들의 가장자리에서 바글거렸음을 밝혀낸다.

신체, 몸짓, 행동, 미래의 계획들은 개별적 의지의 산물이기보다는 권력이 제도화시킨 기관들, 즉 학교, 군대, 병원, 감옥의 규범에 의해 길들여지고 만들어진다. 제도화된 기관은 진리의 담론을 다룬다고 선전된다. 진리-지식은 그 자체로 권력이고, 권력은 진리-지식을 통해 작용하며 퍼져 나간다. 학교, 군대, 병원, 감옥은 규율적 권력으로 개인들을 길들이는데, 이 길들여짐의 효율성을 높이기 위해 보상과 처벌이라는 당근과 채찍을 쓴다. "신체는 권력의 대상 및 표적으로서 발견되었다. 신체에 대한 조작되고, 형성되고, 훈련되고, 복종되고, 호응되고, 능력이 부여되든가 또는 힘이 다양하게 되는 그러한 대규모의 관심이 주어진 여러 특징이 쉽게 발견되었다."(미셸 푸코, 『감시와 처벌: 감옥의 역사』) 근대 권력은 국민들의 신체를 통제하고 표준화하며 '관리하기 쉬운 형태'로 만드는 것이 권력을 유지하는 초석이라는 사실을 발견했다. 신체를 지배함으로써 자연스럽게 정신도 통제하고 지배할 수 있다는 것도 알려졌다. 관리, 감시, 훈련을 통해 신체를 지배하는 정치 기술이 늘면서 근대 국가들의 권력도 함께 커졌다. 그렇게 근대 사회에서 신체를 "권력의 대상 및 표적으로서 발견"하면서, 근대 국가들은 국민의 신체를 제 권력의 그물망으로 포획했던 것이다. 푸코는 감옥을 비롯해 가정, 학교, 군대, 병원, 공장 같은 감시 기구 혹은 처벌 기구를 분석한다. 정신 병원은 환자의 치료를 위한 장치가 아니라 이성을 중심적 가치로 섬기는 사회가 광인을 따돌려 내쫓고 가두는 장소다. 그 궁극의 목적은 권력의 지배를 단단하게 하고 억압의 수단을 공고하게 하려는 속셈이다. 감옥은 권력의 사회 통제를 위한 전략의 산물로, 하나의 '사물'이다. 이것은 감금이라는 새 환경을 만들며, 죄수라는 내용에 덧씌워진 형식이다. 내용의 형태로서의 '감옥'과 표현의 형태로서의 '형법'은 상호 삼투하면서 서로의 성분을 빼앗는다. 형법은 죄수를 만들어 감옥으로 보내지만 감옥은 죄수를 교정(矯正)하고 처벌하면서 형법을 재생산한다.

앞서 얘기했듯이 1980년대에서 1990년대까지 한국 지식 사회에서 늘 화제의 중심이던 푸코는 2000년대로 넘어오면서 자취를 감춘다. 세월의 무상함인가, 신기할 정도로 이제는 누구도 푸코에 대해 말하지 않는다. 우리 지식 사회의 부박함을 드러내는 쓸쓸한 현상이다. 푸코의 철학은 이제 폐기되어야만 하는 것인가? 들뢰즈는 푸코에 대해 "푸코는 가장 완전한, 아마도 유일한 20세기의 철학자다. 19세기에서 완전히 벗어났다는 점에서."(질 들뢰즈, 『푸코』)라고 평가한다. 푸코의 철학적 사유들은 21세기에도 여전히 유효하다. 현대를 넘어서려는 그의 사상적 기획을 우리는 그의 책에서 만나 볼 수 있다. 그의 사유에 대해 더 알고 싶다면 『담론의 질서』, 『비정상인들』, 『사회를 보호해야 한다』, 『주체의 해석학』, 『이것은 파이프가 아니다』, 『나, 피에르 리비에르』, 『권력과 지식』 같은 책들을 더 읽어야 한다. 동성연애자였던 푸코는 1984년 6월 25일 파리에서 후천성 면역 결핍증(AIDS)의 합병증으로 사망하는데, 당시만 해도 후천성 면역 결핍증은 그다지 알려지지 않은 질병이라 그에 대한 소문은 흉흉했다. 어느덧 그가 떠난 지 스무 해를 훌쩍 넘겨 서른 해가 가까워지고 있다.

함께 읽으면 좋은 책들

디디에 에리봉, 『미셸 푸코, 1926~1984』, 박정자 옮김, 그린비, 2012

미셸 푸코, 『감시와 처벌: 감옥의 역사』, 오생근 옮김, 나남, 2011

미셸 푸코, 『광기의 역사』, 이규현 옮김, 나남, 2011

미셸 푸코, 『지식의 고고학』, 이정우 옮김, 민음사, 1992

이영남, 『푸코에게 역사의 문법을 배우다』, 푸른역사, 2007

질 들뢰즈, 『푸코』, 허경 옮김, 동문선, 2003

리좀으로 살라

질 들뢰즈·펠릭스 가타리, 『천 개의 고원』

오후 세 시에는 냉정도 열정도 다 마땅찮다. "불타는 담배가 식은 재가 되어 버리듯" 오후 세 시는 갑작스럽게 들이닥친다. 정오가 지나면서 시간의 흐름은 빨라진다. 아마도 불길함은 그 빨라짐을 감지하는 순간부터 시작되었을 것이다. 그 기원을 알 수 없는 고갈과 탕진의 예감들이 불가항력적인 요소가 되어 내 존재의 안쪽을 찌르며 들어온다. 이윽고 실패들이 기정사실화될 때 그것이 괴로운 것은 오후 세 시가 실패를 만회할 새로운 시도를 하기엔 너무 늦어 버린 시각이라는 자각 때문이다. 중요한 약속들은 다음으로 미루어지고, 오기로 했던 사람은 끝내 오지 않는다. 오후 세 시에 나는 알 수 없는 도약과 함께 피로 속으로 주저앉는다. 오후 세 시에 확실성과 불확실성의 경계가 흐려지며 나는 부재의 존재로 다시 태어난다. 내 안에서 나의 부재를 파먹으며 자라는 권태라는 짐승이 으르렁거린다. 나는 '나'라는 부재의 존재를 가로지른다. 한 에세이스트가 오후 세 시에 대해 쓴다. "오후 세 시다. 덧문들이 내려진다. 세 시란 담배꽁초가 쌓이는 요구르트 통이고, 텅 빈 냉장고이며, 식은 커피이고, 뜨거운 코코아다. 그 시각이 되면 약물을 복용하지 않은 자전거 경주 선수처럼 작가들은 맥이 빠지고 우울해진다."(라파엘 앙토방, 『오후 3시』) 말들은 뜻을 머금지 못한 채 공중에서 웅웅거리고, 사물들은 깊고 격렬한 소용돌이 속으로 빨려 들어간다. 비관주의자들은 오히려 뻔뻔해지고, 낙관주의자들은 슬그머니 제 오류를 부끄러워하며 자리를 피한다. 오후 세 시에도 나는 여전히 책을 읽고 있다. 표지의 주조색이 온통 붉은 책, 그 붉은 『천 개의 고원(Mille Plateaux: Capitalisme et Schizophrenie)』. 나는 그 책을 처음 펼친 순간을 환하게 기억한다. 책은 자꾸 나를 밀어낸다. 나는 하나에서 더 많은 것들로 흩뿌려지고 있다, 씨앗처럼. 이것이 그들이 말하는 초코드화일까? 하나에서 여럿으로 분열되어 뿌려지는 무수한 작은 '나'들. 흩뿌려지는 작은 '나'의 내부에서 어떤 규정들, 어떤 크기들, 어떤 차원들이 소용돌이치고 있다.

『천 개의 고원』은 향유하는 텍스트다. 『천 개의 고원』에서 가장 좋아하는 장은 '리좀'이 나오는 첫 장이다. 리좀은 탈중심화와 비위계질서를 본질로 하는 다양체다. 리좀은 나무나 뿌리와 같은 것으로 표상되는 사유의 재현 모델을 따르는 기존의 담론과 제도에 구현된 규범적 질서를 무너뜨리고 새로운 생성으로 나아간다. 가족·사회·국가라는 영토에 귀속시키거나 환원할 수 없는 하나의 삶이 있다. 그 하나의 삶은 이미 가족·사회·국가에 포획되어 지층을 이루고 있다. 생성은 포획된 이것들이 지층에서 벗어나 새로운 탈주선을 만듦으로써 시작한다. 탈영토화의 운동이 바로 그것. 이들은 이렇게 쓴다. "참 이상한 일이다. 나무가 왜 그토록 서양의 현실과 모든 사유를 지배해 왔는가? 식물학에서 생물학, 해부학 그리고 인식 형이상학, 신학, 존재론, 모든 철학…… 에 이르기까지."(질 들뢰즈·펠릭스 가타리, 『천 개의 고원』) 수목형 사유 체계가 가진 위계적 질서의 독재를 깨뜨리고 그것을 대신하는 리좀은 무질서 속의 질서이고, 불연속성 안의 연속성이며, 혼돈 속의 운동이다. 리좀은 중앙 집중화, 위계적 질서, 기표 작용, 전체를 일사분란하게 지휘하는 장군의 권력, 조직화하는 기억들을 거부한다. 들뢰즈와 가타리 이전까지 서구의 철학과 형이상학은 수목형 사유의 모델을 바탕으로 한다. 리좀은 욕망과 무의식을 옥죄는 규범적 사유 체계를 거부하고, 하나를 중심으로 하는 권력을 해체하며, 모든 종류의 생성을 포획하고 그것으로 제 몸을 만든다. 이들은 이렇게 쓴다. "뿌리 말고 리좀을 만들어라! 절대로 심지 마라! 씨 뿌리지 말고, 꺾어 꽂아라! 하나도 여럿도 되지 마라. 다양체가 되어라! 선을 만들되, 절대로 점을 만들지 마라! 속도가 점을 선으로 변형시킬 것이다." (질 들뢰즈·펠릭스 가타리, 앞의 책) 리좀과 나무의 이항 대립은 탈영토화와 재영토화, 사본과 지도, 무리와 군중, 분자와 그램 분자, 소수와 다수, 유목주의와 정주주의, 전쟁 기계와 국가 장치, 매끄러운 판과 홈 패인 판과 같은 『천 개의 고원』의 가장 중요한 중추적인 개념들로 변주되고 넓혀진다. 이것들은 수없이 많은 창조적인 연결 접속들로 이어지고 이것들 속에서 다시 다양한 변이들을 만들어 낸다. 이것은 인터넷과 닮아 있다. 뉴스, 논평, 소식들이 거미줄처럼 퍼져 있는 인터넷 내부의 연결망들, 즉 블로그들과 온라인 안의 카페들, 그리고 수없이 많은 웹사이트에 삽시간에 퍼져 나간다. 언제 어디서나 접속이 이루어지는 여기에는 리좀이 그렇듯이 중심이나 토대, 줄기가 없다. 끊임없는 경로들, 경로들의 일탈과 새로운 접속들의 연쇄만이 있을 뿐이다. "인터넷은 말 그대로 서로 연결된 많은 컴퓨터 네트워크들의 네트워크, 자기들끼리 서로 연결된 대학과 기업,

정부 기관, 개인 소유자들의 네트워크가 다시 거미줄처럼 연결된 네트워크들의 연결망이다. 이 네트워크는 메시지와 정보를 실어 나르고, 월드 와이드 웹(www)에 접근할 수 있는 통로를 제공해 준다. 월드 와이드 웹은 텍스트와 이미지, 동영상이 담겨 있고 인터넷에 연결된 컴퓨터의 웹 브라우저 기능을 통해 접근할 수 있는 하이퍼텍스트 문서들의 시스템이다."(A. C. 그레일링, 『다음 세상의 교양을 위한 새 인문학 사전』) 이것들은 뫼비우스의 띠처럼 안과 밖이 하나로 순환하며 이어진다. 접속이 이루어지는 순간 이미 하나는 여럿이고, 여럿은 무수함이다. 내가 『천 개의 고원』에 그토록 매혹된 것은 바로 이 중심도 줄기도 토대도 갖지 않은 '리좀'이 보여 주는 놀라운 상상력 때문이다. 나는 들뢰즈의 노마디즘을 하나의 공안(公案)으로 받아들였는데, 놀랍게도 그것은 노자의 『도덕경』이나 최치원이 말한 접화군생(接化群生)의 정신과 하나로 겹쳐진 까닭이다. 들뢰즈에게서 배울 것은 지식이나 이해가 아니다. 영감과 상상, 사유의 방법론, 존재의 쇄신, 생성으로 나아가는 법을 배워야 한다. 들뢰즈는 '법고(法古)'를 탈영토화함으로써 '창신(創新)'에 이른다. 들뢰즈는 옛것을 익히고 배우되 그것을 지층화하지 않고 새로운 탈주선을 만들어 가로지르라고 이른다. 들뢰즈 스스로가 스피노자, 니체, 베르그송, 푸코, 그리고 프루스트, 카프카를 읽되 그것에 귀속되지 않고 그것들을 가로질러 간다.

새로운 책을 쓴다는 것은 세계를 종과 횡으로 횡단하는 선들, 경도(經度)와 위도(緯度), 그 양태들을 꿰뚫고 나아가며 유동하는 선들을 찾는 일이다. 항상 좌표, 역학, 정향들의 체계들은 창조적인 탈영토화가 아니라 초월의 지리들을 우선한다. 사유는 그 의미화의 지층에서 오는 진동과 압력을 받는다. 모든 방향으로 열린 접속을 찾는다면 우리 사유를 〇〇되기를 향해 열린 절대 극한으로 몰아가야 한다. 부딪치고 꿈틀거리며 뚫고 흘러가야 한다. 사유가 힘과 의지의 방향성을 갖는 것은 그다음이다. 사유가 새로운 삶의 가능성을 발명하고 발견하지 않는다면 그 사유는 즉각 폐기해야 한다. 왜? 그것은 죽은 사유니까. 죽은 사유는 내부에서 작용하는 속도들과 변용태들을 끌어내 새로운 순환의 선으로 나아가는 동력이 되지 못한다. 새로운 순환의 선을 타려면 작동하는 힘들의 순환을 정지시키고 해체해야만 한다. 옛 순환이 정지되지 않고서는 새 순환은 작동하지 않는다. 이미 고갈된 힘들의 옛 순환에 종속된다는 것은 그 내부의 생성과 다양체를 축소, 환원시키는 반복 운동일 뿐이다. 지각을 폐쇄 회로에 가두는 낡은 개념과 낡은 패러다임의 잔재들을 폭파해야만 배치를 바꿀 수 있다. 배치는 욕망이 생산력과 생산 관계에 침투하여 끊임없는 접속을 만들고 그 접속에 따라 다르게 -되기를 말한다. 마이클 하트는 『천 개의 고원』의 핵심적인 주제가 배치의 문제, 특히 사회적 배치의 문제라고 말한다.(Michael Hardt, *Gilles Deleuze an apprenticeship in philosophy*, 1993. 한국어 번역본은 『들뢰즈 사상의 진화』) 욕망은 욕망함을 낳는 기계다. 이 기계는 흐름들을 절단하고 채취하며 현실을 작동시킨다. 그런 점에서 "욕망은 현실을 생산한다."(질 들뢰즈·펠릭스 가타리, 『앙띠 오이디푸스』)라고 말할 수 있다. 욕망은 곧 욕망하는 생산이며, 욕망의 배치일 터다. 그것이 생산한 현실이 사회장이며, 사회장은 곧 배치의 장이다. 동일성이 아닌 차이로, 존재가 아닌 생성으로 나아가기. 이것이 '있다'에서 '되다'에로, 동일성의 정치학에서 차이의 정치학으로, 하나에서 여럿으로, 긴 기억에서 반기억으로, 계보학의 질서에서 반계보학의 혼돈으로, '존재의 철학'에서 '생성의 철학'으로 나아가는 길이다.

　책에서 구할 것은 지식이 아니라 생성을 위한 영감과 힘이다. 저자-텍스트가 아니라 그것의 배아, 그것을 배양하는 젖, 질료들, 즉 사유를 가로지르는 날짜와 속도들, 자연과 무의식, 고원들을 힘껏 빨아들여라! 지식은 기껏해야 지식 생산자의 머리를 모방하는 것에 지나지 않는다. 모방은 의미의 축소화이며, 그것에의 종속이다. 해석하지 말고, 제발, 제발, 당신의 도주선을 찾으란 말이다. 언제까지 어른이나 흉내내는 어린아이로 남으려 하는가? 언제까지 누군가의 도움과 보살핌을 받는 응석받이 노릇을 하려는가? "그만 둬! 너 때문에 피곤해 죽겠다! 의미를 내보내거나 해석하지 말고 실험을 해! 너의, 너의 영토성, 너의 탈영토화, 너의 체제, 너의 도주선을 찾으란 말이야! 이미 만들어진 너의 유년기와 서구의 기호론에서 찾지 말고 너 자신을 기호화하라고!" 왜 하나의 점, 하나의 질서에 고착해 있으려 하는가? 왜 항상 계보학 속에 너의 가능성, 너의 힘, 너의 꿈과 상상력, 너의 잠재적 생성을 매장시키려고 하는가? 그것은 유일한 장군, 하나의 독재자, 여럿처럼 보이지만 하나일 뿐인 히드라이며 메두사에 지나지 않는다. 사유는 나무 형태가 아니다. 그러니까 너의 사유를 줄기가 있고 줄기에서 가지가 뻗어 나가는 위계적 질서, 즉 수목형으로 만들려는 관습에서 벗어나라. 중심화된 점에서 탈주하라. 잡초이거나 리좀이거나. 계보에서 반계보로, 하나가 아니라 여럿으로, 아니 다양체로 나아가라. 진정 다양체를 꿈꾼다면 유일을 빼고서 n-1로 살아라.

들뢰즈와 가타리는 탈중심화해서 수목형의 위계질서에서 벗어나라고 말한다. 정주민의 사유가 아니라 유목민의 사유를 찾아라. 공(空)과 화엄의 세계, 노자의 무위자연(無爲自然)을 찾아라. 이제 리좀이다! 리좀은 비-체계요, 비중심화한 접속들의 향연이다. 리좀의 세계에서 접속은 어디에서나 일어난다. 리좀은 "계층도 중심도 없고, 초월적인 통일도 또 이항 대립이나 대칭성의 규칙도 없으며, 단지 끝없이 연결되고 도약하여 일탈하는 요소의 연쇄"(질 들뢰즈·펠릭스 가타리, 『천 개의 고원』)인 까닭이다. 리좀에는 중심, 서열, 계보가 없다. 그것은 위계적이며 위상학적인 나무가 아니라 구근이나 덩이줄기다. 그것은 일정한 법칙 아래 뿌리를 뻗어가는 나무와 달리 어떤 지점에서든 다른 무엇과 연결하고 접속한다. 리좀은 "아주 상이한 기호 체제들, 심지어는 비-기호들의 상태들을 작동시킨다."(질 들뢰즈·펠릭스 가타리, 앞의 책) 아직도 초월성인가? 가로지르고, 넘어서고, 시작도 끝도 없는 운동이다. 초월성이 아니라 내재성이다. 그것은 일인 체계를 무너뜨리고 그사이에서 자라는 잡초다. 독재자를 권좌에서 끌어내리고 양쪽의 둑을 무너뜨리며 중간에서 속도를 취하는 시냇물이다. 정주민이 아니라 유목민으로 살아라. 역사를 쓰지 마라. 시작하지 말고 끝내지도 말며 그냥 흘러가라. "리좀은 시작하지도 않고 끝나지도 않는다. 리좀은 언제나 중간에 있으며 사물들 사이에 있고 사이-존재이고 간주곡이다. 나무는 혈통 관계이지만 리좀은 결연 관계이며 오직 결연 관계일 뿐이다. 나무는 '-이다(etre)'라는 동사를 부과하지만, 리좀은 '그리고…… 그리고…… 그리고……'라는 접속사를 조직으로 갖는다. 이 접속사 안에는 '이다'라는 동사를 뒤흔들고 뿌리 뽑기에 충분한 힘이 있다."(질 들뢰즈·펠릭스 가타리, 앞의 책)

책을 읽되 거기에 끌려가지 말고 저자-텍스트를 덮쳐라! 이것은 생식 행위가 아니다. 사생아, 즉 당신을 탈영토화하는 변형적 성분을 갖기 위함이다. ○○되기를 위한 영감, 생성으로 나아가지 못한다면 당신은 역사의 재귀, 노예의 도덕에 매인 하수인, 식민지에 지나지 않는다. 책은 이미 저자의 것이 아니다. 그것은 저자라는 지층에서 벗어난다. 무슨 힘으로? "다른 모든 것들처럼 책에도 분절선, 분할선, 지층, 영토성 등이 있다. 하지만 책에는 도주선, 탈영토화 운동, 지각 변동(=탈지층화) 운동들도 있다."(질 들뢰즈·펠릭스 가타리, 앞의 책) 책-기계의 기원과 독창성은 한 저자의 전유물이 아니다. 하나의 이름 뒤에 이미 수많은 가려진 저자들이 숨어 있다. 지워진 저자들은 기명의 저자를 대신하여 말한다. 따라서 한 권의 책-기계 안에서 수많은 익명의 목소리들이 울려 나오는 것은 이상한 일이 아니다. 왜 책-기계가 다양체이겠는가? "책은 하나의 다양체다. 그러나 다양하다는 것이 어떤 것에 귀속되기를 그친다는 것, 즉 독립적인 실사의 지위로 격상된다는 것이 무슨 뜻인지를 우리는 아직 알지 못한다."(질 들뢰즈·펠릭스 가타리, 앞의 책) 세계를 다양한 형태로 바꾸려는 숨은 저자들이 없었다면, 그에 앞선 목소리들이 없었다면 책-기계 내부에서 움직이는 질료들, 명제와 척도들은 나타나지 않았을 것이다. 저자란 외부성, 즉 수많은 익명의 저자들의 기표적 기호다. 그러므로 책-기계를 하나의 주체로 귀속시키는 일은 책-기계의 본질적인 측면인 외부성을 외면하는 일이다. 내부와 외부는 몸을 섞고 서로를 복제하며, 새로운 배치 속으로 들어간다. 배치의 효과는 역사가 아니라 생성, 도약과 증대, 활성화, 흐름으로서의 통접(統接)이다.

책이 얘기하는 바와 책이 만들어지는 방식 사이에는 차이가 없다. 하물며 책에는 대상도 없다. 책은 다른 배치물들과 연결 접속되고 다른 기관 없는 몸체들과 관계를 맺고 있을 뿐이다. 기의든 기표든 책이 말하고자 하는 바는 묻지 말아야 하며, 책 속에서 이해해야 할 그 어떤 것도 찾지 말아야 한다. 오히려 이런 것들을 물어봐야 한다. 책이 무엇과 더불어 기능하는지, 책이 어떤 다양체 속에 자신의 다양체를 집어넣어 변형시키는지, 책이 자신의 기관 없는 몸체를 어떤 기관 없는 몸체들에 수렴시키는지를. 하나의 책은 바깥을 통해서만, 바깥에서 존재한다. 이처럼 책이 그 자체로 작은 기계라면, 이 문학 기계는 전쟁 기계, 사랑 기계, 혁명 기계 등과, 그리고 이 모든 기계를 낳는 추상적인 기계와 어떤 측정 가능한 관계를 맺고 있는가? 책-기계는 저마다 세계에 대한 하나의 해석이다. 해석 본능은 책-기계의 인습에 속한다. 그러나 인습이란 평면화의 운동에서 벗어나지 못한다. 해석의 내용이나 해석의 방식은 중요하지 않거나 덜 중요한 영역이다. 중요한 것은 책-기계가 내재화하고 있는 그 수많은 외부들과 통하는 것, 그것의 도주선, 탈영토화 운동, 지각 변동들과 교감, 반응을 보이는 것, 그리고 촉발과 생성으로 나아가는 것이다. 그것의 외부를 바깥으로 끌어내고 다른 배치를 만드는 것, 그것의 질료와 속도를 당신의 탈영토화의 힘으로 바꾸는 것이다. 당신이 먼저 바뀌지 않는다면 세계도 바뀌지 않는다. 그러므로 당신을 바꾸는 피를 수혈하지 못하는 책-기계는 세계도 바꾸지 못한다. 바꾸지 못하는 것은 네거리에서 차량들의 흐름을 조정하고 지휘하는 교통경찰을 흉내 내는 정신병자의 헛된 몸짓들, 공을 비켜 나간 축구 선수의 헛발질이다. 변혁의 힘과 선을 만들지 못하는 책-기계는 멈춰 서 있는 기계다. 죽은 기계다. 어느 시대나 가장 중요한 책-기계는 세계에 대한 해석이 아니라 예언과 변혁, 도래할 실재들, 아직 오지 않은, 그러나 오고야 말 현실에 대해 말한다. 좋은 책-기계는 탈영토화한다. 탈영토화는 새로운 현실의 발명과 창조다. 네 속에 있는 질료적 흐름들을 "행운선, 허리선, 도주선"(질 들뢰즈·펠릭스 가타리, 앞의 책)으로 바꾸어라. "n에서, n − 1에서 써라, 슬로건을 통해 서라, 뿌리 말고 리좀을 만들어라! 절대로 심지 마라! 씨 뿌리지 말고, 꺾어 꽂아라! 하나도 여럿도 되지 마라, 다양체가 되어라! 선을 만들되 절대로 점을 만들지 마라! 속도가 점을 선으로 변형시킬 것이다! 빨리빨리, 비록 제자리에서라도! 행운선, 허리선, 도주선. 당신들 안에 있는 '장군'을 깨우지 마라!"(질 들뢰즈·펠릭스 가타리, 앞의 책) 우리를 덮치는 위기의 본질은 시장 자본주의, 독점 자본주의, 다국적 자본주의에 의해 소상되고 포박된 정신 분열증의 위기와 잇대어 있다. 오늘의 자본주의는 "장엄한 정신 분열증의 축적"(질 들뢰즈·펠릭스 가타리, 앞의 책)을 낳는다. 이들의 욕망 이론에 의하면 자본주의는 풍부한 잉여 생산 속에서 동시에 결핍과 욕구를 생산한다. 그 과정에서 우리의 무의식, 신체, 욕망은 영토화하면서 탈영토화의 운동을 한다. 오늘의 피폐해진 농촌과 거기 사는 사람들이 욕망의 편집증적 충동에 휩쓸려 가면서도 그것을 낳는 현실의 지배 구조를 전복하거나 해체하지 않고 오히려 전통적인 역할, 개념, 계급 제도를 따르는 것은 그들의 의식이 철저하게 국가의 위계질서적인 제도에 함몰되어 있기 때문이다. 이때 개별자의 의식들은 집단-주체로 나아가지 못하고 상품 교환의 속박, 심리학적인 속박에 머물 뿐이다. 자본주의의 정신 분열증적인 경향은 탈영토화의 전복적인 힘으로 작동할 수도 있는데, 그 질료적 생산과 힘이 국가 장치의 폐쇄 회로에서만 순환함으로써 차이, 다양성, 생성을 낳는 힘으로 전환하지 못한다. 이들은 고착된 국가 장치와 그 속박에서 벗어나는 유목적 사유를 제창하며, 우리에게 "리좀을 형성하라, 탈영토화를 통해 너의 영토를 넓히"(질 들뢰즈·펠릭스 가타리, 앞의 책)라고 권유한다.

리좀의 줄기들은 나무에서 멈추지 않는다. 그것은 모든 지층화에서 빠져나오며 연결 접속하고 흐름에서 벗어난다. 그것은 무수한 탈주선들을 만든다. 그것은 나무가 보여 주는 위계가 아니라 뿌리혹들의 발아다. 리좀의 나무성, 혹은 나무의 리좀성. "식물들의 지혜. 식물들은 뿌리를 갖고 있을지라도 언제나 어떤 바깥을 가지며, 거기서 식물들은 항상 다른 어떤 것, 예컨대 바람, 동물, 사람과 더불어 리좀 관계를 이룬다. (또 어떤 점에서는 동물들 자신도 리좀을 이루고 인간들도 리좀을 이루고…….) '식물이 우리 안으로 의기양양하게 침입할 때의 도취.' 항상 단절을 통해 리좀을 따라가라, 도주선을 늘리고 연계시키고 연계하라, 그것을 변주(變奏)시켜라, n차원에서 방향이 꺾인, 아마도 가장 추상적이면서 가장 꼬여 있는 선을 생산할 때까지. 탈영토화된 흐름들을 결합시켜라. 식물들을 따라라. 우선 잇단 독자성들 주변에 생기는 수렴원들을 따라 최초의 선의 한계를 정하는 것이 좋을 것이다. 다음으로 최초의 선의 한계 바깥, 다른 방향에 위치한 새로운 점들과 함께 이 선의 내부에서 새로운 수렴원들이 만들어지는지를 보라. 글을 써라, 리좀을 형성하라, 탈영토화를 통해 너의 영토를 넓혀라, 도주선이 하나의 추상적인 기계가 되어 고른 판 전체를 덮을 때까지 늘려라. '우선 너의 오랜 친구인 식물에게 가서, 빗물이 파 놓은 물길을 주의 깊게 관찰하라. 비가 씨앗들을 멀리까지 운반해 갔음에 틀림없다. 그 물길들을 따라가 보면 너는 흐름이 펼쳐지는 방향을 알게 될 것이다. 그다음에 그 방향을 따라 너의 식물에서 가장 멀리 떨어진 곳에서 발견되는 식물을 찾아라. 거기 두 식물 사이에서 자라는 모든 악마의 잡초들(devil's weed plants)이 네 것이다. 나중에 이 마지막 식물들이 자기 씨를 퍼뜨릴 것이기에 너는 이 식물들 각각에서 시작해서 물길을 따라가며 너의 영토를 넓힐 수 있을 것이다.' 음악은 '변형되는 다양체'만큼이나 많은 탈주선을 끊임없이 흘려 보내왔다. 결국 자신을 구조화하거나 나무 형태로 만드는 음악 고유의 코드들을 뒤엎어 버리게 되더라도 말이다. 따라서 음악 형식은 단절되고 증식한다는 점에서도 잡초나 리좀에 비견될 수 있을 것이다."(질 들뢰즈·펠릭스 가타리, 앞의 책) 물길을 따라가라. 둑을 만나면 둑을 넘고 큰 산을 만나면 휘감고 에돌아 나가라. 부처를 만나면 부처를 베고, 임제를 만나면 임제를 베어 버려라! 아무렴, 점을 만들지 말고 선으로 나아가라. 멈추지 마라. 빗물이 파 놓은 물길들. 물길에는 출발점도 없고 끝도 없다. 그것은 항상 중간에서 시작하며 중간에서 속도를 낸다. 물길을 통해 씨앗들을 실어 나르는 식물들에게서 배워라. 식물들은 물길을 통해 탈영토화하며 제 영토를 확장한다. 물길은 감자를 심지도 않고 보리를 심지도 않는다. 그것들은 그저 흘러갈 뿐. 이들의 전언을 압축하면 다음과 같다. "글을 써라, 리좀을 형성하라, 탈영토화를 통해 너의 영토를 넓혀라, 도주선이 하나의 추상적인 기계가 되어 고른 판 전체를 덮을 때까지 늘려라." 물길은 네가 탈영토화할 수 있는 도주선이다. 물길에서 음악을 취하라. 물길이 곧 음악이고, 수시로 몸을 바꾸는 다양체들이다. 물길을 따라가다가 어느 순간 네가 물길이 되어 흘러라!

함께 읽으면 좋은 책들

라파엘 앙토방, 『오후 3시』, 권명희 옮김, 열림원, 2008

마이클 하트, 『들뢰즈 사상의 진화』, 김상운·양창렬 옮김, 갈무리, 2004

서동욱, 『들뢰즈의 철학』, 민음사, 2002

이정우, 『천 하나의 고원』, 돌베개, 2008

질 들뢰즈·펠릭스 가타리, 『천 개의 고원』, 김재인 옮김, 새물결, 2001

고된 노동을 돌아보라

프리드리히 니체, 『차라투스트라는 이렇게 말했다』

철학자 니체는 다양한 동물 은유를 써서 삶과 세계의 본질을 통찰한다. 그의 가장 유명한 책인 『차라투스트라는 이렇게 말했다』를 보면, 무수한 동물들이 등장한다. 낙타, 사자, 독수리, 당나귀, 타조, 원숭이, 뱀……. 우리는 '니체의 동물원'에서 동물들을 보면서 새롭게 인간에 대해 배운다. 왜 동물들인가? 동물은 핵과 미토콘드리아의 수준에서 사람과 한 계열이다. 그것은 사람과 가까이에 있고 언제나 최소주의 속에서 삶을 일구는 가여운 생명체로 연민을 자아내고 온전히 해명되지 않은 형이상학적 빈곤이다. 우리는 동물들을 지적인 영혼을 가진 사람보다 열등한 개체라고 믿는다. 동물은 자기 인식적 사유를 하지 못하고 이성적 성찰이 아예 불가능한 지대에 존재하고, 오로지 본능과 충동에 의해 움직이는 하나의 동체(動體)라고 생각한다. 그에 반해 사람은 "뇌의 용적, 직립보행, 언어와 성찰"(도미니크 르스텔, 『동물성』)이라는 점에서 농물과는 다른 위상을 가진 존재로 받아들인다. 동물은 무리 속에서 거주하고 사람은 사회 속에서 거주한다. 동물은 본능과 충동에 의해 제 존재를 지탱하는 반면 사람은 그것을 넘어서서 정치 경제적으로, 혹은 시적인 것 안에서 제 존재를 지탱한다. 사람과 동물은 상호 간에 환원 불가능한 영역에 속하고, 따라서 두 계열의 경계에는 넘어갈 수 없는 높은 문턱이 있다. 그러나 동물들은 꿈과 무의식, 신화와 민담에서 사람과의 내적 상동성으로, 혹은 관계의 등가성이라는 맥락에서 새 의미를 부여받으며, 인간 내면을 비춰 주는 빛으로 새롭게 발견되는 그 무엇이다. 니체는 다양한 동물 상징과 동물 은유를 통해, 역설적으로 사람의 내면에 깃든 동물성을 적시하고 그것에 형이상학적 빛을 쐬고 있다. 인간을 가로지르는 니체의 형이상학에서 사람과 동물의 닮음이 중요한 게 아니라 오히려 그것의 다름과 차이의 중요성이 두드러진다. 그것은 질 들뢰즈와 펠릭스 가타리가 말한 "한 유사성들의 계열화를 차이들의 구조화로, 항들의 동일화를 관계들의 동등성으로, 상상력의 변신(metamorphoses)을 개념 내부에서의 은유(metaphores)로, 자연-문화의 거대한 연속성을 자연과 문화 간에 유사성 없는 대응 관계를 배분하는 깊은 단층으로, 나아가 기원적 모델의 모방을 모델 없는 최초의 미메시스 그 자체로 대신"(질 들뢰즈·펠릭스 가타리, 『천 개의 고원』)한다는 사실을 이해할 수 있다. 사람은 닭이나 돼지가 아니고, 사람이 퇴행한다고 해서 결코 그것이 될 수는 없다. 마찬가지로 닭이나 돼지는 사람이 아니고, 동물들이 진화한다고 해서 결코 사람이 되는 일은 없다. 그러나 사람과 동물은 정치적·사회적·해부학적 힘의 양과 질의 견지에서 전혀 다른 위상을 갖고 있다 하더라도 의미 생성의 블록에서 서로 섞이고 스미는 존재들이다. 사람과 동물의 동일화가 중요한 게 아니다. 중요한 것은 사람과 동물 사이에 있는 "차이들을 정돈

해서 관계들의 일치에 이를 수 있도록 하는 것이 중요한 것이다. 왜냐하면 동물은 나름대로 변별적 관계나 종차의 대립에 따라 분배되며, 마찬가지로 인간은 해당 집단에 따라 분배되기 때문이다."(질 들뢰즈·펠릭스 가타리, 앞의 책) 그러니까 니체는 동물 상징과 동물 은유에서 사람을 동물로 환원시키는 게 아니라 두 계열의 차이에 기반해서 사람을 동물-되기의 맥락 속에 재배치하며 존재 생성의 철학을 가동한다. 동물-되기의 맥락 안에서 사람은 징후적 다양체로 생성되고 발견될 수 있다.

우리는 니체의 동물원에서 가장 먼저 낙타를 구경할 수 있다. 사람의 짐을 대신 짊어지고 묵묵히 사막을 건너는 낙타의 선량함은 인간 중심적인 것에서 본 판단일 따름이다. 인간의 관점에서 낙타는 어리석은 고통을 한없이 감내하는 짐꾼에 지나지 않는다. "공경하고 두려워하는 마음을 지닌 억센 정신, 짐깨나 지는 정신에게는 참고 견뎌 내야 할 무거운 짐이 허다하다. 정신의 강인함, 그것은 무거운 짐을, 그것도 더없이 무거운 짐을 지고자 한다. 무엇이 무겁단 말인가? 짐깨나 지는 정신은 그렇게 묻고는 낙타처럼 무릎을 꿇고 짐이 가득 실리기를 바란다. 너희 영웅들이여, 내가 그것을 등에 짐으로써 나의 강인함을 확인하고, 그 때문에 기뻐할 수 있는 저 더없이 무거운 것, 그것은 무엇인가? 짐깨나 지는 정신은 묻는다. …… 짐깨나 지는 정신은 이처럼 더없이 무거운 짐 모두를 마다하지 않고 짊어진다. 그러고는 마치 짐을 가득 지고 사막을 향해 서둘러 달리는 낙타처럼 그 자신의 사막으로 서둘러 달려간다."(프리드리히 니체, 「세 가지 변화에 대하여」, 『차라투스트라는 이렇게 말했다』)

'짐깨나 지는 정신', 철학자는 그것이 낙타라고 말한다. 낙타는 '아니오!'라고 할 줄 모르는 정신이다. 어떤 불의한 명령 앞에서도 그들은 항의하거나 저항하지 않는다. 그들은 언제나 굴종한다. 그들은 노예의 도덕을 내면화한 존재들이다. 그들은 자유를 원하지만 그것을 얻기 위해 싸우지 않는다. 그런 까닭에 그들은 노예이고 천민들이다. 그들에겐 애초부터 주인이 되려는 의지가 없었다. 주인이 되기 위해 자기 자신을 전부 거는 모험을 해야 하는데, 그들에겐 그런 모험을 할 만한 용기가 없었다. 일견 그들은 착해 보인다. 그들은 항상 "악한 것, 부조리한 것, 추한 것"을 혐오하고 그것을 배제하기 때문이다.

니체는 낙타형 인간과 반대되는 유형이 디오니소스형 인간이라고 말한다. "삶의 충만함을 만끽하는 가장 풍요로운 자인 디오니소스적 신과 인간은 두렵고 의심스러운 외양뿐 아니라 두려운 행위, 그리고 파괴, 해체, 부정의 모든 호사도 자신에게 허용한다. 생산하고 결실을 맺는 충만한 힘, 어떤 사막도 풍성한 옥토로 만들 수 있는 충만한 힘의 결과로 그에게는 악한 것, 부조리한 것, 추한 것도 모두 허용한다."(니체, 『즐거운 학문』) 디오니소스형 인간은 삶의 충만한 힘을 만끽할 뿐 아니라 파괴와 변화를 두려워하지 않는다. 아울러 자신의 이상을 실현하기 위해 "악한 것, 부조리한 것, 추한 것"조차 하나의 수단으로 쓸 수 있다고 생각한다. 그들은 그것이 사막을 풍성한 옥토로 만드는데 유용할 수 있다는 사실을 깨달은 자들이다. 그들은 기존의 도덕에 피동적으로 순응하는 자들이 아니라 제 삶을 위한 새로운 도덕을 창조하는 자들이다.

낙타형 인간들은 겨우 존재하는 자들이다. 겨우라고? 그렇다. 겨우 존재하는 영역에 속하지만 그들의 태도는 당당하기조차 하다. "무엇이 무겁단 말인가? 짐깨나 지는 정신은 그렇게 묻고는 낙타처럼 무릎을 꿇고 짐이 가득 실리기를 바란다." 그들은 결코 울부짖지 않는다. 왜냐하면 견디며 살 만하니까. 그들은 웃지도 않는다. 왜냐하면 웃을 만큼 행복하지 않기 때문이다. 그들에게 삶은 최소주의로만 주어진 것, 이를테면 하나의 무거운 의무, 거역할 수 없는 강령으로 주어진 것이다. 그들은 죽음을 면제받을 수 없고, 마찬가지로 삶도 면제받을 수 없다. 그들은 그저 존재함에 만족한다. 이 말은 존재의 보존과 지속성에서 존재의 의미를 찾는다는 뜻이다. 그런 상태를 이진경은 "명사적 형태의 존재"라고 말한다. 그것만으로 충분한가? 그렇지 않다. 이진경은 이렇게 쓴다. "명사적 형태의 존재란 '존재한다'라는 동사적 측면이 망각된 것에 지나지 않는다. 역으로 이렇게 말해야 할 것 같다. 존재란 명사적 형태 속에서조차 하나의 동사적 사건이다. 따라서 동사적 형태로 표현되는 생성만이 존재한다고 다시 말할 수 있을 것이다. 존재란 생성의 한 측면이고, 생성의 다른 이름이다."(이진경, 『불온한 것들의 존재론』) 생성이 없는 존재란 죽은 존재와 다를 바 없다. 낙타형 인간 속에서 가족 부양이라는 무거운 짐을 지고 매일 아침 일어나 직장으로 출근하는 범속한 우리들의 모습이 투영되는 것은 불가피하다. 우리는 날마다 살아 있지만, 자기 삶을 바꿀 엄두는 도무지 내지 못하며 "창조적인 번개의 웃음"을 잃어버린 채 사는, 본질에서 죽은 자들이다. 그것은 창조가 없는 삶이다. "창조. 그것은 고통으로부터의 위대한 구제이며 삶을 경쾌하게 만드는 것이다."(프리드리히 니체, 「행복의 섬에서」, 『차라투스트라는 이렇게 말했다』) 우리는 겨우 살아 있는 존재들이다.

낙타들은 무거운 짐을 가득 지고 사막을 향해 달려간다. 짐이란 비자발적 노동에의 예속을 초래한다. 물론 노동 없이 세계는 유지될 수 없다. 우리는 누군가 노동했기 때문에 집에서 안락하게 거주할 수 있고, 누군가 노동했기 때문에 밥을 먹을 수 있고, 누군가 노동했기 때문에 옷을 입어 제 몸을 따뜻하게 감쌀 수 있다. 이렇듯 노동은 누군가의 삶을 돕는다. 노동은 가치 창조의 원천이기는 하다. 하지만 명령으로 주어지는 노동은 어떤 경우에도 인간을 존엄으로 이끌지 않는다. 한없는 수고와 피로, 자기모멸만이 그 노동의 결과로 주어진다. 그래서 그들은 힘들고 무력하고 침울하다. 누가 그들을 그렇게 만들었는가? '중력의 영'이라는 난쟁이다. 중력의 영은 그들의 귓속에, 그들의 뇌 속에 무거운 납덩이를 방울방울 떨어뜨린다. 중력의 영은 삶과 대지를 무겁게 만든다. 중력의 영에 지배를 당하는 한 그들은 춤출 수 없고 공중으로 도약할 수도 없다. 그들의 삶과 무거운 짐이 어깨를 짓누르기 때문이다. 낙타여, 새해에는 무거운 짐을 지고 사막으로 달려가기 전에, 왜 나는 낙타일 수밖에 없는지를, 왜 나는 삶의 충만한 기쁨과 웃음을 잃고 춤을 잃어버렸는지를 돌아보자.

함께 읽으면 좋은 책들

고병권, 『니체의 위험한 책, 차라투스트라는 이렇게 말했다』, 그린비, 2003

이수영, 『명랑 철학: 니체를 읽는 아홉 가지 키워드』, 동녘, 2011

이진경, 『불온한 것들의 존재론』, 휴머니스트, 2011

질 들뢰즈, 『니체와 철학』, 이경신 옮김, 민음사, 2001

질 들뢰즈·펠릭스 가타리, 『천 개의 고원』, 김재인 옮김, 새물결, 2001

프리드리히 니체, 『차라투스트라는 이렇게 말했다』, 장희창 옮김, 민음사, 2004

서평, 그 사소한 정치

테리 이글턴, 「반대자의 초상」

한 주에 두세 개씩의 서평(reviews) 쓰는 일을 여러 해째 이어 오고 있다. 이런저런 연줄로 일간지와 주간지, 월간지와 계간지 등에 서평을 기고한다. 아울러 두 군데 공중파 방송에 정기적으로 나가서 책 이야기를 한다. 서평집도 네 권이나 내놓은 바 있다. 내 지적 인식 욕망과 관심의 맥락에 따라 책을 읽고 그중에서 매체에 맞는 책을 골라 서평을 쓴다. 서평 쓰기는 메마른 작업이다. 공력은 많이 들지만 청고한 인격을 만드는 데도, 지식의 성채를 짓는 데도 그다지 유용하지 않다. 그건 사랑 없는 섹스는 아닐지언정 출산이 배제된 섹스와 닮았다는 점에서 그렇다.

"서평은 정치다."라는 한 문장을, 월터 카우프만의 책을 읽다가 발견했다. 서평 쓰기에 투입되는 내 욕망에 대해서 약간의 의문과 회의를 품어 온 터라 이 문장이 눈에 확 들어왔다. 친밀한 관계의 맥락을 만드는 게 정치의 한 기능이라면, "서평은 정치다."라는 말은 맞다. 읽어 보니, 그 정치라는 게 지극히 '사소한 정치'였다. 그럴 수밖에 없는 게 서평가의 권위, 영향력, 글의 재미와 파급력이 제한적이기 때문이다. 서평은 현대 지식인들의 문화생활의 한 부분이긴 하지만, 한편으론 있어도 그만이고 없어도 그만인 것쯤으로 취급당한다. 기껏해야 서평은 주식 사이사이에 먹는 간식이고, 본격적인 음악이기보다는 간주곡에 지나지 않는다. 서평은 어떤 책이 그 책값에 합당한 가치가 있는지 없는지를 알아봐 주고, 그 책을 어떤 사람들이 읽어야 할지에 대한 정보를 제공한다. 서평가의 일이란 게 번역가나 편집자가 하는 일과 겹쳐지는데, 그것은 '저자와 독서 사이에서 움직이는 중개인'이란 점에서 그렇다. 매체에 실리는 서평은 뉴스거리가 될 만한 책, 어떤 학파와 연관되어 있는 책이 우선적으로 선택되고, 그 책이 담고 있는 시대적·문화적 가치나 함량보다는 매체나 서평가와의 개인적 인맥이 선택의 중요한 요소로 작동한다. 그러니까 어떤 책이 서평 대상이 되느냐 아니냐는 저자나 독자보다도 편집자와 서평가의 결정이 우선한다는 뜻이다.

주로 기자, 교수, 학자, 비평가, 젊은 작가들이 서평을 쓴다. 서평은 '저널리즘의 한 형태'이므로 서평 쓰기는 어느 정도 식견을 갖추고 순발력 있는 글쓰기를 잘하는 기자들에게 적합한 일이다. 교수나 학자들 역시 자기 분야에 대해 높은 수준의 지식과 경륜을 쌓은 사람들이니까 해당 분야의 책에 대한 서평가로서 적당하다는 평가를 받는다. 그리고 '젊은 서평가'의 부류가 있다. 그들은 '아직 씌어진 적이 없는 위대한 책의 지고함에 기대어 세상을 내려다보는 자'다. 그들은 서평을 제 존재를 번쩍이면서, 제가 얼마나 똑똑하고 많은 것을 알고 있는지를 알리는 기회로 삼는다. 문학 계간지에 서평을 쓰는 대다수의 '젊은 서평가'들의 글은 대체로 최신 이론들을 문장의 난삽함으로 버무려 내놓은지라 매우 현학적이다. 대개의 서평들은 우리가 그것에 대해 갖는 문화적 신뢰성에 비해 그 내용이 부실하다. 그런데도 그 부실함이 들춰지지 않거나 추문이 되지 않는 까닭은 많은 사람들이 서평만 읽고 정작 그 책은 잘 읽지 않기 때문이다. 카우프만은 그런 현실에 대해 이렇게 적는다. "서평에서 알게 된 책의 대부분을 읽을 만한 시간이 있는 사람은 거의 없으며, 서평을 읽기 전에 먼저 책을 읽는 경우도 드물다. 그래서 대부분의 사람들은 얼마나 많은 서평이 왜곡된 설명과 명백한 실수로 가득 차 있는지 알아차리지 못한다. 이러한 문제점은 호의적인 서평이나 적대적인 서평뿐 아니라 학술 잡지에도 동일하게 적용할 수 있다."(월터 카우프만, 『인문학의 미래』)

간혹 서평 대상이 되었던 책의 저자가 서평가의 "왜곡된 설명과 명백한 실수"에 분노하면서 반론을 내놓는 경우가 있다. 가장 극적인 것은 불문학자 곽광수가 자신의 책에 대한 서평이 나온 지 10년이 지난 뒤에 가스통 바슐라르의 『공간의 시학』이라는 번역서를 내놓으며 그 책의 한 각주 형식을 빌려 김현과 박이문의 서평에 대해 조목조목 반론을 펼친 경우다. 그 각주의 분량이 수십 쪽에 이를 만큼 작정하고 쓴 것으로 기억된다. 사실 많은 서평이 진지한 학문적 정밀성을 갖고 탄생하지는 않는다. "서평을 많이 쓰는 사람들은 대부분 아주 적은 시간을 할애한다. 이들 대부분이 취하는 공통 전략은 자신의 견해를 진척시킬 수 있는 기회로 서평을 이용하면서, 그 책의 주제에 대한 짧은 에세이를 쓰는 것이다. 또한 이와 함께 자신도 그다지 주의 깊게 읽지 않은 책 한두 권에 대한 약간의 언급을 끼워 넣는 것이다."(월터 카우프만, 앞의 책) 제 정신을 가진 학자라면 제 책에 대한 서평에 대해 큰 의미를 부여하지 않는다. 서평가들이 제 서평에 진정성, 즉 자기 패를 다 거는 경우는 절대로 있을 수 없다. 더구나 제 "오도(惡道)의 경지(境地)"를 눈곱만큼이라도 드러내는 것을 아까워한다는 사실을 아는 까닭이다. 이런 사정을 안다면, 곽광수가 제 책의 서평에 대해 저토록 진지하고 정밀한 반론을 펼쳤다는 사실이 놀라우면서도 기이하다는 느낌을 받을 수도 있다.

칭찬의 관용구를 남발하는 서평가보다는 까칠한 태도로 저자를 신랄하게 꼬집고 괴롭히는 서평가의 글을 읽을 때가 훨씬 더 즐겁다. 그런 맥락에서 테리 이글턴(Terry Eagleton, 1943~)의 『반대자의 초상』은 서평의 가장 훌륭한 범례로 꼽을 만한 책이다. 테리 이글턴은 영국 샐퍼드에서 태어나 케임브리지 트리니티 칼리지를 졸업하고 옥스퍼드 영문학 연구 교수를 거쳐 랭커스터 대학교 영문학과 교수로 재직 중인 영문학자이자 영미 문학을 대표하는 비평가 중의 한 사람이다. 『반대자의 초상』은 독자를 압도하는 박람강기(博覽强記)와 유연한 사유 체계, 날카로운 통찰력, 신랄함, 번득이는 유머, 그리고 그것을 좋은 문장으로 풀어 낼 수 있는 능력을 두루 갖춘 서평가의 서평집이다. 지젝과 라캉에 대해 쓸 때, 탈식민주의나 포스트모더니즘에 대해 쓸 때, 테리 이글턴은 모호하지 않고 더할 나위 없이 투명하고 분명하다. 그가 데이비드 하비의 책에 관한 서평을 쓰면서 "낭만주의에서 모더니즘까지, 시간은 풍요로운 개념이었고 공간은 황폐한 개념이었다. …… 오늘날 공간은 시간을 그저 따라잡는 것을 넘어 오히려 앞장서서 끌어당기고 있다. 몇몇 포스트모던 사상가들은 너무 독특해서 이론화할 수 없는, 장소라는 형태를 띤 공간이, 개념의 트럼프 패에서 조커가 되어 추상을 거부하고 모든 거대 담론을 붕괴시킨다고 본다. 이제는 시간이 지루하게 균질적인 것, 매번 똑같은 지겨운 것이 되고, 속이 찬 자궁이라는 공간성에 대조되는, 남근적인 탄도가 된다. 그리고 공간이 시간에 그동안의 복수를 하느라 바쁜 와중에, 자연은 인간 역사에 자연의 권리를 행사해 왔는데, 비관적 생태학자들은 그것을 이제 세상이라는 육신에서 종양이 자라는 이미지로 본다."(테리 이글턴, 『반대자의 초상』)라고 쓸 때도 그 명료함은 통찰력이라는 아우라를 두르고 빛을 뿌린다. 축구 선수 데이비드 베컴이 쓴 책에 관해 서평을 쓸 때 "데이비드 베컴이 과연 이 책을 직접 썼을지 궁금하다고? 차라리 파라오가 피라미드를 직접 지었을지를 궁금해하시라."(테리 이글턴, 앞의 책)고 넉살을 떤다. 그는 독자에게 재미와 지식, 쾌락과 통찰력을 함께 쥐어 준다. 우리나라에서 테리 이글턴 같은 서평가를 만날 가능성은 한밤중에 38번 국도를 운전하며 가다가 귀신을 만날 가능성만큼이나 낮다. 우리 서평가들은 점잖거나 무던하다. 그들에게 책과 저자의 허접함과 뻔뻔스러움을 있는 그대로 얘기해 달라고 할 수는 없다. 그렇게 요청하더라도 그들이 진실을 말해 줄 가능성은 없다. 서평가의 내면에는 통찰가와 소크라테스적 인물과 사나운 야생 본성을 가진 개가 공존한다. 하는 바를 보면 그들은 때로는 지나치게 날카롭고, 때로는 지나치게 형이상학적이며, 때로는 지나치게 으르렁대고 물어뜯는 강퍅한 본성의 존재들이다.

나는 서평집을 즐겨 읽는다. 예전에는 김현, 김훈, 고종석이 쓴 서평을 읽으며 지적 충만감과 기쁨을 느꼈던 적이 여러 번이다. 내 서평도 그렇게 읽혔으면 하는 바람이 없지 않지만, 그것은 욕망이고 꿈일 뿐이다. 최근에도 건축가 서현의 『또 한 권의 벽돌』, 정신 분석의 김종주의 『이청준과 라깡』, 러시아 문학 전공자인 이현우의 『로쟈와 함께 읽는 지젝』, 헌책방 운영자인 윤성근의 『심야책방』 등을 흥미롭게 읽었다. 특히 이현우가 내놓은 『로쟈와 함께 읽는 지젝』은 지젝의 『실재의 사막에 오신 것을 환영합니다』에 관한 꽤나 긴 서평이다. 드물게 한 권의 책으로 엮인 이현우의 서평을 읽으며 그 거울에 비친 내 적나라한 욕망을 보았다! 내 존재 안에 있는 이 낯선 것, 나 자신보다 더 나 자신인 것! 쇼펜하우어가 자기 안의 낯선 괴물이라고 한 의지, 프로이트가 욕망으로 바꿔 이해한 그것, 이글턴이 지젝의 책에 대한 서평에서 풀어서 쓰고, 이현우가 다시 지젝의 책에 대해 말하며 인용한 그것! "욕망은 의미에 무심하고 매우 비인간적인 과정이며, 그것이 오로지 자신에게만 관심이 있다는 사실을 감추고 우리를 조종한다."(테리 이글턴, 앞의 책) 이현우가 인용하지 않은 그다음 문장은 이렇다. "욕망은 사적인 것이 아니다. 욕망은 바깥에서 우리를 기다리던 고통이며, 우리가 비자발적으로 쓸려 가는 도착이자 강제적 매개다."(테리 이글턴, 앞의 책) 그것이 쇼펜하우어-프로이트-이글턴-지젝-이현우 사이를 잇는다. 욕망은 사람과 사람 사이에서, 서평과 서평 사이에서 강제적 매개의 힘으로 움직인다.

함께 읽으면 좋은 책들

월터 카우프만, 『인문학의 미래』, 이은정 옮김, 동녘, 2011

이현우, 『그래도 책읽기는 계속된다』, 현암사, 2012

이현우, 『로쟈와 함께 읽는 지젝』, 자음과모음, 2011

테리 이글턴, 『반대자의 초상』, 김지선 옮김, 이매진, 2010

고백의 윤리학

신성일, 『청춘은 맨발이다』

이장욱의 단편 「고백의 제왕」에는 굴곡 많은 제 개인사를 어눌하게 털어놓기를 잘 해서 친구들에게서 '고백의 제왕'이라는 별명을 얻게 된 '곽'이라는 사람의 이야기가 나온다. '곽'은 끊임없이 제 비루하고 몰염치한 비밀을 공적 영역에 내어놓음으로써 비밀에서 도망간다. '곽'의 시도때도 없이 이루어지는 이 고백들은 불쾌와 괴로움을 낳는 비밀의 속박에서 벗어나려는 무의식의 몸짓이고, 제 실존을 여러모로 억압하고 강제하는 비밀의 제국에서의 망명일 테다. "이제 와서 고백하거니와, 나 역시 곽을 멀리하면서도 곽에게 이끌린 것은 사실이다. 나는 그 후로도 오랫동안 동아리 밖에서 곽을 만나 곽과 술을 마시고 곽의 이야기를 들었다. 나는 곽의 이야기를 듣고 나의 이야기를 지껄였다. 그것은 어떤 시절의 이야기이기도 했고, 누군가에 대한 흠모나 적의이기도 했고, 타인이 가진 허점에 대한 비루한 관심이기도 했다. 곽의 이야기는 건조하면서도 감상적이

113

었고 잔인하면서도 달콤했는데, 그럴수록 나의 고백 역시 더욱 노골적이 되어 갔다. 곽의 침묵이 나의 고백을 부추길 때, 나는 쾌감에 몸을 떨며 내 내밀한 모든 것을 곽에게 고백했던 것이다."(이장욱, 「고백의 제왕」) 고백은 내면의 것을 바깥으로 끌어냄으로써 폭로적 계시 속에서 탈색시키는 것이며, 비밀을 결코 더는 비밀이 아닌 것으로 만드는 일이다. 고백은 타자의 내면에 숨은 비밀을 이끌어 내는 동력이기도 하다. '나'는 '곽'의 이야기를 들으면서 자신도 모르게 제 이야기를 지껄인다. 고백이 고백을 낳는다.

누구나 말할 수 없는, 혹은 말해서는 안 되는 크고 작은 비밀을 안고 산다. 비밀은 무의식의 욕망 가두리에서 들끓는 내면적 삶의 한 양태다. 그것은 내면의 무한한 침묵을 자양분 삼아 은밀하게 빛으로 넘치는 외재적 세계에 맞서 어둠으로 도생(圖生)을 꾀한다. 비밀은 그 본질에서 주인이 없고 익명적인 영역에 속한다. 그것은 출구가 닫힌 폐쇄 회로 속에서 떠도는 독백이고, 결코 실재의 세계로 나와서는 안 되는 유령의 머뭇거림이다. 어쩌면 내면에 안고 있는 비밀은 밖으로 드러난 공적인 부분과 평형을 이루면서 삶을 균형에 이르게 하는 것인지도 모른다. 비밀이 없는 사람이란 공허하고, 공허한 그만큼 별 매력이 없는 사람일 공산이 크다. 그러나 너무 많은 비밀을 안고 있는 사람이란 알려지지 않은 범죄나 악덕과 연관되어 있지 않은가 하는 의심을 살 수 있으며, 그만큼 감춰야 할 인격적 결함이 많은 사람으로 오해될 수도 있다.

고백은 오랫동안 드러나지 않았던 비밀을 담지한 주체의 발화에서 비롯한다. 화자(話者)의 입에서 발설된 비밀은 청자(聽者)에게로 흘러가고, 비밀은 이제 비밀로서의 효력을 잃는다. 비밀은 드러나지 않은 비밀인 한에서 비밀인 까닭이다. 고백은 그 비밀 주체의 소유권 해지 행위다. 그러니까 고백은 사적 비밀을 공적인 소유로 넘김으로써 비밀로서의 조건과 효력을 잃어버리는 담론 행위다. 비밀은 그 주체에게 그것을 내면에 담아 두고 밖으로 인출해서는 안 되는 강제적 명령으로 내면을 압박하는 요소가 되는데, 고백은 비밀 유지라는 책임과 의무에서 해방되려는 실존의 선택이다.

고백은 더러는 사회적 파장을 낳기도 한다. 그 고백의 주체가 사회적으로 영향력 있는 사람일 때 더욱 그렇다. 노벨 문학상을 받은 독일 작가 귄터 그라스는 2006년에 자서전의 출간을 앞두고 한 신문과 인터뷰를 하면서 젊은 시절에 자신이 나치스 친위대인 SS에서 복무했었다는 자신의 전력(前歷)을 고백한다. 귄터 그라스가 독일의 양심을 대표하는 작가로 알려졌었기 때문에 전쟁 범죄자 재판에서 범죄 집단으로 규정된 SS 대원이었다는 이 고백은 필경 독일 사회에 파문을 낳는다. 어떤 사람은 17세 소년이 SS 친위대에 들어간 것이 시대적 열광에 휩쓸린 행위였다 하더라도 그 시대를 살아야만 했던 사람의 불가피성으로 이해하자고 했고, 어떤 사람은 당장에 스웨덴의 노벨상 위원회에 압력을 넣어 그라스의 노벨상을 철회해야 한다고 주장했다.

그라스는 그 고백과 관련하여 "당대의 많은 젊은 사람들에게 일어난 이 일의 엄청난 의미를 나중에야 깨닫고 그것을 수치스럽게 생각하여 침묵했지만 마음에서 잊어버린 것은 아니었다."라고 썼다. 어쨌든 그라스는 62년 동안이나 함구해 왔던 제 비밀 전력을 고백 형식으로 토설해 냄으로써 그 비밀의 억압에서 벗어난다. 평론가 김우창은 '고백의 제왕'으로 깜짝 등극한 그라스가 일으킨 이 소동을 언급한 '개인적 삶과 공적 공간'(《경향신문》, 2006. 9. 3.)이라는 칼럼에서 "공적 광장에 노출되는 삶이 사람의 삶의 전부가 아니라는 것을 의식하지 않을 수 없게 된다. 사람의 삶은 언제나 간단히 포착될 수 없는 복합적 차원을 가진다."라고 썼다.

광장에 가장 많이 노출되는 건 정치가나 대중 스타들이다. 그것은 대중이 쥐어 주는 명성에 의존해 연명하는 이들의 피할 수 없는 숙명이다. 대중은 그들의 공적인 것 뒤에 가려진 나날의 삶을 궁금해하고, 그것을 갈구한다. 파파라치들은 그런 대중의 욕구를 제 벌잇줄의 수단으로 삼는다. 스타들의 자발적 고백은 대중의 관심을 잡아 두는 수단이 되기도 한다. 이즈막 한 '고백의 제왕'이 나타나 이목을 끌고 있다. 영화배우 신성일이 그 장본인이다. 신성일은 그를 빼고는 한국 영화사를 적어 내려갈 수 없을 정도로 유명짜한 스타다. 배우는 벌잇줄의 중요 수단이 몸이고, 그 중에서도 얼굴이다. 빼어나게 잘생긴 이목구비를 갖춘 신성일은 그런 점에서 최고의 자산을 가진 배우다. 두말할 것 없이 그는 대중에게서 명성을 얻고 그 명성으로 제 삶을 부양하는 스타다. 그러나 명성이란 양날의 칼이다. 돈과 권력을 쥐어 주기도 하지만 명성이란 종종 "얼굴을 파먹어 들어가는 가면"(존 업다이크)이기도 하다. 신성일을 '제왕의 고백'으로 등극시킨 『청춘은 맨발이다』는 신성일의 공적인 삶과 그 이면들, 한 시대를 풍미한 그의 화려한 이력 뒤에 숨은 갖가지 고빗사위들, 그리고 사생활을 고백한 것인데, 그 고백의 정점에 한 젊은 여성과의 이룰 수 없는 혼외 관계에 대한 이야기가 나온다. 신문에서도 밝히지 못한 그 "마음에 간직했던 사랑 이야기"를 책에다 시시콜콜하게 적고 있다.

읽어 보니, 책은 기대보다 흥미진진했다. 하지만 다 읽고 난 뒤 씁쓸한 기분이 되어 버리고 말았다. 물론 나는 그가 그토록 "마음에 간직"했다가 이제 고백한다는, 책 중간에 밀봉까지 해놓은 그 비밀스러운 사랑 이야기를 두고 그 탈윤리성을 지탄하려는 생각은 추호도 없다. 사랑이란 한 사람이 갖고 있는 수십억 가지의 내면 형질이 또 다른 수십억 가지의 내면 형질을 갖고 있는 타인과 만나 상호 작용하는 것이다. 그것은 정말 복잡하고 오묘한 세계다. "자기만의 정신세계, 개인사, 문화적 배경, 가족사가 있는 육체가 그 나름의 정신세계, 개인사, 문화적 배경, 가족사가 있는 또 다른 육체를 만난다. 아주 가느다랄지언정 타인과 인연의 끈을 다시 잇는다는 건 수십억 가지 요소를 움직여 또 다른 수십억 가지 요소와 상호 작용하는 것이다."(세르주 에페즈, 『실수 없이 제대로 사랑할 수 있을까?』) 내 기분이 씁쓸해진 건 그 사랑이 혼외정사이기 때문이 아니다. 대중을 청자로 하는 그 고백의 형식에 한 터럭의 덕과 숙고의 흔적이 없고, 상대의 명예에 대한 배려가 빠져 있는 까닭이다.

한 유명짜한 기혼 남자 배우와 사랑에 빠진 처녀는 대책 없이 임신을 하고 낙태 수술로 태아를 죽음에 이르게 했다. 그는 급작스러운 교통사고로 비명횡사한다. 신성일의 고백 속에서, 단명한 여자는 도덕적 개별성을 부여받지 못한 채 에스트로겐 분비만 하는 뻘때추니에 지나지 않는다. 이 고백은 윤리성을 결락시킴으로써 고백 주체의 뻔뻔스러움과 인격의 후짐과 구질구질함을 고스란히 드러내고 만다. 드러난 바 그 고백을 그대로 받아들인다면, 그는 나이 듦의 가리사니를 갖지 못한 채 가리산지리산하는 철부지고, 제멋대로 천방지축으로 살아온 지난날을 자유인으로 살았다고 착각하고 있는 것은 아닌지! 그의 고백을 두고 대중이 왜 와다글와다글하며 입을 삐쭉대는가를 돌아보아야 한다. 그의 고백으로 인해 드러난 것은 멋진 외모를 따를 만큼 그의 인격이 고즈넉하거나 어여쁘지 않다는 사실이고, 남은 것은 반짝거리는 거탈과 후진 내면 사이의 뚜렷한 비대칭성이 일으킨 한없는 지루함이다. 얻은 것보다 잃은 게 많은 고백이다.

함께 읽으면 좋은 책들

세르주 에페즈, 『실수 없이 제대로 사랑할 수 있을까?』, 배영란 옮김, 황소걸음, 2011

신성일, 『청춘은 맨발이다』, 문학세계사, 2011

이장욱 소설집, 『고백의 제왕』, 창비, 2010

존 A. 워커, 『유명짜한 스타와 예술가는 왜 서로를 탐하는가』, 홍옥숙 옮김, 현실문화연구, 2006

자본이 내 감정을 관리한다고?

에바 일루즈, 『감정 자본주의』

사람은 호모 센티멘탈리스(Homo sentimentalis), 즉 감정 동물이다. 감정은 주체 내부에 작동하는 에너지의 흐름이고, 타자와의 유대와 접속의 매개 노릇을 하는 그 무엇이다. "감정은 온전한 의미의 행동은 아니다. 그러나 감정은 우리로 하여금 행동으로 나아가게 하는 내적인 에너지, 행동에 특별한 '기분' 또는 '색조'를 부여하는 어떤 것이다. 따라서 감정이란 행동의 한 측면, 곧 '에너지가 실린' 측면으로 정의할 수 있다."(에바 일루즈, 『감정 자본주의』) 우리가 어떤 사람을 사랑하거나 미워하는 것은 감정이 에너지이기 때문이다. 무엇보다도 자기가 누구인가를 알기 위해서는 먼저 자기 감정의 실체를 잘 알아야 한다. "감정(은) 내 영혼의 각축장이다. 자신의 감정을 알지 못하면 인격을 영혼에 일치시키지 못한다."(게리 주커브·린다 프란시스, 『감정을 과학한다』) 감정은 주체의 것일 뿐 아니라 그 안에 너무나도 많은 사회와 문화를 품고 있는 에너지다. 감정은 끊임없이 진화한다. 아울러 감정은 사회적 제약 속에서 새로운 형태로 변화한다. 즉 감정의 상품화, 혹은 감정의 자본화가 바로 그것이다.

감정은 육체의 장기들과도 밀접히 연관되어 있다. 고통의 감정은 명치 부근을 뻐근하게 만들고 심장에는 무언가 날카로운 것으로 찌르는 듯한 통증을 수반한다. 이를테면 사랑하는 사람이 죽었을 때는 아주 격한 슬픔에 빠진다. 그 격한 슬픈 감정은 몸에 어떤 변화를 불러오는가? 슬픔이 너무나 클 때 심장이 찢기는 통증을 동반한다. 그러므로 자기의 감정을 잘 알기 위해서는 에너지의 흐름이 어떤가를 살피고, 몸의 감각에 집중해야 한다. 분노라는 감정은 세계와 내 안에 있는 충동과 의지의 불일치에서 비롯한다. 일이 자기 뜻대로 되지 않을 때 사람들은 분노한다. 분노는 나 이외의 것들, 타자와 세계에 대한 거부의 감정이다. 아울러 분노는 자기의 뜻대로 할 수 없는 일들, 사람들, 사회에 대한 절망과 무력감의 다른 표현이다. 분노는 그것이 타자를 향할 때조차 무력한 자기 자신을 향한 소극적 공격이다. 그렇기 때문에 분노는 분노를 낳게 만든 대상뿐 아니라 자기를 다치게 한다. 그것이 고착될 때 사람들은 스스로를 타자나 세계와의 소통이 단절된 상태 속에 유폐해 버린다. 그들은 언제나 사회의 그늘 속에 웅크린 채 시간을 흘려보낸다.

일찍이 이 감정을 주목한 것은 '자본'이다. '자본'은 노동 시장에서 감정을 매력적인 상품으로 가공한다. 우리는 점점 더 많은 직업군에서 친절을 강요당한다. 소비자들과 직접 대면하는 업종에서 일하는 사람이라면 흔히 소비자를 대하는 기본 요령으로 환한 미소와 친절한 응대를 하도록 훈련받는다. 이렇듯 우리의 일을 구성하는 가장 중요한 부분은 '감정 노동'이다. 감정 노동에서 주체의 감정은 중요하지 않다. 그보다는 다른 사람의 기분을 좋게 만들기 위해 가라앉은 감정은 억지로라도 끌어

올려야 하고, 상대가 화를 돋우는 행동을 하더라도 자신의 감정은 억눌러야 한다. 감정 노동은 눈에 안 보이는 가공된 감정이란 화폐를 타자에게 지불하는 행위다. "우리는 모두 부분적으로 항공 승무원이라고 볼 수 있다. 자기 회사를 '유쾌하고 신뢰할 수 있는' 곳으로 보이게 하고 자신의 상사가 '활기에 넘치시는 분'으로 보일 수 있게 사무실 분위기를 명랑하게 만드는 비서, '즐거운 식사 분위기'를 만들어 내는 웨이트리스나 웨이터, 고객들이 환영받고 있다고 느끼게 만드는 여행 가이드나 호텔 데스크의 직원, 고객들이 스스로 보살핌을 받고 있다고 느낄 수 있도록 염려하는 마음을 담은 눈길을 건네는 사회 복지사, '잘 나가는 제품'이라는 확신을 주는 영업 사원, 보고 있으면 두려움을 느끼게 되는 추심원, 유족들의 심정을 잘 이해해 준다는 느낌을 주는 장의사, 사람들로 하여금 포근하다는 느낌과 공평한 대우를 받고 있다는 느낌을 동시에 느끼게 하는 목사 등. 이런 사람들도 모두 어떤 식으로든 감정 노동을 해야 하는 상황에 맞닥뜨릴 수밖에 없다."(앨리 러셀 혹실드, 『감정 노동』) 사회학자인 앨리 러셀 혹실드는 감정이 시장에서 자본으로 떠오르는 현상에 주목하고 그 의미를 따지면서 처음으로 '감정 노동'이라는 개념을 만들어 쓴다. 감정 노동은 진심에서 우러나온 감정과 연기하는 감정 사이에 혼란을 만들어 우리를 감정-기계로 전락시킬 수 있다. 자본은 이런 방식으로 우리 감정을 착취하는 셈이다.

감정은 개인의 것이고 사적인 영역에 속한다. 일반적으로 공적 영역은 몰감정적이고, 사적 영역은 감정으로 가득 차 있다고 말한다. 이를테면 가족 내부는 감정으로 가득 차 있는 자아들이 출현하는 감정의 권역인데 반해, 회사는 사적 감정을 가진 자아를 함부로 드러내서는 안 되는 몰감정의 공적 권역이다. 가족 내부는 남자와 여자의 역할과 정체성이 재

생산되는 권역이고, 남자와 여자는 감정들이 위계적으로 조직되는 방식에 따라 길러진다. 어른들은 남자아이가 함부로 울어서는 안 된다고 가르친다. 남자는 씩씩해야 하고, '전쟁'을 치를 수 있는 용기와 합리성의 주체가 되어야 하기 때문이다. 울면 지는 것이다. 남자아이는 강한 전사로 거듭나기 위해서 '사적 감정'을 억제할 수 있어야 한다. 반면 여자는 고분고분해야 하고, 남을 배려해야 하고, 이질적인 것들을 보듬는 존재가 되어야 한다고 훈육된다. 여자는 전사가 아니라 전사의 조력자이기 때문이다. 남자아이가 몽니를 부려도 남자다움으로 받아들이지만 뻘때추니는 여자답지 못하다고 타박 맞기 십상이다. 가족 내부에서 남자에게 감정의 자제를 남성적 이상의 실천으로 떠받들거나 여자에게 조신함을 가르치는 것은 "감정들은 위계적인 방식으로 조직되어 있고, 이렇게 조직된 감정의 위계는 암묵적인 방식으로 도덕적·사회적 배치를 조직"(에바 일루즈, 앞의 책)한다는 점을 드러낸다.

또한 자본주의는 감정을 배제한 합리성과 공적 원리에 의해 움직이는 가부장제 체제이고, 반면 여성 영역은 사적 감정이 들끓는 정서의 영역으로 이해되어 왔다. 이런 관습적 분할의 경계선이 흐릿해진 자리에 '감정 자본주의'가 양생되는 것이다. 에바 일루즈는 공적 영역과 사적 영역 간의 경계가 사라지는 현상을 눈여겨본다. 그리하여 '감정 자본주의'에서 감정이 경제 영역에서 중요한 가치로 떠오르고, 또 경제 법칙들이 감정 영역으로 밀려 들어와 핵심적 원리가 되는 현상임을 말한다. 감정 자본주의 체재에서는 한편으로는 경제적 자아를 감정 영역으로 끌어들이고, 다른 한편으로는 감정은 도구적 행위로 포섭한다. 한마디로 감정이 곧 능력이고 자본이 되는 사회로 바뀐 것이다. 감정은 더는 사적 영역에만 머물러 있지 못한다. '자본'은 감정이 그 내부에 문화 의미들과 사회

관계들을 함축하고 있는 에너지라는 걸 눈치채고, 그것을 잘 활용한다면 자본의 이익을 늘이는 데 효율적인 수단이 될 수 있음을 간파했기 때문이다. "감정은 사회 이전(pre-social), 문화 이전(pre-cultural)의 어떤 것이 아니라, 극도로 압축되어 있는 문화 의미들과 사회관계들 바로 그것이다. 감정이 행동에 에너지를 불어넣을 수 있는 이유는 이렇게 압축되어 있기 때문이다. 감정은 어떻게 이러한 '에너지'를 보유할 수 있을까? 그것은 감정이 언제나 자아의 감정이요, 자아와 타자들(문화적으로 자리매김되어 있는 타자들) 사이의 관계와 관련된 감정이기 때문이다."(에바 일루즈, 앞의 책) '자본'은 경제 영역에서 감정을 어떻게 활용할 수 있는가 그 방법을 찾아냈다. 즉 감정을 생산성 향상의 도구로 썼던 것이다. 본디 감정의 권역으로 이해되었던 가족 내부에서도 감정의 쓰임은 예전과는 달라진다. 즉 감정이 가족 내부에서 합리화의 매개가 되었던 것이다.

탈현대 사회에서는 국가, 인터넷 테크놀로지, 심리학에 속하는 여러 담론이 자아를 주된 표적으로 삼는다. 사적인 자아들은 이런 제도들에 의해 포획되고, 제도들과 자아들이 얽히고 스미며 "시장 레퍼토리들과 자아 언어들"이 한 몸통이 되는 사태에 이른다. 자아와 감정들은 범주화하고 계량화되면서 사고파는 사물로 변질한다. 감정 자본주의 사회에서 당신의 감정은 당신의 것만은 아니다. 아울러 감정 자본주의는 사람들의 사적 관계에서 '육체'를 빼 버리고, 사랑의 관계에서도 '낭만'을 배제한다. 대신에 그 빈자리를 '차가운 친밀성'이 채운다. 좋은 예가 인터넷 사이트 안에서의 관계들이다. 인터넷 안에서 자아는 쉽게 공적인 그 무엇으로 탈바꿈한다. "인터넷은 공적인 감정적 자아를 전제·구현하는 테크놀로지요, 나아가 공적인 감정적 자아로 하여금 사적인 상호 작용에 선행하게 하고 사적인 상호 작용을 구성하게 하는 테크놀로지"(에바 일루즈, 앞의 책)

이기 때문이다. 어쨌든 좋든 싫든 우리는 감정 자본주의 사회 속에서 삶을 꾸릴 수밖에 없다. 이는 '나'의 감정과 정체성이 공적인 경제 영역과 상호 삼투하면서 점점 더 공적인 역할을 수행한다는 뜻이다. 오늘 자본의 압력 아래에서 도구화·상품화로 일그러진 당신의 감정은 안녕한가?

함께 읽으면 좋은 책들

게리 주커브·린다 프란시스, 『감정을 과학한다』, 윤규상 옮김, 이레, 2007

앨리 러셀 혹실드, 『감정 노동』, 이가람 옮김, 이매진, 2009

에바 일루즈, 『감정 자본주의』, 김정아 옮김, 돌베개, 2010

흡연, 발명된 관습이자 문화

샌더 L. 길먼·저우 쉰, 『흡연의 문화사』

"1492년 11월 6일 콜럼버스의 선원 두 사람이 쿠바 내륙을 탐사하고 돌아왔다. 그들은 콜럼버스가 한 달여 전, 1492년 10월 15일에 선물로 받았던 것과 비슷한 마른 잎사귀를 피우는 원주민들을 만났다고 보고했다. 이 불타는 잎사귀 연기를 마신 루이스 데 토레스와 로드리고 데 제레스는 담배를 피운 최초의 유럽인이 되었다."(샌더 L. 길먼·저우 쉰, 『흡연의 문화사』) 1492년 콜럼버스와 함께 신대륙에 착지한 선원들은 원주민들이 풀을 태워 연기를 들이마시는 것을 목격한다. 문명한 인류가 담배와 처음 대면하는 대목이다. 담배는 그들을 통해 유럽에 옮겨지고, 16세기에 유럽 전역으로 퍼져 나갔다. 고대 마야인들의 관습이던 흡연이 단박에 문명인의 취향이자 관습으로 자리 잡는 데는 그리 오랜 시간이 걸리지 않았다. 담배가 유럽 대륙에 전해졌을 때 사람들은 이 신기한 풀잎을 태워 나오는 연기를 마시는 것에 의학적 치료 효과가 있다고 믿었다.

특히 담배에서 피어오르는 '거룩한 연기'가 만성 질환과 사기(邪氣)를 물리치는 데 도움이 된다고 믿었다. 거기에 더 보태 "흡연은 새로운 생각, 새로운 경험으로 받아들여졌고 그것을 할 여유가 있는 이들, 바로 상류층의 오락으로 여겨졌다."(샌더 L. 길먼·저우 쉰, 앞의 책) 담배에 대한 근거 없는 믿음과 이것이 주는 이로움과 이익이 과장되면서 흡연 관습은 삽시간에 유럽을 점령하고 곧 다른 대륙으로 거세게 퍼져 나갔다. 담배는 신기한 연기로 지구를 뒤덮었다.

담배는 날것도 아니요, 익힌 것도 아니다. 인류학자 클로드 레비스트로스에 따르면 담배는 "초요리(metaculinary)"다. 흡연은 마른 풀을 태워 연기를 들이마시는 행위다. 담배는 빵처럼 맛있거나 배가 부른 것도 아니고, 술처럼 도취의 매혹이 있는 것도 아니다. 그저 연기를 들이마셨다가 도로 입 밖으로 내뿜어 공중에 흩날려 보내는 것이다. 흡연에 입문하는 사람은 대개 담배 연기 때문에 불쾌함과 고통을 겪음에도 불구하고 인류는 기꺼이 담배를 아주 친숙하고 사랑스러운 기호품으로 받아들였다. 흡연은 인류가 만든 가장 불가사의한 관습 중의 하나다. 사람들은 왜 담배를 피우는가? "흡연은 언제나 문화의 일부였다."(샌더 L. 길먼·저우 쉰, 앞의 책) 그것은 기호와 탐닉의 도구, 위안이자 기쁨, 발명된 관습이고 유행, 매우 중요한 돈벌이 수단이었다. 담배는 인류와 동물 사이를 가르는 관습이요 문화다. 동물은 담배를 피우지 않는다. 오로지 사람만이 담배를 피운다. 담배는 동물에 대한 문명인의 우월한 문화적 지위의 표상이다. 아울러 담배는 산업의 일부였다. 담배 산업은 재배와 제조 및 판매뿐 아니라 유통, 홍보, 광고, 마케팅의 기법과 더불어 성장했다. 통계에 따르면, 13억의 인류가 담배를 피우고, 5억의 인류가 담배와 직접적이거나 간접적으로 연관된 산업에 종사하며 밥벌이를 하고 있다. 기업 자본,

테크놀로지, 대량 판매, 광고의 집중 속에서 쑥쑥 자라 온 담배가 부흥시킨 산업은 인류의 거대 경제 한 부분을 차지하고 있다.

찰스 킹슬리는 담배가 "외로운 사내의 벗이며 미혼남의 친구, 굶주린 이에게는 양식, 슬픈 사람의 원기 회복제, 잠 못 이루는 이에게는 잠, 추운 이에게는 온기"(샌더 L. 길먼·저우 쉰, 앞의 책에서 재인용)라고 적었다. 담배는 노동과 고달픈 삶에 대한 보상의 약속이고, 공허라는 질병에 대한 예방책이다. 흡연은 한가로움에 지친 자들이 저 덧없는 연기의 신께 바치는 장엄 미사다. 아울러 담배는 관능적 자유분방함과 절대 자유의 표현이다. 담배를 피우는 흡연자는 자신과 그 주변 사람들 사이에 '연기의 장막'을 펼친다. 흡연자는 그 장막 안에서 느긋하게 휴식을 취하는데, 그것은 "세상과의 단절, 사회 및 문화의 질서와 관습으로부터의 일탈"(샌더 L. 길먼·저우 쉰, 앞의 책)을 뜻한다. 담배를 피우는 것에 멋진 삶을 산다는 아우라가 덧씌워진다. 구레나룻이 덥수룩한 체 게바라가 필경 쿠바에서 만든 게 분명한 여송연을 달게 피우는 사진을 본 적이 있는가? 여송연을 문 체 게바라의 모습은 평생 비흡연자로 살아온 나도 슬며시 여송연을 한 대 피워 볼까 하는 마음이 동할 정도로 매혹적이다.

정신 분석학의 토대를 세운 지그문트 프로이트는 세상이 다 아는 애연가였다. 아니 골초였다. 아침에 눈을 뜨자마자 담배를 입에 물고, 밤이 되어 잠들 때까지 이어졌다. 그는 "나는 여송연이 내 연구 능력을 극대화하고 자기 절제를 촉진했다고 믿는다."라고 고백한다. 담배 한 개비는 다음 한 개비에 대한 약속이다. 금연자들의 굳센 결의를 무너뜨리는 것도 담배 한 개비다. 담배 한 개비는 반드시 그다음 한 개비를 불러오는 까닭이다. 담배 한 개비가 가진 위안과 쾌락의 총량은 전체 담배의 총량과 다를 바 없다. 담배는 언제나 한 개비로써 충분하다. 사람이 또 다른 담배

한 개비를 구하는 것은 단지 그 위안과 쾌락을 이어 가기 위함이다. 리처드 클라인은 『담배는 숭고하다』에서 "담배 한 개비 한 개비는 다른 담배를 함축한다. 흡연자는 연속으로 담배를 피운다. 담배 한 개비 한 개비는 필연적인 그 후계자를 계속 불러낸다."라고 적는다. 프로이트에게 담배는 담배 이상이었다. 일상의 무료함과 권태를 달래 주는 벗이었고, 연구의 동반자였고, 연구의 집중력을 키워 주는 촉매제였다. 장기간의 흡연에는 반드시 대가가 따른다. 프로이트는 구강암에 걸려 죽었다.

담배가 함유한 니코틴은 강한 중독성 물질이다. 사람에게 해가 되는 위험 물질이다. 다국적 담배 기업들은 여러 수단을 써서 담배의 니코틴 함유량을 조작해 왔다. 그런 방식으로 니코틴 중독자들을 양산하고, 그것을 니코틴 공급이 끊어지면 몸에서 심각한 금단 증세가 나타나게 했다. 금단 증세는 대개는 고통을 동반하는데, 위통·두통·경기같이 심한 것에서 절망적인 기분, 불행, 짜증, 근심, 좌절, 집중력 장애와 같이 가벼운 것까지 나타난다. 흡연자들이 금연에 도전하지만, 이 금단 현상 때문에 실패하고 만다. 문제의 심각성은 담배가 여러 발암 물질을 함유하고 있다는 데 있다. 흡연은 폐암과 기관지 질병의 직접적인 원인이다. 담배의 폐해에 대해서는 더 말할 것도 없다. 이제 담배는 세계 어디서나 공공의 적이다. 인류의 흡연 역사에서 중대한 변화라는 기로에 선 것이다.

담배가 한반도에 전해진 것은 대략 400년 안팎의 일이다. 조선 중엽 광해군 무렵이다. 일본을 거쳐 들어온 담배는 한반도를 거쳐 중국 북방 지역으로 퍼져 나갔다. 조선의 남녀노소가 다 남초(南草)라고 부른 이 신기한 풀의 연기에 빠져들었다. 애연가였던 이옥(李鈺)은 1810년에 『연경(烟經)』이라는 책을 썼다. 『연경』은 담배와 관련한 조선의 유일한 책이다. 이옥은 담배의 근원과 유래, 성질과 맛, 그리고 잎을 펴고, 쌓고, 말고,

써는 방법과 담배를 떠서 채우고 불을 피워 태우는 방법을 일일이 적고, 담배를 피우는 행위의 이치를 더듬어 적는다. 담배가 맛있을 때는? 이옥은 이렇게 적는다. "기나 긴 겨울밤 첫닭 울음소리에 잠에서 깨었다. 이야기 나눌 사람도 없고, 할 일도 없다. 몰래 부싯돌을 두드려 단박에 불씨를 얻어 이불 속에서 느긋하게 한 대를 조용히 피우자 빈방에 봄이 피어난다." 담배는 하릴없고 무료할 때 더없는 벗의 대용이다. 그 겨울밤 새벽에 무료하다고 벗을 부를 수 없으니 담배로 대신하는 것이다. "산골짜기 쓸쓸한 주막에 병든 노파가 밥을 파는데, 벌레와 모래를 섞어 찐 듯하다. 반찬은 짜고 비리며, 김치는 시어 터졌다. 그저 몸 생각하여 억지로 삼켰다. 구역질이 나오는 것을 참자니 먹은 것이 위에 얹혀 내려가지 않는다. 수저를 놓자마자 바로 한 대를 피우니, 생강과 계피를 먹은 듯하다."(이옥, 『연경, 담배의 모든 것』) 담배의 또 다른 쓰임새를 보여 준다. 조선의 군주 중에서 정조도 애연가였다. 담배를 배척하는 논리에 맞서 "민생에 이롭게 사용되는 것으로 이 풀에 필적할 은덕과 이 풀에 견줄 공훈이 있는 물건이 그래 어디 있는가?"라고 반론을 폈다. 급기야는 1796년 11월 18일에 조정 신하들에게 담배의 유용성에 대해 글을 지어 올리라는 책문(策問)을 내렸다. 정조는 "온갖 식물 가운데 이롭게 쓰여 사람에게 유익한 물건으로 남령초보다 나은 것이 없다."라고 하고, 그 여러 효능을 일일이 열거한 뒤에 조정 신하들의 의견을 묻는다. "그대들의 견문을 모두 동원하고 다방면의 사실을 끌어다가 자세하게 증명하도록 하라! 내 친히 열람하겠노라."(이옥, 앞의 책)

어느 지역을 막론하고 담배는 항상 담배 이상이다. 무엇보다도 흡연은 쾌락에 관련된다. 흡연자들은 '연기'가 일으키는 쾌락이라는 마법에 홀린다. 담배는 아마 어디서나 가장 손에 넣기 쉬운 쾌락의 도구일 것이다. 쾌락은 욕구를 가진 사람에게 필수 불가결한 것이지만, 예속을 낳는다. 자유롭지 못하게 되는 것이다. "쾌락은 종속되어 있다. 필요와, 그것의 충족에. 만족을 위해 필요한 사물에."(베르트랑 베르줄리, 『내가 행복해야만 하는 이유』) 예속은 행위의 주체에게서 삶의 자유를 앗아 간다. 그는 이제 제 삶의 주인이 아니다. 쾌락에 예속되는 사람은 쾌락의 부림을 받는다. 이는 더도 아니고 덜도 아닌 주인에서 노예로의 신분 전락이다.

함께 읽으면 좋은 책들

강준만, 『담배의 사회 문화사』, 인물과사상사, 2011

리처드 클라인, 『담배는 숭고하다』, 허창수 옮김, 문학세계사, 1995

샌더 L. 길먼·저우 쉰, 『흡연의 문화사』, 이수영 옮김, 이마고, 2006

이옥, 『연경, 담배의 모든 것』, 안대회 옮김, 휴머니스트, 2008

채식주의자로 산다는 것

배수아, 『당나귀들』, 한강, 『채식주의자』

사람으로 산다는 것은 사지(四肢)와 내부 장기들로 이루어진 몸으로 산다는 것을 뜻한다. 피부와 머리카락, 그리고 힘줄, 혈액, 세포 등을 포함한 육체 상태가 전제되지 않은 삶은 있을 수 없다. 사람은 몸으로써 비와 바람에 맞서고, 제 생명을 노리는 타인과 동물들, 혹은 질병에 맞서 싸워야 한다. 실로 산다는 것의 본질은 몸으로 산다는 것이다. 몸은 '나'를 둘러싸고 있는 세계와의 물리적 접면이고, 외부를 향하여 나아가는 생명과 그 경향 일체를 떠안은 가시적 실체다. 몸은 필연적으로 많은 에너지를 요구한다. 우리 입으로 들어가는 모든 음식물은 몸과 생명을 위한 에너지의 원료들이다. 우리는 살기 위해 먹고, 먹기 위해 사는 것이다. 먹기 위해 고른 음식은 우리의 취향과 가치와 믿음을 고스란히 드러낸다. 우리는 음식물을 섭취할 때 '나'와 음식물은 분리된 것이 아니라 하나가 되는데, 그것은 음식물과 주체 사이에 직접적인 동일화가 이루어지기 때문이다. 무엇을 먹는가는 "문화가 생물들을 수용하는 방식"을 드러내고, "문화가 섭취하는 생물들의 유형, 생물들이 준비되고 주문되는 방식은 고도로 조직화된 의사소통"의 한 형태다. 롤랑 바르트는 음식을 먹는 것이 "의사소통 체계이고, 이미지의 구현체이며 관례와 상황과 행동의 시발점"이라고 말한다. 우리가 무엇을 먹는가는 곧 우리가 어떤 사람인가를 드러내는 한 방식일 뿐 아니라 잘 먹는다는 것은 건강을 담보하는 행위이며, 무엇보다도 건강은 번식 지향적 존재로서의 사람에게 우월한 경쟁 지위를 얻는 관건이다.

내 책을 낸 적이 있는 한 출판사의 사람들과 함께 점심 식사를 하러 나섰다가 그중 한 사람이 채식주의자라는 걸 알게 되었다. 채식주의자로 인해 일체의 육류를 배제한 점심 메뉴를 선택하는 일이 갑자기 옹색해졌다. 겨우 합의한 점심 메뉴가 펼쳐진 식사 자리에서 자연스럽게 채식주의가 그날의 화제로 올랐다. 예전에는 채식을 하는 사람들이 대개는 스님이나 수행자들이었다. 요즘에는 수행자가 아니라도 채식주의자라고 말하는 이들을 어렵지 않게 만난다. 예전보다 더 많은 사람들이 채식주의자로 살려고 한다. 그날 점심 식사를 마치고 돌아오며 나는 채식주의자로 산다는 것에는 어떤 의미가 있을까에 대한 생각에 빠졌다. 만일 당신이 달걀과 우유마저 거부하는 절대적 채식주의자라면 당신은 소수자에 대한 배려가 없는 한국 사회에서 끼니때마다 크나 큰 곤란에 빠질 것이다. 채식주의는 추상적으로는 육식주의의 아래에 일렁이는 탐욕적이고 무차별적인 삶에 대한 저항이고, 구체적으로는 "고기와 시체와 살육과 식욕과 포식에의 열망"에 뿌리를 박은 육식주의에 대한 저항이다. 배수아는 장편 소설 『당나귀들』에서 육식주의의 이면이 "불꽃처럼 팽배한 생활의 의지, 동시에 금욕에 대한 낯설음과 지독한 거부감"이라고 말한다.

저 탐욕스러운 생활에의 의지가 소수자에 대한 배려를 압도해 버리는 한국 사회에서 여전히 소수자일 수밖에 없는 채식주의자로 살아간다는 것은 쉬운 일이 아니다. 채식주의자의 시선으로 우리 현실을 돌아볼 때, 우리에게 익숙하며 당연한 것들로 받아들여졌던, 포식에의 열망으로 미만해 있는 우리 현실의 모든 풍경은 매우 끔찍하고 구역질이 날 만큼 혐오스럽다. 보라, 그 현실은 일체의 금욕주의를 튕겨 내버린다.

"그가 정작 말하고 싶었으나 감히 정면으로 묻지 못한 것이 무엇인지 나는 안다. 그가 텔레비전에서 경악하며 보았던 시장 거리 한가운데서 벌어지는 무자비한 학대 장면들을. 왜, 왜? 하고 그는 물었었다. 그때까지 그의 너그러운 평가에 의하면 한국은 무지몽매한 나라가 아닐뿐더러 거의 선진국과 다름없지 않았던가? 반드시 도살을 목적으로 하지 않은 경우라도 좁아터진 진열장 안 뚜껑 없는 새장에다 강아지를 집어넣고 사람들에게 보여 주면서 파는 거며, 핏물이 바닥에 줄줄 흐르는 시장 풍경과 개들을 설 자리조차 없이 가득 집어넣은 우리 바로 곁에 불에 그슬린 개의 시체가 코에서 점액질의 피를 떨어뜨리며 나뒹구는 거며, 심지어 사람이 아니라는 이유로(그러나 그렇게 대를 이어 단련된 둔감함이 사람 앞에서만은 예민해질 수 있다고 확신하는 근거는?) 조금의 혐오감조차 느끼지 않는 듯한 주변 사람들의 표정이며, 바로 한 장소에서 고기와 시체와 살육과 식욕과 포식에의 열망이 조금도 분리되지 않은 채 한꺼번에 받아들여지고 있는 거며, 거기에 대해서 민족적 정체성이라는 자부심까지 대의명분으로 이미 준비되어 있는 거며, 마치 거리에 큰 소리로 가래침을 뱉는 것이 우리의 전통문화니까 조금도 부끄러울 것이 없어 하는 듯이, 그러나 사실은 마찬가지로 혐오스럽고 수치스럽기 때문에, 더욱 큰 소리로 침을 뱉듯이, 오기등등하며 공격적이기도 한 한스러움이 심리적으로

는 법과 이성을 초월해서 어디서나 용서받고 있는 거며, 그러나 그 이상
의 세계로는 조금도 발을 디디려고 하지 않는 거며, 불꽃처럼 팽배한 생
활의 의지, 동시에 금욕에 대한 낯설음과 지독한 거부감, 지하철과 시내
와 술집에서 혼자 있기만 하면 사람들이 끊임없이 영어로 말을 걸어오는
거며, 기꺼이 고독하고자 하는 사람에 대한 학대라고 해도 좋을 만큼의
집적거림과, 정처 없이 후들후들 떨리는 빈약한 다리로 어디든지 사정없
이 밀치고 들어오는 맹아적 무질서와 더러운 칼날 같은 혀가 준비된 이
성의 질서를 폭도처럼 습격하여 조각조각 찢어 집어삼켜 버리며, 도시 전
체를 정복하고 있는 엄청난 간판의 물결과 사람들 사이에서 증폭되는 불
안함과 조급함에 핏발 선 눈과……. 아마도 심리적 충격을 견디지 못해
서였을 거라고 짐작되는데, 한국에 도착한 지 한 주일도 지나지 않아 그
는 앓게 되었다."(배수아, 『당나귀들』)

한강의 소설 「채식주의자」는 한국 사회에서 소수자인 채식주의자로
살아가는 자가 어떤 곤경에 빠지는가를 냉정하게 묘사한다. 작중 화자의
아내는 어느 날부터 일체의 육식을 거부한다. 아내는 냉장고 속에 들어
있던 "샤브샤브용 쇠고기와 돼지고기 삼겹살, 커다란 우족 두 짝, 위생
팩에 담긴 오징어들, 시골의 장모가 얼마 전에 보낸 잘 손질된 장어, 노란
노끈에 엮인 굴비들, 포장을 뜯지 않은 냉동 만두와 내용물을 알 수 없
는 수많은 꾸러미들"을 꺼내 쓰레기봉투에 넣어 버린다. 아내는 도마에
칼질을 하는 걸 못 견뎌한다. 그 칼질하는 행위가 나 아닌 다른 어떤 생
명체를 죽이고 포식하기 위한 행위인 까닭이다. 아내는 도마에 칼질하는
행위에 대해 "오싹하고, 더럽고, 끔찍하고 잔인한 느낌", 그리고 "내 손으
로 사람을 죽인 느낌, 아니면 누군가 나를 살해한 느낌"을 받는다고 한
다. 아내는 고기 냄새가 난다는 이유로 남편의 접근마저 거부한다. 육식

을 거부하는 아내의 태도에 대해 남편인 '나'의 반응은 "미쳤군. 완전히 맛이 갔어."에서 볼 수 있듯 정상이 아니라는 것이다.

어느 날 '나'는 부부 동반으로 회사 사장의 집에 식사 초대를 받아 갔다가 육식을 거부하는 아내 때문에 곤경에 처한다. 사람들이 자신을 아내와 더불어 "한 묶음으로 경원시하고 있다는 것"을 느낀 것이다. 채식주의에 관한 일반적인 생각은 "육식은 본능이에요. 채식이란 본능을 거스르는 거죠. 자연스럽지가 않아요."라는 말에 압축되어 있다. 채식주의자에 대한 차별의 근거는 채식주의가 자연스럽지 않다는 것, 혹은 채식주의자는 나와 다르며 그가 고기를 먹는 나의 행위를 혐오할지도 모른다는 막연한 불안이다. 채식주의자가 끼어듦으로써 불편해진 식사 자리가 되어 버린 것에 대해 한 사람은 "저는 아직 진짜 채식주의자와 함께 밥을 먹어 본 적이 없어요. 내가 고기를 먹는 모습을 징그럽게 생각할지도 모를 사람과 밥을 먹는다면 얼마나 끔찍할까. 정신적인 이유로 채식을 한다는 건, 어찌 됐든 육식을 혐오한다는 거 아녜요? 안 그래요?"라고 일행의 동의를 구한다. 결국 아내는 가족들의 회식 자리에서 단지 고기를 먹지 않는다는 이유에서 제 아버지에게 봉변을 당한다. 딸의 납득할 수 없는 행동에 분개한 다혈질의 아버지가 제 딸에게 강제로 고기를 먹이려고 한 것이다. 입속에 강제로 들이민 고기들을 다 뱉어 낸 아내는 자해함으로써 그 폭력에 대응한다. 자상(刺傷)을 입고 입원한 딸에게 어머니는 "네 꼴을 봐라, 지금. 네가 고기를 안 먹으면, 세상 사람들이 널 죄다 잡아먹는 거다. 네 얼굴이 어떤가 보란 말이야."라고 말한다. 어머니의 말은 '네가 먹지 않는다면, 거꾸로 세계가 너를 집어삼킬 것이다. 그러니 먹어라.'라는 전언을 담고 있다.

왜 사람들이 채식주의에 점점 마음이 끌리는 것일까? 그 의문은 제러미 리프킨의 『육식의 종말』을 읽으며 자연스럽게 풀렸다. 어쩌면 뜨거운 악보다 더 무서운 게 제도적으로 저질러지는 차가운 악(cold evil)이다. 차가운 악은 그것의 더러움과 흉함을 "과학적 객관성, 기계적 환원주의, 실용주의, 시장 효율성" 등으로 가려 눈속임을 한다. 리프킨은 메마른 문장으로 쇠고기를 둘러싼 저 보이지 않는 곳에서 어떤 악과 협잡이 이루어지는가를 일러바친다. 쇠고기가 얼마나 많은 호르몬과 살충제로 오염되고, 그 운송과 도축 과정이 얼마나 잔인하고 무자비하며 반생명적인가를, 미국산 쇠고기가 위생적일 것이란 믿음이 얼마나 그릇된 환상임을 까발리며, 축산업자들이 시장에 대량으로 내놓는 쇠고기가 '차가운 악'임을 단박에 꿰뚫어 말한다. 그리하여 육식을 그만두는 것이 소를 "비육장과 도살장에서의 고통과 모욕"에서, 그리고 "뿔 제거, 거세, 발정 억제, 호르몬 주입, 항생제 과다 복용, 살충제 살포, 자동화된 도살장의 해체 공정에서의 무의미한 죽음"에서 풀어 주는 "상징적·실천적 의미를 지닌 인도적인 행위"라는 것이다.

우리가 값싸게 먹는 미국 수입육에는 미래에 우리 후손들이 치러야 할 사회적 비용은 빠져 있다. 현재와 미래에 걸쳐 치러야 할 사회적 비용을 계산에 넣는다면 "우리가 싸게 사 먹는 고기는 도저히 값을 치를 수 없을 만큼 비싼 고기임이 밝혀진다."(에릭 슐로서, 『도살장의 블루스』, 모비·박미연, 『고기, 먹을수록 죽는다』에서 재인용) 미국의 가축 사육과 도살 방식은 엄청난 공해 물질을 만들고, 질병을 퍼뜨리고, 약물 남용을 조장한다. 그로 인해 생겨나는 '사회적 비용'은 계산하기도 어려울 정도로 막대하다. 우리가 먹는 고기들이 '지옥'에서 온다는 사실을 자각하며 그것을 먹는 사람은 없다. "정기적으로 고기를 먹는 사람들 가운데 얼마나 많은 사람이 직접 소의 목을 자르고(현명한 사람이라면 몇 리터나 쏟아지는 피가 흘러 내려가도록 배수구에서) 배를 갈라 내장을 꺼내고, 몇 야드에 이르는 창자에서 배설물을 비우고, 사지를 잘라 내고, 큰 근육 덩어리를 톱으로 잘라 낼지도 한번 생각해 볼 일이다. 그러나 날마다 도살되는 수만 마리의 동물이 우리 눈에는 보이지 않고, 산업 과정은 감정이 없으며, 전기톱은 하루 종일 윙윙거리고, 잘린 송장들은 매분 커다란 갈고리에 매달리고, 톱이 굉음을 더하며 머리를 관통하면 목에서 떨어진 털이 크게 뜬 눈과 머리를 뒤덮는다. 그것은 익숙하지 않은 눈에는 지옥 같은 광경이며, 그것의 의미를 완전히 깨닫는 순간 양심을 찌르는 광경이다."
(A.C. 그레일링,『다음 세상의 교양을 위한 새 인문학 사전』) 이렇듯 고기를 둘러싼 "무자비한 사실"들은 위생 포장된 그 아래로 숨는다. 그러나 그것이 가공되고 위생 포장으로 그 "무자비한 사실"들을 감춘다고 해서 "양심을 찌르는" 악덕들이 사라지는 것은 아니다. 리프킨은 육식 문화를 그만두는 것이 인류를 육체적으로나 도덕적으로 더 건강하게 만들 것이라고 말한다. 고기를 먹을 것인가, 말 것인가는 전적으로 개별자의 선택에 달린 문제다. 고기를 먹는 사람들이 채식을 하는 사람들보다 더 도덕적으로 열등하다고 말할 수는 없다. 나와 다른 것은 그 생김과 내부 형질이 다른 것일 뿐 틀린 것이 아니다. 단지 나와 다르다고 해서 멸시하고 차별하는 것은 도덕적으로 열등한 행위다. 채식주의자로 살기로 한 사람들이 육식 문화를 넘어서서 "자신을 원상태로 돌리고 온전하게 만들고자 하는 징표이자 혁명적인 행동"일 수도 있음을 알아야 한다.

함께 읽으면 좋은 책들

모비·박미연, 『고기, 먹을수록 죽는다』, 함규진 옮김, 현암사, 2011

배수아, 『당나귀들』, 이룸, 2005

제러미 리프킨, 『육식의 종말』, 신현승 옮김, 시공사, 2002

한강, 『채식주의자』, 창비, 2007

사람들이 여행에 대해
말하지 않는 것

알랭 드 보통, 『여행의 기술』

여행은 월경(越境)이다. 이곳에서 저곳으로, 이 시간에서 저 시간에로 넘어감이다. 저 상징적 횡단의 시발점, 역과 공항의 문턱·창구·통로는 늘 붐빈다. 그만큼 다른 공기를 숨쉬는 기쁨을 맛보고자 하는 사람들이 늘 많다. 그렇다, 우리는 기쁨을 찾아 떠난다. 사람들은 왜 안락한 집을 놔두고 낯선 곳으로 떠나는 '고생'을 사서 하는 것일까? 젊은 철학자 알랭 드 보통도 같은 질문을 던진다. "그런데 왜 기쁨일까? 왜 이런 작아지는 느낌을 찾게 될까? 그리고 심지어 그 안에서 기쁨을 찾을까? 왜 안락한 에일라트를 떠나 사막에 열광하는 사람들 무리에 끼어 무거운 배낭을 지고 아카바 만의 해안을 따라 먼 길을 걷는 것일까? 그래서 바위와 정적만 있는 곳에 이르러, 도망자처럼 거대한 바위 밑의 빈약한 그늘에서 해를 피해야 할까? 화강암 바닥, 뜨겁게 달구어진 자갈이 깔린 분지, 용암이 굳어 버린 것 같은 산맥이 가없이 뻗어 나가다 산정(山頂)늘이 강렬한 파란색 하늘의 가장자리에서 스러지는 것을 바라보며 왜 절망이 아니라 환희를 느낄까?"(알랭 드 보통, 『여행의 기술』)

여행이란 바깥이 아니라 내 안을 탐사하려는 욕망에서 출발한다. 인류학자 클로드 레비스트로스는 그 사실을 너무나 잘 알았다. 그랬으니 "여행이라는 것은 나를 둘러싸고 있는 이 황야를 탐사하는 것이 아니라, 오히려 내 마음속의 황야를 탐색하는 것이로구나."라는 구절을 『슬픈 열대』에 적었을 것이다. 첫 여자, 첫 키스, 첫 슬픔이 그렇듯이 여행은 돌아오지 않는 것이다. 한 여성 시인은 "누가 여행을 돌아오는 것이라 틀린 말을 하는가."(이진명, 「여행」)라는 도발적인 반문을 자기의 시 속에 새겨 놓는다. 사람은 우주의 시간 여행자로서 안 돌아오는 여행에 나선다. 이 삶이 편도 여행이라는 것은 얼마나 눈부신 경이인가! "우리는 사막에 있지 않을 때도 다른 사람들의 행동과 우리 자신의 결함을 보고 스스로 작다고 느끼는 경향이 있다. 굴욕은 인간 세계에서는 항상 마주칠 수 있는 위험이다. 우리의 의지가 도전받고 우리의 소망이 좌절되는 일은 드물지 않다. 따라서 숭고한 풍경은 우리를 우리의 못남으로 안내하는 것이 아니라, 우리가 그 익숙한 못남을 새롭고 좀 더 도움이 되는 방식으로 생각하도록 해 준다. 이것이야말로 숭고한 풍경이 가지는 매력의 핵심이다." (알랭 드 보통, 앞의 책) 여행은 장소들의 숭고함을 들이키는 문화적 행위다. 오랜 세월에 걸쳐 자연이 빚은 기암 절벽, 바다의 광활함, 사막의 숭고성, 고산들이 어우러진 절경, 계곡, 황량하게 펼쳐진 대지조차 전능한 존재의 신비한 역할과 숭고함을 떠올리게 한다. 사람이 재라면 자연은 재를 뚫고 나오는 불꽃이다. 사람들은 자기가 지금-여기에 있다는 사실을 알지만, 왜 지금-여기에 있는지는 모른다. 자연이 품고 있는 숭고한 장소들은 지금-여기의 너머 저기에 있다. 저 너머는 우리가 살아 보지 못한 시간들이자, 우리의 내면에서는 이미 고갈되어 버린 고요와 놀라움이 서려 있는 장소들이다. 우리는 그 시간과 장소들을 살아 보기 위해 여행을 떠난다. 떠나는 것은 자연이 아니라 사람들이다.

자연이 여행을 떠나지 않는 것은 자연은 고갈을 모르기 때문이다. 언제나 고갈되는 것은 우리들이다. 어제 먹은 밥을 오늘 다시 먹고, 어제 잤던 잠을 오늘 다시 잔다. 반복 사이에서 새로워지는 것들은 우리 안에서 오글거리는 잗다란 근심들이다. 근심들은 꾸역꾸역 몰려와 마음에 머물면서 존재를 갉아먹는다. 우리는 존재의 내부에서부터 서서히 갉아먹힌다. 존재는 한없이 가벼워지고 대신에 우리 안의 권태와 환멸은 뚱뚱해져서 제 무게를 이기지 못하고 마침내 해저로 가라앉는다. 그것이 어둠인 줄도 모르고 우리는 그 속에 오래 있었다. 그때 어디선가 우리를 부르는 소리가 들렸다. 우리를 부른 것은 커다란 목소리가 아니다. 작은 속삭임들이다. 이것들은 낯선 것이기는 하되 우리 존재와 무관한 것은 아니다. 오히려 존재의 중추와 내밀하게 연결되어 있는 속삭임들, 먼 속삭임들. 여행이란 우리 안의 낯선 속삭임들, 거기에서 나오는 불가사의한 명령에 따르는 것이다.

17세기의 철학자 파스칼은 이런 생각에 잠겼다. "내가 저기가 아니라 여기에 있다는 것이 무섭고 놀랍다. 나는 저기가 아닌 여기에 있을 이유도 없고, 다른 때가 아니 지금 있을 이유도 없기 때문이다. 누가 나를 여기에 갖다 놓았는가?" 아무도 아니다. 우리가 여행을 떠나는 까닭은 여기가 아닌 저곳에서 이 생이 아닌 다른 생을 살아 보고 싶기 때문이다. 여기에서 벗어나 치외법권 지대에서의 또 다른 생을 꿈꿀 때 우리는 여행을 떠난다. 다른 생이란 보들레르가 「여행에의 초대」에서 모든 것이 "질서와 아름다움/호사(豪奢)와 고요와 쾌락"이라고 노래한, 여기가 아닌 저기에서의 생들이다. 일상의 반복과 제약은 우리를 쉽게 지치게 한다. 그때 피로는 존재를 덮치는 작은 질병이자 고갈이다. 일상은 존재를 착취해서 헐벗게 만든다. 메마른 사고들이 판친다. 삶은 나날이 좀스럽고 피폐해진다. 육체의 고갈과 영혼의 고갈은 불가피하다. 어느 날 그 고갈과 외로움에서 벗어나려는 안간힘으로 여행을 떠난다. 공항과 기차역, 그리고 여객선의 터미널은 어디론가 떠나는 자들로 붐빈다. 그 장소들은 국경과 국경 사이에 가로놓인 문턱이자, 이곳과 저곳을 가로지르는 '사이'들이다. 이 '사이'를 통과할 때 우리는 존재의 질적인 변환을 겪는다. 이전의 내가 아니라 전혀 다른 존재 형질을 갖게 되는 것이다. 여행자들은 일상의 편안함에 안주하고 있을 때보다 기후에 더 민감해지고, 어떤 전조(前兆)에서 더 자주 영감을 받고, 더 계시적인 상상력을 펼쳐 낸다. 그들은 여행을 떠나오기 전의 사람과는 마치 다른 사람 같다. 여행이 그들의 무딘 감수성을 깨운다. 그래서 알랭 드 보통은 "여행은 생각의 산파다."라고 썼을 것이다.

도시에서 우리는 거의 유령들이었다. 유령들은 그 본질에서 무국적자들이다. 그러나 유령과 이방인은 다르다. 이방인들은 조국이 없는 자들, 혹은 조국을 버린 자들이다. "조국에 애정을 느끼는 사람은 향락주의자다. 온 대지가 조국인 사람은 이미 용기 있는 사람이다. 하지만 온 세계가 유배지인 사람은 완벽한 사람이다."(에드워드 사이드, 『문화와 제국주의』) 여러 지식인들이 제 고향에서 내침을 당한 뒤 온 세계를 유배지로 삼고 살았다. 에드워드 사이드가 그렇고, 발터 벤야민이 그렇고, 에밀 시오랑이 그렇다. 그 혼성적 지식인들! 굴원이 그렇고, 두보가 그렇고, 소동파가 그렇다. 망명의 고독을 내재화한다는 점에서 여행자들 역시 이들과 다를 바 없는 이방인들, 즉 디아스포라(diaspora)의 운명을 품는다. 여행자란 외로움의 숙명을 받아들인 자다. 때로 외로움은 시를 낳는다. "그 사막에서 그는 / 너무 외로워 / 때로는 뒷걸음질로 걸었다. / 자기 앞에 찍힌 발자국을 보려고."(오르탕스 블루, 「사막」) 보라, 여행자란 너무 외로워 자기 앞에 찍힌 발자국을 보려고 뒷걸음질로 걸어가는 자다. 여행자란 이방인들과 마찬가지로 '사이'의 존재들이다. 안과 바깥, 산 것과 죽은 것, 떠남과 머묾, 나와 너, 영원과 찰나, 모순과 비모순, 있음과 있어야 함과 같은 대립하는 것들의 중간을 거처로 삼는다. '사이'는 중간 지대다. 중간 지대는 개와 늑대가 동시적으로 출현하는 곳, 여행자와 도둑과 부랑자와 살인자들이 섞여 떠도는 공간이다. 중간 지대는 내 안의 야성과 길들임 사이의 카오스가 일어나는 지대다. 이곳에서 저곳으로 나가는 자들은 제 신체에 새겨진 법과 권위, 관습의 포획에서 자신을 탈영토화하며, 반드시 이 중간 지대를 지난다. 자크 데리다는 이 '사이'를 "정의되지 않은 방향 전환의 거처"(니콜 라피에르, 『다른 곳을 사유하자』에서 재인용)라고 말한다. 사실 삶이란 것이 '사이' 아닌가! 대립하는 두 힘의 '사이' 속에서 맹렬한 멀미를 느낄 때가 있다. 안도 아니고 바깥도 아닌 중간에 걸쳐 있는 내 식어 버린 마음의 복판에 어느덧 '사이'가 들어와 있다.

누군가 내게 묻는다. 당신은 누구십니까? 나는 여행자라고 대답할 것이다. 여행은 권태와 환멸의 형태로 주어진 삶의 모욕에 대한 보상이다. 그러므로 나는 기꺼이 떠나리라! 여행을 떠나려는 욕망은 때때로 불가사의하다. 그것은 갑자기 솟구치는 불꽃 같아서 무엇도 그 욕망의 격정을 잠재울 수가 없다. 낡은 정원도, 황량한 불빛도, 아이에게 젖먹이는 젊은 아내도. 저기에 폭풍우와 난파의 운명이 기다리고 있다 할지라도 떠나는 자들을 붙잡을 수 없다. 저 유명한 말라르메의 에피그램, "육체는 슬프다, 아아! 그리고 나는 모든 책을 다 읽었구나."(말라르메, 「바다의 미풍」)라는 구절은 피할 수 없는 어떤 운명의 계시다. 여행은 낯선 곳, 미지의 시간을 향한 첫걸음이다. 우리 모두는 이 세계의 편도 여행자들이다!

함께 읽으면 좋은 책들

김연수, 『여행할 권리』, 창비, 2008

알랭 드 보통, 『여행의 기술』, 정영목 옮김, 이레, 2004

클로드 레비스트로스, 『슬픈 열대』, 박옥줄 옮김, 한길사, 1998

파스칼, 『팡세』, 이환 옮김, 민음사, 2003

그래도 사랑하라

롤랑 바르트, 『사랑의 단상』

사랑, 말도 많고 탈도 많다. 한없이 숭고한 게 사랑인가 하면, 귀접스럽고 든적스러운 것도 사랑이다. 누군가는 사랑에 죽고 산다고 말한다. 아울러 세상에 떠도는 거의 모든 유행 가요들은 사랑을 노래한다. "죽어도 못 보내. 내가 어떻게 널 보내."(2AM 노래, 「죽어도 못 보내」, 2010) 사랑은 사람을 씩씩하게도 만들고, 기신기신하게도 만든다. 도대체 사랑이 뭐길래? "일생을 통해 나는 수백만의 육체와 만나며 그중에서 수백 개의 육체를 욕망할 수 있다. 그러나 그 수백 개의 육체 중에서 오로지 나는 하나만을 사랑한다. 내가 사랑하는 그 사람은 내 욕망의 특이함을 말해 준다."(롤랑 바르트, 『사랑의 단상』) 사랑이 어디서 어떻게 내게 왔는지를 우리는 잘 모른다. 사랑은 자가당착이고 정신 착란이다. 다만 사랑의 시작점은 흐릿하지 않고 또렷하다. 어느 날 사랑은 존재의 어눌함 속에서 피어오른다. 사랑은 눈으로 들어오고 봄통을 돌아 입에서 나간다. 사랑이 올 때는 항상 어떤 알리바이를 동반하고 온다. 수천수만의 사랑 중에서 알리바이가 없는 사랑은 단 하나도 없다. 누군가에게 '홀딱 빠지는' 것에는 그만 한 알리바이가 있다. 당신을 사랑한다고? 당신의 우아함과 성격을, 혹은 당신의 교양과 미소를? 아니다. 그렇다면 당신 존재 자체, 그 있음을? 그것도 아니다. 사랑하는 사람은 사랑이 뭔지를 모른다. "사랑이 무엇인지를 알고 싶지만, 사랑 안에 있는 나는, 그것의 실존은 보지만, 본질은 보지 못한다."(롤랑 바르트, 앞의 책) 왜 그럴까? 타자는 늘 도망가는 사람이고, 고정되지 않은 채 변화하기 때문이다. 그 사람의 눈은 초롱초롱하고, 목소리는 달콤하고, 미소는 환상적이다. 그는 늘 늠름하고 관대하며 멋지다. 그렇다면 그의 눈과 목소리와 미소와 늠름함과 관대함과 멋짐 때문에 그를 사랑하는 것일까? 아니다. 내가 사랑하는 것은 '그'라는 타자이지만, '그'가 곧 사랑의 표적은 아니다. 정확하게 말하면, "사랑의 표적은 타자라는 수수께끼다. 즉 타자가 느끼게 하는 거리감, 그것의 익명성, 가장 친밀한 순간에조차 나와 대등하게 되지 않는 타자의 태도"(알렝 핑켈크로트, 『사랑의 지혜』)다. '그'와 '그라는 수수께끼' 사이의 거리 때문에 혼동이 생긴다. 사랑이 혼동의 열정인 것은 바로 그 때문이다.

사랑은 경미한 뇌진탕 같은 것이어서 그것에 빠지면 그 충격으로 인해 한동안 사물을 바로 보지 못한다. 사물의 초점이 흐려지고 의식이 몽롱해진다. 그 상태에서 아무것도 아닌 것들이 한꺼번에 의미로 승화한다. "그는 도처에서, 아무것도 아닌 것에서, 항상 의미를 만들어 내며, 이 의미가 그를 전율케 한다. 그는 의미의 도가니 안에 있다."(롤랑 바르트, 앞의 책) 사랑에 빠진 사람이 무심코 듣던 유행가 가사에 쉽게 몰입하고 그것과 자기 동일시를 하며 눈물을 떨구는 것도 그런 까닭이다.

"그 선택은 그렇게도 엄격하기에 유일한 것(unique)만을 취하며, 바로 그 점이 분석적 전이(轉移)와 사랑의 전이의 다른 점이라고 말해진다. 전자가 보편적이라면 후자는 특이한 것이다. 수많은 사람 중에서 내 욕망에 꼭 들어맞는 이미지를 찾기 위해 그 얼마나 많은 우연과 놀라운 우연의 일치가 (그리고 어쩌면 수많은 탐색이) 필요했던가! 바로 거기에 내가 결코 그 열쇠를 알지 못하는 수수께끼가 있다. 왜 나는 그런 사람을 원하는 걸까? 왜 나는 그를 지속적으로, 초췌하게 원하는 걸까? 내가 원하는 것은 그의 전부일까(실루엣·형체·분위기)? 아니면 육체의 어느 일부분일까? 그렇다면 내 물신 숭배의 대상은 이 사랑하는 육체의 어떤 것일까? 그 크기는? 어쩌면 아주 하찮은 것인지도 몰라. 어떤 연유로? 손톱을 자른 모양, 약간 비스듬하게 깨진 이, 흘러내린 머리카락, 말하거나 담배 피우면서 손가락을 벌리는 모양? 육체의 이 모든 주름에 대해 나는 근사하다 라고 말하고 싶다. 근사한 이란, 이것은 유일하기 때문에 내 욕망이야란 뜻이다. '그래 이거야, 정확히 이거야(내가 사랑하는 것은)!' 그렇지만 내 욕망의 특이함을 느끼면 느낄수록 이름 짓기는 힘들어진다. 과녁의 정확함에 이름의 흔들림이 대응한다. 욕망의 속성은 부정확한 언표만을 만드는 데 있다. 언어의 이런 실패로부터 남은 흔적이 바로 '근사한'이란 말이다.('근사한'의 올바른 라틴어 번역은 입세(ipse)일 것이다. 그런데 '입세'란 '자기 자신', 혹은 '그/그녀 자신이 몸소'란 뜻이다.)"(롤랑 바르트, 앞의 책)

연인들은 사랑에 빠지기 전보다 더 자주 거울을 보고 얼굴을 정성들여 꾸민다. 얼굴이 뭐길래? 얼굴은 자아가 출현하는 장소다. 얼굴은 타자성의 징표, 내게는 없는 바로 그것, 타자가 제 존재를 가두고 집약하는 표면이다. 우리가 누군가를 사랑한다는 것은 얼굴에 사로잡힌다는 뜻이다. 그와 떨어져서 눈을 감으면 먼저 그의 얼굴이 떠오른다. 그런데 그 얼굴은 붙잡을 수 없다. 그 얼굴은 항상 어딘가로 달아난다. 그것은 절대적인 미의 구현이거나 숭고함의 표상이 아니다. 오히려 평범하다. 분명한 것은 그것을 나의 수중에 넣을 수 없다는 사실이다. 사랑받는 얼굴은 항상 사랑하는 사람에게서 도망가기 때문이다. 손에 넣을 수 없는 모든 것은 바로 그 가질 수 없다는 불가능성을 머금고 숭고해진다. 사랑받는 얼굴은 자기 안에서 생성과 해체를 반복한다. 그것이 하나로 고착되어 있는 법은 없다. 그러므로 열애에 빠진 사람은 자신을 열애에 빠뜨린 얼굴을 기억하지 못한다고 해서 비난할 수는 없다.

사랑하는 사람이 불행으로 괴로워할 때 우리는 연민을 느낀다. 아마도 함께 걱정을 하며 그를 진심으로 위로하고, 어쩌면 그에게 괴로움을 준 그 불행에 자신을 던져 동참할 수도 있을 것이다. 불행에 빠진 그를 돕는 나의 손길은 불충분하다. 그런 맥락에서 롤랑 바르트는 "나는 어머니이긴 하지만(그는 내게 걱정거리를 준다.) 불충분한 어머니다."라고 말한다. 연인이 불행에 빠졌는데, 나는 그를 도울 수가 없다. 그래서 죄책감을 가질 수도 있다. 그러나 좀 더 차갑게 바라보자면, 나와는 무관한 일로 괴로워하는 그는, 사실은 그 불행과 그것이 초래한 괴로움으로 내가 그에게 그다지 중요하지 않은 존재라고 말하는 것이며, "그의 고통이 내 밖에서 성립되는 한, 그것은 나를 취소하는 것"(롤랑 바르트, 앞의 책)과 다를 바가 없다. 내가 나쁜 게 아니라 나와 무관하게 불행에 빠져 고통을 당하는 그가 나를 사랑에서 소외시킨 것이니 나쁜 것은 바로 그다.

우선 사랑에 빠진 사람은 열정에 사로잡힌다. 오직 한 가지. 그 열정의 표적은 당연히 연인이다. 그 열정은 표적 이외의 모든 것에 대해서는 배타적인 태도를 취한다. 소설가 마르셀 프루스트는 "사랑하고 있을 때에는, 어느 누구도 사랑하지 않는다."라고 말한다. 내가 당신을 사랑한다고 할 때 그 당신은 저 멀리 있는 존재다. 당신과 나는 동시대인이 아니다. 그러므로 함께 있는 동안에도 결코 함께 있을 수 없다. 심지어 내가 당신을 어루만질 때조차 당신은 거기에 없다. 모든 애무는 가 닿을 수 없는 것을 쓰다듬는 행위다. 철학자 에마뉘엘 레비나스가 애무는 늘 미래인 것과의 놀이고, 내용 없는 미래를 기다리는 것이라고 말한 것도 그런 뜻에서다. 그게 사랑의 역설이다. 아울러 사랑하는 사람들은 그 사랑이 늘 소실점을 향해 간다는 사실을 결코 인정하지 못한다. 모든 사랑은 끝을 향하여 나아간다. 신데렐라의 마법이 풀리면서 환상이 하찮은 현실로 바뀌듯 사랑의 미망에서 깨어나는 순간, 사랑의 끝이라는 현실이 우리 앞에 당도한다. "사랑은 하찮은 것들로 구성된 귀중한 짓이다. 혹은 귀중하다고 하는 기표로 구성된 하찮은 기의다. 고쳐 말하면, 사랑이란 하찮은 것들이 순간 증폭하는 방식으로 볼 수도 있다. 그러므로 우리의 열정을 키웠던 그 '순간 증폭'이 끝나고, 우리가 정녕 하찮은 것을 하찮게 대할 수 있는 날들이 오게 되면 사랑의 오랜 영욕(榮辱)도 마침내 그 수명을 다하고 말 것이다."(김영민, 『사랑, 그 환상의 물매』) 우리 마음은 사랑의 '순간 증폭'이 끝난 뒤에도 헛되이 그 끝을 유예시킨다. 우리가 '사랑'이라고 인식하는 실체는 실은 이미 흘러간 사랑이다. 사랑이 지나간 뒤 사랑을 알아차리는 것이다. 흘러간 사랑은 현재의 사랑이 아니라 과거의 사랑이다. 많은 연인은 과거의 사랑을 현재의 사랑이라고 착각하고 붙들고 있을 따름이다.

사랑은 무쇠 그릇이 아니라 잘 깨지는 유리그릇이다. 깨진 사랑은 고통을 가져온다. 사랑이 깊으면 깊을수록 상처도 깊다. 사랑은 말도 많고 탈도 많다. 그래도 사랑하라. 사랑은 빛이요, 기쁨이고, 오아시스이고, 미래에 관한 약속이다. 하찮은 것에서 시작한 사랑도 사랑하지 않음보다 존재의 가능성을 키우고 더 많이 살게 만든다. 살아 있다면 사랑하라. 겨를에도 사랑하고 어름에도 사랑하라. 사랑함 속에서만 우리는 진정으로 타자를 환대하고 거꾸로 환대받는다. 한계와 도착(倒錯)을 넘어서서 서로를 환대하는 사회가 더 좋은 사회다.

함께 읽으면 좋은 책들

김영민, 『사랑, 그 환상의 물매』, 마음산책, 2004

롤랑 바르트, 『사랑의 단상』, 김희영 옮김, 문학과지성사, 1991

앙드레 기고, 『사랑의 철학』, 김병욱 옮김, 개마고원, 2008

알렝 핑켈크로트, 『사랑의 지혜』, 권유현 옮김, 동문선, 1998

군중, 그들은 누구인가?

엘리아스 카네티, 『군중과 권력』

2008년 6월 10일. 서울시청 앞 광장을 메운 70만 인파가 켜든 촛불은 빛으로 일렁이는 장대하고 거룩한 꽃밭이었다. 촛불은 제 몸을 살라 어둠을 밝힌다. 제 몸을 사른다는 점에서 숭고한 자기희생의 표상으로 맞춤하다. 만해 한용운은 「알 수 없어요」라는 시에서 "타고 남은 재가 다시 기름이 됩니다/그칠 줄 모르고 타는 나의 가슴은 누구의 밤을 지키는 약한 등불입니까!"라고 노래한다. 촛불은 누군가의 밤을 지키기 위해서 타오르는 나의 가슴이다. 손에 손마다 든 저 촛불들은 나와 가족을 위해서, 그리고 이웃과 민족을 위해서 타오르는 저마다의 가슴이다. 증오가 아니라 사랑으로 타오르는 불꽃이요, 우리 안에 숨은 이타적 숭고함을 깨우는 불꽃이다. 아울러 우리 안의 숨은 진리와 정의로 밝힌 빛이다. 저 촛불들은 저마다 꽃이고, 끊임없이 움직이며 나아가는 파동이자 그 무엇과도 견줄 수 없는 황홀한 군무(群舞)다. 나는 카메라가 공중에서 찍은 군중의 모습을 보며 고려 가요에 나오는 "이월 보름에, 아으, 높이 켠 등불 같아라. 만인 비취실 모습이시도다."(「동동(動動)」)라는 구절과 함께 별들의 집합체인 은하수를 떠올렸다. 모세가 사막 위에 세운 장막 안에 금촛대를 꽂고 밝힌 불과도 겹쳐진다. 일곱 개의 가지로 뻗은 그 촛대에는 촛불이 타오른다. 일곱 개의 촛대 한가운데 있는 촛대는 은하계를 거느리고 빛나는 태양이다. 그 불꽃들은 저마다 '신의 눈'이고 어둠을 밝히는 '세계의 빛'이다.

무엇이 저 '군중'을 광장으로 모이게 했을까. '민의'라고도 하고, '배후 세력의 불순한 선동'이라고도 하고, '디지털 포퓰리즘'이라고도 한다. 이 해석들은 촛불이 밝히려는 깊은 데를 보지 못하고 표피만을 보면 그럴듯하다. 그러나 촛불들의 '배후'는 현실에 불만을 품은 좌파도 아니요, 정권에 저항하는 집단도 아니다. 실시간으로 쌍방향 소통을 하며 움직이는 '아고라'와 가상 공간에 둥지를 튼 수많은 '블로그'다. 형태도 없고 조직도 없고 숫자도 알 수 없는 그것들은 순식간에 폭풍을 일으키며 토네이도로 발전한다. 그 '아고라'에 맞서 이명박 정부는 광화문 한복판에 콘테이너 철벽을 쌓았다. 늦어도 한참은 더 늦은, 막혀도 한참은 꽉 막힌 저 산업화 세대의 무뚝뚝한 대응이라니!

군중은 모이고 흩어지며, 움직이고 멈추며, 커지고 줄어들며, 성장하고 쇠퇴한다. 그러나 무엇보다도 먼저 군중은 제 안의 파괴욕, 무차별적인 파괴로 제 존재를 과시한다. 성난 군중이 지나간 뒤에 집과 건물들이 파괴된 뒤의 잔해만 남는다. 그들은 문과 유리창을 부수고, 벽을 허문다. 문·유리창·벽이 갈라놓는 외부와 내부의 경계를 허무는 것이다. 개별자들을 고립시키고 폐쇄시켰던 경계들을 지워 냄으로써 군중은 스스로의 경계를 넘어섰다는 안도감과 만족감을 얻는다. 군중이 파괴의 수단으로

152

쓰는 가장 치명적인 도구는 불이다. 불길은 사방으로 퍼지고 여러 불길이 합쳐지며 더 많은 것들을 파괴해 버린다. 불은 군중을 은유하는 가장 강력한 기표다. 모든 것을 집어삼킨 뒤 불이 소멸하듯 군중 역시 제 내부의 파괴성을 방출한 뒤에는 소멸한다.

군중은 병리 현상인가? 아니면 희망의 단초인가? 1980년 서울의 봄이나 1987년 6월 항쟁 때 시청 광장을 메운 시민들, 2002년 월드컵 경기 때 거리 응원에 나선 수백만 명의 군중을 보면서 사람들은 가슴이 더워졌다. 처음에 몇십 명에서 시작한 사람들이 삽시간에 수천 명, 수만 명, 수십만 명으로 불어났다. 그때 우리는 군중이 가진 자기 증식의 본성을 보았다. 뛰어난 소설가이자 사회학자인 엘리아스 카네티는 "증가하지 않는 군중이란 단식 상태에 있는 것"이라고 말한다. '단식 상태'에 있는 군중이라니! 군중의 원형은 '무리'다. 카네티는 부족·혈족·씨족이라는 기왕의 사회적 개념을 '무리'로 대체하고, 이것을 사냥의 무리, 전투의 무리, 애도의 무리, 증식의 무리로 나누며, 그 본질과 뜻을 규명한다.

군중은 개인의 집합체가 아니다. 군중은 인간 내면의 무의식에 숨은 정신이 특수한 상태에서 집중화되어 나타나는 현상이다. 군중은 그것이 나타나는 발현의 위계에서 스스로 이미지의 볼모가 된다. 군중 상징의 볼모가 되는 순간 사람들은 개별적 존재가 갖는 분별력과 이성의 통제력, 자유 의지, 도덕성을 더는 발휘하지 못한다. 홀로 서 있는 사람과 군중의 일원이 되어 버린 개별자는 같은 사람일 수 없다. 군중에 휩쓸리면 개별적 존재로 서게 했던 개성, 교육, 사회적 배경, 혈통과 언어들이 평준화하며 타자와의 차이를 지워 버린다. 군중은 개별 존재들 사이의 차이들을 없애 균질화하는 내부적 압박 아래에서 더는 개별자이기를 포기하고 군중으로 내면 형질을 바꾸는 것이다.

153

찰스 맥케이의 『대중의 비정상적인 현혹과 군중의 광기(*Extraordinary popular delusions and the madness of crowds*)』(한국어 번역본은 『대중의 미망과 광기』)나 귀스타브 르봉의 『군중(*Psychologie des foules*)』(한국어 번역본은 『군중 심리』)이나 『혁명의 심리학』이 군중의 부정적인 힘, 그 병리학적인 측면에 대한 성찰에 초점을 맞춘 반면 엘리아스 카네티의 『군중과 권력』은 군중 상징의 원형을 고대 종교와 다양한 신화에서 찾는다. 먼저 카네티는 곡식·숲·비·바람·모래·불·바다에서 군중이라는 집합적 단위를 드러내는 '군중 상징'을 읽어 낸다. 우선 불은 번지며 전염성이 강하고 만족할 줄을 모른다. 이 파괴적인 불은 살아 있는 듯이 활동하며 넓게 퍼지는 속성이 있다. 이는 군중의 속성과 정확하게 겹쳐진다. 군중은 강력한 전염성을 갖고 넓게 퍼져 나간다. 불이 그렇듯이 무서운 기세로 먹잇감을 삼켜 버린다. 군중은 사람이 있는 곳이라면 어디서나 생겨나는데, 그 생성의 자발성과 급작스러움이 불의 속성과 일치한다. 비 역시 군중 상징에 들지만 불과는 다르다. 자기 증식성이 미약하고 일관성이 없다. 비는 해방되는 군중이며, 해체되는 군중이다. 그에 반해 강은 허영에 사로잡힌 군중이다. 강은 작은 여울들을 받아들이는 수용성, 강기슭의 사람에게 자기를 고스란히 드러내는 자기 현시(顯示)로 군중의 은유를 완성한다. "강은 이를테면 남에게 보여 주고 싶은 피부와 얼굴을 가지고 있다고 할 수 있다. 강과 같은 형태, 예컨대 행렬이나 시위 행진은 가능한 한 자기의 모습이 밖으로 보여지기를 바란다. 그들은 될 수 있는 대로 길게 대열을 늘려서 가능한 한 많은 구경꾼들에게 자신을 보이려고 한다." 숲은 나무의 참된 밀집성 속에서 저를 드러낸다. 땅에 뿌리를 박고 서 있는 나무의 부동성(不動性)은 어떤 위협에도 물러서지 않는 군중의 속성을 드러낸다. 반면 곡식은 바람의 영향을 받는다. 태풍이 지나고 난 뒤 곡식들은 땅바닥에 쓰러져 움직이지 못한다. 그러다가 어느 순간 다시 일어선다. 김수영이 "풀이 눕는다/바람보다도 더 빨리 눕는다/바람보다도 더 빨리 울고/바람보다 먼저 일어난다."(「풀」)라고 적은 이 시는 풀의 군집 현상으로 위계적 계층에 주목한 것이 아니라 바람의 압도적인 영향 아래에서도 다시 저를 꿋꿋하게 일으켜 세우는 생명 운동을 노래한 것이다. 군중은 차라리 풀이 아니라 바람이다. 바람에 따라 끊임없이 모습을 바꾸는 모래는 어떤가. 모래는 개체이면서 언제나 큰 덩어리로 모여 있을 때 비로소 제 존재를 드러낸다. 모래는 출렁이는 파도가 되고 회오리바람이 불 때면 구름으로 변신한다. 아울러 언덕이 되고 산이 되기도 한다. 모래는 운동성과 변신 능력 때문에 유동성 상징과 견고성 상징의 중간에 위치한다. 모래로 이루어진 사막의 공허와 적의, 그리고 불모성은 군중의 무의식적 속성의 또 다른 측면이다.

함께 읽으면 좋은 책들

귀스타브 르봉, 『군중 심리』, 김성균 옮김, 이레미디어, 2008

막스 피카르트, 『우리 안의 히틀러』, 김희상 옮김, 우물이있는집, 2005

엘리아스 카네티, 『군중과 권력』, 반성완 옮김, 한길사, 1982

결혼을 꼭 해야 돼?

울리히 벡·엘리자베트 벡,
『사랑은 지독한 그러나 너무나 정상적인 혼란』

남자와 여자가 결혼하는 것은 합법적으로 성적·정서적 공동체를 만드는 하나의 방법이다. 사회의 최소 단위체인 가족 내부에서 성별, 가치관, 관점, 나이가 다른 사람들이 비폭력적이고, 비파괴적으로 함께 사는 법을 배운다. 한쪽에서 결혼은 미친 짓이다!라는 소리가 울려 나온다. '어떤 미친놈이 헛소리를 하는 거야?' 버럭 소리를 지르는 당신, 오해 마시라. 발칙한 이 말은 2000년도에 '오늘의 작가상'을 거머쥔 신인 작가 이만교가 내놓은 동명의 소설 제목이다. 이때 미친 짓으로 지목된 결혼은 일부일처제 결혼이다. 이 결혼 동맹을 떠받치는 근간은 배우자의 성에 대한 배타적 독점권이다. 이 동맹이 느슨해진 징후를 가장 먼저 소설가들이 밝혀낸다. 이만교에 앞서 1990년대에 여성 소설가 전경린은 『내 생에 꼭 하루뿐일 특별한 날』에서 "아무리 좋은 결혼도 어쩔 수 없는 혼란과 모순과 야만의 부분을 갖는 것이 결혼 아닐까. 어떤 결혼도 그 자체 속에 피할 수 없는 함정을 지니는 것이 아닐까. 그리고 그런 결혼 속에서 모든 아이들은 숙명적으로 울면서 자라나는 것은 아닐까……."라고 쓰고 있다. 박현욱의 장편 소설 『아내가 결혼했다』는 더욱 발칙하다. 젊고 사랑스러운 아내가 어느 날 다른 남자와 결혼하겠다고 선언한다. 이혼하겠다는 말이 아니다. 아내는 '나'와 결혼을 유지하면서 또 다른 결혼을 하겠다고 말한다.(동명의 영화에서는 배우 손예진이 그 아내의 역을 맡는다. 나는 이 말을 할 때의 손예진의 표정을 잊지 못한다.) '나'는 아내를 사랑했기에 마지못해 이 기상천외한 제안을 받아들인다. "당신 소원 들어줄게. 원하는 대로 해. 어디 한 번 가는 데까지 가 보자." 아내의 이 제안은 여성의 자아 정체성이 강화되고 성적 욕망을 개방적으로 받아들이게 된 여성 스스로의 자신감을 드러낸다. 결국 아내는 다른 남자와 결혼식을 올리고, '나'에게 휴대폰 문자 메시지를 보낸다. "결혼식은 잘 끝났으며 신혼여행 다녀와서 보자고……." 물론 소설에서 일어난 일이지만 이는 일부일처제 결혼 제도를 무력화시키는 비독점적 다자 결혼의 시대가 올 것이라는 전조를 드러낸다. 어째 이런 일들이 생겨나는 것일까? 결혼은 인류의 생물학적 특성의 발현이 아니라 사회적 필요에 굴복한 결과다. 인류는 일부일처제를 채택하고 학교나 교회 등을 통해 반복적인 학습과 세뇌로 그것의 상대적 우월성을 퍼뜨려 왔는데, 이는 다분히 정치 사회적이거나 경제적인 이유 때문이다. 일부일처제에 기반한 사회는 이런 제도들을 통해 도덕으로 결혼의 외피를 두텁게 감싸 보호한다. 이때 도덕은 몸과 정신을 옥죄는 규제 체제다. 결혼이 느슨해지는 것은 도덕에 옥죄어 있던 본능이 그 규제를 찢고 나가기 때문이다.

오늘날의 결혼은 존재의 외로움을 해결하는 마법이 아니다. 우리는 외로울 때 자기 내면을 들여다보고, 진정한 자기로 회귀할 수 있다. 가족에 귀속해 있을 때 나는 가족의 이익과 안녕을 위해 존재하는 식민지에 지나지 않는다. 심연으로서의 나, 자유 의지로서의 나는 가족 이데올로기의 강령을 받들고 그 의무들을 수행하는 동안 잊어야 한다. 임신·출산·육아라는 고단한 의무들, 법정 노동 시간을 무시로 넘어서는 가외의 가사 노동, 관계의 구속, 성차별, 불평등, 상호 배타적 독단의 충돌, 저열한 의심과 질투를 받아들여야 한다. 결혼 관계 안에서도 충족되지 않는 결핍과 부재가 여전하고, 아울러 결혼과 가족은 그것을 얻는 대신에 지불해야 할 기회비용이 만만치 않다는 점에서도 그렇다. 우선 나만의 시간, 나만의 자유, 오롯이 나 자신이 되는 것, 자아실현 등을 유보하거나 포기해야 한다. 프란츠 카프카의 「변신」은 가족이라는 이름의 공동체가 한낱 가족 이기주의를 만들고 그것에 굴종하기를 요구하는 끔찍한 곳임을 일러바친다. 가족의 구성원이라도 가족 이기주의에 힘을 보탤 수 없을 때 가족 안에서 벌레로 전락한다. 가정은 교화와 선도라는 명분 등으로 정신적·육체적 학대가 드물지 않게 자행되는 곳이다. 가족이라는 공동체 안에서 감히 '외롭다!'라고 말하는 것은 불온하고 불경스러운 행위로 여겨진다.

사랑의 열정이 식고 결혼이 외로움의 유일한 대안이 되지 못한다는 사실이 드러나더라도 우리는 인습과 타성으로 섹스, 여가 시간 함께하기, 공허한 대화들, 각자의 역할에 따른 의무의 메마름을 받아들여야 한다. 이렇듯 결혼은 밖에 있는 사람에겐 천 개의 빛나는 거울이지만 안에 있는 사람에겐 천 개의 조각으로 깨진 거울이다. 그 거울이 산산조각 난 뒤 자신의 심연에로 회귀하는 길을 잃고 종교, 사교 활동, 쇼핑 중독, 새로운 직업, 자식의 가능성 계발하기 등에 필사적으로 매달리는 사람들을 보는 일은 드물지 않다.

낭만적 사랑의 이데올로기를 기반으로 하는 신화가 깨진 뒤 그토록 굳건하던 일부일처제 결혼 동맹은 쇠망의 길로 들어섰다. 그 전보다 더 많은 여성들이 결혼하려고 하지 않는다. 결혼에 드는 기회비용에 비해서 효율성이 의심스럽기 때문이다. 미혼(未婚)이나 비혼(非婚)으로 남아 있으면서도 결혼의 과실을 나눠 가질 수 있게 된 현실의 변화가 그 배경이다. 과거에는 결혼이 섹스의 합법적 허가증으로 여겨졌지만 지금은 성 해방으로 결혼 관계 바깥에서도 얼마든지 성적인 자유를 누릴 수 있다. 여성들이 정규직 취업이 활발해짐에 따라 경제적 자립이 가능해진 것도 결혼 제국의 쇠망을 부추기는 한 요인이다. 경제적으로 자립을 하고 삶의 기반을 굳힌 여성들은 남자와의 결혼을 통해서 굳이 존재 증명을 해야 할 필요성을 느끼지 못한다. 더구나 사랑의 감정이 다 소진된 뒤에도 법의 힘을 빌리지 않고는 의무로 얽힌 결혼 제도라는 족쇄를 풀 수 없다는 모순은 일부일처제 결혼의 입지를 더욱더 좁게 만든다. 사회 운동가 목수정이 선택한, 체제 순응적이고 가부장제의 이데올로기의 다양한 기제가 잔존하는 일부일처제 결혼을 시민 연대 계약으로 대체하는 것도 하나의 대안이 될 수도 있을 터다. 프랑스 법이 용인하는 시민 연대 계약은 합법화한 결혼과 동거를 절충해서 만든 제도쯤으로 이해할 수 있다. 목수정이 굳이 결혼을 마다하고 한 남자와 시민 연대 계약만을 하고 사는 것은 관습과 제도의 구속에서 자유롭고자 하는 열망과 함께 결혼에 대한 뿌리 깊은 불신과 거부감 때문이다. 목수정에 따르면 한국에서 결혼이 "여자에게 극단적으로 불리한 선택인 것은 한 남자와의 서약인 동시에, 무한대로 확장될 수 있는 그 남자의 친인척에 대한 일종의 노예 서약"이고, 그래서 "한국 사회가 안고 있는 모든 모순을 가장 잘 농축한 의식"이기 때문이다.

결혼은 사랑의 자명한 진리를 보여 주는 제도가 아니다. 인류학적 고찰을 한 사람들에 따르면 결혼은 이제 행복을 위한 유일한 선택이 아니다. 결혼 관계 안에서 상처받고 그 상처로 신음하는 사람들이 많은데, 가장 가깝게 있는 사람이 그 가해자가 될 가능성도 커진다. 내 안의 많은 열망은 결혼의 강고한 폐쇄적 조건 아래서 죽고, 가슴에 외로움의 공동(空洞)은 커져 버린다. 그러니까 사랑과 결혼이 외로움에 대한 근본적 대안도 아니다. 저 위대한 지혜의 시인 칼릴 지브란은 결혼에 대해서 이렇게 말한다. "서로 사랑하라, 허나 사랑에 속박되지는 말라."(칼릴 지브란, 『예언자』) 공존을 취하되 서로의 자유로움을 인정하라는 뜻이다. 함께 서 있되, 허나 너무 가까이 서 있지는 말라고 한 것은 지나친 관심이 구속이 되고 구속은 영혼이 성장하는 데 방해물이 되는 까닭이다. 참나무나 사이프러스나무도 서로의 그늘 속에선 자랄 수 없는 법이다. 다시 칼릴 지브란은 "함께 노래하고 춤추며 즐거워하되, 그대들 각자는 고독하게 하라."(칼릴 지브란, 앞의 책)라고 말한다. 외로움은 개체화에 따른 산물이니까 그것에서 도망가는 일은 어리석다. 도망가는 일은 애초부터 불가능하기 때문이다. 중요한 것은 제도가 아니라 생명이고, 살아 있음의 기쁨이다. 외로움이 무서워 결혼하는 것은 실패자가 되는 지름길이다. 함께 있되 제도의 힘을 빌려서 상대를 억압하는 게 아니라 상생하는 길을 찾아야 한다. 각자의 외로움을 인정하고 그것을 생명을 고양시키고 영혼의 점진적인 진화를 이루고 삶의 보람과 기쁨을 키우는 에너지로 바꾸려고 하는 게 현실적이다. "내가 남자가 아니라 천만다행이다. 내가 남자였다면 여자와 결혼했을 테니까." 나는 스탈 부인의 이 말을 뒤집는다. '내가 여자가 아니라 천만다행이다. 여자였다면 남자와 결혼했을 테니까.'

함께 읽으면 좋은 책들

목수정,『뼛속까지 자유롭고 치맛속까지 정치적인』, 레디앙, 2008

박현욱,『아내가 결혼했다』, 문이당, 2006

울리히 벡·엘리자베트 벡,『사랑은 지독한 그러나 너무나 정상적인 혼란』, 강수영·권기돈·배은경 옮김, 새물결, 2002

전경린,『내 생에 꼭 하루뿐일 특별한 날』, 문학동네, 1999

칼릴 지브란,『예언자』, 정창영 옮김, 물병자리, 2007

축구는 인생이다

크리스토프 바우젠바인, 「축구란 무엇인가」

2010년 남아공 월드컵이 열리는 동안 수백만 명의 사람들이 경기장을 찾고, 수억 명의 사람들이 위성 중계로 월드컵 경기를 즐겼다. 나는 남아공 월드컵이 한창인 기간에 미국에 체류 중이었다. 물론 미국의 이에스피엔(ESPN)과 중남미 방송이 내보내는 생중계로 월드컵 경기를 놓치지 않고 보았다. 축구 강국인 스페인·이탈리아·독일·영국·네덜란드·포르투갈 같은 유럽 국가들이나 브라질·아르헨티나·우루과이와 같은 남미 국가들, 그리고 러시아·터키·호주·일본·중국·케냐·스웨덴·노르웨이·알제리·태국·베트남에서도 사람들은 월드컵 경기를 보느라고 밤을 새우고 새벽을 맞았다. 사람들은 아르헨티나의 리오넬 메시, 영국의 웨인 루니, 브라질의 호비뉴, 스페인의 다비드 비야, 세르비아의 조란 토시치의 환상적인 플레이에 열광하거나 기대에 못 미치는 플레이에 실망을 했다.

축구가 왜 세계인들의 사랑을 받을까? 그 이유는 단순하다. 축구는 모든 스포츠의 정수(精髓)인 것이다. 경기가 시작하자 선수들의 체내에서 테스토스테론 분비가 급증한다. 이 남성 호르몬은 지배력, 자신감, 공격성의 본능을 끓게 만든다. 관중이 난동을 부리는 것도 이와 상관이 있다. 축구는 피를 끓게 만든다. 심판의 호루라기와 함께 모험의 드라마가 시작된다. 경기장 안에서 공은 유일한 가치다. 그러나 "공은 함께 놀지 않고, 공은 노래하지 않고, 공은 쓰다듬을 수 없다. 공은 선수의 동료나 친구가 아니라 타자다."(크리스토프 바우-젠바인, 『축구란 무엇인가』) 선수들은 그 유일한 가치가 움직이는 궤적에 따라 모이고 흩어진다. 한 선수가 공을 몰고 달리면 상대 선수들은 그 공을 빼앗으려고 달려든다. 몸싸움이 일어난다. 빈 곳에 떨어진 공을 차지하려고 양편의 선수들이 전력으로 질주한다. 선수들의 몸짓은 거칠고 호전적인가 하면 우아하며 예술적이기도 하다. 그들은 전사이자 개척자이고 예술가들이다.

　어린 시절 우리는 해가 질 때까지 공을 차고 놀았다. 그 시절 공을 차고 달리며 중력의 세계에 살고 있다는 걸 몸으로 깨달았다. 내가 배워야 할 도덕과 의무가 정강이뼈와 대퇴골에 속해 있다는 것, 그리고 변동과 불연속을 지배하려는 발의 투쟁이 긴 역사를 가졌다는 것도 그때 알았다. 공은 예기치 않은 방향에서 날아온다. 세상의 일은 그처럼 예측 불허이며, 많은 우연이 소용돌이치는 세계에 발을 딛고 있다는 사실에 나는 전율했다. 달의 항로를 쫓는 추적자들은 고양이처럼 신경을 곤두세우고 그 우연을 탐색하고, 달리고, 매복하고, 노려본다. 공이 구르는 운동장에서 가장 중요한 순간들을 결정하는 것은 우연의 신(神)이다. 거머쥘 수 없는 인생은 내 앞으로 굴러왔다가 이내 다른 곳으로 가 버린다. 나는 굼뜬 동작으로 허둥대다가 헛발질한다. 헛발질. 수태가 되지 않은 상상 임신. 내 발은 공중으로 뜨고 공은 떼굴떼굴 굴러간다. 능숙한 선수들은 공을 헛발질하거나 놓치는 법이 드물다. 잘 훈련된 선수들은 공을 완벽하게 제어하며 우연을 필연으로 바꿔 놓는다. 오, 누가 승리를 말하는가. 우리는 피로 얼룩진 잔혹사를 대속(代贖)하기 위하여 선택했을 뿐이다. 수렵과 전쟁 대신에 축구를. 축구는 예측 불허와 살육 없는 전쟁, 땀방울과 질주, 우연의 날뜀, 격렬함 뒤에 얻는 고요한 평화 이외에는 아무것도 아니다.

사람들에게 축구는 유희다. 아이들은 배우지 않고도 공을 찬다. 공을 차는 것은 태어날 때부터 우리 안에 각인된 놀이 본능과 거부할 수 없는 생명 충동에서 비롯된 것이다. 제임스 조이스의 『젊은 예술가의 초상』에 "초저녁 하늘은 파리하고 날씨는 쌀쌀했으며, 공 차는 아이들이 쏜살같이 뛰어가 공에 부딪칠 때마다 매끈매끈한 가죽 공은 희미한 광선속을 육중한 새처럼 날았다."라는 구절이 나온다. 공은 몸집이 커다란 새처럼 허공을 가르며 난다. 공중을 날아가는 공은 그 무엇에도 종속되지 않고 그 자체로 사물의 진리성을 구현한다. 그때 공은 마치 야조(夜鳥)의 눈과 같이 살아 있는 존재의 일부로 다가온다. 그 둥근 공과 처음 만나는 순간 우리는 신체와 사물의 직접적인 접촉이 만드는 운동 물리학의 세계에 들어선다. 공은 물리적 힘에 대한 반동의 힘으로 굴러가거나 공중으로 날아간다. 가끔은 헛발질도 한다. 그 첫 번째 헛발질의 깊은 낭패감이라니! 공을 비켜 간 헛발질은, 그 헛된 에너지의 소모는 씁쓸하고 허무하다. 운동장은 넓고 그 위의 푸른 하늘은 더욱 드넓다. 실축을 하고 잠깐 낙담해서 운동장에 우두커니 서 있을 때 우리는 미래의 인생 여정에서 합목적성에서 벗어난 선택을 할 수 있으리라는 나쁜 예감에 사로잡힌다. 그 실수를 너무 두려워할 필요는 없지만 항상 신중해야 한다는 교훈도 놓쳐서는 안 된다.

공은 어디에서나 찰 수 있다. 골목길에서, 공터에서, 학교 운동장에서.

혼자서 혹은 여럿이서. 혼자라면 벽을 향해 공을 찰 수 있다. 벽에 맞고 반동의 힘으로 굴러온 공을 다시 찬다. 남자아이들이라면 누구나 벽에 공을 차며 혼자 놀아 본 경험이 있을 것이다. 공은 가난하거나 부유하거나를 막론하고, 장소와 시대를 넘어서서 아이들의 가장 친근한 벗이다. 보스니아나 아프가니스탄에서도, 브라질이나 칠레에서도, 이집트나 이란에서도 아이들은 공을 차고 논다. 공을 향한 질주, 골대를 향하여 거침없이 전진하기. 축구의 즐거움은 공을 골대 안에 밀어 넣고 경기에서 이긴 뒤, 나와 우리 팀의 존재감을 상대방에게 인식시켰다는 뿌듯한 자부심과 승리를 쟁취했다는 도취감에서 비롯된다. 아울러 공을 몰고 질주할 때 살갗에 스치는 바람의 청신한 촉감, 헐떡이는 심장, 격렬한 운동 뒤 근육을 이완시킬 때 느끼는 평화로운 피로감, 함께 뛴 동료들과의 끈끈한 우정과 연대감을 확인하는 순간들 속에도 그 즐거움은 스며 있다.

저 멀리 굴러가는 공을 향해 달려갈 때 맥박과 호흡은 가팔라진다. 공은 나보다 더 먼저 달려온 자가 차지한다. 공을 쫓아 달린 노동은 아무 보상도 없이 끝난다. 그 종료의 순간에 우리는 비애라는 감정의 실체와 만난다. 그렇다고 실망할 필요는 없다. 다음 기회를 기다리면 된다. 인생이 그러하듯 축구에서도 많은 기회가 다가오고 어떤 기회는 붙잡기 전에 사라진다. 아이들은 여럿이 어울려 공을 차며 그것이 곧 삶이며 살아가는 방식이라는 걸 저절로 배운다. 저마다 서 있는 위치와 맡은 역할이 다르다. 축구는 그 개별자들이 화합을 이루고 팀 플레이를 해야 하는 운동이다. 공을 차며 배우는 인생이 진짜 인생이다. 경기 내내 멈춰 있지 않고 끊임없이 움직이는 공은 선수들의 나태와 직무 유기, 방탕과 무지를 부끄럽게 만든다. 아이들은 공을 차거나 축구 경기를 관전하며 사람이 살아가는 데 도덕과 의무가 있다는 것을 새삼스럽게 배울 것이다. 이 배움에서 얻은 학습 효과는 평생을 통해 유효하다. 축구는 인생이고, 그 자체로 하나의 세계다.

축구는 수렵 시대의 사냥과 전쟁의 대체물이다. 축구 경기에서 인생의 축도(縮圖)를 찾는 것은 이상한 일이 아니다. 축구 선수는 엄격한 훈련을 통해 기술을 습득하고 체력을 단련해야 한다. 그 안에는 따라야 할 규범과 의무, 추구해야 할 가치와 미덕이 있다. 축구는 노력과 용기, 희생정신의 가치를 일깨우고 고양시킨다. 훌륭한 선수는 팀을 위해 희생하고 동료 선수를 위해 헌신한다. 규칙은 경기장 안에서 어떤 용맹함도 정의보다 더 앞설 수 없다는 사실을 입증한다. 규칙을 어기면 그 벌칙으로 프리 킥이나 페널티 킥을 받는다. 경고를 두 번 받으면 경기장 밖으로 퇴장당한다. 어린애들은 축구를 통해 살아가는 데 필요한 것들, 예를 들면 규칙을 따르고 타인과 협력하는 법, 절제와 노력의 가치, 극기 정신과 같은 미덕을 배울 수 있다. 알제리에서 축구팀의 골키퍼로 활동했던 알베르 카뮈는 이렇게 말한다. "내가 궁극적으로 알고 있는 사람으로서의 윤리나 의무란 축구 선수로서 내가 지녀야 할 윤리나 의무와 다르지 않다." 좋은 팀의 선수들은 플레이가 창조적이고 동료에게는 헌신적이며, 그 정신은 고결함으로 가득 차 있다. 축구의 고결함은 평범한 영혼을 위대한 사람으로 훈육시킨다. 축구는 가난한 소년을 장관이 되게 하고, 이발사의 아들을 귀족 작위를 받게 하고, 평범한 청년을 작가로 성장시켰다.

축구는 신을 잃어버린 20세기 인류가 창안해 낸 새로운 종교다. 유럽에서 전파한 축구라는 복음은 아프리카, 아시아, 남미에 이르기까지 전 세계에 퍼졌다. 축구장은 성전(聖殿)이며, 경기를 관전하러 오는 관중은 이 성전에 예배를 드리러 오는 것이다. 축구 팬들은 한결같이 열혈이다. 스물두 명의 선수들과 심판들이 경기장으로 들어서는 순간부터 선수와 관중은 심장 박동이 빨라진다. 관중이 몽롱한 표정으로 몰입할 때 그것은 종교적 황홀경과 다르지 않다. 승자와 패자의 운명은 극적으로 엇갈린다. 승자는 말로 다할 수 없는 행복감과 더불어 자신의 존재감을 증명해 냈다는 사실에서 뿌듯함을 느낀다. 축구장에서는 오로지 꿈으로만 존재하던 것들이 현실이 되고 예측할 수 없는 기적은 자주 일어난다. 축구는 삶이 그렇듯 놀라운 기적이다.

함께 읽으면 좋은 책들

김훈, 『공 차는 아이들』, 생각의나무, 2006

닉 혼비, 『피버 비치』, 이나경 옮김, 문학사상사, 2005

크리스토프 바우젠바인, 『축구란 무엇인가』, 김태희 옮김, 민음인, 2010

프랭클린 포어, 『축구는 어떻게 세계를 지배했는가』, 안명희 옮김, 말글빛냄, 2005

문학, 쓸모없음의 쓸모

김현, 『한국 문학의 위상』

    좋은 문학은 오늘의 삶이 살 만한 가치가 있는가를 따져 묻고, 나쁜 문학은 아예 물음 따위를 은폐해 버린다. '오늘'이 허황된 수사학에 의해 가려졌다면 그 문학은 가치가 없다고 믿어도 좋다. 다만 '오늘'에 대한 이해는 간단하지 않다. '오늘'이라는 층위 안에서 지금-여기라는 뜻을 머금은 '현재'만이 아니라, '현재적 미래'와 '현재적 과거', '미래적 현재'가 동시적으로 삼투하며 '오늘'은 복잡한 양상을 띤다. 앞으로 있을지도 모를 교통사고에 대비해서 미리 자동차 보험을 드는 게 '현재적 미래'의 행위에 속한다면, 과거사 진상 위원회의 역사 바로 세우기 활동 따위로 이미 지나간 과거사 진실이 밝혀지며 현재의 규준을 바꾸는 데 영향을 미친다면 이는 '현재적 과거'의 행위에 속할 것이다. 문학은 바로 그 복잡한 양상을 띤 '오늘'에 반향(反響)하면서 그것을 가로지른다. 아울러 문학, 그 위대한 이야기들은 바로 그것, 우리를 자주 의문에 빠뜨리던, 과연 삶은 살 만한 것인가 하는 물음들 앞에 서게 한다. 우리를 움직이는 것은 이런 형이상학적 의문들이다. 문학이라는 상징의 숲에서 숨은 진실-진리를 찾으라고 문학은 말한다. 말할 것도 없이 문학이라는 손가락이 가리키는 달은 곧 '진실-진리'다. 사람이 따르고 가야 할 길의 척도가 되는 것이 바로 그 진실-진리다. 우리가 굳이 문학의 숲에서 길을 찾는 까닭도 분명하다. 문학이 사람과 사회에 대해 내적 성찰의 기능을 갖고 있고, 궁극적으로 삶의 총체적 진실-진리를 추구하기 때문이다.

아울러 문학은 타인의 체험을 엿봄으로써 체험하지 않고도 그것을 우리 것으로 만들 수 있게 한다. 다시 말해 문학은 사람을 경험적 현실의 매임에서 벗어나 보다 자유롭게 만든다. 따라서 좋은 작품을 읽는 것은 타자적 진실의 지평에 이르게 함으로써 삶의 가능성과 다양성을 넓힌다. 결국 문학은 사람의 의식을 바꾸고 마침내 사회를 사람이 살 만한 곳으로 바꾼다. 사람 그 자체가 사회 활동의 총체라면 사람이 바뀜으로써 사회가 바뀐다는 것은 당연한 일이다. 한 평론가는 문학의 효용성을 그 써먹지 못함에서 찾아낸다. "문학은 유용한 것이 아니기 때문에 인간을 억압하지 않는다. 억압하지 않는 문학은 억압하는 모든 것이 인간에게 부정적으로 작용하는 것을 보여 준다. 인간은 문학을 통하여 억압하는 것과 억압당하는 것의 정체를 파악하고, 그 부정적 힘을 인지한다. 그 부정적 힘의 인식은 인간으로 하여금 세계를 개조하지 않으면 안 된다는 당위성을 느끼게 한다. 한 편의 아름다운 시는 그것을 향유하는 자에게 그것을 향유하지 못하는 자에 대한 부끄러움을, 한 편의 침통한 시는 그것을 읽는 자에게 인간을 억압하고 불행하게 만드는 것에 대한 자각을 불러일으킨다. 이른바 감동이라는 말로 우리가 간략하게 요약하고 있는 심리적 반응이다. 감동이나 혼의 울림은 한 인간이 대상을 자기의 온몸으로 직관적으로 파악하는 행위다. 인간은 문학을 통해, 그것에서 얻은 감동을 통해, 자기와 다른 형태의 인간의 기쁨과 슬픔과 고통을 확인하고 그것이 자기의 것일 수도 있다는 것을 느낀다. 문학은 억압하지 않으므로, 그 원초적 느낌의 단계는 감각적 쾌락을 동반한다. 그 쾌락은 반성을 통해 인간의 총체적 파악에 이른다."(김현, 「문학은 무엇을 할 수 있는가」, 『한국 문학의 위상』)

문학은 권력으로 나아가는 지름길도 아니요, 출세의 방편도 아니다. 더구나 가난한 자의 주린 배를 채워 주지도 못하고, 폭력에 노출된 약자의 방패막이도 되지 못한다. 문학은 써먹을 수 없는 것인데, 역설적으로 그 써먹지 못함을 써먹는다. 문학은 억압하지 않으므로 사람을 억압하는 것들의 부정적 힘을 드러낸다. 그 부정적인 힘의 실체를 드러냄으로써 세계가 바뀌어야 한다는 당위에 대한 인식에 이르게 한다. 문학은 그것을 논리로써 보여 주는 것이 아니라 '감동이나 혼의 울림'으로 보여 준다. 즐거움 속에서 그런 인식이 마음에 젖고 스며들도록 해서 "자기와 다른 형태의 인간의 기쁨과 슬픔과 고통을 확인하고 그것이 자기의 것일 수도 있다는 것"을 알게 한다. 이렇듯 타자에 대한 인식의 지평을 넓힘으로써 나와 타자가 실은 같은 존재라는 깨달음에 이르게 한다. 문학은 우리를 윤리적으로 계도하는 대신에 마음에 감동을 심어 줌으로써 우리를 스스로 윤리적인 사람으로 거듭나게 한다는 것이다. 이것이 문학의 힘이다.

고유 명사가 아니라 보통 명사로 비평가 '김현'을 이 자리에 호명한다. 김현(본명 김광남, 1942~1990)은 '문지 에콜'의 창업자, 후학 비평가들의 멘토로 살다 이른 나이에 세상을 버렸다. 그를 이 자리에 호명한 것은 그가 이미 비평의 거장이라는 점으로도 충분하기 때문이다. 아울러 '김현'이란 이름보다 더 한국 문학의 '뜨거운 상징'을 감당할 만한 이름을 찾기 힘든 까닭이다. 김현이 펼친 비평–이론–문학사의 핵심은 '당대적 맥락'에서 사유하기다. "새로운 것, 외국의 것을 우리 문학의 속성"(김현, 「한 외국 문학도의 고백」, 『상상력과 인간／시인을 찾아서』)과 동일한 것으로 오해했다는 그의 차가운 고백은 자기 한계에 대한 뜨거운 고해 성사일 터다. 김현 비평의 지도에 남겨진 사유의 여정은 사르트르·바슐라르·골드만 등을 거쳐서 프랑크푸르트 학파와 문학 사회학에 대한 급작스러운 관심에 이어 푸코와 지라르의 욕망 이론에 이르는 궤적을 그린다. 이 궤적은 분석적 해체주의자 비평가로 일생을 보낸 그가 '외국' 문학에서 한국 '문학'으로 귀환하는 여정을 고스란히 드러낸다. 그가 그 귀환에 성공하며 문학 보고서로 제출한 것이 『한국 문학의 위상』이다. 얇지만 문학의 내공이 충실한 이 책은 우리 문학에 대한 도저한 자긍심으로 넘쳐난다. 마침내 김현은 1984년 무렵에는 '외국' 문학과 한국 '문학'의 경계 없음에 이르렀다고 고백하는데, 이는 비평 행위를 '외국'을 레퍼런스함으로써 시작한 그의 내면에 숙변처럼 달라붙어 있던 문학적 딜레마를 털어 냈다는 선언이기도 하다.

김현이 민음사에서 펴낸 '오늘의 시인총서'나 문학과지성사에서 펴낸 '문학과지성 시인선'의 최초 기획자라는 점은 그다지 알려져 있지 않은 사실이다. '오늘의 시인총서'는 시집은 안 팔린다는 출판계의 그릇된 인식을 바꿔 놓고 시의 문화적 외연을 확장하며 시가 문화의 전위에 설 수 있음을 보여 주었다. '오늘의 시인총서'는 날렵한 판형, 값싼 보급판 장정, 파격적인 시인 선정, 날카로운 해설 등으로 시 독자의 평균 연령층을 낮추는 데 기여했다. 김현은 4·19세대의 정신사적 궤적을 가장 잘 보여 주는 비평가다. "내 육체적 나이는 늙었지만, 내 정신의 나이는 언제나 1960년의 18세에 멈춰 있었다. 나는 거의 언제나 4·19세대로서 사유하고 분석하고 해석한다. 내 나이는 1960년 이후 한 살도 더 먹지 않았다. 그것은 씁쓸한 인식이지만 즐거운 인식이기도 하다."(김현, 『분석과 해석』)라는 고백도 있거니와 열아홉 살 때 4·19 혁명을 겪으며 제 안에서 싹튼 자유 의지와 합리적 시민 의식은 그의 사유와 분석과 해석이라는 잎과 열매를 낳는 씨앗이 되었다. 그는 '순수'와 '참여'라는 가짜 대립을 넘어서서, 독자적으로 비평의 제국을 일군, 한국 문학이 낳은 거장 비평가다. 김현에게 와서 비평은 비로소 창작에 업혀 가는 비평이 아니라 저 스스로를 의미화하며 제가 서야 할 영토를 만들었다. 그 사유의 유연함과 역동성, 한국 문학을 종횡으로 가로지른 부지런함, 독자적인 스타일, 감각적 깊이 등으로 비평도 문학 장르의 황홀경에 도달할 수 있음을 보여 주었다. 김현은 대체가 불가능한, 유일한 비평가다.

김현 비평은 직물 짜기에 견줄 수 있다. 텍스트와 제 체험과 상상력을 날줄과 씨줄로 엮어 비평이라는 아름다운 피륙을 짜 내는 것이다. 김현 비평은 거칠게 자르고 찢어 재단하고 양을 계측하는 비평이 아니라 텍스트를 감싸고 그 안으로 스며 주-객이 함께 공감을 일구는 비평이다. 얼마나 많은 시가 김현 비평의 따뜻한 감싸기를 통해 감각의 깊이를 얻고 풍요해졌던가! 그는 거친 문장과 거친 사유를 미워했다. 그 '거칢'이 대개는 폭력으로 변질되기 쉬운 속성임을 꿰뚫어 보았기 때문이다. 그는 통속과 폭력과 문학을 유용한 도구로 바꾸려는 조급함을 미워하고, 작품의 결을 따라가는 섬세함과 "모호하고도 생생한 우글거림"을 있는 그대로 끌어안는 사유의 유연함을 사랑했다.

"문학은 써먹을 수 없기 때문에 오히려 유용하다."라는 유명한 에피그램을 남긴 김현이 육체의 집을 허물고 돌아간 지 20여 년, 그는 이미 비평계의 신화다. 그의 빈자리는 날이 갈수록 더욱 큰 공동(空洞·恐動)으로 느껴진다. 그토록 많은 시의 공방(工房)에서 하루도 망치 소리가 끊일 날이 없음에도 한국 시가 침체된 것처럼 보이는 것은 시를 보는 밝은 눈을 가진 김현 같은 이가 없기 때문이다. 시의 공방들은 늘지만 공방 작품들을 꼼꼼하게 따져 보고 품평해 줄 명장(明匠)이 없는 것이다. 그래서 한국 시와 비평은 활기를 잃고 깊은 침체에 빠져 마치 폐업한 상가같이 적막해 보인다. 생전의 김현은 문학교도(文學敎徒)였다. 김현은 모든 것이 문학에 의해서만 해석될 수 있고, 문학으로 해석될 수 없는 것은 해석할 가치가 없는 것이라는 믿음을 가졌다. 그는 제 시간과 노고를 그 문학의 성전에 바쳤다. 그 존재 자체가 문학의 육화(肉化)였던 사람! 그리하여 김현이 생전에 설계하고 지은 비평집들은 우리 문학을 감싸는 외연(外延)으로 오늘의 비평이 제물을 바치고 향을 피워 흠향해야 할 성전이 되었다. 아울러 그 성전은 바깥으로 열려 있고 속으로 깊어지며 한국 문학의 내면(內面)으로 건재하다. 김현은 한국 문학 비평이 낳은 성자(聖者)다. 그는 바슐라르가 그랬던 것처럼 하루도 빠지지 않고 "오늘도 내게 일용할 문학을 주소서."라고 기도했다. 나는 날마다 책을 쌓아 놓고 읽으며 날마다 책상 위에 엎드려 뭔가를 끼적인다. 그렇다면 나는 확실히 김현의 뒤를 따르고자 하는 문학교도다.

함께 읽으면 좋은 책들

김현, 『말들의 풍경』, 문학과지성사, 1992

김현, 『분석과 해석 / 보이는 심연과 안 보이는 역사 전망』, 문학과지성사, 2003

김현, 『상상력과 인간 / 시인을 찾아서』, 문학과지성사, 1991

김현, 『한국 문학의 위상 / 문학 사회학』, 문학과지성사, 1999

서동욱, 『익명의 밤』, 민음사, 2010

신형철, 『몰락의 에티카』, 문학동네, 2008

걷는 자가 아니라
멈춘 자가 피로하다

김훈, 『칼의 노래』

피로는 욕구의 지연(遲延) 속에서 가장 자주 겪는 존재론적인 사건이다. 자주 겪는 일이어서 사람들은 피로를 대수롭지 않게 여긴다. 왜 안 그렇겠는가! "피로는 불행 가운데 가장 대수롭지 않은 불행이며, 중립 가운데 중립이다. 그것은 우리가 선택할 수 있다면 아무도 허영으로 선택하지 않은 경험이다."(모리스 블랑쇼, 『무한한 대담』, 롤랑 바르트, 『중립』에서 재인용) 아울러 피로에 대한 일반적인 오해는 그것이 육체와 근육을 혹사해서 생긴다는 생각이다. 사실 피로는 육체의 문제가 아니라 존재의 문제, 더 정확하게는 도덕의 층위에서 일어나는 딜레마의 문제다. 피로는 열 없는 불꽃, 뜨거움을 잃어버린 불꽃이다. 피로는 지속하지 않는 지속이고, 죽지 않는 죽음이다. 따라서 피로는 임상학적으로 살아 있는 존재에 스미는 작은 죽음으로 다루어야 마땅하다. 심리와 동기의 고갈에서 생기는 세계와 불화하는 욕구의 한 형대, 혹은 존재 내부의 가능성을 초과하는 '더 많이 살고자 함'에서 비롯하는 죽음들! 욕구는 한계가 없지만 시간에는 한계가 있기 때문이다. 피로는 시간의 저항, 지연, 방해 때문에 생기는 자기 파괴의 부정적 에너지다. '더 많이 살고자 함'은 한계에 부닥치는 순간 그 욕구-주체를 찌르는 에너지로 바뀐다. 피로는 잘-있음(bien-être)이 아니다. 그렇다고 잘못-있음이라고 말할 수도 없다. 허나 피로가 우주적 향유에 대한 의심이고, 잘-있음에서의 이탈 징후인 것은 틀림없다. 피로는 외과적 증상이 아니라 정신 신경과적 증상이고, 그것의 가능태는 더 작게 존재-하기, 웅크리기, 소금 기둥-되기다. 그렇기 때문에 피로에 빠진 자는 사회와 담을 쌓고 소통하기를 그친다. 자꾸 제 존재를 세계의 저 바깥쪽으로 밀고 나간다. 사르트르의 유명한 단편 「구토」에서 주인공 로캉탱이 바로 그런 존재다. 로캉탱은 항구 도시에서 한 귀족의 전기를 쓰는 일에 몰두한다. 그의 일상이란 단조롭기 짝이 없다. 일기 쓰기, 사념, 그다지 중요하지 않은 사람들과의 관계 맺기, 카페·도서관·박물관 따위에서 어슬렁대기가 그의 일상의 전부다. 그의 구토는 이 세계에 가득 차 있는 속물들의 진부함에 대한 거부다. 더 정확하게 말하자면 그것은 속물들의 진부함을 견디는 데서 생겨난 피로의 징후다. 마침내 로캉탱은 그 속물들의 세계와 결별한다. "나는 돌아다봤다. 작은 그림의 성당 속의 한없이 고운 백합이여, 안녕, 우리의 자존심이여, 우리의 존재 이유여, 안녕, '더러운 새끼들'이여 안녕."(사르트르, 「구토」)

피로에 대해 말하는 소설을 살펴보자. 김훈의 장편 소설 『칼의 노래』다. 이 소설을 처음 읽었을 때 이것은 '이순신' 이야기가 아니라 '김훈' 이야기구나 했다. '이순신'은 박물관의 유물이고, '김훈'은 살아 있는 욕망의 현재다. 역사 인물 '이순신'은 항상적으로 자연에 속하는 '김훈'의 대리인이다. 나는 『칼의 노래』를 과거-유물에 내장된 소멸되지 않은 증거에 기대어 현재-삶의 욕망함이 품은 발랄함의 뜻 없음과 지리멸렬함을 적시하는 소설로 읽는다. 약육강식의 질서에 포획된 몸의, 앞으로 나아갈 수도 뒤로 물러설 수도 없는 욕망함의, 진퇴양난에 대한 이야기로 읽는다. 그 욕망함의 윤리성에 대해 묻는 기표가 바로 피로다. "바다에서 나는 늘 식은땀을 흘리며 기진맥진했다", "다시 거꾸로 흐르는 북서 밀물 위에서 나는 몹시 피곤했다", "동틀 무렵에 코피를 쏟았다. 뒷골이 당기면서 더운 피가 쏟아졌다", "군법을 집행하던 날 저녁에는 흔히 코피가 터졌다. 보고서 쪽으로 머리를 숙일 때, 뜨거운 코피가 왈칵 쏟아져 서류를 적셨다"와 같이 주르룩 쏟아지는 문장들에서 피로는 몸과 욕망함 사이에서 진자 운동을 하며 그 실재를 뿜어낸다. 몸은 감당할 수 없는 것, 즉 『칼의 노래』에서는 국가라는 포획 장치에 맞닥뜨리면서 그 피로함을 드러내는데, 이때 한계의 징후로 출현하는 피로는 몸이 이 세계와 자아 사이를 가로지르는 경계이자 틈이라는 것, 크고 작은 욕망들이 솟구치고 가라앉는 장소라는 것, 그리고 세계에 대해 항상적으로 실패하고 좌초하는 것임을 말한다. 롤랑 바르트가 말했듯이 피로는 정신적 체감이요, 육체 속에 살 수 있는 무한성이다. 김훈은 피로와 그것의 윤리에 대한 물음에 맞설 때 발랄해진다. 피로가 개별자에게 회수된 개별성을 되돌려 주는 매질(媒質)이고, 세계와의 연결 고리가 느슨한 자아가 나아가는 대의에 대한 태만의 궤적임을 증언할 때 김훈의 상상 세계는 생동한다.

김훈은 이념을 믿지 않고, 굳센 신념을 회의하는 사람이다. 믿는 것은 몸의 헐떡거림이요, 기대는 것은 자연의 어김없는 순환성이다. 둘 다 사람을 피와 살을 가진 본래적 개별자로 되돌려 놓는 까닭이다. 김훈은 제 소설의 공간으로 이념과 신념에 의해 날조되는 인물이 아니라 그 자체로 자연인 개별자를 초대하고, 무른 살과 느슨한 신념들이 어떻게 단단한 세계와 이념에 부딪쳐 깨지고 땀과 피를 흘리며 무너져 내리는가를 차갑게 따라간다. 그때 김훈은 유물론자로 생각하고 움직이는 것이다. 더 정확하게 말하자. 이념의 목적론은 의식을 도식으로 재단하고, 회의하지 않는 신념은 이성을 물화(物化)로 몰아간다. 김훈은 강고한 이념의 옥죔을 생래적으로 싫어하고, 굳은 신념으로 분출하는 당파성을 혐오한다. 둘 다 사람을 피와 살이 없는 이념-기계나 신념-기계로 환원하는 까닭이다. 그가 이념보다는 밥에, 신념보다는 똥과 오줌에 더 이끌리는 것은 이념과 신념은 헛것이고, 밥과 똥과 오줌은 실상이기 때문이다. 김훈의 소설은 밥이 개별자의 입으로 들어오기까지의 긴 도정을 따라가고, 그 어려움에 밥이 몸에서 소화되어 똥과 오줌으로 나오기까지의 어려움을 겹쳐 낸다. 소설가는 그 겹침 위에서 삶은 살 만한 것인가라고 우리에게 끈질기게 묻는다. 그 물음에 대한 진지함과 끈질김 속에서 김훈의 웰메이드 서사가 탄생한다. 피로 때문에 대의를 살아 내지 못하고 무너지는 몸의 허무와 지리멸렬함을 명석하게 그린 『칼의 노래』가 한 잡지의 설문 조사에서 지난 10년간 나온 소설 중 상품(上品)으로 지목된 것은 어쩌면 당연한 사건이다. 이 소설은 언어와 삶 사이의 고투에서 거둔 전리품이다. 소설의 근골은 균형 잡혀 있고, 근골을 감싼 문장은 명석하다. 아울러 그 명석함이 운반하는 사유가 품은 핍진성은 충분히 납득할 만하다.

피로는 과도함에서 출현한다는 점에서 권태와 유사하다. '너무 많이 존재함'에서 생기는 권태는 증상도 모호하고 그 모호함 때문에 의사는 어떤 처방전도 낼 수가 없다. 권태를 방치한다고 해서 증후가 나빠져서 죽음에 이르는 경우는 일어나지 않는다. 피로 때문에 괴롭기는 하겠지만 죽는 사람은 없는 것과 마찬가지다. 권태는 바로 그 피로의 질료다. 따라서 피로와 권태는 원인은 다르지만 증후는 매우 닮아 있다. 권태가 그렇다면 피로 역시 문명화된 세계에서 자주 발견하는 문화 인류학적인 질병으로 분류할 수 있는 그 무엇이다. 에마뉘엘 레비나스는 이렇게 쓴다. "피로, 특히 우리가 경솔하게 신체적이라 일컫는 피로 같은 것도 우선은 어떤 경직, 어떤 둔감해지는 마비, 어떤 식의 오그라듦으로 나타난다. …… 피로에서 오는 마비는 매우 특징적이다. 그 특징이란 존재가 결부되어 있는 것에 대한 그 존재의 추구의 불가능함, 계속적으로 커 나가는 괴리다. 이는 마치 쥐고 있는 것을 조금씩 놓아 버리는 그런 손과 같다. 피로는 느슨해짐의 원인이라기보다는 느슨해짐 그 자체다. 피로는 이런 것이다. 피로하게 들어 올리던 짐을 놓아 버리는 손 안에 피로가 진을 치고 있을 뿐 아니라, 느슨하게 빠져나가 버리는 것을 부여잡는 손 안에도 피로가 있는 한 말이다. 그리고 심지어 잡고 있던 것을 이미 포기하고서도 여전히 그것 때문에 (긴장하여) 손이 발작적으로 수축되어 있는 그런 상태일 때조차 마찬가지다. 그야말로 수고와 노동 속에만 피로가 있다. 권태에서 오는 부드러운 나른함이 있다는 것은 틀림없지만, 그 나른함은 이미 잠이다. 잠 속에서 행위는 피로 자체로부터 벗어난다. 우리는 후에 존재가 그 자신에 대해 가지는 이 괴리에 대해서 확실하게 다룰 것이다. 우리가 피로의 주된 특성으로 내세우는 이 괴리는 의식의 출현을, 즉 잠과 무의식을 통해서 존재를 '중지시키는' 힘의 출현을 구성한다."(에마뉘엘 레비나스, 『존재에서 존재자로』)

피로 때문에 늙지는 않는다. 피로는 나이-먹기에 따른 필연적 현상이 아니라 몽상의 고갈이기 때문이다. 그러나 일반적으로 어린아이는 피로를 모른다. 어린아이는 피로를 인지할 수 있는 지각이 없어서다. 어린아이들은 차라리 무지몽매하다. 피로는 어른들만 겪는 문명의 질병이다. 니체는 말한다. "아이는 순진무구함이고, 망각이며, 새로운 출발, 놀이, 스

179

스로 도는 수레바퀴, 최초의 움직임이며, 성스러운 긍정이 아니던가."(프리드리히 니체, 『짜라투스트라는 이렇게 말했다』) 어린아이의 무지몽매함은 천품에서 벗어나지 않았다는 증거다. 어린아이는 자연의 소박함에 머물기 때문에 피곤할 일이 없다. 동양의 철학자들은 그 사실을 오래전에 꿰뚫어 보았다. 장자는 "아이는 종일 울어도 목이 쉬지 않는다. 화평이 지극하기 때문이다."(「경상초」, 『장자』)라고 말했다. 노자도 똑같이 얘기한다. "덕을 두터이 지니고 있는 사람은 벌거숭이 아기 같아서 독 있는 벌레도 물지 않고 사나운 짐승도 덤비지 않고 사나운 새도 채가지 않는다. 뼈도 약하고 힘줄도 부드럽지만 움켜쥐는 힘이 단단하고 아직 남녀의 교합을 모르면서 자지가 발끈하고 서는 것은 정기의 지극함이요, 종일토록 울어도 목이 쉬지 않는 것은 조화의 지극함이다. 조화를 아는 것을 일컬어 참이라 하고 참을 아는 것을 일컬어 깨달음이라 한다. 살려고 애쓰는 것을 일컬어 재앙이라 하고 마음이 기를 부리는 것을 일컬어 강(强)이라 한다. 사물이 강장(强壯)하면 늙어지니 이것을 일컬어 도가 아니라 한다."(『도덕경』 제55장) 어린아이가 종일 울어도 목이 쉬지 않는 것은 유약하기 때문이다. 그들은 강장을 도무지 모른다. 강장이란 무엇인가? 그것은 항상 과도함, 즉 '너무 많이 존재함'이 아니던가? 강장을 추구하면 필연적으로 늙는다. 늙어지면 피로를 피할 수가 없다. 피로 때문에 늙는 것이 아니라 늙기 때문에 피로한 것이다.

때로 스포츠는 무수한 피로를 딛고 도약과 비상의 기적에 도달한다. 2010년 밴쿠버에서 열린 동계 올림픽 때 피겨 스케이팅에서 피겨의 여제로 등극한 김연아는 우리에게 도약과 비상의 기적이 무엇인지를 보여 주었다. 그 도약에는 어떤 피로의 그림자도 없었다. 김연아는 힘과 속도와 아름다움의 조화, 피겨 종목의 진화, 새롭게 쓰는 피겨의 역사 속에서 도약과 비상을 힘차게 보여 주었다. 김연아의 도약에서 보는 것은 피로가 아니라 "유리구슬, 버드나무, 물방울, 미루나무, 바람에 휘어지는 분수, 땅을 디디고 선 춤추는 나무"(옥타비오 파스, 『태양의 돌』)다. 바람에 휘어지는 분수, 바람에 춤추는 나무, 바람을 타고 활강하는 새들. 누구나 공중에 제 삶을 의탁하는 자는 바람의 총아다! 조지 거슈윈의 「피아노 협주곡」 다장조가 흐르는 4분 동안 얼음 소녀는 빙판 위에서 제비처럼 선회하고, 선율에 맞춰 종달새처럼 솟구치고, 독수리처럼 늠름하게 활강한다. 공간을 가득 채운 팽팽한 긴장을 즐기며 얼음 위를 스쳐 가는 얼음 소녀는 민첩하고, 섬세하고, 우아했다. 도약은 높이 이루어졌고 회전은 우아하면서도 빨랐다. 공중으로 도약할 때 그동안의 수고와 피로들이 금분(金粉)처럼 반짝이며 빙판 위로 떨어진다.

분수(噴水)도 아닌데 분수처럼 공중으로 솟구쳐 올라 물의 날개를 활짝 펼쳤고, 날개를 가진 새도 아닌데 공중에서 오래 떠 갔다. 중력의 영(靈)들도 넋이 빠져 잠시 제 할 일을 잊은 듯 공중으로 도약한 소녀를 땅위로 내려놓을 줄 몰랐다. 트리플 플립, 더블 악셀, 더블 토 루프, 플라잉 콤비네이션, 스파이럴 시퀀스, 트리플 살코, 트리플 러츠, 플라잉 싯 스핀……. 이런 것들을 몰라도 김연아는 우리에게 도약의 아름다움이 무엇인지를, 그리고 아름다움이란 "우리가 겨우 견딜 수 있는 무서움의 시작"(라이너 마리아 릴케)임을 실연(實演)으로 보여 주었다. 고요와 별, 무지개, 태초의 바다, 피어나는 모든 꽃들, 뭇 생명들이 탄생하는 찰나들, 약동하는 우주! 그 앞에서 약하고 가난한 것들을 슬프게 하는 울부짖음과 으르렁거림, 악과 메마름, 비열과 기만과 술수들은 아름다움 앞에서 다 작아지고 숨을 죽인다. 오오, 아름다움이란 그런 것. 모든 뒤뜰과 정원의 꽃들은 피어나고, 지층을 덮은 광대한 바다의 파도는 솟구쳐 오른다. 숲속에 숨은 옹달샘에서는 맑은 물들이 펑펑 솟고, 꿀을 모으는 양봉 통마다 꿀들은 가득 차오른다.

걷는 자가 피로한 것이 아니라 걷기를 멈춘 자가 피로한 법이다. 피로해서 멈춘 것이 아니다. 피로는 멈춘 자의 어깨 위로 날개를 접고 내려앉는다. 쉬지 않고 걸어가는 자, 달리는 자, 공중으로 도약하는 자는 피로를 모른다. 피로는 걷다가 쉬는 자, 달리다가 멈춘 자, 날다가 떨어진 자의 육체와 근육을 덮친다. 피로는 존재를 집어삼킨다. 마찬가지로 일하는 자도 피로를 모른다. 일하는 동안에는 피로할 틈이 없다. 항상 피로는 수고와 보람 사이를 파고든다. 피로는 일하지 않는 자, 수고함에서 면제된 자, 한가롭게 노는 자에게 덮친다. 왜냐하면 그들은 수고와 보람 사이를 한껏 넓혀 놓고 그사이에 제 존재를 부려 놓기 때문이다.

피로한 자는 존재론적인 층위에서 함량의 빈곤을 느끼며 잘-먹고 잘-삶에서 이탈한다. 잘-삶은 '나'라는 개별자 속으로 세계를 끌어당겨 능동화하는 것, 혹은 저를 둘러싼 세계를 '나'에게로 동화시키는 것이다. 피로한 자는 그 잘-삶에서 스스로를 피동화하는 것이다. 그리하여 피로는 그 자체로 고갈된 존재의 희미한 자기 증명이다. 중요한 것은 피로에서 대지적 휴식에의 갈망이 싹튼다는 사실이다. 이때 싹은 어머니인 대지에서 돋아나는 푸른 불꽃이자 하늘로 머리를 향한다는 점에서 뿌리를 내린 새라고 할 수 있다. "바람이 분다, 다시 살아봐야겠다."(폴 발레리, 「해변의 묘지」)라는 구절은 그 싹들의 속삭임이다. 휴식은 고갈을 딛고 다시 살아야겠다는 의지를 키운다. 우리 내면에 저 삶을 갈망하는 싹들이 가득 돋아나는 것이다.

피로한 자는 열정을 잃은 뒤 서서히 소금 기둥으로 변신한다. 그 존재의 경화(硬化)! 피로는 솟구쳐 오르다가 추락함이고, 잘-있음의 흩어짐이고, 한계에로의 개종이다. 솟구쳐 오름이 영혼의 만개라면, 추락과 흩어짐은 존재-갱신의 그침이고, 좌절과 분할 속에서 겪는 최소화된 삶이다. 피로한 자는 누구나 하나의 중심에서 이탈하여 천 개로 분산한다. 어쩌면 피로는 분산에 따른 불가피한 결과다. 피로를 극복하는 일은 피로와 싸우지 않는 것이다. 어린아이의 지혜를 참고할 일이다. 어린아이들은 자연 자체. 그들은 과도함을 추구하지 않으므로 낭비가 없고 낭비가 없는 까닭에 피로의 외연(外延)도 생기지 않는다. 그들은 공중으로 솟구치기 위해 뼛속을 비우는 종달새같이 최소화된 삶에서 충족을 찾는다. 논리와 이성에 매이지 마라. 규모를 키우려는 욕망을 버려라. 차라리 작게 살라. 오로지 뿌리로 돌아가라. 더 많이. 피로를 물리치려 하지 말고 그것을 타고 나가라. 바람이 물결을 타듯이. 자연스럽게. 걷고, 뛰고, 날아라!

함께 읽으면 좋은 책들

김훈, 『칼의 노래』, 생각의나무, 2001

롤랑 바르트, 『중립』, 김웅권 옮김, 동문선, 2004

에마뉘엘 레비나스, 『존재에서 존재자로』, 서동욱 옮김, 민음사, 2003

장 폴 사르트르, 『구토』, 방곤 옮김, 문예출판사, 1999

강남 좌파

베르나르 앙리 레비, 『그럼에도 나는 좌파다』

'좌파'의 스펙트럼은 넓다. 좌파의 몸에 새겨진 바코드를 읽으면 우선 그 이력과 전력의 다양함에 놀라게 된다. 골수 종북(從北) 좌파에서 강남 좌파까지, 진보 좌파에서 대안 좌파까지, 우울한 좌파에서 감상적 좌파까지, 급진적인 노동 운동가 전력의 좌파에서 뉴에이지 방랑자 전력의 좌파까지, 에코페미니스트에서 근본적인 생태주의자까지. 이들 '좌파'가 늘 옳은 것은 아니다. 더 끔찍한 것은 폐쇄적인 자민족 중심주의나 인종주의, 전체주의 망령 따위가 반제국주의나 반자본주의와 손을 잡고 '좌파'라는 외피를 뒤집어쓰고 나타날 때다. 과연 '좌파란 무엇일까, 좌파의 유적 특성은 무엇일까'라는 물음이 나의 내면에 떠오른 것은 프랑스 신철학의 기수로 떠오르던 베르나르 앙리 레비의 책『그럼에도 나는 좌파다』를 읽은 직후다. 우연히 읽고 오랫동안 뇌리에 남아 있던 "누구나 정치적인 측면에서 보면 샤워는 좌파에 속하고, 목욕은 우파에 속하는 것이라는 것을 확실히 이해할 것이다."(미셸 투르니에, 『상상력을 자극하는 110가지 개념』)라는 재치 넘치는 문구, 그리고 앙리 레비의 책을 읽지 않았다면 그런 물음은 생겨나지 않았을 터고, 이 글도 쓰지 않았을 것이다. 『인간의 얼굴을 한 야만』 이후 참으로 오랜만에 『사르트르 평전』을 읽고, 그 다음에 소설가 미셸 우엘벡과 함께 내놓은 『공공의 적들』에 이어 『그럼에도 나는 좌파다』까지 잇달아 읽게 되었다. 이 책들에서 앙리 레비는 줄곧 자신이 좌파라는 사실을 강조하는데, 그가 프랑스 지식인 사회에서 우아하게도 '캐비어 좌파(우리 식으로는 강남 좌파다. 독일식 표현으로는 토스카나 프락치온(Toscana Fraktion)이라고 한다. 부자이면서 프롤레타리아 편에 선다는 자들을 비꼬는 표현이다.)'라고 불린다는 사실이 내 흥미를 자극했다.

'좌파(Left)'라는 용어의 생산지는 프랑스이고, 말 그대로 '왼쪽'이라는 방향을 지시하는 명사에서 파생되어 나왔다. 그 말이 처음 생겨날 때의 정황에 대해 한 책은 이렇게 설명한다. "'좌파(Left)'와 '우파(Right)'라는 어휘는 프랑스 혁명이라는 급진적 민주주의의 환경에서 생겨났다. 프랑스 제헌 의회가 1789~1791년에 국왕에게 남겨진 권한과 국왕의 거부권 문제를 놓고 분열되었을 때, 급진파는 의장 자리에서 볼 때 의회 왼쪽에 자리 잡고 오른쪽에 자리 잡은 보수파와 마주보았다. 이런 자리 배치가 뚜렷해지면서 '왼쪽', 즉 '좌파'는 국왕 거부권 폐지, 단원제 입법부, 임명이 아닌 선출에 의한 사법부 구성, 권력 분립 및 강력한 행정부가 아닌 입법부의 우위, 그리고 (무엇보다도 가장 중요한 것으로) 1인 1표의 민주적 참정권 등을 채택하는 강력한 민주주의 입장과 동일시되었다. 자코뱅 독재가 급진화의 절정에 달한 1793~1794년에 직업적인 상비군에 대립되는 민병내, 교권 반대, 누진세 등을 비롯한 추가적인 항목이 여기에 덧붙여졌다. 이와 같은 일련의 민주적 제안들이 프랑스 혁명 이후에도 살아남아 19세기 정치적 풍경의 대부분을 지배했던 것처럼, '좌파'와 '우파'라는 용어도 유럽의 일반적인 어법으로 자리 잡았다."(제프 일리, 『The left』) 당신의 자리는 '왼쪽'인가, 아니면 '오른쪽'인가.

한국 사회에서 좌파라고 분류할 수 있는 기준은 네 가지다. 첫째, 붉은색을 보면 가슴이 뛰고 흥분이 된다. 붉은색은 좌파의 표상이다. 그러니까 붉은색에 아무 이유 없이 끌리는 사람은 생래적 좌파다. 둘째, 막무가내 현실 불만자들. 이들은 가난, 실직, 불경기, 기후 변화, 이 모든 것에 대해 자기는 아무 책임이 없다고 생각한다. 모든 잘못은 외부에 있다. 어딘가 어긋난 외부만 제대로 된다면 세상은 정의로울 것이고, 가난이나 실직 따위는 간단하게 해결될 것이다. 그런 까닭에 이들은 습관적으로 세상이 뒤집어져야 한다고 말한다. 셋째, 반미주의자들, 즉 미국을 세계 악의 기축이라고 믿는 사람들은 대개 좌파다. 넷째, 북한 권력자들의 기이한 행태에 대해 관용적 태도를 취하는 것, 이를테면 북한이라는 국가나 그 권력 행태는 특수하며 그렇기 때문에 북한을 그들의 내재적 관점에서 봐야 한다고 말한다. 앙리 레비는 "자기 스스로를 타인과 그들의 비참함의 육체적 인질로 여기는데 동의한 인간"만이 좌파가 될 수 있다고 말한다. 달리 말하면 "인간은 타인의 입장에 서기 위해 융화도 감동도 없이 자기를 무너뜨릴 수 있는 유일한 동물"이기 때문에 좌파가 될 수 있다는 것이다. 이 기준을 들이댄다면 한국 사회에는 좌파의 직분을 수행하는 사람들은 있을지 모르지만 진정한 의미의 좌파는 없다. 가장 흔하게 발견되는 것은 좌파를 사칭하는 사람들, 두 번째로 흔한 것은 좌파라는 겉멋에 이끌린 사람들, 그 밖에 좌파 이념의 선동가, 전략가, 고고탐사학자들뿐이다. 내 판단에는 그렇다는 얘기다.

좌파는 가볍고 우파는 무겁다. 이때 가벼움은 경박함이고 무거움은 완고함이란 뜻이다. 그래서 좌파의 변신은 쉽지만(그 많은 전향자들!), 우파의 그것은 유전학적 형질이기 때문에 변신이 어렵다.(그 많은 '꼴통' 보수 반동주의자들!) 우리에게 가벼움과 무거움은 다 같이 필요하다. 먼저 가벼움에 대해. "우리에게는 가벼움이 필요하다. 가벼움은 세상의 균형에 없어서는 안 되는 것이다. 그것이 결핍될 때 땅은 하늘을 잃고, 밤은 낮을, 어둠은 빛을, 깊이는 표면을 잃게 된다. 그렇게 되면 모든 것이 무겁고, 어둡고, 난해하고, 침울해진다. 그렇다, 가벼움이 있어야 한다. 자신이 되기 위해서는 자신에게서 해방되어야만 한다. 그렇지 않으면 우리는 자기 안에 빠져 옴짝달싹 못하게 된다. 바로 거기에 가벼움의 힘이 있다. 무거움과 단절할 줄 아는 힘이다."(베르트랑 베르줄리, 『무거움과 가벼움에 관한 철학』) 그다음 무거움에 대해. "세상에 빛을 솟아나게 하는 섬광 같은 무거움, 아름다운 무거움은 중력의 중심점을 닮았다. 그것은 균형점이다. 균형점은 전혀 슬프지 않은 근본적인 몸짓에서 온다. 사물에 적절한 무게를 부여하는 몸짓이다. 다시 말해, 일어나는 일을 판단함에서 중용을 지키는 태도를 말한다. 너무 적게도, 너무 많게도 치우치지 않는 태도다. 이것이야말로 공정함이라 불러 마땅하다."(베르트랑 베르줄리, 앞의 책) 우파의 역할을 하는 좌파와 좌파의 역할을 하는 우파들이 뒤섞여 있는 한국 사회는 가벼움과 무거움이 동시에 필요한 사회다. 문제는 언제나 어느 한쪽이 넘치도록 많다는 것이다. 중요한 것은 양의 균형인데 말이다.

좌파는 타인이 굶주렸을 때 울고, 우파는 오로지 자신이 굶주렸을 때만 운다. 좌파가 우는 것은 굶주리는 자에 대한 연민과 머지않아 자기도 굶주리고 죽을 것이란 두려움 때문이다. 우파가 우는 것은 굶주림이 주는 고통과 슬픔, 그리고 자기 연민 때문이다. 좌파는 인류를, 더 구체적으로는 인류가 누려야 할 평등과 자유, 생태 환경에 대해 걱정하고, 우파는 가족을, 가족의 안위와 사유 재산들, 즉 밍크코트와 부동산과 은행 금리에 대해 걱정한다. 좌파에게 가난은 자신이 세계의 악과 무관함을 증명하는 훈장이지만, 우파에게 가난은 굴욕과 무능력의 표지다. 좌파나 우파나 거짓말한다는 점에서 같지만, 잘 관찰해 보면 작은 차이가 드러난다. 좌파의 거짓말은 거시 지향적이고 우파의 거짓말은 미시 지향적이다. 좌파의 거짓말은 미래와 관련되고 우파의 거짓말은 과거와 관련된다. 얘기를 잘 들어 보라. 우파는 회고하기를 좋아하고 회고 속에서 감미로움을 느끼지만, 좌파는 희망에 대한 신념에서 즐거움을 얻고 미래 속에서 펼쳐질 꿈을 이야기할 때 행복해진다. 우파에게 낙원은 지나간 과거 속에 있고, 좌파에게 그것은 다가올 미래의 일이기 때문이다. 대개의 경우, 우파는 비관하고, 좌파는 낙관한다. 좌파는 증오의 힘으로 저를 지탱하고, 우파는 제 사유 재산의 힘으로 저를 지탱한다. 바로 그런 맥락에서 생물학을 어떻게 보는가 하는 점에서도 우파와 좌파는 상징적으로 갈라진다.

은유를 빌려 말하자면 우파에게 중요한 것은 유전학이고, 좌파에게 중요한 것은 환경이다. 유전은 불가피한 운명에 속하고, 환경은 싸워서 개선할 수 있으니까. 그러니 생물학의 유적 특성은 우파에 더 가깝다. 생물학은 늘 검증된 것, 사실에의 집착, 새로운 것을 대하는 조심스러움 때문에 어쩔 수 없다. 언제나 급진적인 진보가 출현하는 것은 생물학보다는 사회학 쪽에서 더 자주 생겨난다. 그러니 사회학이란 좌파라는 늑대들이 빈번하게 출현하는 들판이다. 사회학은 좌파가 번성할 수 있는 학문적 생태계다. 새로 태어난 수십 억의 어린아이들에게 중요한 것은 그들이 살아야 할 환경이다. 그 이전에 그들의 환경을 결정하는 것은 이미 유전적 형질 속에 다 들어 있다.

좌파를 상징하는 붉은색은 피의 색이고, 형이상학적 돌연변이의 색이다. 20세기 초에 마르크스주의에 고무되어 일어난 러시아 혁명과 중국혁명 때 흐른 피로 적셔진 붉은 깃발에서 연유되었을 것이다. 당신이 붉은악마들의 셔츠를 보고 생리적 불쾌감을 느낀다면 당신은 우파일 가능성이 크다. 좌파가 된다는 것은 "그러니까 자유와 평등의 한편이 다른 한편에 문호를 개방하면서, 한편이 다른 한편에서 자양분을 흡수하면서, 평등이라고 하는 화강암 속에서 자유가 발파됨과 동시에 자유의 논리 속에서 평등의 요구가 이루어지도록 하며 해방의 욕망에서 돋아난 두 개의 머리를 가진 독수리가 되는 것이다."(베르나르 앙리 레비, 『그럼에도 나는 좌파다』) 항상 우파가 더 나쁜 것이 아니듯 좌파가 항상 옳은 것도 아니다. 좌파든 우파든 도덕적 진부함에 빠질 때 타락한다. 타락하면 좌파든 우파든 볼썽사납기는 마찬가지다. 그때 좌파는 '인간의 얼굴을 한 야만'이고, 우파는 '짐승의 얼굴을 한 탐욕자'다. 나쁜 것은 좌파나 우파가 아니라 바로 그들, 타락한 자들, 악의 진부함 속에서 허우적거리는 자들이다.

함께 읽으면 좋은 책들

강준만, 『강남 좌파』, 인물과사상사, 2011

미셸 투르니에, 『상상력을 자극하는 110가지 개념』, 이용주 옮김, 한뜻, 1995

베르나르 앙리 레비, 『그럼에도 나는 좌파다』, 변광배 옮김, 프로네시스, 2008

베르트랑 베르줄리, 『무거움과 가벼움에 관한 철학』, 백선희 옮김, 개마고원, 2008

제프 일리, 『The left』, 유강은 옮김, 뿌리와이파리, 2008

사랑은 노래를 낳고

니클라스 루만, 『열정으로서의 사랑』

어느 시대에나 그 시대를 대표하는 사랑 노래가 있다. 양희은의 노래 중에 "사랑이 깊으면 외로움도 깊어라."(「내 님의 사랑은」, 1974)라는 노랫말이 있다. 고종석도 같은 뜻의 말을 남겼다. "사랑은 외로움을 치료하는 행위이지만, 자주, 더 큰 외로움을 낳는다."(고종석, 『사랑의 말, 말들의 사랑』)라고. 사랑이 외로움의 발명품이라면, 외로움은 사랑의 파생 상품이다. 사랑의 간절함이 외로움을 낳는다. 이때 외로움의 이면은 고립, 유폐감, 소외다. 사랑하는데 어느 순간 날카롭게 파고드는 외로움에 놀랄 수도 있겠다. 행동과 욕망의 과도함은 현실에서는 비판받지만 유일하게 사랑 안에서는 용납되고 높은 평가를 받는다. "오직 과도함만이 여성이 몸과 마음을 내주는 것을 정당화한다."(니클라스 루만, 『열정으로서의 사랑』) 이 과다함에서 다양한 역설이 생겨난다.

"과도함에는 한계가 없을까? 부정적인 것을 무시하기 때문에 과도함에는 자기 제한이 없으며, 따라서 충동, 욕망, 요구에 대한 한계도 없다. 한 인격의 개체성에 적합한 것, 그리고 (다른 모든 이와 구별되는) 특정한 인격에게 요구할 수 있거나 기대할 수 있는 것에 한계가 있다고 생각할 수는 없을 것이다. 이 모든 사태적·사회적 측면에서 한계가 없는 사랑은 그럼에도 또다른 측면, 즉 시간에서는 한계를 갖는다. 사랑은 반드시 끝나기 마련이며, 게다가 아름다움보다 더 빨리, 따라서 자연보다 더 빨리 끝난다. 사랑의 끝은 일반적인 우주론적 종말에 속하는 것이 아니라 사랑 자신에 의해 조건지어진다. 사랑은 짧은 시간 동안만 지속되며, 그 끝은 다른 모든 한계가 없다는 점을 상쇄시켜 버린다. 사랑의 본질 자체, 즉 과도함이 바로 그 종말의 근거다."(니클라스 루만, 앞의 책)

사랑은 "정복하는 복종, 고뇌를 원하는 것, 눈 뜨고 있는 맹목, 기꺼이 병에 걸리는 것, 기꺼이 감옥에 갇히는 것, 달콤한 순교"(니클라스 루만, 앞의 책)다. 과도함에서 시작한 사랑은 그 과도함 때문에 끝난다. 어떻게 이런 일이 생길 수 있는가? 사랑의 과다함은 사람을 환상에 빠뜨리고 현실에서 도망가도록 만든다. 그 과다함은 그 대상과 현실을 망각으로 이끌고 자기 환상에 빠뜨려 사랑 자체를 사랑하도록 유도한다. 정작 사랑은 사랑하는 대상을 비켜 간다. 그러니 과다함이 사랑을 외롭게 만드는 것이다. "'외롭다'라는 말은 형용사가 아니다. 활달히 움직이고 있는 동작 동사다. 텅 비어 버린 마음의 상태를 못 견딜 때에 사람들은 '외롭다'라는 낱말을 찾는다. 그리고 그것을 발화한다. 그 말에는 외로움을 어찌하지 못해 이미 움직여 대는 어떤 에너지가 담겨 있다. 그 에너지가 외로운 상태를 동작 동사로 바꿔 놓는다."(김소연, 『마음사전』) 사랑이라는 관계 속의 친밀함을 열망하면서도 한편으로는 금빛 햇살 아래 갈매기가 되어 날아가고 싶어 하는 게 사람이다. 갈매기가 날기 위해서는 자유라는

192

왼쪽 날개와 사랑이라는 오른쪽 날개가 필요하다. 어느 한쪽만으로는 날 수가 없다. 우리가 죽음을 향하여 있는 존재이듯이 외로움도 뿌리칠 수 없는 실존의 본래 조건이다. 제대로 사랑을 하려면 거기서 도망가지 않고 그것을 투명하게 응시하기, 조용히 끌어안기, 그 너머의 세상 보기를 해야 한다.

신라 시대의 사랑 노래는 어떨까. "붉은 빛 바윗가에 / 잡고 가는 암소를 놓게 하시고 / 나를 아니 부끄러워하시면 / 꽃을 꺾어 바치겠습니다." (「헌화가(獻花歌)」) 이 시가는 누군가에게 꽃을 바치며 부른 노래다. 누군가에게 꽃을 바친다는 것은 제 마음에 간직한 사랑이나 감사함을 누군가에게 표하는 일이겠다. 이것은 이름을 알 수 없는 신라 때의 노인이 지은 4구체 향가인데, 그 배경 설화는 다음과 같다. 신라 성덕왕 때 순정공(純貞公)이 강릉태수로 부임해 가는 도중에 바닷가에서 점심을 먹는다. 길옆에는 커다란 바위로 이루어진 산봉우리가 바다를 두르고 있는데 매우 높고 가팔랐다. 그 가파르고 높은 언덕 위에 철쭉꽃이 만발하여 불붙는 듯했다. 순정공의 아내 수로부인이 철쭉꽃에 취해 그 꽃 한 가지를 갖기를 소원했으나, 벼랑이 높고 험해 감히 나서는 이가 없었다. 이때 지나가던 한 노인이 벼랑을 올라가 철쭉꽃을 꺾어 부인에게 바친다. 그리고 「헌화가」를 지어 불렀다는데, 그 노인이 누구인지 아는 사람이 없었다 한다.

이 시가는 구애의 노래인가, 아니면 다른 주술적 제의를 담은 무가(巫歌)인가, 그도 아니면 신격화된 존재의 노래인가. 여러 논란이 있다. 이런 논란들은 이 노인을 평범한 촌로로 볼 것인가, 아니면 선승이나 초자연적 신으로 볼 것인가 하는 데서 생겨난다. 아울러 해석의 단서를 노래가 담고 있는 서사 문맥에만 제한할 것인지, 아니면 다양한 해석의 가능성, 이를테면 서사 바깥의 정보도 포함할 것인지에 따라서도 해석은 달라진다.

일연이 쓴 『삼국유사』에 따르면 순정공과 수로부인이 임지로 가는 중에 두 번 기이한 일을 겪는다. 설화 후반부에 가면 "수로부인의 용모가 빼어나게 아름다워서 깊은 산이나 큰 못을 지날 때마다 번번이 신물(神物)에게 납치되곤 했다."는 구절이 눈길을 끈다. 이 피납담은 수로부인의 용모가 자연에 깃들인 신조차 홀릴 정도로 빼어나다는 사실을 넌지시 일러 준다. 꽃을 따 바치는 자가 노인이라는 것은 이 시가가 여성에게 바치는 구애의 노래가 아닐 수도 있다는 단서다. 이 설화 속의 노옹은 촌로가 아니라 초자연적 존재다. 강릉태수의 부인이라는 고귀한 신분의 여자에게 비천한 촌노가 꽃을 꺾어 바치고 구애의 노래를 부른다는 것은 불가능한 일이다. 아울러 천길 벼랑 위의 꽃을 따다 바친다는 대목은 이 노인이 비범함을 드러낸다.

수로부인이 바다를 지날 때면 해룡이 나오고 높은 산을 지날 때면 산신이 나오고 깊은 연못을 지날 때면 수신이 나온다. 「헌화가」에는 아름다움의 신비함과 초월성에 대한 신라인의 외경심에 가까운 탐미 의식이 드러난다. 여자의 아름다움에 홀린 역신(疫神)이 여자와 동침한다는 처용설화나 비천한 지귀(志鬼)가 선덕여왕을 연모해 정념의 불로 탑을 태운다는 지귀설화와도 한 문맥 안에 놓고 볼 수 있겠다. 「헌화가」는 사랑의 노래이되 초월적 존재와의 사랑 노래다. 사랑보다는 자연에 깃들인 신조차 불러 내는 여성의 빼어난 아름다움에 대한 예찬을 담은 노래다. 「헌화가」에서 주목하는 것은 서사 문맥 안에서 두드러지게 포착되는 화자의 능동성이다. 수로부인의 요청에 화답해서 천길 벼랑에 올라 꽃을 따는 노인의 행위는 비장하며 영웅적이기까지 하다. 이것이 놀랍고 감동스러운 것은 행동을 통해 물리적 현실에 개입하는 비장한 용기의 구현이며,

그 용기가 타자의 요구와 필요에 기꺼이 응답하는 이타적 순정성이기 때문이다.

오늘의 사랑 노래들은 어떨까? 황동규의 시 「즐거운 편지」에서는 사랑 이 앞에 당당하게 나서지 못하고 그저 멀리서 바라보며 생각만 하는 시적 화자의 소극성이 두드러진다. "내 그대를 생각함은 항상 그대가 앉아 있는 배경(背景)에서 해가 지고 바람이 부는 일처럼 사소한 일일 것이나 언젠가 그대가 한없이 괴로움 속을 헤매일 때에 오랫동안 전해 오던 그 사소함으로 그대를 불러 보리라 // 진실로 진실로 내가 그대를 사랑하는 까닭은 내 나의 사랑을 한없이 잇닿은 그 기다림으로 바꾸어 버린 데 있었다. 밤이 들면서 골짜기엔 눈이 퍼붓기 시작했다. 내 사랑도 어디쯤에선 반드시 그칠 것을 믿는다. 다만 그때 내 기다림의 자세를 생각하는 것뿐이다. 그동안에 눈이 그치고 꽃이 피어나고 낙엽이 떨어지고 또 눈이 퍼붓고 할 것을 믿는다."(황동규, 「즐거운 편지」) 이것은 짝사랑이다. 저를 사소함에 묶어 두고 대상을 이상화하는 화자의 소극성은 어디에서 연유하는 것일까? 그것은 차가운 이성(理性)이다. 이성은 사랑의 대상을 저 불가능의 지평 속에 두고 기다림의 자세로 일관하게 만든다. 애초에 그 사랑은 이루어질 가능성이 없었다. 그래서 사랑하는 일을 그대를 향한 한없는 기다림으로 바꾸었다는 이상한 언술이 생겨난다. 아름다운 여자의 한마디에 천길 벼랑 위로 올라가 꽃을 꺾어다 바치는 「헌화가」의 화자와 황동규의 「즐거운 편지」의 화자 사이에는 뚜렷한 차이가 있다. 노옹은 수로부인의 요청에 자발적으로 응답하며 나아가는 능동성에서 빛난다. 하지만 황동규의 화자는 연모하는 대상과 거리를 두고 내면화된 공간 속에서 막연하게 기다리는 것으로 제 존재의 근거를 구함으로써 자폐적 정서를 키운다. 저를 숨기고 연모의 대상을 "눈이 그치고 꽃이 피어나고 낙엽이 떨어지고 또 눈이 퍼붓고" 하는 풍경 속에서 훔쳐보겠다는 태도는 인격이 덜 여문 자의 관음증에 지나지 않는다. 그렇기 때문에 「즐거운 편지」는 아름답고 애틋하기는 하지만, 어쩐지 떳떳하지 못하다는 느낌을 준다. 화자가 느끼는 즐거움이란 아무 행동 없이 그저 고난이 예상되는 현실과의 매개가 끊어진 내면으로 도피하는 사람이 갖는 자학적인 즐거움 이상도 이하도 아니다.

황지우의 시 「너를 기다리는 동안」에서 사랑하는 '너'는 오지 않는 존재, 다시 말해 부재의 존재다. 화자는 당연히 '너'의 부재의 공간 속에 놓여 있다. 화자는 부재하는 '너'를 기다릴 뿐이다. 이 애매한 소극성은 소월과 만해 이후 한국 현대 시에 자주 나오는 부재하는 님의 의미론적 맥락과 상통한다. 부재하는 님은 우리 근대사의 수난으로 점철된 역사에서 누적된 부재와 상실의 상습화된 경험과 깊이 관련되어 있다. 없는 님은 자아가 빚어낸 비극적 정한에서 찾아내고 채택된 것에 지나지 않는다. 아직도 시인들은 "아주 먼 데서 지금도 천천히 오고 있는" 님을 기다린다. 소월이나 만해 이후의 시인들은 이 피동적인 화자를 내세움으로써 여전히 수난과 당당하게 맞서기보다는 여물지 못한 인격에서 나오는 감상과 자기 연민에 갇혀 있음을 드러낸다. 이것은 우리 현대 시의 화자들이 정신의 외부성을 갖지 못한 채 일인칭 리비도로 충전된 '나'의 사적 경험의 전유에 머물고 있다는 비판이 성립하는 근거이기도 하다. 억압과 고통의 정황을 스스로의 힘으로 뚫고 '너'에게로 가 닿으려는 의지와 행동이 없는 이런 화자들은 수난과 고통의 책임을 외부에 떠넘긴다. 기다림이란 욕망의 유예 속에서 대상을 욕망하는 소극적 정서다. 이 욕망은 사회화하지 못하고 반성할 줄도 모르는 사적 영역에 머무는 욕망이다. 이 피동성과 협소성은 필경 자아의 소외와 분열로 이어질 가능성이 크다. 이런 화자들은 욕망이 좌절되면 재빨리 무책임한 자기 변명과 도취적 정서로 도망감으로써 제 불행한 운명과 깨어진 사랑을 지나친 비극으로 장식한다.

최영미는 「가을에는」에서 "내가 그를 그리워한 것도 아닌데 그가 내 속으로 들어온다."라고 쓰는데, 이것은 마음에 패인 공허의 자리, 외로움 때문이겠다. "무작정 눈물이 날 때가 있다."라는 시구는 화자가 외로움 탓에 무기력에 빠져 있음을 드러낸다. 어떤 경우에도 외로움을 핑계 삼아 의존적이 되는 건 치명적이다. 상대방을 소유·지배하려는 건 결국 관계의 종말에 이르는 지름길이다. 배려, 상호 이해, 친밀감 만들기, 기대치의 의도적 감소, 유순함, 겸손, 정직성, 변함없는 충실성, 자기 갱신의 노력…… 등이 사적 영역을 공유하는 사람에게 바라는 것들이다.

사랑은 시를 낳고, 노래를 낳는다. 사랑이 없다면 시인과 작사가들은 소재 빈곤에 허덕였을 터다. 사랑은 아무리 꺼내 써도 바닥이 드러나지 않는 화수분이다. 사랑 노래 중에 이은미의 노래가 기억에 남는다. "아직도 너 혼잔 거니 물어보네요/난 그저 웃어요/사랑하고 있죠 사랑하는 사람 있어요/그대는 내가 안쓰러운 건가 봐/좋은 사람 있다면 한번 만나 보라 말하죠/그댄 모르죠 내게도 멋진 애인이 있다는 걸/너무 소중해 꼭 숨겨 두었죠/그 사람 나만 볼 수 있어요 내 눈에만 보여요/내 입술에 영원히 담아 둘 거야."(이은미 노래, 「애인 있어요」, 2005) 사랑은 숨길 수 없고, 사랑의 말들은 유치하다. 사랑의 말들이 형이상학적 숙고에서가 아니라 수다에서 파생되는 까닭이다. "사랑이란 모든 감정 중 가장 수다스러우며 그 대부분이 수다로 이루어져 있다."(로버트 무질, 『특성 없는 남자』) 사랑은 눈물의 씨앗이 아니라 수다의 씨앗이다. 그러니까 사랑의 시와 노래들은 사랑의 한 본질인 수다의 압축이고 승화인 셈이다.

함께 읽으면 좋은 책들

고종석, 『사랑의 말, 말들의 사랑』, 문학과지성사, 1996

김소연, 『마음사전』, 마음산책, 2008

니클라스 루만, 『열정으로서의 사랑』, 정성훈·권기돈·조형준 옮김, 새물결, 2009

로버트 무질, 『특성 없는 남자』, 고원 옮김, 이응과리을, 2010

이영미, 『한국대중가요사』, 시공사, 1998

진부한 악의 모습들

폴 리쾨르, 「악의 상징」

모든 악은 진부하다. 악을 향한 인류의 윤리적 저항과 마찬가지로 그것은 새롭지 않다. 이미 있었던 것의 반복이기 때문이다. 몇 해 전 참척의 슬픔을 당한 임수경을 저주하는 인터넷 댓글을 단 이들이 멀쩡한 사람들이라는 게 밝혀졌을 때 나는 소름이 돋았다. 그들은 누군가의 아버지들, 누군가의 삼촌들, 누군가의 동생들이다. 그 '악플'에 드러난 벌거벗은 비열성과 야비함에 나는 충격을 받았다. 개인의 의식적 행동을 군중의 무의식적 행동으로 대체하는 현대 사회의 한 징후 속에서 내가 본 것은 악의 진부함이다. 내 삶이 개인의 의식적 행동을 군중의 무의식적 행동으로 대체하는 이 무리에 포위되어 있다는 것, 나 자신도 진리와 오류에 대한 분별 없이 오로지 자기 증식하는 군중에 포획될 수 있다는 인식론적 깨달음 때문에 나는 충격을 받았다. 사람은 저마다 고귀한 심연이 있지만 군중에 녹아들어 간 개별자는 이미 개인과 동일인이 아니다.

나치의 뉘른베르크 집회에 모여 열광하던 군중이 그러하듯 제 본래적 삶과 생각에서 떨어져 나와 군중에 녹아든 개인은 분별력과 창의력, 도덕적 품성과 취향의 고상함 따위를 쉽게 잃는다. 선에게는 악의 가면이 필요 없지만 악은 항상 선의 가면을 열망한다. 임수경의 이념이나 방북 행위를 두고 제 실명을 걸고 쓰면 비판이지만, 어둠 속에서 익명으로 쓰면 악플이다. 악플을 쓰는 사람들은 맥락을 잃은 사람이다. "맥락을 상실해 버려 망가진 인간은 그저 부스러기로 살아가면서, 파편에서 파편으로 떠돈다."(막스 피카르트, 『우리 안의 히틀러』) 악은 인간 존재의 세포 단위에서 발호한다. 세포는 어떤 경우에도 옳고 그름을 판단하지 않는다. 도덕의 위계에 포획되지 않는 그것은 욕망함 속에서 움직인다. 세포 단위에서 발호하는 악은 근절할 수 없다. "악은 바늘처럼 들어오고 떡갈나무처럼 뻗어 간다."는 속담을 보라. 인류의 역사는 차라리 악의 역사다. 악은 일상 뒤에 숨은 괴물, 에일리언, 유령이 아니다. 악의 범속함은 일상에 녹아 있고, 일상과 함께 움직인다. 악은 사람과 멀리 떨어진 곳에 존재하지 않는다. 항상 우리 가까운 곳, 주변을 광기와 난센스로 떠돈다. 그것은 낯선 것, 새로운 것 뒤에 숨은 진부함이고, 타자의 순진한 얼굴과 미학적 숭고 뒤에 감춰진 기괴함이고 추악이다. "악은 무가 아니다. 단순히 무엇이 빠지거나 질서의 결여가 아니다. 악은 어둠의 권세다. 돌출된 것이다. 그러므로 '제거해야 할' 무엇이다."(폴 리쾨르, 『악의 상징』)

자, 여기 악과 용서에 관한 하나의 이야기가 있다. 늦둥이로 태어난 아이가 한 악인에게 유괴된 뒤 살해당한다. 그 악인은 특별한 사람이 아니다. 범인은 동네 주산 학원 원장이다. 우리 주변에서 흔히 볼 수 있는 평범한 사람이다. '아내'는 아이를 잃은 고통을 누르고 가해자를 용서하기로 한다. 그것은 쉬운 일이 아니다. '아내'는 내면에서 사투를 벌인다. 마침내 '아내'가 사형수로 복역 중인 범인을 찾아갔을 때 기막힌 상황이 벌어진다. 범인은 이미 신에게 귀의하고 개과천선하여 누구의 용서도 필요치 않은 성인이 되어 있었다. '아내'는 그 상황 앞에서 이렇게 절규한다. "내가 그를 용서하지 않았는데 어느 누가 나 먼저 그를 용서하느냔 말예요. 그의 죄가 나밖에, 누구에게서 먼저 용서될 수가 있어요? 그럴 권리는 주님에게도 있을 수가 없어요. 그런데 주님께선 내게서 그걸 빼앗아 가 버리신 거예요. 나는 주님에게 그를 용서할 기회마저 빼앗기고 만 거란 말예요. 내가 어떻게 다시 그를 용서합니까."(이청준, 『벌레 이야기』) 피해자가 가해자를 향해서 베푸는 용서는 경이로운 사건이다. 악의 반복적 순환과 복수가 되풀이되는 일을 끊기 위해서는 용서는 절대적으로 필요하다. 용서만이 고인 과거를 미래로 나가도록 물꼬를 터준다. 용서가 숭고한 것은 그것이 인간 내면에 숨은 미덕의 발현이어서가 아니라 "교환 경제학의 측면에서 불가능하고, 예측할 수 없고, 계산할 수 없는 것"(리처드 커니, 『이방인, 신, 괴물』)이기 때문이다. 그래서 용서를 위해서는 합리나 논리를 넘어선 초이성의 결단이 필요하다. 보편의 감정과 능력을 넘어서는 비범한 결단이 없다면 용서는 불가능하다. 이청준의 『벌레 이야기』에서 용서는 피해자가 자기 구원을 위해 벌이는 필사의 몸부림이다. 가해자를 용서함으로써 자기 구원에 이르고자 하나 신은 그마저도 앗아간다. '아내'의 절규는 용서할 수 있는 권리마저 신에게 빼앗겨 버린 자의 절망과 그 납득할 수 없음에 대한 격렬한 항의다.

혼란과 맥락 없음이라는 상황 속에서 악은 자라난다. 이 혼란과 맥락 없음 속에서 세계는 부스러져 내리고, "서로 아무런 연관이 없는 사물들은, 맥락을 잃어버린 인간의 곁을 스쳐 지나간다."(막스 피카르트, 앞의 책) 히틀러는 질서와 연속성이 시러진 세계 속에서 사람들의 혼란스러운 내면으로 슬쩍 끼어든다. "권력을 차지하려고 특별히 노력할 이유도, 투쟁할 필요도 없다. 그저 미끄러지듯 스쳐 지나가는 혼돈 속에 손을 집어넣어 움켜잡기만 하면 된다."(막스 피카르트, 앞의 책) 권력을 쥔 그다음은? 히틀러는 자신에게 대단한 무언가가 있는 것처럼 상징 조작에 나선다. 권력의 위세를 과시하고, 미증유의 폭력과 학살로 제 존재를 증명한다. 하지만 히틀러란 사소하고 하찮은 존재, "악의 세계가 쏟아 놓은 배설물"(막스 피카르트, 앞의 책)에 지나지 않는다. 당신 안에 숨은 히틀러도 그와 똑같이 혼란과 맥락 없음 속에서 발호한다. 무심코 인터넷 안에 악플을 쏟아 낼 때 그 순간 당신 안의 히틀러가 바깥으로 돌출하는 것이다. 악플은 피와 저주, 과잉 애국주의, 다름을 향한 분노와 증오의 수사학으로 자기 증식을 한다. 악플에는 부글부글 끓는 증오심들, 저급한 선동 문화, 깊은 사유가 없는 피상성, 내 편이 아닌 모든 사람은 다 적이라는 식의 흑백 논리가 돌출한다. 악플로 분출된 다중의 결집된 비정상적 열정이 휩쓸고 간 자리에 남은 것은 빈곤한 사유의 잔해들뿐이다. 악플은 다중에 휩쓸려 돌출함으로써 오늘날 악이 어디에서 어떻게 발호되는가를 극명하게 보여 준다. "악은 자유의 '바깥' 측면으로 사람에게 다가온다. …… 시험 또는 유혹의 구조다. 악은 사람 밖에서 사람을 유혹하는 것이다. 칸트는 그러한 악의 외부성을 악의 중요한 본질로 보았기 때문에 절대적인 죄인을 인정하지 않았다. 악은 2차적인 것이요, 악인은 시험에 걸려 악인이 되는 것이다. 한편 시험은 늘 있던 것이다. 지금 돌출되는 악은 이미 있던 것이다. 그러므로 악의 시작은 알고 보면 악의 계속이다."(폴 리쾨르, 앞의 책) 악플은 이미 있던 것의 되풀이에 지나지 않는다. 그것은 악의 시작이 아니라 악의 계속일 따름이다.

양적인 무절제함이 지배하는 세상에서 깊이 느끼고 사유하는 '얼'이 빠진 사람은 파편에서 파편으로 떠돈다. 이 파편들로 이루어진 군중이라는 다중적 결집은 사회의 맥락 없는 소용돌이로 움직인다. 이 집단은 줏대도 규준도 없이 오로지 명령에 의해 움직이는 군대와 같이 일사불란하게 행동한다. 이들 속에서 지배적인 여론과 권력이 만들어지고, 이것을 틀어쥐고 제 잇속을 챙기는 집단이 나타난다. 한 방향으로 치닫는 군중은 늘 악과 파시즘의 좋은 먹잇감이다. 역사에 나타난 모든 독재와 파시즘이 그것을 증명한다. 무리에 너무 쉽게 자기를 내주면 무리의 권력을 타고 홀연히 오는 우리가 원하지 않는 '짐승'을 주인으로 모셔야 한다. 어둠 속에서 악플을 쓰는 당신은 자신도 모르게 오염된 사람이다. 악은 오염 그 자체이고, 오염된 것이다. "오염의 구조는 자기에 의한 자기의 속박 이상을 뜻한다. 오염은 파괴가 아니며, 퇴색시키는 것이지 완전히 없애는 것이 아니다. 여기서 오염의 상징은 뿌리 깊은 악과 사람의 관계를 가리키며 인간의 귀착점을 암시한다. 다시 말해서 오염의 상징이 뜻하는 것은 악이 아무리 적극적이고 강한 시험이라 해도 사람을 사람 이외의 다른 것으로 만들지는 못한다는 것이다. 오염은, 사람됨을 이루었던 여러 가지 기능과 기질을 파괴하고 인간 현실과 다른 현실을 만들어 내는 것은 아니다. …… 그때에 우리는 악이란 선의 대칭물이 아니고, 악함이란 선함의 대체물이 아니며 다만 인간 안에 있는 순결과 빛과 아름다움이 퇴색되고 희미해지고 추한 것임을 알게 된다. 악이 아무리 뿌리 깊다 해도 선만큼 근원적이지는 않다."(폴 리쾨르, 앞의 책)

최대 다수에게 주어지는 최대 행복이 선이라면, 더 정확하게 말해서 최대 다수에게 주어지는 최대 행복의 원리로 작동하는 보편적 입법 규범이 선이라면 악은 그에 반하는 것, 즉 소수자가 행복을 독점하고 최대 다수를 희생시키는 것, 인류의 보편적 입법 규범에서 벗어난 의지의 준칙을 악이라고 부를 수 있다. 어쩌면 인간은 사소한 악들로 오염된 존재다. 그래서 철학자 니체는 인간을 극복되어야 할 존재로 본다. "인간은 극복되어야 할 존재다. 그대들은 인간을 극복하기 위해 무엇을 하였는가?"(프리드리히 니체, 『짜라투스트라는 이렇게 말했다』) 오염되지 않으려면, 악의 먹잇감이 되지 않으려면 무엇보다도 피상성과 나르시시즘에서 벗어나 진정성에 굳건해야 한다. 스스로를 극복하라. 항상 진정성으로 돌아가라. 불연속성의 세계 속에서 의식의 깨어 있음, 자기 자신의 척도를 지키는 것, 내적인 통일을 지향하며 살아야 한다. 그것은 제 도덕성과 분별력을 키우고, 나와 다른 타자에 대한 관용을 키울 때 가능해진다.

함께 읽으면 좋은 책들

리처드 커니, 『이방인, 신, 괴물』, 이지영 옮김, 개마고원, 2004

막스 피카르트, 『우리 안의 히틀러』, 김희상 옮김, 우물이있는집, 2005

아돌프 히틀러, 『나의 투쟁』, 이명성 옮김, 홍신문화사, 2006

이청준, 『벌레 이야기』, 열림원, 2002

폴 리쾨르, 『악의 상징』, 양명수 옮김, 문학과지성사, 1999

당신도 누군가의 타자다

리처드 커니, 『이방인, 신, 괴물』

2001년 9월 11일 뉴욕에서 일어난 테러는 세계를 두 개로 나눈다. 시간의 측면에서: 테러 이전과 이후, 범죄학의 측면에서: 테러리스트와 희생자, 문화 인류학의 측면에서: 문명인과 야만인, 종교적인 측면에서: 기독교도와 무슬림, 그리고 철학의 측면에서: 나와 타자로. 그사이에서 진부한 악들이 무성하게 자라난다. 악이 진부한 것은 그 안에 '본질'이 결핍되어 있기 때문이다. "악이란 선(Good)의 결핍이 아니라 본질의 결핍이다."(자크 데리다, 에마뉘엘 레비나스, 『시간과 타자』에서 재인용) '테러'의 표적이 된 뉴욕의 세계 무역 센터 쌍둥이 빌딩은 장 보드리야르에 따르면 "자본의 포스트모던적 조건을 축약"해서 잘 보여 주는 대상이다. 그것은 "다른 빌딩들이 제각기 영원한 위기와 자기 도전 안에서 끊임없이 스스로를 초월하는 (모더니스트) 체계의 원본적인 계기라면, 세계 무역 센터의 두 개의 타워는 복제의 현기증 안에서 이선까지의 체계가 종식되었다는 것을 보여 주는 시각적인 증표"(리처드 커니, 『이방인, 신, 괴물』에서 재인용)라는 것이다. 보드리야르는 그것의 붕괴가 테러리스트들의 서구 자본주의 세계에 대한 공격을 넘어서서 "서구의 전 지구적 자본 자체의 자살 행위"의 상징이라고 비약한다. 이것은 제국에 대한 피식민지의, 혹은 다수자에 대한 소수자의, 치명적인 자기 존재 증명일까? 분명한 것은 무고한 사람들을 희생시킨 이 잔인하고 끔찍한 폭력은 전 지구적 자본주의가 항상적으로 붕괴의 위험에 노출되어 있다는 것, 그리고 '기독교도들'과 '무슬림'으로 갈라진 세계는 이 갈라짐으로 말미암아 언젠가 종말로 치달을지도 모른다는 공포와 불안이다. "내파된 타워의 이미지는, 너무나 전능하고 어디에나 존재하기 때문에 테러리스트가 제국의 심장을 겨냥하여 마치 바이러스처럼 나라 내부에서 공격을 감행할 수밖에 없었던 미 제국의 자기 붕괴를 보여 준다."(리처드 커니, 앞의 책) 그리하여 9·11의 '테러'는 "모든 사건의 어머니"가 되었다. 마주보고 서서 서로의 이미지를 복제하던 이 빌딩의 붕괴는 세계를 미국과 그들, 안과 밖으로 나눈다. 미국은 '테러' 이후 자국에 들어오는 외부인을 타자라는 바이러스로, 잠재적인 테러리스트로 규정한다. 미국의 입국 심사가 강화된 것은 그 때문이다.

'나'와 다른 타자란 누구인가? 9·11 테러 이후 이 물음은 갑자기 떠오른 '역사의 종말'이라는 징후 속에서, 혹은 혼동과 무질서 속에서 중요한 무게를 갖게 되었다. 타자는 저편에서 이편으로 온다. 타자의 나타남은 우연적이고 이 우연성은 '나'의 실존이 경험하는 원초적인 사건이다. 언제나 '나'의 현전은 나 아닌 것들 사이에서 나타난다. '나'는 내가 아닌 것들 사이에서만 '나'로 인정받을 것이다. 그러므로 타자란 내가 아닌 자다. 타자는 자기의 고유한 타자성으로 인해 내가 아닌 타자로 탄생한다. 이때 타자는 내가 아닌 자로서 '나'의 나됨을 인증하면서 '나'와 연루된다. 그렇다면 타자의 맞은편에 서 있는 나, 주체라고 부르는 이 존재는 무엇인가? 데카르트는 "나는 생각한다, 그러므로 존재한다."라는 명제를 내세운다. 내가 생각하는 한, 그 생각함이 곧 나의 존재함의 증거다. 나는 사유하는 실체이고, 사유하는 실체를 대상화해서 자기 앞에 세우는 존재가 바로 나다. 사람은 생각하는 존재이고, 그 생각함에서 존재가 출현한다는 데카르트의 존재론을 전면 부정한 것은 니체다. 니체에 따르면 "주체는 주어진 것이 아니다. 만들어져 첨가된 것, 그 뒤에 숨겨진 것"이며, 그 본질은 허구다. 니체는 "'정신'도, 이성도, 사고도, 의식도, 영혼도, 의지도, 진리도 없다. 이들 모두는 쓸모없는 허구다."라고 말한다. 니체 철학을 응축하면 과격한 주체 부정의 철학이다.

피해자와 학살자는 우연적으로 테러가 일어난 그 시각에 바로 그 '장소'에 있었기 때문에 극적으로 운명이 갈렸을 뿐이지, 두 집단 사람들은 존재론적 성분에서 다르지 않다. 그들은 하나의 심장과 두 개의 허파, 206개의 뼈, 그리고 그것들을 감싼 얇은 피부로 이루어진 존재다. 사르트르가 말한 바 "나는 상처받을 수 있는 자라는 것, 나는 상처입을 수 있는 육체를 가졌다는 것, 나는 어떤 장소를 차지하고 있으며, 나는 내가 무방비 상태인 그 장소에서 어떤 경우라도 도망칠 수 없다는 것, 즉 나는 (타자에게) 보여지고 있다는 것이다."(장 폴 사르트르, 『존재와 무』) 그들은 '상처받을 수 있는 자들'이다. 그런데 한쪽은 돌이킬 수 없는 상처를 입고, 한쪽은 가해자가 되었다. 가해자가 된 타자들은 낯선 자다. 낯선 것은 나쁘고 위험하다. 그러니까 정체를 알 수 없는 타자는 잠재적으로 괴물이고 에일리언이다. 미디어들은 자주 타자를 적으로, 이방인을 희생양으로, 반대하는 자를 악마로 상성 소삭을 한다. 대부분의 국가들은 타자

207

라는 외계 바이러스로부터 자국민을 보호하기 위해 방어막을 친다. 저 미국의 입국 심사대에서 외국인 여행자에게 보이는 까다로움을 떠올려 보라! 그 까다로움은 모든 외국인 여행자를 불법을 저지를 잠재성을 가진 적으로 규정하는 태도에서 비롯한다. "서구의 사유는 일찍이 선(the Good)을 자아 정체성 및 동일성의 개념과 등치시켰으며, 악의 경험은 우리 밖의 이질적 존재와 연결시켰다. 거의 언제나 타자성은 영혼의 순수한 단일성을 오염시키는 이질화(estrangement)와 밀접한 관계가 있는 것으로 여겨졌다."(리처드 커니, 앞의 책)

'님'에 대한 존재론적 탐구를 평생 시의 과업으로 삼았던 만해 한용운은 "나는 곧 당신이어요."(한용운, 「당신이 아니더면」)라고 쓰고, 시인 랭보도 "나는 타자다."라고 쓴 바 있다. 스피노자는 "자기 자신 안에 존재하며 자신을 통해 파악되는 것"을 나의 실체라고 이해했는데, 근대 독일의 관념 철학은 이것을 주체로 바꾼다. 나는 항상적으로 나 자신인 바, 신체를 가진 또 다른 존재로 환원할 수 없는 존재다. 홀로 나일 수 없고, 타자와 맺는 관계의 맥락 속에서 나로 태어난다. 나와 대척적인 자리에 있는 너는 타자의 자리에 놓인 나다. 나와 너는 존재의 위상학에서 동일지점에 있지 않다. 나와 너는 분리되어 있고, 다른 장소에 떨어져 있다. 나는 너의 부재 속에서 비로소 태어난다. 나는 너에게로 향함으로써 이타적 실존을 산다. 그래서 "당신과 나의 거리가 멀면 사랑의 양이 많고, 거리가 가까우면 사랑의 양이 적을 것입니다."(한용운, 「사랑의 측량」)라는 시구가 나온다. 사랑은 나의 자기됨과 내 존재의 확장을 포기함으로써, 나를 너에게 줌으로써 살아지는 이타적 실존이다. 너와의 사랑에 빠진 나는 자발적으로 너에게 갇힌 자요, 너에게 볼모됨을 기쁨으로 삼는 자다. 사랑에 빠진 나는 호르몬의 힘을 빌려 너를 향한 열정으로 타오른다. 이타성은 "존재 안에서는 결손이고 시듦이며 어리석음이지만 존재를 넘어서는 탁월이며 높음"(에마뉘엘 레비나스)이다. 나는 너를 환대할 뿐 아니라 너에 대해 무한 책임을 지는 까닭에 레비나스는 "나의 자발성을 타인의 현존으로 문제 삼는 일을 우리는 윤리라 부른다."라고 쓴다. 그런 점에서 타자는 나에게 법이며 명령이고, 윤리의 계시적 시작점이다.

레비나스의 주요 저작들의 번역본이 나와 있지만, 그의 철학은 대부분의 독자들에게는 생소할 게 틀림없다. 레비나스는 후설과 하이데거의 현상학에 정통한 현상학자였다. 아울러 당대 최고의 탈무드 선생이자 유대교에 정통한 학자이고 프랑스 철학의 큰 흐름 속에서 사유한 철학자다. 레비나스는 반유대주의에서 비롯된 폭력과 인종주의가 널리 퍼진 서유럽에서 학대받는 유대인으로 산 경험과, 경험을 넘어서서 타자 및 그 타자에 대한 책임을 보여 주는 현상학의 맥락에서 자아와 타자 문제를 중심 주제로 삼는 사유를 발전시켰다.

철학자마다 사유의 초점이 되는 주제가 있다. 메를로 퐁티의 '몸', 하이데거의 '존재', 들뢰즈의 '차이'에 견줄 수 있는 레비나스의 그것은 '타자'다. 레비나스는 반유대주의 폭력과 인종주의가 난무하는 서유럽에서 따돌림을 당하는 유대인으로 산 경험을 '타자에 대한 환대'라는 화두로 부화시킨 뒤 이것을 타자에 대한 윤리적 의무를 강조하는 '타자성의 철학'으로 발전시켰다. 전쟁, 폭력, 인종 청소와 같은 20세기의 부끄러운 역사는 '나'를 우선적 가치로 여기고 '나'의 존재 유지를 타자를 배제한 최고의 가치로 내세운 결과다. 그렇기 때문에 서양 철학은 히틀러와 국가 사회주의, 파시즘의 등장이라는 근본 악을 막지 못했다. 레비나스는 전쟁 포로가 되어 겨우 생명을 구할 수 있었지만 리투아니아에 있던 가족은 전쟁 중에 모두 학살당했다. 레비나스는 가족을 잃는 아픔을 겪은 뒤 타자를 동일자로 환원하는 서양 존재론의 전체주의적 성격에 대해 더욱 비판적인 입장을 취하게 되었다. 타자는 어떤 경우에도 '나'라는 동일자로 녹아들지 않는 독자적인 있음의 제국 안에서 자신을 꿋꿋하게 세우고 산다. '나'에게는 그 타자를 환대하고 받아들여야 하는 윤리적 책임이 있다고 보았다. 레비나스의 '타자 철학'은 신과 영혼, 감성과 신체, 에로스와 죽음, 정의와 평등과 같은 현대 철학의 주제들과 만나면서 다양하게 갈라지고 풍성한 결실을 맺는다.

강영안은『타인의 얼굴: 레비나스의 철학』에서 레비나스의 나와 자기성, 타자와 고통을 통한 주체와 윤리학, 신과 종교에 대한 철학적 사유를 친절하게 안내한다. 이를테면 "타인의 얼굴은 나의 자발적인 존재 확립과 무한한 자기 보존의 욕구에 도덕적 한계를 설정한다. 타인은 거주와 노동을 통해 이 세계에서 나와 가족의 안전을 추구하는 나의 이기심을 꾸짖고 윤리적 존재로서, 타인을 영접하고 환대하는 윤리적 주체로서 나 자신을 세우도록 요구한다."와 같은 구절은 매우 압축적으로 레비나스 철학의 핵심을 드러낸다. 도스토옙스키는 "우리들 각자는 각 사람에 대해서 각 사람에 앞서 잘못이 있고 나는 다른 사람보다 잘못이 더 많다."라고 썼다. 주체성이란 타자와의 윤리적 관계를 통해서 정립되는 그 무엇이다. 나는 타자를 위한 존재, 타자의 필요에 대해 적극적으로 책임지는 존재다. 레비나스는 도스토옙스키보다 한걸음 더 나아간다. "우리는 모든 사람에 앞서, 모든 사람에게 책임이 있고 나는 다른 모든 사람보다 책임이 더 많다." 레비나스가 주체의 철학이라는 토대 위에 세운 타자의 윤리학은 나를 "타인의 고통을 짊어진, 고통받는 의인", 즉 대속자 그리스도에까지 밀고 간다.

나를 나라고 부를 수 있는 근거는 무엇인가? 나의 자기됨은 먹고 마시고 즐기는 가운데 나타난다. 먹고 마시고 잠자는 것은 타자가 대신할 수 없는 행위다. 이것을 향유라고 한다. 향유는 나와 세계가 만나고 관계 맺는 방식, 신체를 매개로 한 생물적 교섭이다. 우리는 무엇보다 혼자 무언가를 먹고 마실 때, 물과 공기와 햇볕 등을 즐기고 있을 때 무리들에서 저를 떼어 내 오롯한 '자기'로 돌아간다. 향유는 개체에 작용하는 개별화의 원리다. 나는 향유를 통해서 자기로 거듭난다. 즉 즐김과 누림은 우리가 하나의 개체로서 자기성을 확보하는 중요한 기반이다. 레비나스는 잠, 불면, 음식, 노동, 거주, 타자, 여자, 아이와 같은 일상성과 밀접한 것들이 우리 존재를 규정하는 요소라고 강조한 철학자다. 다시 한 번 타자란 누구인가? 타자는 낯선 이다. 그 낯섦은 차라리 타자의 본질이다. 타자는 언제나 내 앞에, 지금 알 수 없으며, 앞으로도 알 수 없는, "내가 완전히 파악할 수 없는 무한성"으로 서 있다. 사르트르가 "타자는 지옥이다."라고 했듯이, 그것은 끔찍하다. 타자는 "나에 대해서 완전한 초월과 외재성"을 갖는다. 타자는 내 앞에서 감추어진 그 무엇인데, 그것을 찾는 몸짓이 에로스다. 애무는 에로스의 동작태(動作態)다. 애무는 손에 잡히지 않고 계속 미끄러지는 것을 만지는 행위다. 감추어진 것이란 무엇인가? 아이가 출산함으로써 그 실체가 드러난다. 아이는 '타자가 된 나'다. 아이의 출산으로 나는 나에게로의 영원한 회귀 운동에서 벗어나고, 타자와 타자의 미래 속에서 자신의 한계를 넘어선다. 타자란 모두 잠재적 적이기 때문에 타자를 적대하고 죽이는 일은 정당하다. 결국은 전쟁, 폭력, 인종 청소와 같은 20세기의 비극은 나를 앞세우고 나의 존재 유지를 최고의 가치로 내세운 데서 나온 것이다. 타자를 거부하고 배제하는 것은 근본 악이다. 그토록 방대한 체계와 정교한 논리 속에서 자란 서양 철학이 으뜸으로 내세운 이성은 히틀러와 국가 사회주의의 등장이라는 근본 악의 출현을 막지 못했다. 세 형제의 맏이로 태어나 두 동생이 나치에 의해 희생되는 아픔을 겪은 레비나스가 서양 철학을 비판하면서 타자에 대해 다르게 사유함을 하나의 체계로 완성해 낸 것은 이 근본 악을 넘어서기 위함이다. 레비나스는 타자를 받아들이고 환대하며 타자에게 선을 행함으로써만 이 근본 악을 넘어설 수 있다고 믿는다.

함께 읽으면 좋은 책들

강영안, 『타인의 얼굴: 레비나스의 철학』, 문학과지성사, 2005

리처드 커니, 『이방인, 신, 괴물』, 이지영 옮김, 개마고원, 2004

서동욱, 『차이와 타자』, 문학과지성사, 2000

에마뉘엘 레비나스, 『시간과 타자』, 강영안 옮김, 문예출판사, 1999

장 폴 사르트르, 『존재와 무』, 손우성 옮김, 삼성출판사, 1999

통섭이 뭔 말이야?

에드워드 윌슨, 「통섭」

초끈이론(superstring theory)이나 양자 역학을 모르는 인문학자는 요즘의 지식 사회에서는 거의 퇴물 취급을 당한다. 자연 과학과 인문학은 상호 삼투하면서 지식의 융합을 일궈 낸다. 이질성으로 딴 길을 가는 것으로 보이는 지식들이 실은 하나로 통합될 수 있다는 것인데, 이런 논의가 활발해지는 가운데 주목받은 어휘가 '통섭(consilience)'이다. 통섭은 잘게 쪼개진 지식 간의 벽을 허물자는 지식계에 불어닥친 새 흐름의 지표다. 자연 과학, 사회 과학, 인문학, 예술 간에는 벽이 있고, 그 벽과 벽 사이에는 얼음이 끼어 있다. 그 얼음을 녹여 벽을 허물자는 얘기다. 얼음 녹이기(ice melting)는 소통이 그 핵심이다. 그 최종적인 효과는 지식과 지식의 경계를 넘나듦이고 여럿을 녹여서 하나됨이다. '통섭' 세계관의 핵심은 "모든 현상, 예컨대, 별의 탄생에서 사회 조직의 작동에 이르기까지, 이 비록 길게 비비 꼬인 연쇄이기는 하시만 궁극적으로는 물리 법칙들로 환원될 수 있다는 생각"(에드워드 윌슨, 『통섭』)이다. 윌슨은 경계를 허물고 큰 틀에서 하나의 전체를 이루고 서로 넘나들 수 있도록 하자고 주장한다. 예를 들면 생화학·세포학·유전학·생리학·생태학 등 수평적으로 세분화되어 있는 생물학을 통합 생물학으로 합쳐서 생명의 다양성을 포괄적으로 연구·이해하자는 시도다. 이런 혁신적 사고에 이론적인 기초를 깔아 준 사람이 에드워드 윌슨이다. 윌슨은 생물학과 사회 과학, 인문학, 더 나아가 종교까지 지식의 범주에 넣어 이 모든 지식의 대통합을 제안한다. "통섭은 봉합선이 없는 인과 관계의 망이다."라는 생각의 바탕 위에서는 생물학·철학·윤리학·경제학·사회학, 심지어 예술·종교에 이르기까지 통섭에 이를 수 있다는 것이다.

윌슨은 사회 과학을 드러내 놓고 때린다. 사회 과학은 '과학'으로서 갖춰야 할 기본과 본질에서 비켜 서 있기 때문에 자연 과학에 견줄 때 열등하다. 사회 과학은 "사회에서 마음과 뇌로 이어지는 여러 수준을 관통하는 인과적 설명"을 하는 데 실패하고, 과학 '이론'의 본질을 결여하고 있어서 '과학'의 자리에서 폐위될 위기에 있고, 자연 과학과의 경쟁에서는 뒤처졌다는 것이다. 냉전 체제의 무너짐은 곧 '마르크스-레닌주의의 파산 선고'다. 그로써 사회 과학이 그동안 공산주의에 그릇된 환상을 품어 왔고, 인종주의의 적개심이 불러올 엄청난 비극은 예측하지 못했음이 까발려졌다. 이는 사회 과학의 한계를 드러낸 사건이다. 과연 사회 과학은 학문적 실효성을 탕진한 뒤에 생물학과 인문학에 흡수되고 말 것인가? 윌슨은 사회 과학에 깊은 영향을 끼친 데리다나 푸코와 같은 후기 구조주의 철학을 지적 사기와 같은 "현란한 몽매주의적 진술들"이라고 몰아치며 "골동품 창고"로 보내야 한다고 말한다. 나중에 이들 후기 구조주의자들에게 약간의 경의를 표하는데, 이유는 이들이 "열광적 낭만주의의 현대적인 집전자로서 문화를 비옥하게" 만든 공로 때문이란다. 윌슨은 예술이 인간의 본성에서 솟구쳐 나오는 바탕이라고 관용적인 태도를 취하기도 한다. "예술은 일상적 존재의 외양적 혼돈 상태로부터 질서와 의미를 이끌어 내기도 하지만, 동시에 신비한 것을 향한 우리의 갈망에 자양분을 준다."(에드워드 윌슨, 앞의 책)는 게 그의 생각이다.

윌슨의 논리를 따라가자면, 객관적 진리의 표준은 "논리적이고 의미론적인 분석"에서가 아니라 "마음 자체의 물리적 토대를 지속적으로 탐구함"으로써만 얻어질 수 있다. 사회 과학이나 철학의 실패는 "아무도 내부의 정신적 세계 속에서 인과 과정의 미궁을 거쳐 외부 세계의 물질적 현상을 추적하지 못했으며, 그리하여 아무도 의식 활동의 내적 물질적 현상과 외적 물질적 현상을 짝짓는 정밀한 지도를 그리지 못했다."(에드워드 윌슨, 앞의 책)는 점에 있다. 그 결과로 사람의 마음과 본성, 문화와 사회 변동에 대해 설명하는 사회 과학의 이론들은 폐위되고, 그 자리를 진화 생물학이나 인지 뇌과학, 인간 행동 유전학, 환경 과학이 차지할 것이라는 게 윌슨의 예견이다. 이를테면 인간 행동 유전학은 쌍둥이 연구나 가족 계보 분석, 유전자 지도 그리기, DNA 서열 분석 따위를 통해 "유전자에서 문화로 이행하는 데 중요한 중간 고리"를 담당한다. 윌슨은 마음·윤리·종교·예술 따위가 "내부의 정신적 세계 속에서 인과 과정의 미궁을 거쳐 (어떻게) 외부 세계의 물질적 현상"으로 나타나는지, 물리적 과정의 기술로 환원함으로써 인간 본성을 만드는 유전적 기초에 더해 사회적 행동의 후성 규칙들(epigenetic rules)을 밝혀내고자 한다. 유전 형질과 후천적인 학습으로 얻는 문화는 밀접하게 짝지어 있고 이는 공진화의 추진력이 되기도 한다. 사람이 후천적으로 습득하는 문화조차도 그 내부에서 사람의 유전적 형질이라는 속박에서 움직인다는 것이다. 윌슨은 그 사실을 다음과 같이 압축한다. "유전자의 규정을 받는 후성 규칙들은 문화적 습득과 전달을 가능케 하는 감각 지각과 정신 발달의 규칙성이다. 문화는 어떤 유전자가 다음 세대로 전달될 것인지를 결정하는 것을 돕는다. 성공적인 새 유전자는 개체군의 후성 규칙을 변화시킨다. 변화된 후성 규칙은 문화적 습득이 이뤄지는 경로의 방향과 효율성을 변화시킨다."(에드워드 윌슨, 앞의 책)

한편으로 윌슨의 주장은 환원주의적이라는 비판에 마주서고 있다. 사람이 기계와 같이 부품으로 낱낱이 해체되었다가 다시 합체될 수 없는 것은 생명 현상의 복잡함 때문이다. 윌슨의 비판자 중 한 사람인 웬델 베리에 따르면 "생명은 우리가 향유하는 것이지만, 우리 너머에 있다. 어떻게 해서, 왜 우리가 생명을 누리게 되었는지 우리는 알지 못한다. 생명에, 그리고 우리 자신에게 무슨 일이 일어날지 우리는 알지 못한다. 그것은 예측할 수 없다. 우리는 생명을 파괴할 수는 있지만 만들 수는 없다. 생명은 통제될 수 없다. 생명에 대한 통제는 환원주의와 함께 엄청난 파괴의 위험성을 내포한다."(웬델 베리, 『삶은 기적이다』) 과학-산업-기술은 유전자에서 문화까지 더 많은 것들을 밝혀내고, 밝혀낸 지식의 바탕 위에서 늘 인류에게 '발전'을 약속하고 '개발'을 공약하며 '진보'라는 장밋빛 미래를 제시한다. 그러나 앎의 영역이 커지고 과학과 기술이 발달하며, 무지몽매한 이성에 계몽의 빛을 더 환하게 비출수록 더 많은 숲과 생물이 사라지고, 물과 토양은 오염되고, 오래된 공동체는 깨지고, 인류는 그 어느 때보다도 인간성과 생태계의 파괴라는 위기에 직면한다. 열대 우림이 사라지고, 지구의 한정된 자원은 고갈에 이르고 있으며, 동식물종의 멸종 위기는 더 광범위하게 이루어진다. 날이 갈수록 더 많은 독성 물질과 방사성 물질이 생물권에 방출되어 유전자 손상, 불임, 암의 발병 위험이 커진다. 과거 어느 때보다 더 광대한 지식과 정보의 바다에 둘러싸여 살지만 더 큰 불안과 불행한 느낌 속에 빠져 산다. 진화론을 따르는 과학자들은 세계와 삶의 신비들을 잘게 쪼개고 분류해서 미세한 단위나 기계적 수치로 환원시키고 축소시킨다. 반면 시인들은 있는 그대로의 세계 속에서 '알 수 없음'의 신비를 인식을 고양시키는 매개로 삼는다. 블레이크는 "한 알의 모래에서 세계를 보고 / 한 송이 들꽃에서 천국을 본다."(웬델 베리, 앞의 책에서 재인용) 반면 윌슨은 생명과 세계를 기계적이고 예측 가능한 것의 영역으로 환원시킨다. 베리는 그 점을 이렇게 경고한다. "삶을 기계적이고 예측 가능한 것으로, 또 알 수 있는 것으로 다루는 것은 결국 삶을 축소시키고 환원시키는 일이다."(웬델 베리, 앞의 책) 베리는 윌슨의 '통섭'이 본디 하나인 생명을 환원주의라는 칼로 분리하고 쪼갠 뒤에 이미 죽은 것을 하나로 합쳐 놓은 것에 지나지 않는다는 것이다.

베리는 통제할 수 없는 것을 통제하고 예측할 수 없는 것을 예측하려는 과학의 근본을 따지며, 그것을 매개로 하는 문명의 야만성과 착취적 성격을 드러낸다. 윌슨의 주장은 근본적인 편견과 가설에 기초한 것으로 과학과 기술에 대한 지적 오만으로 이끈다는 것이다. 그것은 현대 과학의 물질주의와 환원주의의 위험성을, 기계론적 사고의 병폐를, 현대 과학의 뒤에서 그것을 추동하는 산업주의와 제국주의 이데올로기가 가져올 수 있는 재앙에 대한 경고로 이어진다. 윌슨은 인류가 합법칙적 물질 세계에 살며, 이 세계를 움직이는 모든 법칙은 과학적으로 증명될 수 있는 영역에 속하고, 별들의 탄생과 같은 자연 과학에서 사회 제도의 운용을 다루는 사회학의 영역에 이르기까지 모든 현상은 물리적 법칙으로 환원될 수 있고, 따라서 과학으로 설명할 수 없는 것은 없다고 설명한다. 과학적으로 논증할 수 없는 신비란 "아직 알려지지 않은 것", 혹은 무지에 지나지 않으며, "알 수 없음"은 무가치한 것이다. 허나 환원주의적 과학은 결코 우리가 발을 딛고 서 있는 이 물리적 세계가 어디에서 왔는지를 대답하지 못한다. 과학 맹신주의가 환원주의라는 문제를 안고 있고, "세계와 그 안에 있는 피조물을, 그리고 피조물의 모든 부분을 기계로 보는 데 있다. 이것은 피조물과 공업 생산품 사이에, 탄생과 제조 사이에, 생각과 전산화 사이에 아무런 차이가 없다고 보는 것이다."(웬델 베리, 앞의 책)라는 비판은 귀담아 들을 만하다. 진화론이 진보를 추동하고 인류를 유토피아로 이끈다는 믿음을 쌓아 온 과학은 그 명성에 흠집이 날 만큼 오용과 남용의 가능성에 노출되어 있다. 과학은 문명의 진보를 가져오기도 했지만 인간의 악과 야만성을 끔찍할 정도로 키우는 데 제 능력을 보태기도 했다. 과학의 권능이 무책임하고 탐욕스러운 사람들 손에 쥐어질 때 인류는 그 어느 때보다도 심각한 위기에 직면할 것이다. 구체적으로는 히로시마와 나가사키를 초토화시킨 원폭 투하나 나치의 우생학 실험 따위는 과학이 인류 공동체에 얼마나 끔찍한 죄악의 도구로 오용될 수 있는지를 보여 주는 사례다.

윌슨은 계몽주의 사상가들과 마찬가지로 인간 진보의 잠재력에 대한 믿음이 지나쳐서 문명의 톱니바퀴가 아무 고장 없이 항상 앞으로만 나아가지 않는다는 사실을 놓친다. 이 톱니바퀴는 뒤로 갈 수도 있다. 과학자들은 필요에 따라 어떤 부분들을 감추고 속인다. 그런 예들이 수없이 많은 만큼 과학자들이 항상 진리만을 말하고, 과학이 인류의 문제들을 해결해 줄 것이라고 믿는 것은 순진하다. 윌슨의 논리를 조목조목 따지면서 현대 과학이 조작한 환상을 파헤칠 때 그 순진함은 어리석음과 다르지 않다는 게 밝혀진다. 과학-산업-기술이 삶의 의미 있는 준거점이 될 수 없다면 "기계와 기계적 관념이 피조물의 삶의 조건과 상황을 결정하

218

도록 내버려 두는" 것은 잘못된 일이다. 그것은 우리가 "알 수 없음", 혹은 "우주의 낯설음" 속에서 나날이 겪는 삶의 신비를 전면 부정하기 때문이다. 우리가 윌슨이 주창하는 통섭에 귀를 기울이면서도 한편으로 그것을 꼬치꼬치 따지고 의심해야 할 충분한 이유가 있는 것이다.

함께 읽으면 좋은 책들

에드워드 윌슨, 『통섭』, 최재천·장대익 옮김, 사이언스북스, 2005

웬델 베리, 『삶은 기적이다』, 박경미 옮김, 녹색평론사, 2006

이인식, 『지식의 대융합』, 고즈윈, 2008

최재천·주일우 엮음, 『지식의 통섭』, 이음, 2007

외로우니까 사람이다

울프 포샤르트, 「외로움의 즐거움」

"펄펄 나는 꾀꼬리는/암수 서로 즐기는데/외로운 이 내 몸은/누구와 함께 돌아갈고(翩翩黃鳥 雌雄相依 念我之獨 誰其與歸)."(「황조가」) 고구려의 유리왕은 왕비를 잃은 뒤 화희와 치희라는 두 여자를 후실로 들인다. 두 여자가 다투는 통에 유리왕은 양곡의 동쪽과 서쪽에 궁궐을 지어 떨어져 살게 했다. 어느 날 왕은 기산으로 사냥을 나가 이레 동안 왕궁을 비웠는데, 그사이 두 여자는 크게 다투었다. 화희가 치희를 일러 "한 나라의 비첩에 불과한 주제에 어찌 이렇게 무엄한가?" 하고 꾸짖자 치희는 분을 참지 못하고 그 길로 짐을 싸서 제 나라로 돌아가 버렸다. 유리왕이 황급히 치희를 뒤쫓았으나 치희는 끝내 제 나라로 돌아갔다. 유리왕은 돌아오는 길에 암수 꾀꼬리가 정분을 나누는 모습을 물끄러미 바라보고 자신의 외로운 심경을 노래했는데, 그것이 「황조가」다. 예나 지금이나 사랑은 서정시의 본령이다. 유리왕이 이 시를 쓴 것은 사랑하는 여자를 잃은 슬픔 때문이다. 유리왕에게서 볼 수 있듯이 외로움은 성적·정서적 유대의 결핍과 부재의 산물이다. 우리는 넓고 거친 우주의 바다를 외로움이라는 쪽배를 타고 흘러가는데, 종종 일인분의 외로움에도 곧 질식할 듯이 헐떡거린다. 사랑을 잃어버린 자의 쓰라린 마음에 대해 쓴 이 오래된 시를 읽으며 그 사랑이라고 부르는 남녀 관계의 본질과 외로움이라는 것의 실체에 대해 곰곰이 생각해 본다.

연말이면 사교 모임이 잦아지고 찾는 전화도 늘어난다. 사교란 다른 취향과 개성을 지닌 사람들이 모여 다름이라는 코드 뒤에 숨은 종적 동질성을 확인하는 의전 행위다. 술과 음식과 음악이 넘치는 장소에서 타인들이 발산하는 유혹과 매력이라는 향기에 취한 채 이완을 즐기는 것, "고립 상태에서 벗어나 사회의 파도에 몸을 맡기고 서핑을 하는 것"(울프 포샤르트, 『외로움의 즐거움』), 그게 바로 사교다. 그러나 번잡한 사교 생활이 이어져도 "수많은 관계와 관계 속에 잃어버"리거나 "많은 농담과 진실 속에 멀어져 간"(이태원 노래, 「솔개」, 1986) 솔개(참 자아)를 찾기란 불가능하다. 존재의 내부에는 저마다 외로움이라는 체내 시계가 째깍거리며 가는 소리를 듣는다. 사람은 누구나 크고 작은 내적 결핍을 안고 살기에 타인이 주는 위로와 기쁨이 필요한 것이고, 사교는 빈 데 시린 데를 타인의 힘을 빌려 채우고 데우는 행위다. 그러나 짝이 있다고 외롭지 않은 건 아니다. 감정과 생활을 공유하지 못할 때 부부 관계는 틈이 생기고 그 틈으로 외로움이라는 찬바람이 불어온다. 메마른 관계를 유지하면서도 이러저러한 이유로 한집에 사는 부부들이 많다. 사람은 혼자 있을 때 외롭지 않을 수 있고 혼자가 아닐 때도 외로울 수가 있다. 그러니까 단지 외로움 때문에 결혼하는 것은 매우 어리석은 선택이다. 쇼펜하우어는 "외로움은 모든 위대한 정신의 운명"이라고 말했지만 그건 고매한 철학사니까 하는 소리다. 짝 없이 혼자 지내는 사람들은 밤마다 고현정이 나오는 따위의 티브이 드라마에 눈길을 꽂은 채 튀긴 닭다리를 물고 캔 맥주나 들이켠다. 맥주가 식도를 넘어갈 때 진저리를 치는 것은 맥주가 차기 때문이 아니라 뼈가 녹는 듯 처절하게 외로운 탓이다.

외로움이란 결핍이 그 원인이다. 유머 넘치는 대화, 미소, 사회적 보호와 안전의 보장, 다정한 살의 마주침, 낭만적인 키스가 없을 때 우리는 외롭다.(나는 통장 잔고가 바닥일 때도 외로워진다.) 외로운 이들은 멋진 사랑을 꿈꾼다. 그건 사람이 타인과의 관계망 안에서 제 삶의 의미를 찾는 존재, 타인에게 종속된 존재라는 뜻이겠다. 그러나 사랑은 영속적이지 않다. "시간을 요구한다는 점을 통해 사랑은 자기 자신을 파괴한다. 사랑은 그 상상에 날개를 달아 주었던 속성들도 해소하고, 이 속성들을 친숙함으로 대체해 버린다. 대단한 미인도 다시 볼 때는 전보다 덜 예뻐 보이고, 추남도 전보다는 봐줄 만하게 된다. 다른 말로 하자면, 자연에서 상상으로의 코드 전환은 사랑을 시간적 부식에 노출시킨다. 더구나 아름다움의 자연적 쇠퇴보다 훨씬 빠르게(!) 주체화와 시간화가 서로 손을 맞잡고 나아가는 것이다."(니클라스 루만, 『열정으로서의 사랑』) 그래서 사랑은 외로움과 함께 향유되는 것임을 한 노래 가사는 말한다. "사랑이 깊으면 외로움도 깊어라."(양희은 노래, 「내 님의 사랑은」, 1974)라고. 사람은 외로움 속에서 사랑을 겪고, 사랑 속에서 외로움을 앓는다. 사랑은 욕망함이 아니지만 사랑은 그 속성이 더 많이 사랑받으려는 욕망함을 낳는다. 그 욕망함이 유예되기 때문에 사랑하는 자는 늘 외로움에 감싸인다. 그런 까닭에 가장 행복한 사랑도 그 내부는 늘 외로움으로 채워져 있다. 외로움은 이미 집단 전염병처럼 퍼져 있는 "국민병"(울프 포샤르트, 앞의 책)이고, 마찬가지로 사랑조차 "일종의 병이며, 광기, 감응성 정신병이며,

사슬에 묶는 것"(니클라스 루만, 앞의 책)이다. "사랑은 벗어나고 싶지 않은 감옥, 건강보다도 선호되는 질병, 상해당한 자가 참회의 대가를 치러야 하는 상해"(니클라스 루만, 앞의 책)다.

롤로 메이는 사랑의 행위가 주체에게 의식의 깊이를 만드는 데 어떻게 공헌하는가를 살핀다. 사랑하는 사람은 서로의 욕구와 욕망을 능동적으로 받아들이고 "기쁨의 특이한 감각"을 나눈다. 그리하여 "새로운 게슈탈트, 새로운 자장(磁場), 새로운 존재 안에서 공유 현상이 일어나는 것"을 겪는다. 이것이 사랑의 놀라움이다. 다시 롤로 메이는 쓴다. "우리 모두가 나면서부터 물려받은 분리와 고립 상태를 극복하기를 갈망하는데 왜냐하면 우리들은 어디까지나 본질적으로 개인이기 때문에 두 사람이 모든 개개인이 그렇게 하는 것처럼, 두 개의 고립된 자아로서가 아니라 하나의 통일체로서의 관계에 참여할 수 있다는 사실이다."(롤로 메이, 『사랑과 의지』) 한 시인은 이렇게 쓴다. "울지 마라 / 외로우니까 사람이다 / 살아간다는 것은 외로움을 견디는 일이다 / 공연히 오지 않는 전화를 기다리지 마라 / 눈이 오면 눈길을 걸어가고 / 비가 오면 빗길을 걸어가라 / 갈대숲에서 가슴검은도요새도 너를 보고 있다 / 가끔은 하느님도 외로워서 눈물을 흘리신다 / 새들이 나뭇가지에 앉아 있는 것도 외로움 때문이고 / 네가 물가에 앉아 있는 것도 외로움 때문이다 / 산 그림자도 외로워서 하루에 한 번씩 마을로 내려온다 / 종소리도 외로워서 울려 퍼진다."(정호승, 「수선화에게」) "외로우니까 사람이다."라고 쓴 구절을 읽을 때 그 범속한 말이 머금은 통찰의 절묘함에 무릎을 탁 하고 쳤다. 산 그림자도 외로워서 하루에 한 번씩 마을로 내려오고, 종소리도 외롭기 때문에 사방으로 울려 퍼진다고 하잖은가? 세상의 온갖 사물과 현상에 제 마음을 투시해 들여다보는 게 시인이다. 결혼은 외로움에서 빗어나는 한

223

대안이다. 외로움이 밥이라면, 그것을 피할 게 아니라 씹어 삼켜야 한다. 그게 피가 되고 살이 될 때 나-너라는 관계의 진경에 들어갈 수 있다. 이상적인 결혼 관계에서 나-너는 둘이면서 하나이고, 하나이면서 둘이다. 아니, 여럿이며 하나이고, 하나이면서 여럿이다. 뼛속까지 외로운 사람은 감히 외롭다고 입에 올리지 못한다. 말할 수 있는 외로움은 진짜 외로움이 아닐지도 모르니까.

마셜 매클루언이라는 미디어 학자는 모든 문화와 문명의 형태를 외로움 때문에 만들어진 인공 대체물이라고 말했다. 그에 따르면 직장·취미·가족·종교조차도 외로움이라는 바다에서 조난당한 사람들이 살기 위해 찾는 섬이라는 거다. 외로움은 외롭지 않은 상태를 위해 마음의 문을 열게 만드는 조건이다. 현대에 와서 외로움은 사치라는 아우라를 갖게 되었다. 한때 결혼보다 화려한 싱글이 더 좋다는 말도 유행하지 않았던가. 외로움은 생각보다 나쁜 게 아니다. 외로움을 비생산적인 힘보다는 강하게 하는 힘으로 받아들일 수 있다면 말이다. 그러니까 외로움 때문에 징징거리지 말고 그걸 멋지게 즐기는 법만 배우면 되는 거다. 잠을 충분히 자고 일찍 일어나는 것, 햇빛을 충분히 쬐는 것, 신선한 야채와 과일을 많이 먹는 것, 사려 깊은 이성 친구와 좋은 관계를 유지하는 것, 한가로이 산책하며 속 깊은 대화를 나눌 만한 동성 친구를 갖는 것, 좋아하는 책·음악·미술관·박물관·전시·DVD 따위는 꽤 쓸모 있는 처방전이다.

'나-주체'와 외로움의 관계는 새와 새장의 관계와 같은 것인지도 모른다. 우리는 새장에서 벗어나기를 원하고, 새장에서 벗어나면 다시 새장으로 돌아가는 길을 찾아 나선다. 나와 너 사이의 텅 빈 거리는 나를 둘러싸고 있는 외로움이라는 아우라가 나타나는 영역이다. 그리움은 타자와 나 사이의 거리에서만 나타난다. 유리왕의 공허한 가슴에 타오르는 불길이 있었다면 그것은 멀리 떠나 버린 치희에 대한 그리움의 불길이겠다. 아울러 그리움은 외로움과 맞붙어 있는 또 다른 면이다. 외로움을 소모적 감정으로만 보는 건 옳지 않다. 외로움은 타자를 끌어안는 포용력을 키우는 실존의 에너지다. 진정 새장을 벗어난 자만이 새장을 찾게 된다. 정말 외롭지 않은 자는 타자를 찾지 않는다. 타자를 절실하게 갈구하지 않고는 사랑할 수 없다. 외로움의 황홀을 아는 자만이 타인을 포용하고 사랑할 수 있다. 외로움이란 존재의 모멸에서 존재의 긍정으로 나아가는 과정에서 생성되어 나타나는 나를 향한 지향의 한 형태다.

나의 현전(現前)은 나-너의 관계 속에서만 나타나는 현상이다. 우리는 나-너를 쪼개 분리하고, 분별하고 낱낱으로 나눈다. 나 없는 너, 혹은 너 없는 나는 시들어 버린다. 신은 나-너의 회로 속에서 늘 새롭게 생성하는 전일성(全一性), 영겁 회귀하며 구현되는 인격의 또 다른 이름이다. 사람은 그 신의 형상을 닮은 존재다. 깨어진 세계 속에서 나-너로 거듭 태어나는 것은 쉬운 일이 아니다. 나-너의 상태란 사랑과 의지가 작용하는 상태. 나를 잃어버림으로써 나를 완벽하게 소유하는 상태. 샤르댕이 말한 "연인들이 서로 상대방 속에서 자기 자신을 잃어버린 경우가 아니라면 어느 순간에 그들이 자기 자신을 가장 완전하게 소유할 것인가?" 하는 경지다. 사람은 나-너의 상호적 지평 속에서 비로소 의미를 얻는 존재다. 다시 말해 인간과 함께하는 인간일 때 비로소 지각된 자기로 설 수 있다. 그러나 이 지각된 자기는 끊임없이 나-너의 세계로 미끄러져 들어간다. 지각된 자기는 나-너의 세계라는 뿌리 위에 솟은 줄기이자 꽃이다. 그럼에도 불구하고 현대인들은 이 나-너의 공존이 깨어진 세계 속에서 파편화된 나의 홀로움 속에 제 삶을 펼치려고 애쓴다. 마르틴 부버는 말한다. "나, 그 자체란 없으며 오직 근원어 나-너의 나와 근원어 나-그것의 나가 있을 뿐이다. 사람이 나라고 말할 때 그는 그 둘 중 하나를 생각하는 것이다. 그가 나라고 말할 때 그가 생각하고 있는 나가 거기 존재한다. 또한 그가 너 또는 그것이라고 말할 때 위의 두 근원어 중 어느 하나의 나가 거기에 존재한다."(마르틴 부버, 『나와 너』)

어쩌면 외로움은 피할 수 없는 실존의 본질이고, 사랑이란 일종의 비정상적으로 부풀어 오른 열정의 과잉 지속 상태를 일컫는 것인지도 모른다. 왜냐하면 사랑은 시작의 순간부터 끝을 향해 달리기 때문이다. "사랑은 반드시 끝나기 마련이며, 게다가 아름다움보다 더 빨리, 따라서 자연보다 더 빨리 끝난다. 사랑의 끝은 일반적인 우주론적 종말에 속하는 것이 아니라 사랑 자신에 의해 조건지어진다. 사랑은 짧은 시간 동안만 지속되며, 그 끝은 다른 모든 한계가 없다는 점을 상쇄시켜 버린다. 사랑의 본질 자체, 즉 과도함이 비로 그 종말의 근거다. 역으로 말하자면, '사랑에서는 지나칠 정도로 사랑했기 때문이라는 것 말고는 더는 사랑하지 않을 이유가 거의 없다.'"(니클라스 루만, 앞의 책) 사랑이 끝난 뒤에야 비로소 외로움은 일상적 현실이고, 사랑은 마약을 복용한 것 같은 격양된 감정에서 허둥대는 비일상적 상황이라는 사실을 깨닫는다. 존 쿠퍼 포우어스는 말한다. "인간은 누구나 그 마음의 밑바닥에서는 고독하다. 태어날 때 우리는 울부짖는다. 그 부르짖음은 고독의 절규다."(『고독의 철학』)

이 세상에 몸을 받고 태어난다는 것은 두 개의 영겁 사이에 걸쳐 있는 '홀로 선 자기'를 '일회적, 의식적 삶'으로 받아들이는 것이다. 광대한 우주를 홀로 떠 가는 한 척의 배, 그것이 '나'라고 하는 배다. 고독 혹은 외로움은 숭고한 열정이다. 타자 혹은 세계의 낯섦을 견디게 하는 것은 오로지 '군집 생활 속에서 내면적 고독을 수양하는 길'뿐이다. 우리는 혼자 태어나고 혼자 죽는다. 이건 바뀔 수 없는 진리다. 죽음의 두려움에 굴종

226

하는 하찮은 영혼들만이 헐떡거리며 외로움을 타자를 통해 해소하려고 한다. 숭고한 영혼들은 겸허하게 해탈을 향해 나아간다. 왜냐하면 '영혼이 고독한 순간에만 우주의 불가사의한 힘이 그 속을 흐를 수 있다'는 사실을 잘 아는 까닭이다. 영혼의 가장 높은 단계는 '신같이 고독해지는 것'이다. 고독은 환영이 아니니까. 그것은 고양된 영혼만이 잠깐 엿볼 수 있는 삶의 정수, 삶의 황홀경이다.

외로운 사람은 그 외로움이란 속성을 통해 강하고 더 독립적인 인격을 갖출 수 있고 혹은 외로움의 독성 때문에 융통성 없고 이기적인 인격, 성질 더러운 인간이 될 수도 있다. 외로움은 약이 될 수도 있고 독이 될 수도 있다는 거다. 당신에게 외로움이 찾아올 때 너무 놀라지 마라. 외로움은 이러저러한 관계에서 쌓인 피로를 푸는 휴식, 감정의 찌꺼기들을 씻어 내는 정화소가 될 수도 있을 테니까. 자, 외로움이라는 준마를 몰고 세상이라는 벌판을 신나게 달려 볼까?

함께 읽으면 좋은 책들

니클라스 루만, 『열정으로서의 사랑』, 정성훈·권기돈·조형준 옮김, 새물결, 2009

롤로 메이, 『사랑과 의지』, 박홍태 옮김, 한벗, 1981

마르틴 부버, 『나와 너』, 표재명 옮김, 문예출판사, 2001

울프 포샤르트, 『외로움의 즐거움』, 윤진희 옮김, 한얼미디어, 2006

불륜, 사랑과 결혼 사이

루이즈 디살보, 『불륜, 오리발 그리고 니체』

이탈리아 작가 알레산드로 바리코의 소설 『비단』은 내가 읽은 가장 아름다운 '불륜' 소설이다. 누에상(商) 에르베 종쿠르와 그의 아내 엘렌이 겪은 불 같은 사랑 이야기다. 프랑스에서 저 먼 일본까지 누에알을 구하러 갔던 종쿠르가 한 묘령의 일본 여자를 보고 단박에 사랑에 빠진다. 그 둘의 사랑에는 큰 위험과 장벽이 가로놓여 있다. 우선 그들은 너무 멀리 떨어져 있다. 아울러 종쿠르에게는 아내가 있고, 그 여자에게는 주인이 있다. 고향에 돌아온 종쿠르는 여자를 열망하고, 그 열망이 시키는 대로 구실을 만들어 다시 일본을 찾는다. 몇 번이나. 내란에 빠진 일본을 떠나온 뒤 그는 다시는 일본을 찾지 않는다. 평화로운 삶을 살던 종쿠르는 일본에서 온 한 통의 편지를 받는다. "제 몸속으로 파고든 당신의 손가락. 제 입술에 닿은 당신의 혀. 당신은 제 몸 아래로 미끄러져 들어와요. 당신은 제 엉덩이를 두 손으로 움켜쥐고 저를 들어 올려요. 그리고 당신의 음경 쪽으로 서서히 제 몸을 끌어당겨요. 누가 감히 지금 이 순간을 지워 버릴 수 있겠어요? 당신은 천천히 제 몸속으로 들어와요. 당신의 손은 제 얼굴을 더듬어요. 당신의 손가락이 제 입속으로 파고들어요. 당신의 눈에서, 당신의 목소리에서 기쁨이 넘쳐 나요. 당신은 천천히 몸을 움직여요. 마지막 고통이 느껴지는 순간, 저도 환희의 비명을 내질러요." 세월은 흘러간다. 종쿠르의 삶은 그럭저럭 평탄했다. 아내가 죽고 스물세 해 뒤에 그도 죽는다. 소설의 마지막에 놀라운 반전이 숨어 있다. 엘렌이 죽고 장례에 딸린 일들을 다 치른 뒤 종쿠르는 노골적인 정염을 갈구하는 그 편지, 일본에서 만난 묘령의 여자가 보낸 것으로만 알고 있던 그 편지가 실은 평생 정숙한 여자로 믿은 아내 엘렌이 써서 일본어로 번역시켜 그에게 배달시켰던 것을 알게 된 것이다. 아내가 어떻게 에로틱한 사랑을 알 수 있단 말인가? 아내가 자기의 불륜을 모두 알고 있었단 말인가? 종쿠르는 혼돈에 빠진다. 종쿠르는 나중에야 입이 딱 벌어질 만한 비밀을 깨닫는다. 그 비밀은 『비단』을 직접 읽고 풀기 바란다.

불륜은 공인되지 않은 사랑이다. 그것은 결혼의 통념을 위협하고, 일부일처제 결혼이라는 인류의 공인된 관습에 대한 위반이기 때문에 비난받는다. "나는 우리 문화가 불륜을 부정적으로만 생각하도록 강요하고 있다고 믿는다. 불륜은 '결혼은 이런 것이다'라는 통념을 위협한다는 게 그 이유다. 불륜에는 위험과 변화, 자율이 따르게 마련이다. 경험이 여실히 보여 주었듯이 불륜과 맞닥뜨리면 누구나 어찌할 바를 모르고 종종 모든 염려에 대해 도무지 예측할 수 없는 정서적 상태를 보일 수 있다. 우리는 다른 사람이 되고 만다."(루이즈 디살보, 『불륜, 오리발 그리고 니체』) 불륜이 비난의 대상이 되는 것은 관습화된 도덕의 부당성에 대한 '속물들의 저항'이라는 진부함이 있기 때문이다. 대부분의 경우 그것은 사회

전복적이지 않고 그저 외설적 유희로 끝나고 만다. 그래서 불륜의 당사자조차도 다른 사람의 불륜에 대해 비난을 퍼붓고 단죄하려고 든다. 불륜을 '도덕적으로 결코 받아들여질 수 없는 욕망의 물꼬 터주기'로 인식하더라도 그것에 덧씌워진 나쁜 이미지는 크게 달라지지 않는다. 불륜을 가뭄이나 전염병이나 파산과 비슷한 것에 견주어 비난하는 사람들에게 그 당사자의 사생활, 사적 감정, 고독, 한 사람으로서의 자율성, 영혼의 성장 따위는 전혀 고려되지 않는다. 불륜은 무조건 나쁜 것이다! 그 나쁜 것에 왜 그토록 많은 사람이 목을 매는 것일까? 왜 그토록 많은 문학 작품은 불륜을 소재로 삼을까? 저 멀리 D. H. 로렌스의 『채털리 부인의 연인』에서 최근의 『비단』에 이르기까지, '불륜' 소설들은 우리 주변에 차고 넘친다. 모파상의 소설 「고인」은 이상한 방식으로 현실의 이면에 숨은 불륜을 드러낸다. 죽은 아내의 무덤을 찾아갔다가 묘비명이 "그녀는 사랑하고 사랑받다 잠들었노라."에서 "어느 날 불륜 관계를 맺으러 나갔다가 비를 맞아 감기에 걸려 죽었노라."라고 바뀐 것을 보는 한 남자의 이야기를 들려준다. 앞의 것은 거짓말이고 뒤의 것이 삶의 숨은 진실이다.

'불륜'은 때때로 사회적 파장을 불러일으킨다. 몇 년 전 한 사립 미술관의 큐레이터로 일하던 젊은 처자가 위조된 학력으로 유명 사립 대학의 교수에 임용되고, 내친 김에 국제 비엔날레 총감독 자리까지 꿰찼다. 교수 임용과 총감독 선임 과정에서 권력의 실세에 있는 사람의 비호가 있었던 게 드러났다. 당시 최고 권력자는 개혁 세력에 흠집 내려는 언론이 의혹을 부풀린다고 불만을 터뜨렸는데, 막상 그 진상을 들춰 보니 의혹들은 대부분 사실이었다. 한 문화계 인사의 집에서 이 젊은 처자의 알몸 사진이 나왔다는 소문도 있었다. 이 처자의 알몸 사진을 실은 신문 보도 행태도 썩 우아해 보이지는 않았다. 국민의 알 권리를 빙자해서 우리 모두를 천박한 관음증으로 내몬 것은 아닐까. 인간에 대한 최소한의 예의를 잃은 언론의 선정적 보도 행태는 우리 사회 저변의 속됨과 천박함을 그대로 반영하는 것이다.

두 사람 사이의 연애는 사적인 영역이다. 둘이 한 침대에 누워서 공통의 관심사인 렘브란트의 화풍에 대해 얘기를 나누었는지, 그저 서로의 발가락이 어떻게 생겼는가를 비교해 봤는지, 혹은 침대 위에 감자칩을 펼쳐 놓고 사이좋게 집어먹었는지 우리는 알 필요도 없고 알고 싶지도 않다. 그건 사적 영역이니까. 그러나 중요 권력 실세의 중년 남성과 새파랗게 젊은 여성 큐레이터가 이메일로 수백 통의 연서를 주고받으며 혼외정사를 나누고, 그 불륜의 보상으로 남자가 고가의 보석 선물을 하고, 여자가 출세하는데 제 권력을 부적절한 방법으로 썼는지를 밝히는 것은 공적 영역이다. 그건 밝히고 드러내야 한다. 어쨌든 공직자로서 청렴하고 예술에 소양이 깊은 이 남자는, 인생에서 실패나 좌절을 겪지 않고 승승장구하던 이 남자는 부적절한 '사랑' 때문에 나락으로 떨어졌다. 사랑이란 그런 것이다. "당신 없인 아무것도 이젠 할 수 없어, 사랑밖에 난 몰라."(심수봉 노래, 「사랑밖에 난 몰라」)라는 노래도 있지 않은가. 남녀 간에 맺는 사랑의 본질은 욕망이고, 그 욕망의 핵심은 애무며, 애무의 끝은 살 섞음이다. 이게 다 페닐에틸아민이라는 성호르몬의 작용 때문이다. 연애 초기에 이것은 혈관으로 분비되어 설레게 하고 황홀경을 안겨 준다. 방금 함께 있다가 헤어져도 그(그녀)가 보고 싶은 것은 다 이 페닐에틸아민의 장난질 때문이다. 그 남자는 단 한 번의 부적절한 사랑으로 공직과 명예와 신의를 다 잃었다. 진화 생물학자 리처드 도킨스라면 그 남자나 그 여자가 아니라 연애 감정을 전달하는 화학 물질인 페닐에틸아민을 처벌하라고 했을 터다.

권력의 힘을 빌려 내밀한 관계의 여자가 공적 지위를 얻고 지원금을 타내는데 뒷배를 봐준 게 드러났으니 그 부적절한 처신이 법의 심판을 받지 않을 수 없었다. 혹시 그 남자가 『명심보감』을 읽었는지 모르겠다. 그 책에 이런 구절이 있다. "사랑이 깊으면 낭비도 깊고, 감춘 것이 깊으면 망하는 것도 깊다." 당사자들이 거짓말과 허언으로 진상을 가리려고 했기 때문에 파장이 더욱 커졌다. 사건의 사회적 파장은 커졌지만, 이 사건의 본질은 비교적 단순하다. 이는 더도 덜도 아닌 불륜 드라마다. "불륜 드라마는 현실을 반영하는 것이 아니라 은폐함으로써, 우리에게 실재의 징조를 말해 준다."(이택광) 불륜 드라마는 감추고 가림으로써 '실재의 징조'를 말해 준다는 법칙은 이번 사건에도 그대로 들어맞는다. 두 사람은 실체를 애써 감추고 가리려고 했다. 결국은 부적절한 행동이 드러나고, 이로 인해 두 사람이 얻은 것은 명예의 추락이요, 국민이 얻은 것은 행정의 투명성에 대한 불신, 권력과 그 주변에 대한 환멸이다. 이 경우 피해자는 선량한 국민이다. 그렇다면 당사자들의 거짓말, 권력 남용, 혼외정사로 국가가 부담해야 할 사회 경제적 비용을 계산하고 그 사법적 책임을 따지고 밝혀 그들에게 대가를 치르도록 해야 마땅하다.

불륜에 관한 자기 고백적인 발칙한 수다를 고갱이로 하는 루이즈 디살보가 쓴 『불륜, 오리발 그리고 니체』는 불륜 남녀들이 겪는 이상 심리와 상처, 그리고 극복에 대한 문화적인 고찰을 담은 책이다. 루이즈 디살보는 "결혼 이후 나는, 한마디로 현모양처, '바른 생활 우먼'을 향한 초고속 일취월장 변신을 거듭했다. 내 열정은 어느새, 어떻게 해야 갈비찜이 질기지 않게 된다더라 하는 걸로 바뀌었다. 내 남편이 결혼한, 활화산 같은 여자는 어디로 가 버린 걸까? 한눈에 그를 사로잡은 자유로운 영혼의 소유자, 그녀는 '외출 중'이었다."라고 쓴다. 자, 그 불륜에 덧씌워진 편견과 오해를 제쳐 놓고 한번 솔직하게 그 안팎을 들여다보자. 불륜에는 지상에 이룬 천국이라는 '결혼'에 상존하는 건조한 관계, 잦은 말다툼, 퉁명스러움, 돈 걱정, 설거지, 쓰레기 버리기, 의무감이 지배하는 섹스 따위가 없다. 대신에 감미롭고 낭만적인 "섹스, 열정, 음식, 술, 기쁨, 권태"가 있다. 그래서 사람들은 자주 메마른 천국을 뒤로하고 '불륜'이라는 뜨거운 지옥 속으로 뛰어든다. 혼자 있는 것도 끔찍하지만 의무와 관습으로 얽힌 관계 안에서 고된 노동과 메마른 삶을 되풀이한다는 것도 끔찍하다. 여자에게 불륜은 하나의 출구다. 정확하게 말하자면 남성 중심적 윤리 체계라는 영토에서 탈주하는 것이다. 그것은 '윤리의 부정'이 아니라 이전에 없었던 새로운 윤리의 생성이다. 견고한 윤리적 지층의 균열이고 떨어져 나옴이며, 마침내 배타적 성의 독점에서 탈영토화하는 것이다. 더는 '불륜이란 없다.' 자유로운 의사와 상호 동의에 바탕을 두고 규범과 제도 바깥에서의 관계 맺기이고, 다른 윤리가 생성되고 있을 따름이다. 사람들이 이것을 죄악시하고 비난하지만 사랑의 한 형식인 것은 분명하다. 이것이 자기 스스로에 기초해 있고, 사적인 감정과 열정을 반영한다는 점, 그리고 내가 잃어버린 모든 것을 타자에게서 구한다는 점에서 그러하다.

확실히 오늘날은 일부일처제 결혼을 죽을 때까지 유지하기가 과거보다 어려워졌다. 남자와 여자의 기대 수명이 놀라울 정도로 늘고, 사랑의 준칙들은 과거에 비해 느슨해졌거나 무뎌졌다. 따라서 이 주관적 입법자의 권력이 과거와 같이 힘차게 우리의 몸과 의식을 묶어 두지 못한다. 사랑은 결코 충족될 수 없는 것, 즉 자유, 구원, 영원한 애정을 상대방에게 요구하는 것이다. 그것들은 늘 지연되고, 그래서 '사랑' 안에 있는 사람들은 늘 메마르고 굶주린 상태에 있다. 지금-여기에서의 사랑은 항시 양성

간의 숨 막힐 듯한 긴장과 '전쟁 중'으로 바뀌었다. 우리는 상대에게 더 많은 자유를, 더 많은 행복을, 더 많은 자기 실현의 기회를 요구하지만, 사실은 상대도 메마르고 굶주리고 있는 것은 마찬가지다. 내가 그에게 요구했듯이 그도 내게 같은 것을 요구한다. 사랑은 모든 것을 끌어안는 넓은 지평이 아니다. 그것의 질료적 요소인 감정이나 열정은 배타적이고 용렬하며 이기적이고 부당한 것들로 이루어져 있다. "사랑의 지평은 좁고 특별하며, 나와 너의 작은 세계로 이루어지지 그 이상은 아무것도 없이 배타적이고 누가 봐도 이기적이며, 논리상 부당함과 잔인함 사이의 어디 쯤엔가 위치해 있으며 독단적이고 법의 범위 밖에 있다."(울리히 벡·엘리 자베트 벡, 『사랑은 지독한 그러나 너무나 정상적인 혼란』)

비유하자면 오늘날의 결혼은 '침몰하는 배'다. 그 배의 승선자들은 침몰 상황 속에서 배와 함께 수장되기보다는 바깥으로 뛰어나가 살기를 원한다. 배 안에서만 머물기로 계약을 맺은 사람이 그 바깥으로 뛰쳐나가는 것은 계약을 어기는 행위다. 아직까지 '불륜'이란 결혼에 대한 위반이다. 사회적으로 금지되는 것이고, 그 위반에 대한 크고 작은 페널티가 따른다. 분명한 것은 어떤 금기와 그것의 위반에 대한 벌칙이 있다 하더라도 인류가 지구 위에 존재하는 한 불륜은 그치지 않는다는 사실이다. 왜 그럴까? 지구상에 존재하는 생물 종의 90퍼센트, 그리고 포유류의 97퍼센트가 상대를 가리지 않는 난교를 한다. 단지 3퍼센트만이 하나의 짝하고 사랑을 나눈다고 한다. 이러한 자연의 본성을 안다면 문명화된 인류 사회에서 그토록 많은 불륜이 생기는 까닭을 이해할 수 있을까? "불륜을 저지르며 남성과 여성은 '정상적인' 결혼을 함으로 인해 이미 막 내리고 만 가능성을 살리고 싶은 것이다. 여자가 되살리고 싶어 하는 막 내린 가능성은 자율이요, 남자에게는 친밀함이다."(루이즈 디살보, 앞의 책) 그렇다. '오직 한 사람하고만 잔다'는 건 이상이다. 이상과 현실 사이에는 괴리가 있다. 사람들은 결혼 바깥의 관계에서 잃어버린 것을 찾으려 한다. 게다가 "불륜은 우리로 하여금 자신의 욕망을 통제할 수 있는가 시험에 들게 하며, 의지로 감정을 다스릴 수 있는가 묻는다. 이들 불륜의 면면(동경, 상실, 욕망, 자율, 슬픔)은 적어도 내 경험으로 볼 때 인간 영혼을 단련하는 가장 근본적인 토대다."(루이즈 디살보, 앞의 책) 사랑이 이상이라면 결혼은 현실이다. 그 이상과 현실 사이에 샛길이 숨어 있다. 그게 바로 불륜이다. 그러나 모든 사람이 그 샛길을 좋아하는 것은 아니다. 불륜에 빠진 사람은 자기 안의 이기심, 욕망, 파렴치함에 굴복해서 육체의 쾌락에 탐닉한다. 그렇다고 불륜에 빠지지 않은 사람이 모두 이타주의, 숭고함, 높은 도덕성의 그윽한 향기를 풍기며 사는 것은 아니다. 뜻밖에 남편의 불륜 앞에서 망연자실했던 루이즈 디살보는 예기치 않은 그 난관을 성찰하고 극복하는 과정을 통해 보다 '자유로운 영혼의 소유자'로 거듭난다.

함께 읽으면 좋은 책들

롤로 메이, 『사랑과 의지』, 박홍태 옮김, 한벗, 1981

루이즈 디살보, 『불륜, 오리발 그리고 니체』, 박에스더 옮김, 산해, 2006

알레산드로 바리코, 『비단』, 김현철 옮김, 새물결, 2006

울리히 벡·엘리자베트 벡, 『사랑은 지독한 그러나 너무나 정상적인 혼란』, 강수영·권기돈·배은경 옮김, 새물결, 2002

전복적 사유의 글쓰기

발터 벤야민, 『일방통행로』

읽은 책마다 번호를 매겨서 목록을 만들었던 사람, 어디에도 소속이 없는 프리랜서 지식인으로 멸종해 가는 종족에 속했던 사람, 거리·길·미로·아케이드에 대해 끊임없이 몽상하고 사유했던 사람, 언젠가 '시온'으로 돌아갈 날을 꿈꾸며 히브리어를 배우던 사람, 존재의 안쪽에 유대인이라는 각인을 새기고 살았던 사람, 그가 바로 발터 벤야민(Walter Benjamin, 1892~1940)이다. 벤야민은 국립 도서관 열람실 의자에서 하루에 아홉 시간씩 앉아 다양한 분야의 책을 읽곤 했다. 그는 누구보다도 열광적인 독서광이었다. 파리의 골상학자라고 불러도 좋을 이 천재 에세이스트가 만든 상상의 지리학에서 그는 언제나 길을 잃는 몽상에 빠져 들곤 했다. 그는 파리를 좋아하고, 파리의 거리를 걷는 걸 무엇보다도 좋아했다. 그가 파리를 좋아한 이유는 그 도시가 헤매는 법을 가르쳐 주었기 때문이다. 어쨌든 그는 모든 장소들에 있기를 원했다. "어떤 장소를 알려면 가능한 한 많은 차원에서 경험해 보아야 한다. 어떤 장소를 이해하려면 동서남북에서 다가가 보아야 하며, 동서남북으로 떠나가 보아야 한다. 그러지 않으면 당신은 당신도 모르는 채 그곳을 세 번이고 네 번이고 우연히 가게 된다."(발터 벤야민) 그가 그토록 장소들을 알려고 애썼던 것은 장소가 삶 그 자체였기 때문이다. 그는 자신에게 엄격하고 약간의 우울증 기질이 있었는데, 그게 토성의 영향 때문이라고 생각했다. "나는 토성의 영향 아래 태어났다. 공전하는 별, 우회와 지연의 행성."(발터 벤야민) 그는 생애 거의 전부를 무능한 고학력 실업자로 살았는데, 그 이유가 자신이 토성의 영향을 받기 때문이라고 생각했다. 느리고 우유부단한 토성의 기질은 분명히 사회적 생존에 열등한 기질이 아닐 수 없다. 벤야민은 자신이 타고난 별자리를 빌미 삼아 그 열등함에 기꺼이 안주했다. 어머니와 산책할 때면 그는 늘 한걸음 뒤에 처져 걷곤 했다. 자기가 떠올린 과거 전부를 미래의 전조로 해석한 그는 그게 "사회적 생존에 대한 사보타주"를 예시하는 것으로 받아들였다. 벤야민은 흔히 사람들에게 "슬픈 사람"으로 받아들여졌다. 그는 『독일 비극의 기원』에서 토성이 자기를 "무감각하고, 우유부단하고, 둔감하게" 만든다고 했다.

벤야민의 생각에 따르면 파리는 현대성이란 사나운 짐승을 낳은 부정한 자궁이었다. 그가 파리에서 읽어 낸 것은 현재성의 감각이다. 파리는 지금의 현존과 갖가지 유행, 소비주의와 소유에의 갈망들, 그리고 이 모든 것이 한꺼번에 버무려져 균질하지 않게 체현된 광기가 공존하는 장소였다. 이때 현재성의 감각은 과거에서 뻗쳐 나온 것이고, 모든 과거는 뿌리에서 부피를 이루며, 잎과 열매라는 형식을 선취해서는 은폐적 차원에서 비은폐적 차원으로, 돌연 지금의 현존으로 도약한다. 이 현재성의 감각을 물리적으로 체현해 낸 게 바로 파리의 파사주(passages)였다. 파사주, 즉 아케이드는 "도시의 이성적 구조를 비이성적 미로로, 터널들을 잇는 악몽으로, 그리고 영혼이 붕괴될 때 정점에 이르는 소용돌이로 만들어 버렸다."(제이 파리니, 『벤야민의 마지막 횡단』) 아케이드는 밖이며 안이고, 집이며 거리인 곳이다. 비나 눈과 같은 날씨 변화에 전혀 영향을 받지 않는 아케이드는 유리로 뒤덮인 무수한 미로를 품고 있는 통로가 아닌가!

베를린의 유대인 집안에서 태어나 유복한 어린 시절을 보낸 벤야민의 사상적 편력은 꽤나 복잡하다. 그의 정치적 신념과 예술 철학은 프랑크푸르트 학파의 젖줄을 물었는가 하면, 다른 한편으로 루카치의 마르크스주의와 내통하며 정치적 삶의 가능성을 급진적 공산주의에서 찾으려 하고(정작 마르크스의 저작들은 읽지 않았다!), 하이데거와도 사상적 혈연관계를 이루며 뼈대를 만들고 몸집을 부풀린다. 문학·정치·영화·미술·철학 어느 하나에 고착하지 않고 그것들 사이를 종횡으로 누비면서 중심에서 현대성의 의미를 건져 낸다. 철학과 시를 뒤섞고, 정치와 형이상학, 신학과 유물론이라는 재료들을 비비면서 자신의 독자적인 사유 세계를 펼쳐 나간 그가 프랑크푸르트 대학의 교수를 지원했다가 "단 한 줄도 이해할 수 없다."는 평가와 함께 교수직을 거절당한 이후로 유목민적 지식인으로 어떤 소속도 없이 떠돌다 죽었다. 그의 죽음은 상징적이다. 1940년 나치의 점령지가 된 파리에서 벤야민은 원고 뭉치로 가득 찬 트렁크를 들고 피레네 산맥을 거쳐 국경을 넘으려 했다. 벤야민의 최종 목적지는 미국이었다. 국경 통과가 실패로 돌아가자 모르핀으로 음독을 시도한다.

벤야민의 마음을 빼앗은 것은 신상품, 패션, 유행, 건축, 테크놀러지들이다. 그는 파리에 강박적 매혹을 느꼈는데, 그것은 파리가 모든 것을 갖추고 있는 도시이기 때문이다. 파리는 사시사철 현대성이라는 비(雨)가

내리고, 현대성이라는 눈(芽)이 날마다 수태되는 곳이다. 파리는 그의 댄디즘을 숙성시키고, 현대성의 사유를 펼쳐 나가기에 적당한 도시였다. 그런 까닭에 그는 어떤 파리지엥보다 파리를 더 사랑했다. 꿈의 건축물들, 거리, 군중, 산책자, 상품, 패션, 유행, 그 모든 것에 덧씌워진 자본주의의 아우라에 취한 그는 파리의 모든 것, 거기에 현시된 현대성을 탐식하며 골상학적 독해를 담은 대기획 '파사젠베르크'를 진행시킨다. 그는 파리를 통해 현대라는 계통수(系統樹)를 그려 보고 싶었던 것일까. 벤야민은 황홀경에 빠진 눈의 존재라고 할 수 있는데, 그가 단지 도시의 외관, 즉 아케이드, 그리고 물신화된 상품에 현시된 시각적 매혹에 따라 춤춘 광대는 아니다. 외관 너머의 심연. 그렇다, 그는 외관이 아니라 심연의 탐욕스러운 포식자다. 때이른 죽음으로 파리에 대한, 파리를 위한 철학적 대기획은 미완으로 그치고, 남은 것은 지식 유목민의, 변화하는 20세기 사회와 문화 지형에 대한 사유의 균열과 협로, 포식의 흔적들뿐이다.

벤야민의 여러 책들이 번역되어 있지만, 읽을 만한 한 권을 고른다면 『일방통행로』를 선택하겠다. 『일방통행로』는 장르가 모호하다. 철학도 아니고, 에세이도 아닌, 혹은 철학이면서 에세이인 단상들, 사유의 큰 고갱이에서 떨어져 나온 파편들의 집합체다. 빛, 공기, 투과성으로 가득 차 있는 『일방통행로』에서 벤야민은 글쓰기, 비평, 책, 인용, 텍스트에 대한 집요한 사유, 그리고 스쳐 가는 것들, 즉 주유소, 아침 식당, 전몰 용사 기념비, 화재 경보기, 여행 기념품, 안경점, 외래 환자 진료소, 세놓음, 재단장을 위해 폐업함!, 마권 판매소 등의 제목을 달고 소단위 사유체의 점들을 찍어 나간다. 이 점들에 붙은 표제와 본문의 사유는 어긋나기 일쑤다. 이를테면 「주유소」라는 제목에서는 엉뚱하게도 참된 문학 활동은 유식한 세스처로 가득 찬 '저서'보나는 공동체에 직접적인 영향을 미칠 수 있는 전단지, 팸플릿, 신문 기사, 플래카드가 더 유용하다는 주장을 펼친다. 왜냐하면 "기민한 언어만이 순간순간을 능동적으로 감당"할 수 있기 때문이란다. 「중국 도자기 공예품」에도 도자기에 대한 언급은 없다. 텍스트를 단순히 읽는 것과 베껴 쓰는 것의 차이에 대해 말한다. 벤야민은 베껴 쓴 자의 능동성은 텍스트에 대한 능동적인 접속과 몸 섞음을 가능하게 하지만 단순한 독자는 텍스트에 열린 몽상의 미로들을 피동적으로 스쳐 지나가게 된다고 말한다. 그것은 마치 걸어서 길을 간 자와 비행기를 타고 길 위로 지나간 자의 차이에 견줄 만하다. 그러고는 끝에서 엉뚱하게도 중국의 서적 필사 전통에 대해 언급한다. 이런 식의 엇박자는 계속된다. 「알리는 말씀: 우리 모두 산림을 보호합시다」에서는 "주석과 번역이 텍스트와 맺고 있는 관계는 양식과 모방이 자연과 맺고 있는 관계와 동일하다."라고 말한다. 이것은 무슨 뜻일까? 도무지 이해 불가, 요령부득이다. 하나의 대상, 혹은 현상도 그것을 바라보는 방법의 차이에 따라 '다른' 것이 될 수 있다는 얘긴가? 그다음 이어지는 얘기는 더욱 우리를 혼돈에 빠져들게 한다. 벤야민은 느닷없이 사랑에 빠진 남자의 얘기를 꺼낸다. 사랑에 빠진 남자는 제 연인의 보편적 아름다움보다 결점, 변덕, 얼굴의 주름, 기미, 낡아빠진 옷, 비뚤어진 걸음걸이에 더 집착한다는 것이다. 잎이 무성한 나무가 새들의 은신처가 되듯 이런 것들이 사랑에 빠진 남자의 은신처가 된다. 그게 왜 은신처가 되는가에 대한 설명은 없다.

"바보들이나 비평의 쇠퇴를 애석해한다. 비평의 명맥이 끊어진 지 이미 오래인데도 말이다."(「세놓음」) 비평과 그 대상 사이에는 비판적 관찰의 거리가 전제되어야 한다. 원근법적 조망과 전체적 조망이 있어야만 비평은 가능하다. 그러나 현대는 이미 그런 조건에서 멀리 벗어나 있다. 비평의 명맥이 끊긴 자리를 광고가 차지한다. 광고는 "사물의 핵심에 가장 본질적으로 가 닿는 시선"이다. 그것은 "영화의 스크린에서 차가 점점 더 거대해지면서 우리 쪽으로 흔들리며 질주해 오듯이 사물을 바로 우리 눈 앞에까지 들이민다." 광고는 대상과 주체 사이에 굳이 거리를 가질 필요가 없다. 광고는 대상의 세계에 우리가 몸을 들이밀고 그것을 취하기 이전에 욕망의 시효에 대한 만료를 선언한다. 우리는 광고가 제시하는 대상을 취하는 것이 아니라 광고 그 자체, 광고가 만드는 허상을 허겁지겁 먹고 마신다. 광고가 이미 공기가 되어 버린 현대에 누가 광고를 피할 수 있겠는가? 비평의 신은 제 집을 광고의 신에게 '세를 놓고' 어디론가 실종되어 버린 것이다. 세놓은 자가 실종되었다면 그 집의 주인이 나타날 때까지 세입자가 주인 노릇을 할 것은 자명한 일이다.

「13번지」에서는 책과 매춘부가 공유하는 운명에 대해 말한다. "책과 매춘부는 침대로 끌어들일 수 있다." 그것들은 생식을 전제로 하지 않고 섹스를 쾌락과 돈으로 대체한다는 점에서 자신들에게 부과된 생물학적 운명을 기피한다. 책과 매춘부는 몸이라는 한정적 자산을 판다. 오래 쓸수록 책은 낡아지고 매춘부의 몸은 거덜 난다. "책과 매춘부, 양자에게는 저마다 이들을 갈취하고 괴롭히는 남자들이 달라붙어 있다. 책에는 비평가들이." 매춘부 뒤에는 포주, 책 뒤에는 비평가들이 들러붙어 흡혈한다. 매춘이 인류의 가장 오래된 직업 중의 하나라면 포주 역시 그만큼 역사가 깊다. 저자이자 비평가인 벤야민은 자신이 매춘부이자 착취하는 포주라는 사실을 고백하고 싶었던 것일까?

벤야민의 미완의 책 『파사젠베르크』는 무수한 인용들로 이루어진 바벨탑이다. 자료들의 인용과 차용이 없었다면 『파사젠베르크』의 부피는 형편없이 쪼그라들었을 것이다. 인용은 차이들을 횡단하며 전복적 사유를 즐기는 그의 몽타주적 글쓰기에 대단히 유용한 방식이다. 벤야민은 인용에 대해 어떻게 생각했을까? "내 글 속의 인용문들은 노상강도 같아서 무장한 채 불쑥 튀어나와 여유롭게 걷고 있는 자에게서 확신을 빼앗아 버린다."(「잡화」) 몽테뉴와 루소의 정신적인 후예라고 할 수 있는 그는 그걸 알고 있었다. 퇴행하는 사유의 흐름을 뒤집고 경이를 일으키는 인용이 노상강도, 삽입 성교에 비견할 만한 가치가 있다는 것을. 이쯤에서 우리는 이 책의 부제가 왜 '사유의 유격전을 위한 현대의 교본'인가를 돌이켜 생각해 봐야 한다.

함께 읽으면 좋은 책들

강수미, 『아이스테시스: 발터 벤야민과 사유하는 미학』, 글항아리, 2011

게르솜 숄렘, 『한 우정의 역사: 발터 벤야민을 추억하며』, 최성만 옮김, 한길사, 2002

발터 벤야민, 『일방통행로』, 조형준 옮김, 새물결, 2007

제이 파리니, 『벤야민의 마지막 횡단』, 전혜림 옮김, 솔, 2010

문제는 속도가 아니라 깊이야!

월리엄 파워스, 『속도에서 깊이로』

오늘날 느림은 거의 멸종되었다. 느리게 산다는 것은 거의 불가능한 꿈이 되고 말았다. 컴퓨터나 스마트폰과 같은 디지털 도구들은 이미 우리 일상 깊이 들어와 있다. 우리는 그 도구들을 매개로 바깥세상과 '접속(connecting)'하고 언제라도 '연결(connected)'할 수 있다. 우리 삶이 '참을 수 없는 디지털의 분주함' 속에 붙잡혀 있는 동안 우리 마음은 평화를 잃고 '지속적인 주의력 분산' 상태에서 불안과 초조함으로 안절부절 못하기 일쑤다. 우리는 디지털 도구들이 없는 세상을 상상할 수 없다. 느림과 마음의 평화 대신에 산만함과 초조함 속에서 성급한 클릭을 하면서 서둘러 의사 결정을 내리고 있다면, 자신이 '이메일 무호흡증', '인터넷 중독 장애', '휴대 전화가 없는 상태를 두려워하는 노모포비아(nomophobia)라는 질병을 앓고 있는 것은 아닌가 돌아봐야 한다.

디지털 네트워크가 확장될수록 우리의 사고는 외부 지향석이 된다. 자신과 자신을 둘러싼 주변을 돌아보며 '이 안에서' 무슨 일이 일어나는지 살피는 게 아니라 부산한 바깥세상을 내다보며 '저 밖에서' 무슨 일이 일어나는지만 온 신경을 집중하는 것이다. 한때 저 멀리 떨어져 있던 세상에 쉽게 다가갈 수 있게 되자 괜한 의무와 책임 의식만 생겨났다. 클릭 몇 번으로 온 세상을 샅샅이 살펴볼 수 있으니 '꼭' 그래야만 할 것 같은 느낌에 사로잡힌다. 누군가 내 소식을 기다릴 것만 같고 빨리 답장해야만 할 것 같다.(윌리엄 파워스, 『속도에서 깊이로』)

당신의 상태도 이와 비슷한가? 그렇다면 당신도 디지털 금욕이 필요하다. 인터넷을 차단하고, 휴대 전화도 끈 채 있어라. 잠시 디지털 도구들을 꺼 놓고 '고요한 시간' 속으로 침잠해 보라. 당신의 마음이 고요해지는 순간 당신의 마음과 함께 바깥세상도 속도를 늦출 것이다. 헨리 데이비드 소로는 네트워크를 등지고 숲으로 갔다. "천천히 살며 오직 삶의 본질만 마주하고 삶이 내게 가르쳐 준 것 중에서 배우지 못한 것은 없는지 살펴보기 위해서, 마침내 죽게 되었을 때에야 제대로 살지 않았다는 것을 깨닫지 않기 위해서 나는 숲으로 갔다."(윌리엄 파워스, 앞의 책에서 재인용) 숲은 느린 삶과 완전한 고독을 위해 맞춤한 장소였던 것이다.

나는 숲 대신에 시골로 거처를 옮겼다. 벌써 열세 해 전의 일이다. 시골에 내려와 사니 입맛도 변한다. 되도록이면 붉은 육류 대신에 주변에서 쉽게 구할 수 있는 식물들을 먹는데, 새벽에 일어나면 잣과 곶감을 씹고, 오곡을 갈아 만든 미숫가루를 한 잔 타 먹으며 일과를 시작한다. 대개는 정오 무렵까지 책상 앞에 앉아 읽고 쓰는 일을 한다. 그게 내 생업이다. 낮엔 된장과 함께 텃밭에서 기르는 상추, 부추, 가지, 고추, 마늘, 호박, 감자, 고구마, 토마토뿐 아니라 기르지 않아도 저절로 땅에서 나고 자라는 달래, 냉이, 민들레, 씀바귀, 고들빼기, 뽕잎 등을 곁들여 한 끼를 맛있게 먹는다. 내가 즐겨 먹는 음식은 구운 마늘, 호박젓국, 된장을 넣어 끓인 아욱국, 현미밥 따위다. 나는 음식을 먹을 때 천천히 씹어 먹는다. 스무 번, 서른 번, 때로는 백 번쯤 씹는다. 그렇게 10여 년을 사니 군살은 빠지고 뼈는 더 단단해진 느낌이다. 시골에 살면 저절로 패스트푸드와는 멀어진다. 아주 자연스럽게 채식주의자가 되어 규격화된 가공식품이나 생산자와 유통 과정이 불투명한 식품은 멀리하고, 제철에 나오는 차갑고 상쾌한 먹을거리와 더 자주 발효 식품을 먹게 된다. 어느덧 나는 슬로푸드 예찬자가 되었다. 슬로푸드를 실천하는 것은 현대 문명이 강요하는 속도의 노예에서 벗어나는 길이다. 아울러 "우리로 하여금 패스트푸드를 먹도록 하는 빠른 생활, 곧 '패스트 라이프'라는 음흉한 바이러스에 굴복"(카를로 페트리니, 『슬로푸드, 맛있는 혁명』)하기를 거부하는 것이다. 슬로푸드는 우리의 존재 방식을 바꾼다. 바로 지금 슬로푸드 식탁을 선택하는 것은 느리고 오래가는 기쁨을 누리기 위함이고, 몸과 마음을 두루 이롭게 하고 윤리적 충만감을 얻기 위함이다.

초여름 푸른 빗방울이 신록의 나무들을 실로폰처럼 두드리며 내릴 때, 두부탕수를 안주 삼아 마시는 찬술이 간절할 때가 있다. 싸락눈이 창호문에 들이치는 초겨울 저녁에는 밀전병 위에 오리껍질과 함께 생파와 생오이 썬 것을 얹어 먹는 북경오리구이와 목젖을 타고 넘어가는 독한 중국술이 그립다. 겨우내 먹은 묵은 김치의 염분에 물려 혀가 진저리칠 때 차고 육질이 쫄깃한 생선회들은 입맛을 단박에 살려 놓는다. 정월의 도미, 유월의 숭어, 팔월의 꽃게, 구월의 전어, 시월의 갈치…… 등은 얼마나 신선한가! 보릿고개에 숭어국 한 사발을 마시면 정승 보고도 이놈 하고, 팔월 그믐게는 꿀맛이고 보름 밀월게는 눈물 흘리며 먹는다고 한다. 구월의 전어는 햇쌀밥 열 그릇을 비우게 하고, 시월의 갈치는 혀에

착착 감기고 입안에서 녹는 듯하다. 이렇듯 산해진미와 술은 기쁨을 부르지만 정신은 이완시킨다. 그래서 배부른 자는 남의 배고픔과 비애를 헤아릴 줄 모른다. 여기 아침 식탁을 보라! "내 아침상 위에／빵이 한 덩이／물 한 잔／／가난으로도／나를 가장 아름답게／만드신 주여／／겨울의 마른 잎새／한 끝을／당신의 가지 위에 남겨 두신／주여／／주여／이 맑은 아침／내 마른 떡 위에 손을 얹으시는／고요한 햇살이시여."(김현승,「아침 식사」) 겨우 "빵 한 덩이, 물 한 잔"뿐이다. 요즘 식탁의 낭비를 물리친 이 견결한 검소함에 목이 멘다. 고요한 햇살이 내리는 이 맑은 아침 식탁에서 누군가 마른 두 손을 잡고 기도한다. '일용한 양식을 주셔서 감사합니다.' 무릇 낭비를 거부하는 삶을 살아야 한다. 적게 먹으면 욕심은 줄고 가난은 무른 정신을 단련시켜, 나는 보다 청신한 품격을 갖게 될 것만 같다.

옛날 중국에 추앙추라는 화가가 있었다. 어느 날 황제가 게 한 마리를 그려 달라고 부탁했다. 추앙추는 열두 명의 시종과 집 한 채, 5년의 말미를 달라고 했다. 황제가 이를 허락했다. 5년이 지났으나 추앙추는 그림을 시작도 하지 않았다. 추앙추는 5년을 더 달라고 요청했고, 황제는 이를 허락했다. 10년이 거의 끝나 갈 무렵 추앙추는 돌연 붓을 들어 먹물에 적시더니, 한순간에 단 하나의 선으로 이제까지 황제가 보았던 것 중 가장 완벽한 게를 그렸다. 밀란 쿤데라의 『느림』에 나오는 이야기다. 이는 천천히 숙성해 가는 느림의 가치를 말하는 것인가, 아니면 전광석화같이 완벽한 게를 그려 낸 화가의 빠른 솜씨를 칭찬하는 것인가? 밀란 쿤데라는 속도를 "기술 혁명이 인간에게 선사한 엑스타시의 형태"라고 했다. 산업 혁명 이후 놀랍게 진전된 기술 혁명은 인간 신체가 도달할 수 없는 놀랄 만한 속도를 선물한다. 시속 350킬로미터로 달리는 기차는 예전보다 훨씬 더 빠르게 우리를 목적지까지 데려다 준다. 자동차는 신체 이동의 자유를 가져다주었다. 기술 문명이 확보한 속도로 인해 사람은 편리를 얻고 여유를 갖게 되었으며, 삶은 한결 풍요로워졌다. 속도는 그 자체로 순수한 가치다. 하계 올림픽의 100미터 경주에 참가하는 선수들은 0.01초를 다투며 순위 경쟁을 한다. 0.01초의 차이로 금은동 메달이 결정되며, 그 차이로 누구는 영웅이 되어 막대한 부와 명예를 거머쥐고, 누구는 별 볼일 없는 선수로 낙인찍힌 채 잊혀진다. 과연 그 0.01초가 그런 차별을 정당화할 만한 가치가 있는가? 왜 사람들은 속도에 탐닉하고 속도에 높은 가치를 부여할까? 100미터 단거리 주자의 0.01초는 인간의 신체 능력의 극한이 어디까지인가를 드러내는 지표다.

남자가 한번 사정(射精)할 때마다 1억 8000마리의 정자들이 분출하는데, 가장 빨리 난자에 도달하는 단 한 마리의 정자만이 수정의 혜택을 누린다. 정자의 빠른 운동력이 생명의 결실로 이어지는 것이다. 이 경우 속도의 가치는 생명이 걸린 중차대한 문제라고 할 수밖에 없다. 일반적으로 속도는 젊음의 가치다. 생산 현장에서 빠른 속도는 생산력 증대로 이어지고, 달리기나 수영 같은 속도를 다투는 개인 종목은 말할 것도 없고, 축구나 농구, 핸드볼 같은 경기에서 빠른 선수들은 팀에 큰 보탬이 된다. 레스토랑에서 잽싸고 재기발랄하게 움직이는 웨이트리스는 손님들의 갖가지 요구를 빠르게 충족시킨다. 이렇듯 속도는 활력과 효율성을 드높이며, 생산과 승리와 서비스의 질로 곧바로 이어진다. 속도는 현대 사회에서 재화의 일종이다.

속도는 변화와 혁신이 일상화되는 현대 사회에서 경쟁을 이기고 살아남을 수 있는 유력한 수단이다. 현실은 빠르게 변화하는데, 그 속도를 따르지 못하는 느린 시스템을 가진 기업이나 실행에 옮기는 일이 굼뜬 개인은 낙오되기 십상이다. 그러니 속도에 적응하기 위해 긴장을 하고 투자를 해야 한다. 혁신에의 열정에 속도가 더해진다면 성공은 보다 확실하게 보장받는다. 성공하고 싶은가? 속도는 성공의 지름길이다. 허나 무조건 빠르기만 해서는 안 된다. 속도의 질을 따져야 한다. 속도에 지고의 가치를 부여하자 한편에서 혼란이 생겨났다. 신체가 감당할 수 있는 속도를 초과할 때 선택과 판단에서 오류가 일어나기 시작한 것이다. 고속화하는 문명사회에서 사람들은 과거나 미래와 단절된 현재라는 한 조각의 시간에만 매달린다. 빠른 것은 좋지만, 속도의 효용성만이 아니라 그것의 도덕적 가치, 즉 옳고 그름을 따져야 한다. 속도 그 자체는 수단이지 목적이 아니기 때문이다. 속도를 즐겨라. 그러나 행복한 삶은 빠른 속도가 아니라 당신의 깊은 사유에서 나온 선택과 지혜라는 사실을 잊지 말아야 한다. 일생일대의 중요한 결정을 내릴 때에는 때로 오솔길을 혼자 거닐며 깊은 생각에 빠져 보라. 박물관을 천천히 거닐며 뼛속같이 깊은 혼자만의 생각에 흠뻑 빠져 보라. 빠른 속도는 행복이 아니라 행복의 가능성을 높이려는 수단이다. 대체로 빠른 게 좋지만, 반드시 좋은 것만은 아니다. 그것을 어떻게 이용하느냐에 따라 축복이 되고, 재앙이 될 수도 있다.

　나는 아무리 세상이 속도와 효율성에 취해 있다 할지라도 먹는 것만큼은 슬로푸드의 방식을 따르고 싶다. "사람은 본질적으로 음식을 담는 자루다."(조지 오웰, 『위건 부두로 가는 길』) 사람은 먹지 않고는 살 수 없는 존재라는 뜻이다. 우리는 평생을 사랑하고 먹고 마시며 지낸다. 누구를 어떻게 사랑하고, 무엇을 어떤 방식으로 먹느냐에 따라 삶의 질은 크게 달라진다. 철학자 에마뉘엘 레비나스는 조금은 어려운 말로 그 점을 설명한다. "먹을거리가 우리 일상의 삶에서 차지하는 지위 때문에, 그리고 특히 먹을거리가 드러내 주는 욕망과 그것의 만족 사이의 관계 때문에 먹을거리의 예는 특권적이다. 욕망과 그 만족 사이의 관계는 세계 안에서의 삶의 유형 자체를 구성한다. 이 관계는 욕망과 그것의 만족 사이의 완벽한 대응이라는 특징을 가진다. 욕망은 완벽하게 그것이 욕망하는 바를 알고 있다. 그리고 음식물은 욕망 지향의 완전한 실현을 가능케 해 준다."(에마뉘엘 레비나스, 『존재에서 존재자로』)

세상에 존재하는 모든 생물은 먹음과 먹힘의 연쇄 관계로 얽혀 있다. 여기에서 벗어난 생물은 없다. 먹는다는 것은 쟁취하고 승리하며 살아남는다는 것을 뜻한다. 살아남는다는 것은 모든 생명에게 부과된 신성한 과업이다. 인류는 살기 위해서 제 욕망을 대상 세계를 향하여 활짝 열어 놓는다. 포획하고 먹기 위해서. 그것은 비난할 만한 일이 아니다. 사람은 쌀·보리·밀·콩·조·토마토·감자·고구마를 먹고, 또 돼지·소·개·굴·홍어·복어·조개·대구·연어·문어·상어·고래를 먹는다. 거기에 새끼 돼지를 쪄 먹고, 거위 간을 빼 먹으며, 새끼 양의 고환을 삶아 먹고, 철갑상어 알을 훔쳐 먹는다. 먹는 행위는 본질에서 대상의 죽임이며 죽인 것들을 지지고, 볶고, 삶고, 튀기고, 그을리고, 빻고, 으깨고, 썰고, 찢어서 내 안으로 들여보내는 일이다. "먹는다는 것은 아주 복잡한 방법으로 물질을 몸 안으로 들여보내는 작업이며 우리 몸이 아닌 어떤 물질이 우리 몸의 일부가 되도록 허락하는 일이다. 운이 없으면 해로운 독성이 들어갈 수도 있다. 그러니 어느 문화에서나 음식에 대한 금기가 보편적으로 나타난다는 사실에 대해 조금도 이상하게 생각할 필요가 없는 것이다."(카를로 페트리니, 앞의 책) 음식은 그 내용과 먹는 절차와 속도에 따라 우리 삶을 바꾼다. 우선 음식의 내용물 자체는 생명을 지탱하게 할 뿐 아니라 그것이 가진 바의 물질적 속성에 따라 우리 존재의 형질 자체, 혹은 내밀한 도덕적이고 행위적인 속성을 바꾸기도 한다.

현대 문명이 발명해서 널리 퍼뜨린 '패스트푸드'는 우리의 습관을 나쁜 방식으로 망가뜨리고 존재 방식을 나쁜 방향으로 바꾸며 환경과 자연 생태계를 파괴한다. 여기에 저항하는 유일하고 용기 있는 행동은 '슬로푸드'의 실천에 있다고 '슬로푸드 선언문'은 말한다. 슬로푸드는 기본적으로 제 고장에서 나오는 제철 음식을 구해 조리한 음식을 바탕으로 삼는다. 그 대부분의 재료들은 '농민 시장'에서 구한 것들이다. "옛 방식대로 작물을 재배하고, 과실을 가꾸고, 동물을 기른다. 농민 시장에 나와 있는 농산물은 원거리 시장의 수요를 충족시키려고 생산한 것이 아니다. 같은 모양만 골라낸 것도 아니며, 배에 실어 먼 거리로 보내기 위해 방부 처리를 한 것도 아니기 때문에 생긴 것은 제멋대로이고 오래 보존할 수도 없다. 그러나 엄선된 재래 종자로 접목했기 때문에 그 지역 사람들에겐 최고의 맛을 지닌 전통 음식이 된다."(카를로 페트리니, 앞의 책) 1989년에 카를로 페트리니가 주도해서 널리 퍼진 국제 슬로푸드 운동은 인류가 잃어버린 '생태적 미각'의 회복에 초점이 맞춰진 운동이다. 이것은 농산물의 대량 생산에 의해 규격화되고 다량의 방부제가 첨가된 식품들, 유전자가 인공적으로 변형된 식물이나 동물이 아니라 지역에서 나오는 재래종 재료로 조리한 고유 음식, 차갑고 상쾌한 먹을거리를 먹을 수 있는 권리 선언이다. 슬로푸드 운동은 궁극적으로 '느림'의 삶에 가 닿는다. 이때 '느림'은 삶의 우주적 리듬이고, 우리가 방치하고 사멸시킨 생명의 본질이다. 느리게 조리한 음식을 천천히 먹고, 느리게 살아라! 나는 살기 위해서, 더 좋은 삶을 위해서 이 느림에 기꺼이 동참한다.

함께 읽으면 좋은 책들

빌 버포드, 『앗 뜨거워』, 강수정 옮김, 해냄, 2007

에릭 슐로서, 『패스트푸드의 제국』, 김은령 옮김, 에코리브르, 2001

에마뉘엘 레비나스, 『존재에서 존재자로』, 서동욱 옮김, 민음사, 2003

윌리엄 파워스, 『속도에서 깊이로』, 임현경 옮김, 21세기북스, 2011

윤덕노, 『음식잡학사전』, 북로드, 2007

카를로 페트리니, 『슬로푸드, 맛있는 혁명』, 김종덕·황성원 옮김, 이후, 2008

자유 죽음에 대해 숙고함

장 아메리, 『자유 죽음』

1995년 11월 4일 한 남자가 파리 근교의 한 아파트 창문 밖으로 제 몸을 던진다. 철학자 질 들뢰즈는 투신자살하기 얼마 전부터 폐기능 부전으로 인공호흡기를 달고 침대에서 주로 누워 지냈다. 어느 날 그의 주변에는 아무도 없었다. 그 틈에 그는 인공호흡기를 떼고 침대에서 일어나 창가로 다가갔다. 그리고 창문을 열고 새처럼 허공으로 몸을 날렸다. 자살은 피할 수 없는 그의 불가피한 운명이었을까. 피에 불가결하게 새겨진 운명이란 "일종의 봉인된 증서"다. 그는 삶을 접고, 반대로 운명이란 봉인된 증서를 펼친다. 거기까지가 그의 삶이었다. "유기체란 자신의 고유한 부분들을 무한하게 접는 능력과 무한하게가 아니라 그 종(種)에 부여된 전개의 정도까지만 펼치는 능력에 의해 정의된다."(질 들뢰즈, 『주름, 라이프니츠와 바로크』) 삶이 펼침이라면 죽음은 접힘이다. "펼침은 증가함, 자라남이고, 또한 접힘도 감소함, 줄어듦, '세계의 외진 곳으로의 되

252

돌아옴'이다."(질 들뢰즈, 앞의 책) 그는 자신의 전기적 특이성에 대해 이렇게 간략하게 적었다. "여행은 별로 하지 않았고, 공산당에 가입한 적도 없었으며, 결코 현상학자나 하이데거식의 학자이지도 않았고, 마르크스를 포기하지도 않았으며, 1968년 5월 혁명을 거부하지도 않았다." 질 들뢰즈는 1925년 1월 18일 파리에서 두 아이를 둔 집안의 둘째아들로 태어났다. 아버지는 평범한 엔지니어였고, 형은 독일 점령 시에 레지스탕스 운동에 참여했다가 붙잡혀 아우슈비츠로 가는 기차에서 죽었다. 그는 소르본 대학을 졸업하고, 1970년 파리 제8대학 교수가 되었다. 그 후 대학에서 철학·문학·과학을 강의하고, 퇴임한 뒤로는 일상의 좌파 활동을 이어 가며 집필과 방송 활동에 전념했다. 말년에는 심각한 폐기능 부전으로 고통을 받았다. 그 고통 때문에 사람 만나는 일을 기피하고 집필 작업을 그만둘 수밖에 없었다. 슬라보예 지젝이 "현대 철학의 중심적 준거점"이라고 말할 정도로 들뢰즈는 현대에 가장 영향력 있는 철학자 중의 하나다. 그런 까닭에 들뢰즈의 자살은 불가사의하다. 푸코가 말했듯이 그는 미스터리 그 자체다.

철학자들이 죽음에 관심을 갖는 건 당연한 일이다. 죽음을 사유하는 것은 철학에 부과된 책무 중의 하나다. 누구보다도 죽음에 대해 끈질기게 사유한 루마니아 출신의 염세주의 철학자인 에밀 시오랑은 이렇게 썼다. "내 단 하나 유일한 관심은 죽음의 충동이었다. 나는 거기에 모든 것을, 나의 죽음까지 바쳤다."(에밀 시오랑, 『독설의 팡세』) 평생 자살하겠다는 말을 입에 달고 살던 에밀 시오랑이 끝내 자살을 연기하며 자연 수명을 다 누리고 죽은 것은 아이러니다. 왜 사람들은 스스로 자기 목숨을 끊는 걸까? 자살은 말 그대로 자기 자신을 살해한다는 뜻이다. 왜? 삶에 대한 염증이나 실존적 구토, 혹은 냉소 때문이 아니다. 오히려 "죽는 것만 못한 삶이라면, '치욕스러운 좌절과 냉혹한 실패' 상태에서의 인생이 더욱 추한 것이라면, 존엄성과 자유를 가지고 죽음을 선택할 수 있다." (장 아메리, 『자유 죽음』) 살아야 될 아무 뜻도, 보람도 없는 상황에서 그래도 살아야 한다고 윤리적으로 강제하는 것은 무책임한 일이다. 자살은 자기 삶의 존엄성과 자유에 대한 존중이고 경외감의 표현일 수 있다는 얘기다. 그렇지 않다면 사람의 내면에서 작동하는 그토록 강렬한 살려는 의지, 살아 있는 존재의 끈질긴 자기 보존 충동을 떠올리면 자살은 불가사의한 일이 되고 말 것이다. 장 아메리는 자살이라는 용어를 '자유 죽음'으로 대체할 것을 제안한다. 그럴 만하다. 장 아메리는 자살자를 자유롭게 자기 죽음을 선택한 사람으로 이해했으니까. "자유 죽음은 부조리하지만, 어리석은 짓은 아니다. 자유 죽음이 갖는 부조리함은 인생의 부조리를 늘리는 게 아니라 줄여 준다. 적어도 우리는 자유 죽음이 인생과 관련한 모든 거짓말을 회수하게 만든다는 점만큼은 인정해야 한다. 우리를 고통스럽게 만든, 오로지 그 거짓이라는 성격 때문에 괴롭게 만든 것을 자유 죽음은 원점으로 되돌려 놓는다. 나는 사람들이 흔히 일종의 통로, 절대자에 이르는 통과 의례라고 생각하는 모든 죽음보다 자살이 훨씬 덜 부조리하다는 생각을 자주 하곤 한다."(장 아메리, 앞의 책) 장 아메리는 바로 『자유 죽음』이라는 책을 출간한 지 2년 뒤 잘츠부르크의 한 호텔에서 자유 죽음을 실행한다. 1978년 10월 17일이다.

또 한 사람의 자살자. 전후에 활동했던 일본 작가 다자이 오사무(太宰治, 1909~1948). 신구문화사판 『전후 세계 문제 작품집』에서 「사양」을 읽은 뒤 다자이의 열광적인 독자가 되어 버린 나는 『청춘의 착란』을 단숨에 다 읽은 뒤 가슴이 먹먹해져 고층 아파트 창가에 서서 어둠이 내리는 들녘을 망연히 내려다본다. 나는 작가의 "방심한 맨 얼굴"을 봤다. 이

때 맨 얼굴은 고독과 파란과 착란으로 얼룩진 삶의 생생함과, 세상을 너무 깊이 너무 많이 보아 버린 자의 비극을 증언한다. 다자이는 그 비극에 대해 "입가에 하얀 거품이 생기도록, 재잘재잘 혼자서 떠들어" 댄다.

다자이는 1909년 아오모리 현 쓰가루에서 대지주의 여섯째 아들로 태어났지만 제대로 보살핌을 받지 못했다. 고등학교 때 이미 아쿠타가와 류노스케(芥川龍之介)의 소설을 탐독하며 문학에 대한 꿈을 키웠지만 도쿄 제국대학 불문과 재학 중에는 엉뚱하게도 대지주의 아들이라는 죄의식 때문에 좌익 운동에 투신한다. 뼛속까지 자유주의자인 그가 좌익 운동 동료들에게 이질감과 환멸을 느끼고 거기에서 빠져나온 것은 당연한 귀결이다. 그는 태중에서부터 권태와 외로움에 침식당한 사람이다. 그나마 그를 버티게 해 준 것은 소설을 향한 불굴의 욕망이다. "죽기 전에, 온 힘을 쏟아서, 땀을 흘려 보고 싶습니다."라는 고백. 그리고 "소설이 쓰고 싶어서, 근질근질하지만, 주문이 없다는, 참으로 믿을 수 없는 현실"이라는 벽. "자살을 해도 좋고, 백 년 장수를 누려도 좋고, 사람마다 제각각, 자신의 길을 끝까지 살아가는 것, 자신의 탑을 쌓아 올리는 것, 이것 외에는 없다고 생각합니다." 소설을 쓰는 것이야말로 "자신의 탑을 쌓아 올리는 것", 즉 추구해야만 하는 생의 제일의적 가치였다.

다자이가 감당할 수 없었던 것은 본질에서 과거인 것, 즉 고독과 권태가 아니다. 미래의 낯설음이다. 그것 때문에 자기 소외가 일어난다. 그때마다 다자이는 자살을 향해 달려간다. 자살은 세상이라는 "악덕의 지저분한 사육장"(보들레르)과, 생의 안쪽을 착색하고 있는 권태와 외로움, 그보다는 기댈 것 없는 내일의 낯설음에서 벗어나려는 몸부림이다. 혹은 세상의 모든 악덕과 위선을 향한 조롱이다. 그는 자살에 관한 여러 번의 전과(前科)가 있다. 10대 때 존경하는 아쿠타가와 류노스케의 자살 소식

을 들고 다량의 칼모틴을 먹고 처음으로 자살을 시도한다. 스물한 살 때
는 카페 여급과 자살을 기도하지만 혼자만 살아난다. 스물여섯 살 때 다
시 산속에서 자살 기도를 했으나 실패하여 정신 병원에 강제로 끌려간
다. 집에서 주는 생활비가 끊기자 극심한 생활고에 몰려 지인들에게 돈
을 빌려 달라고 편지를 썼다. 삶의 비루함과 자살 충동과 자의식 과잉은
다자이가 감당해야 할 숙명이었다. 스물여덟 살 때, 고교 시절부터 애인
으로 지내 온 게이샤 출신의 오야마 하쓰요(小山初代)와 결혼하지만 아내
의 불륜 사실을 알고 아내와 함께 온천에서 칼모틴에 의한 정사(情死) 계
획을 세웠으나 이 또한 미수에 그친다. 마침내 서른아홉 살 때 장편 소설
『인간 실격』을 발표하고 아내에게 남기는 유서와 아이들에게 장난감을
남겨 놓고 야마자키 도미에(山崎富榮)와 함께 강물에 뛰어들어 자살한다.
엿새 뒤 새벽에 사체 발견. 일본 제국주의 시대에 태어나 그 격동의 세월
을 건너온 다자이의 자살이란 무력함에 대한 저항, 최후적인 자기 도발,
졸렬과 수치에 대한 통렬한 복수다. 약물 중독, 폐결핵, 알코올 중독. 거
기에 네 번의 자살 기도. 그 삶에 미지근함이란 없다. 언제나 뜨겁거나
차가울 따름이다. 뜨겁고도 차가운 사람. 바로 이 책 『청춘의 착란』은 전
후의 절망 속에서 방황하던 젊은이들에게 등대와 같은 존재였던, 그리고
나쁜 시대에 대한 절망과 염세주의에 감염되어 신음하고 자살에 생래적
매혹에 빠져들던 한 소설가의 내면을 살짝 엿보게 해 준다.

함께 읽으면 좋은 책들

다자이 오사무, 『청춘의 착란』, 박현석 옮김, 사과나무, 2010

에밀 뒤르켐, 『자살론』, 황보종우 옮김, 청아출판사, 2008

에밀 시오랑, 『독설의 팡세』, 김정숙 옮김, 문학동네, 2004

장 아메리, 『자유 죽음』, 김희상 옮김, 산책자, 2010

질 들뢰즈, 『주름, 라이프니츠와 바로크』, 이찬웅 옮김, 문학과지성사, 2004

오래된 강을 바라보며

게리 스나이더, 『지구, 우주의 한 마을』

나는 여름을 사랑한다. 불꽃처럼 작열하며 살기를 꿈꾸어 왔기에 여름의 빛을 내면에 열정을 점화하는 촉매로 받아들인다. 아아, 지난 여름은 정말 더웠다. 나는 폭염과 습기와 몸에 달라붙는 해충들과 싸우다가 지쳐 무기력에 빠졌다. 짧아지는 낮, 줄어든 일조량…… 그 무덥고 습기 많던 여름이 꼬리를 감추고 사라지고 있다. 대지의 수분을 말려 버릴 듯 강렬하던 태양열은 엷어지고, 공기는 잘 마른 무명천처럼 까슬까슬하다. 숲을 이룬 활엽수들의 잎이 땅으로 떨어진다. 황혼 녘 빛을 받으며 금빛으로 반짝이는 한 떼의 새들이 서편 하늘 저쪽으로 날아간다. 배를 땅에 붙이고 미끄러지듯 이동하는 뱀들은 겨울잠을 잘 채비를 한다. 지상에 서 있는 것들은 그림자를 길게 늘어뜨리고, 땅거미가 내릴 무렵에는 죽음에의 예감들이 널리 퍼진다.

밤하늘 아래 서서 긴 포물선을 그으며 떨어지는 별똥별의 행로를 바라본다. 나는 언젠가 태어나기 이전의 세계로 돌아갈 것이다. 늦게까지 책을 읽고, 깊은 명상에 빠져드는 밤들이 잦아진다. 마지막 인간들은 사막에서 죽는다. 역사는 시든 이파리처럼 뒤에 남는다. 모든 것은 지평선 너머로 사라지는 한줌의 연기다. 책을 읽다 덮고 창문 너머로 다시 밤하늘을 바라본다. 저 칠흑 같은 밤하늘 너머로 무한한 우주가 펼쳐진다. 저 우주는 영원히 계속 팽창할 것인가? 아니면 어느 순간 그 팽창을 멈추고 수축할 것인가? 그것은 하나의 수수께끼다. 마침 만월이 떠서 천지가 새벽빛 터 올 때처럼 환하다. 달빛에 젖은 나무들과 지붕들, 어디론가 끝없이 뻗은 길들……. 그 하늘에는 철새의 무리가 떠 있다. 태어난 곳에서 붙박이로 살지 못하고 더 나은 살 곳을 찾아 유랑하는 무리에게 긴 안식과 새로운 삶의 터전이 마련되기를 빈다. 저 철새 무리가 그렇듯이 나는 이 우주를 여행하는 원자 X다.

"원자 X는 고생대의 바다가 육지를 덮은 이후로 석회암 바위 속에서 시간의 흐름을 지켜보아 왔다. 바위 속에 박힌 원자에게는 시간이 흐르지 않는다. 변화는 굴참나무 뿌리가 바위를 뚫고 파고들어 땅 밑의 수분을 빨아먹으면서 일어났다. 불과 한 세기라는 짧은 시간 동안에 바위는 부서지고, X는 생명체들의 세상으로 밀려 나왔다. 그는 꽃이 피어나는 것을 도와주었는데 꽃은 이어 도토리가 되고 도토리는 사슴을 살찌웠으며 사슴은 인디언의 먹이가 되었다. 이 모든 것이 한 해 동안 일어난 일이었다. 그렇게 해서 인디언의 뼛속에 거처가 정해진 X는 사냥을 하거나 날듯이 뛰어다니기도 하고 풍성한 연회와 굶주림, 희망과 공포를 경험하기도 했다. 그 모두가 끊임없이 원자를 밀거나 당겨 움직이게 하는 작은 화학 반응으로 전달되었다. 인디언이 초원에 마지막 작별을 고했을 때 X는 지하에서 금방 썩어 버렸다. 그것은 대지의 혈액 순환을 통해 두 번째 여행을 나서기 위해서였다."(알도 레오폴드, 『모래땅의 사계』)

원자 X는 쇠풀에 붙잡혔다가 버펄로의 몸에 들어갔다가 버펄로가 죽자 분해되어 흙으로 돌아가고, 그 흙은 빗물에 씻겨 강물로 내려가고, 오랜 세월에 걸쳐 바다로 돌아간다. 원자 X는 뱀과 개구리 사이, 사자와 가젤 사이, 도요새와 조개 사이에서 찰나에 피식자에서 포식자로 바뀌는 제 운명을 조용히 받아들인다. 그렇게 원자 X는 생태계의 방랑자가 되어 먹거나 먹히면서, 풀에서 초식 동물로, 초식 동물에서 육식 동물로, 육식 동물에서 무기물로 윤회한다. 나라는 존재는 그 원자 X가 우연히 와서 잠시 머무는 임시적 거처에 지나지 않는다.

생태학(ecology)은 '집'을 뜻하는 그리스어 오이코스(oikos)와 학문을 뜻하는 로고스(logos)가 합쳐진 말이다. 생물체들이 살아가는 물적 토대로서의 환경과 진화, 생명체와 서식 환경 사이의 상호 관계를 탐구하는 학문을 가리킨다. 자연은 생물들의 제1차적 서식 환경이다. 대기와 물, 토양을 갖춘 지구는 거대한 생태계이고, 이 안에서 다양한 생명체들이 생명 활동을 한다. 이 생태계 안에서 동시적으로 거주하는 식물과 동물은 군집을 이루고 상호적으로 영향을 주고받는다. 이것들은 각각 에너지원, 에너지 생산자, 에너지 소비자, 에너지 저장자라는 소임을 하며 생태계의 에너지 순환에 참여한다. 이때 에너지의 순환은 높은 곳에서 낮은 곳으로 흐른다는 열역학 제2법칙을 벗어나지 못한다. 생태계는 거대한 에너지의 순환 체계이고, 스스로 항상성을 유지하는 자기 완결적 구조를 갖추고 있다. 생태계는 하부 단위에서 초원 생태계, 해양 생태계, 농업 생태계, 극지방 생태계 따위로 나뉜다.

"생태학이란 이미 그 단어에 보이는 바, 자연계에 존재하는 관계들, 에너지의 이동, 상호 의존, 상호 관련, 그리고 인과 관계가 이루는 그물에 대한 과학적 연구다. 그 학문의 연구 성과 덕분에 생태학은 생물계가 붕괴 위험에 처해 있음을 세계에 알리는 학문이 되었다. 어떤 점에서 생태학과 구미의 전 지구적인 경제 개발의 관계는 과거 인류학과 식민 정책의 관계와 유사하다고 하겠다. 다시 말하면 생태학은 선진국의 무절제한 개발 문화가 만들어 낸 일종의 대항 과학이다. 그래서 개발 문화에 봉사하는 부도덕한 과학의 용병으로 악용될 소지도 있다. '생태학'이라는 단어는 또한 '환경 의식이 있는'이라는 의미로도 사용되어 왔다."(게리 스나이더, 『지구, 우주의 한 마을』)

생태학은 개체 생물들이 무리를 이루며 개체군, 군집, 생태계, 생태권이라는 위계로 나뉘는데, 이것들 모두를 아우르며 연구하는 학문이다. 생태학이 진보적 이념에 포섭되면서 생물계에 닥친 모든 위험을 일러바치는 '대항 과학'의 정체성을 갖게 되었다. 이 용어는 19세기 후반 독일의 생물학자인 에른스트 헤켈(Ernst Haeckel, 1834~1919)이 "생명체들 사이의 조화와 외부 세계와의 관계"를 연구하는 학문이란 뜻으로 사용하면서 학문적 지위를 얻었다. 그러니까 생태학의 역사는 기껏해야 백 년쯤 된 어린 학문이다. 생태학은 인간 중심주의는 인간과 자연을 다 함께 위기로 몰아넣을 수 있다는 사실을 경고하며 그 대안으로 생물 중심주의로 나아가는 물꼬를 터주었다. 아울러 다양한 환경 운동과 생태 운동의 든든한 이론적 기반이 되고 있다.

헬레나 노르베리 호지는 라다크인들이 자연과 친화하며 일군 공동체적 삶을 통해 서구의 합리적 이성 중심의 문화에 바탕을 둔 경쟁적·탐욕적·자기중심적 삶을 전면 비판한다. 라다크는 히말라야 고원에 있는 땅이다. 라다크인들은 가난하다. 하지만 가난이 불행의 원인은 아니다. 그들은 어떤 부유한 국가의 사람들보다 더 행복하다. 그들은 땅을 신성시해서 파종 시기에는 땅과 물의 정령에게 제사를 지낸다. 서구의 삶이 유한 자원인 지구의 에너지를 마구 퍼 쓰는 반지구적·반자연적 삶인 데 반해, 라다크인의 삶은 땅과 사람이 하나인 반개발의 삶이다. 라다크인들이 따르는 자연 친화적 반개발의 길은 "산업 사회 전체를 받치고 있는 토대"를 드러내 보이고, "가족과 공동체의 붕괴에 주의를 환기시키고, 화석 연료에 기초를 둔 사회의 숨겨진 보조금을 드러내 보여 줄 것이며 환경 손상을 경제 대차 대조표의 차변에 기록"한다.(헬레나 노르베리 호지, 『오래된 미래』) 놀라운 것은 문명의 혜택과는 먼 불모지에서 가난하게 사는 이들이 가난에서 벗어나지 못한 채 수천 년 동안 내려온 공동체의 전통과 풍습, 가치 규범 안에서 큰 행복을 느낀다는 점이다. 헬레나 노르베리 호지는 16년 동안이나 라다크에 살며 꼼꼼하게 관찰한 이들의 관습과 규범, 관혼상제, 결혼 제도, 육아 방식, 공동체 성원 간에 발생한 분쟁 해결 방식, 종교, 조상들의 지혜 등을 치밀하게 기록하면서 여문 자신의 생각을 담아 책을 펴냈다.

자연을 개발하고, 생산성만을 제일 가치로 섬기고, 자원을 낭비하는 서구적 삶의 방식이 가 닿은 끝은 어디인가? 그 끝은 '침묵의 봄'이다. 생태·환경 분야의 예언자들이 예고하는 인류의 미래는 끔찍하다. "언제부터인가 이상한 재앙이 이곳을 휩쓸면서 모든 것이 변하기 시작했다. 어떤 사악한 저주가 마을을 덮친 듯했다. 닭 사이에 이상한 질병이 퍼져 나갔다. 소와 양도 시름시름 앓다가 죽어 갔다. 모든 곳에 죽음의 그림자가 드리워져 있었다. …… 봄이 와도 새 우는 소리가 들리지 않았다. 전에는 아침이면 울새, 검은지빠귀, 비둘기, 어치, 굴뚝새를 비롯해 많은 새들의 합창이 울려 퍼지곤 했는데 지금은 아무런 소리도 들리지 않았다. 들판과 숲의 습지 위에는 오직 침묵만이 감돌았다."(레이첼 카슨, 『침묵의 봄』)

이 새소리가 사라진 적막한 봄은 화학제품과 농약을 남용하는 농법이 지속되는 한 우리가 피할 수 없는 끔찍한 재앙으로 닥칠 '가까운 미래'다.

수년 전부터 한반도에서는 수계(水系)들을 바꾸는 대역사(大役事)가 진행 중이다. 이 일이 국민적 합의 없이 쫓기듯 허둥지둥 이루어지고 있다는 점이 문제다. 그 명칭이 '4대강 정비 사업'이든지, '대운하 사업'이든지는 상관할 바가 아니다. 이것은 생물 종 다양성과 생태계의 안정성에 영향을 미칠 인간 중심주의의 '환경' 사업이다. 이 수계에 깃들어 사는 생물 종의 운명 따위는 고려되지 않는다. 중요한 것은 오직 실용적 이익뿐이다.

사람이 오만한 것은 사람과 자연의 관계를 주인과 종으로 보고, 사람이 자연을 지배하는 인간 우월주의에 바탕을 두는 까닭이다. 생물이 환경과 이루는 상호 관계 따위는 고려하지 않고 오직 사람에게 쓸모가 있으면 중요하고 그렇지 않으면 중요하지 않다고 여긴다. 모든 자연 '개발'은 이런 사고의 바탕 위에서 이루어진다. 다양한 생물 종 사이의 균형과 조화, 그리고 자연의 질서를 거스르는 모든 '개발' 행위는 자연에 대한 수탈이며, 생명들을 죽이는 일이다. 강바닥을 파헤치고 보를 쌓아 물길을 끊는 사업은 필경 수천 년 유지해 오던 자연 생태계의 균형과 조화를 깨뜨리고 끝내는 재앙을 불러올 환경 파시즘의 산물이다. 그런 까닭에서 나는 이것을 반대한다. 피식자에서 포식자로 운명을 바꾸며 먼 과거에서 와서 미래로 나아가는 나는 햄릿처럼 독백한다. "사느냐 죽느냐, 이것이 문제로다! 어느 쪽이 더 사나이다울까? 가혹한 운명의 화살을 받아도 참고 있어야만 하는가? 그렇지 않으면 밀려드는 재앙을 힘으로 막아, 싸워 물리칠 것인가?"(윌리엄 셰익스피어, 『햄릿』)

4대강 살리기의 핵심은 강바닥에 쌓인 퇴적물을 써내서 수질을 낫

게 하고, 물 부족과 홍수 예방에 보탬이 되고자 한다는 것이다. 그 본질은 운하를 파서 물길을 하나로 잇는 대운하 토건 공사다. 아울러 강 주변의 경관을 살리고 일자리도 창출하겠다는 것인데, 여러 전문가들이 정부 계획의 허구성을 따지고 반대에 나섰다. 그러자 국토해양부가 연구원들을 시켜 이 토건 공사에 대한 반대 논리를 뒤집을 논리를 내놓으라고 윽박질렀다. 이 내부 고발자가 일러바친 핵심은 '4대강 정비 계획'의 실체가 운하 계획이라는 것이다. 한국산업기술연구원의 김이태 박사는 정부가 대운하 반대 논리에 대한 대응 논리를 내놓으라고 강요하면서 자신을 영혼 없는 과학자로 내몰았다고 폭로했다. 나랏돈을 들여 하는 이 연구 용역에는 한국건설기술연구원이 이 사업의 총괄과 홍수·수질 연구를, 한국교통연구원이 물류 경제성 연구를, 한국해양수산개발원이 해운 물류 연구를, 한국해양연구원이 운하 선박 연구를, 국토연구원은 운하 주변 지역 개발 연구를 나누어 맡았다 한다. 정부가 연구원들에게 각서를 쓰게 하고 비밀 유지를 강제한 것은 이 사업에 반대하는 사람들의 비판이 부담스러웠기 때문이다. 이 연구원이 이 정부가 꾸미는 짓의 실체와 그 용렬함을 일러바치기에 나선 것은 그것이 제 양심에 어긋나는 일인 까닭이다. 종노릇하는 정부가 주인이 말리는 대운하 계획을 굳이 한반도 물길 잇기니 4대강 정비 계획이니 따위로 말 바꾸기를 하면서 밀어붙이는, 종노릇하는 자가 제 주인을 상대로 사기극을 펼치는 꼴이다. 몰랐다면 잠자코 있었겠지만, 알면서도 모른 체 있을 수만은 없다. 당장 집어 치워라, 강을 파헤치고 자연을 훼손하는 4대강 토건 공사!

함께 읽으면 좋은 책들

게리 스나이더, 『지구, 우주의 한 마을』, 이상화 옮김, 창비, 2005

레이첼 카슨, 『침묵의 봄』, 김은령 옮김, 에코리브르, 2002

알도 레오폴드, 『모래땅의 사계』, 윤여창·이상원 옮김, 푸른숲, 1999

헬레나 노르베리 호지, 『오래된 미래』, 양희승 옮김, 중앙북스, 2007

메멘토 모리

데이비드 실즈, 『우리는 언젠가 죽는다』

사람은 태어날 때 타인의 고통을 빌리지만 죽을 때는 모든 고통을 혼자 감내하며 죽는다. 이것은 불변의 진리다. 삶은 곧 죽음의 시작이고, 죽음으로 나아가는 시간은 우회를 모르는 직선이다. 이것도 불변의 진리다. 액체 환경(양수로 가득 찬 자궁)에서 기체 환경(공기로 가득 찬 대지)으로 삶의 조건이 바뀌면서 우리는 곧바로 죽음을 향하여 나아간다. 신생아의 분당 심장 박동 수는 120회인데, 그것이 죽음을 향한 카운트라는 걸 사람들은 자주 잊는다. 자신이 죽는 존재라는 걸 잊어버릴 정도로 바쁘게 살기 때문이다. 지구 위에 사람이 생겨난 것은 25만 년 전부터다. 그동안 900억 명이 살다 죽었다. 당신이 지금 이 글을 읽고 있다면, 당신이 초파리나 도롱뇽이나 열대어가 아니라 문자를 읽고 쓰는 호모 사피엔스라는 증거다. 당신은 11월에 가장 빠르게 자라고 7월에 가장 느리게 자라는 손톱 열 개를 가진 사람일 가능성이 99퍼센트다. 이미 죽은 900억

명이 아니라 살아 있는 70억 명 중에 포함된 한 사람이다. 하지만 그 삶조차 몇십 년 유예된 죽음이다. 저 북유럽의 한 철학자는 죽음에 붙잡혀 있는 삶을 이렇게 간명하게 표현한다. "걷는 것은 넘어지지 않으려는 노력에 의해, 우리 몸의 생명은 죽지 않으려는 노력에 의해서 유지된다. 삶은 연기된 죽음에 불과하다."(쇼펜하우어, 데이비드 실즈, 『우리는 언젠가 죽는다』에서 재인용)

사람은 언젠가 죽는다. 기특하게도 사람만이 죽을 운명이라는 것을 안다. 언젠가 닥칠 죽음을 자각한다는 것은 유례없고도 근본적인 인간의 조건이다. 죽음과 절멸에 대한 두려움은 우리 무의식에 앙금으로 가라앉아 있다. 사람들은 이것을 부정하고 한사코 이것에서 멀리 달아나려 애쓴다. 죽음을 회피하고 부정하는 일은 일반적인 일이라는 걸 한 문화 인류학자는 이렇게 말한다. "우리는 죽을 운명이라는 것을 객관적으로는 알고 있지만, 이 엄청난 진실을 회피하기 위해 온갖 획책을 다한다."(어네스트 베커, 『죽음의 부정』, 토머스 캐스카트·대니얼 클라인, 『시끌벅적한 철학자들 죽음을 요리하다』에서 재인용) 죽음을 외면하거나 희미하게 만들고 그 자리에 우리가 불멸의 존재라는 허망한 믿음을 들어앉히는 것은 진실을 회피하는 일이다. 어떤 의학자들은 노화에 관여하는 유전자들을 통제하고 수명을 결정하는 주요 유전자들을 연구해서 수명을 연장하려고 한다. 아마도 의학은 사람의 수명 연장에 성공하겠지만 그것으로 사람을 불멸의 존재로 만들지는 못한다. 붉은 포도주에 들어 있는 항산화제 성분인 레스베라트롤을 투여받은 초파리들은 그렇지 않은 초파리군보다 더 오래 산다. 이는 레스베라트롤 속의 시르투인이라는 분자가 포유류의 노화 속도를 늦춘다는 사실과 부합되는 실험 결과다. 당신이 붉은 포도주 적당량을 날마다 즐겨 마신다면 당신은 다른 사람보다 천천히 늙고 오래 살겠지만 수명 연장에는 한계가 있다. 마침내 당신도 언젠가는 늙고 쇠약해져 결국은 죽고 만다. 아무도 이 사실을 피해 갈 수는 없다.

불멸에 대한 사람의 관심은 사람의 역사만큼이나 오래되었다. 사람들은 죽지 않는 불사약을 찾아냈다. 인도의 감로수(amrita), 그리스의 암브로시아(ambrosia), 3000년마다 한 번씩 맺는다는 중국의 천도복숭아가 그것이다. 이것들을 먹고 마시면 사람은 젊어지고 영원히 죽지 않는다. 그러나 이는 꿈이다. 그 무엇도 우리 DNA에 내장된 죽음을 어쩌지는 못한다. 아무리 수명을 연장한다 해도 결국 사람이 죽는다는 사실 자체는 불변이다. 수명 연장책은 미망(迷妄)에 기대는 일종의 불멸 전략이다. 자신을 송두리째 미망으로 밀어 넣고 그 위에 '불멸 시스템'을 만드는 것이다. '불멸 시스템'은 종교·철학·문학·예술·의학의 층위에서 동시적으로 시행된다. 초시간화하는 예술 작품에 새긴 서명 속에서, 그리고 모든 종교의 "신-종교-영원-내세의 풀 패키지" 속에서. 왜? 죽음의 불안과 공포에서 벗어나기 위해. 아니 살기 위해서. 사람은 제가 죽을 운명이라는 뻔한 사실을 부정하면서 하루하루를 살아간다. 잘 삶(well being)은 곧 어여쁜 삶이다. 천상병 시인의 "요놈 요놈 요 이쁜 놈!"이라는 시구는 순진무구한 아름다움에 대한 가슴 벅차게 차오르는 예찬이다. 이때 "어여쁨이란 대개 흐름, 생성, 순환과 연결되어 있습니다. '요놈 요놈 요 이쁜 놈!'이라는 자각 속에는 '요 이쁜 놈'을 통해 그 속에 있는 생명을 확인하는 동시에 그 생명 속에서 내 생명을 확인하는 순환이 있습니다. 그리하여 생명의 동일성을 통해 힘을 얻고 재충전되는 과정들이 서로 맞물려 있습니다."(이지훈, 『존재의 미학』) 잘 삶은 잘 죽음(well dying)과 잇닿아 있다. 모든 삶은 결국 죽음과의 동거라는 맥락에서 그렇다. 어쩌면 죽음은 삶이 불가피하게 불러온 비루함과 남루함을 정화시키는 마지막 의식이다. 종종 악인의 삶을 살았던 이들이 죽음의 자리에서 참회하는 게 그 증거다.

죽음은 불청객이 아니라 내 안에 자리 잡은 삶의 반쪽이다. 따라서 죽음이 존엄하다면 그 삶의 존엄성도 드높아진다. 백 세가 되었을 때 곡기를 끊고 자발적인 죽음을 맞고자 했던 스콧 니어링같이. 그는 삶을 연장하기 위한 어떤 의학적 도움도 거절했다. 자연의 순리대로 죽기를 원했다. 이런 죽음이 존엄함 죽음이다. 우리 앞의 운명인 죽음을 부정하는 것은 삶을 반만 사는 것이라고 말한 이는 철학자 하이데거다.

메멘토 모리는 라틴어로 "죽음을 기억하라!"는 뜻이다. 왜 우리는 죽음을 기억해야 할까. 내가 죽을 존재라는 걸 각성하는 일은 살아 있는 순간들을 더 날카롭고 느끼도록 이끈다. 우리가 죽지 않고 지금-여기에 살아 있다는 사실만으로도 우리는 기뻐할 수 있다. 죽지 않는다면 삶의 의미는 반감될 것이다. 삶이란 이미 제 안에 품고 있는 죽음에 자리를 내주는 과정에 지나지 않는다. 사르트르라면 이렇게 말할 것이다. "대자(對自)가 완전히 과거로 사라져 버린 즉자(卽者)로 영원히 변해 버린다는 것이다." 삶이란 가능성은 차츰 줄어들고 대신에 죽음은 삶을 자양분 삼아 제 몸피를 키운다. 이때 죽음은 실재가 아니라 불안이나 공포라는 외피를 뒤집어쓰고 있는 하나의 관념, 혹은 추상이다.

"사는 것은 자신을 내놓고, 자신을 이어 가는 일이다. 그리고 자신을 이어 가고 자신을 내놓는 일은, 곧 죽는 일이다. 번식 행위가 엄청나게 즐거운 까닭은 어쩌면 죽음의 맛을 미리 느끼기 때문인지도 모른다. 자기 생명의 정수가 조금 흘러나온 것을 미리 맛보기 때문인지도 모른다. 우리는 남과 결합하지만, 그럼으로써 우리 자신은 분열한다. 가장 친밀하게 포용할 때 가장 은밀하게 우리의 뿌리가 뽑힌다. 성애의 즐거움, 곧 유전적 경련의 본질은 타인 속에서 자신이 부활하고 소생한다는 느낌에 있

269

다. 우리는 오로지 타인 속에서 자신을 소생시키고 이어 갈 수 있다."(미겔 데 우나모노, 『생의 비극적 의미』)

자, 우리는 살아 있다. 아예 태어나지 말 것을, 태어났으니 얼른 죽을 것을! 이렇게 징징거릴 필요는 없다. 어쩌면 죽는 건 누구나 다 하는 쉬운 일인지도 모른다. 정말 어려운 것은 사는 일이다. 무엇보다도 어떻게 잘 살 것인가를 궁리해 봐야 한다. 젊은 나이에 죽은 영화배우 제임스 딘은 이렇게 조언한다. "영원히 살 것처럼 꿈꾸라. 내일 죽을 것처럼 살라."

함께 읽으면 좋은 책들

데이비드 실즈, 『우리는 언젠가 죽는다』, 김명남 옮김, 문학동네, 2010

미겔 데 우나모노, 『생의 비극적 의미』, 장선영 옮김, 삼성출판사, 1990

엘리자베스 퀴블러 로스, 『죽음과 죽어 감』, 이진 옮김, 이레, 2008

이지훈, 『존재의 미학』, 이학사, 2008

케네스 J. 도카 · 존 D. 모건 엮음, 『죽음학의 이해』, 김재영 옮김, 인간사랑, 2006

토머스 캐스카트 · 대니얼 클라인, 『시끌벅적한 철학자들 죽음을 요리하다』, 윤인숙 옮김, 함께읽는책, 2010

나는 소비한다, 고로 존재한다

제프리 밀러, 『스펜트: 섹스, 진화 그리고 소비주의의 비밀』

우리 몸은 50조 개의 세포를 갖고 있다. 이 각각의 세포에는 23쌍의 똑같은 염색체가 들어 있다. 206개의 뼈와 640개의 근육, 그리고 1360그램의 뇌와 2720그램의 피부와 같은 생물학적 형질로 이루어진 '물질'로써 사람은 생존과 번식이라는 두 가지 숭고한 목적을 수행하며 살아간다. 이러저러한 욕망과 지각, 감정, 선호라는 심리적 활동의 범주 안에서 관계를 만들고 그 다양한 관계 위에서 삶의 형태가 결정된다. 그러나 무엇보다도 우리는 살기 위하여 많은 생필품이라는 '물질'의 필요 속에서 산다. 더 많은 물건을 사들여 먹고 쓰는 '소비자'로서 평생을 산다. 제품의 구매에는 돈이 들어가고 그래서 돈을 벌려고 열심히 일을 한다. 아울러 일하는 동안에 생긴 수고와 피로의 보상을 위해 물건을 사들이고, 다시 그 물건을 사들이는 비용을 벌려고 일하는 악순환에 빠져든다. 이 악순환이 피워 내는 것이 "불행에의 도취"(마르쿠제)다. 소비 사본주의 세계에 포섭되어 있는 우리 삶에 이 불행에의 도취를 불러오는 것은 무엇보다도 삶의 핵심적 골격이라고 할 수 있는 우리 안의 다양한 '욕구'다.

우리의 '욕구'는 다양한 위계를 갖는다. 첫째는 결핍 욕구들이다. 결핍은 일종의 비대칭과 불균형이다. 우리에게 비대칭과 불균형은 부자연스러운 것이고, 대칭과 균형은 자연스러운 것이다. 우리는 자연스럽게 비대칭과 불균형이 생겨날 때마다 우리 몸과 마음은 이것을 해소하려는 방향으로 움직인다. 이 범주에 드는 욕구에는 생리적 욕구가 있고, 그 위에 안전 욕구, 다시 그 위에 사회적 욕구, 최상위에 자존 욕구가 있다. 숨 쉬고 먹고 자려는 욕구는 생리적 욕구다. 포식자, 기생충, 천적과 같이 공격하려는 적들에게 자신의 몸과 존재를 보호하고 보존하려는 욕구는 안전 욕구다. 먹고 마시고 자는 데 필요한 것들을 구하는 일에 유리한 조건을 제공하는 가족, 친구, 배우자의 관계를 더 두텁게 하려는 욕구는 사회적 욕구다. 인정과 지위와 명성을 구하는 욕구는 자존 욕구다. 두 번째로 결핍보다 상위에 있는 초월 욕구가 있다. 새로운 지식을 배우고 익혀서 기회와 생존에 불리한 위험을 회피하려는 인지적 욕구, 살기 좋은 땅을 찾고 아름다운 짝을 찾으려는 심미적 욕구, 자기의 유전적 자질 중에서 상대에게 최고의 짝이 될 수 있는 가치를 끌어내 뽐내려는 욕구, 즉 자신의 잠재력 중에서 사회적으로 꽤 쓸모가 있다는 사실을 찾아내 입증하려는 자아실현 욕구가 있다.

우리가 다양한 욕구를 분출하며 '짝 고르기'를 하고 생존의 이익을 추구하며 사는 이 '물질적 세계'는 소비 자본주의의 세계라고 할 수 있다. 우리 각자는 바로 이 바다에 사는 플랑크톤이다. 오랫동안 사람들을 진화 소비자 심리학 관점에서 관찰하고 연구한 제프리 밀러가 말하는 바다. "우리는 왜 (일하고, 사고, 탐내는) 소비의 덫에서 헤어나지 못할까?"

진화 생물학의 관점에서 그 물음에 답하자면, 사람이 "이미지와 지위"가 생명만큼이나 중요한 사회 집단에서 진화했기 때문이다. 우리가 구매하는 상품과 서비스는 나의 즐거움보다는 타인의 호의를 사기 위함이다. 수공작의 화려하게 펼쳐진 꼬리나 멋진 포르셰를 모는 것은 짝을 유혹하고 친구에게 좋은 인상을 남기는 데 유리하다. 그러니까 수공작의 꼬리나 포르셰는 생존과 번식을 위해 더 우아한 유전자, 남보다 더 화사한 건강, 훌륭한 사회 지능 따위의 "한 개체의 형질과 자질을 알리는, 다른 개체가 지각할 수 있는 신호들"(제프리 밀러, 『스펜트: 섹스, 진화 그리고 소비주의의 비밀』)이다.

우리는 무엇을 사고, 왜 그것을 사는가? 우리의 소비 행위가 말해 주는 것은 무엇인가? 소비의 관습이라는 형식으로 우리 몸에 각인된 갖가지 브랜드들은 우리에게 자아 정체성의 근거를 준다. 우리가 무엇을 입고 무엇을 쓰는가는 우리가 어떤 사람인가를 드러내는 일이다. 제품의 구매자는 제품의 실질적 효용 가치만이 아니라 제품이 내재화하고 있는 무형적 가치들, 즉 그것이 표상하는 관념·의미·정서를 사들인다. 그 제품이 시장에서 갖는 차별성과 위상은 곧 그것을 구매한 사람의 취향과 느낌만이 아니라 사회적 지위와 인격을 규정하는 요소로 작용한다. 소비자는 곧 그가 쓰는 브랜드 제품과 동일시되는 현상이다. "나는 한 입 베어 먹은 사과이고, 말을 탄 폴로 선수이며, 눈 덮인 산이기도 하다. 나는 직장 사람들이 나를 자유분방하고 독창적인 사람으로 여겨 주기를 바란다. 그래서 나는 애플 맥을 쓴다."(닐 부어맨, 『나는 왜 루이비통을 불태웠는가?』) 한 입 베어 먹은 사과, 말을 탄 폴로 선수, 눈 덮인 산 등은 널리 알려진 브랜드 제품에 붙어 있는 로고들이다. 이 로고가 말하는 진실은 무엇인가? 우리가 쓰는 제품들에 붙은 기업의 로고를 자랑스럽게 과시하는 것의 본질은 노예 낙인이다. 노예의 소유주들은 노예의 이마나 어깨에 자신이 주인임을 인식시키는 낙인들을 찍었다. 오늘날에는 제품에 붙은 로고들이 그 노예 낙인의 대체적 기호가 되고 있다. 노예 상인들은 노예의 이마나 가슴팍에 불로 달군 쇠로 낙인을 찍었다. 우리가 비싼 돈을 주고 사서 자랑스럽게 사용하는 브랜드는 그것이 곧 우리의 소유주임을 증명하는 우리 신체에 찍힌 낙인이다.

나는 소비한다. 고로 나는 존재한다. 소비는 우리가 누구인지를 밝혀 주고, 우리에게 자아 정체성을 만들어 준다. 우리의 욕망과 기호가 소비 행태를 결정하는 것이 아니라 소비 행태가 우리의 욕망과 기호를 결정한다. 어떻게 이런 왜곡이 일어났는가? 소비 자본주의 세상이 우리를 조종하고 있는 것이다. 그 조종의 첫 번째 수단이 제품 광고다. 소비 자본주의 세계 안에 사는 사람들은 모두 "광고라는 거울에 둘러싸인 배우이자 관객"(닐 부어맨, 앞의 책)들이다. 기업들은 제품을 만들어 낼 뿐 아니라 소비자들에게 팔기 위해 연구한다. 기업들은 소비자들의 환심을 사기 위해 제품의 마케팅, 광고, 홍보, 시장 조사, 디자인, 브랜딩, 포지셔닝에 대한 연구뿐 아니라 사람의 본성과 유전자 형질까지 제품에 맞춰 바꾸려고 든다. 소비 자본주의 세계 속에서 우리는 '마케팅'의 표적이 된다. "마케팅은 주관적인 기쁨, 사회적 지위, 로맨스, 생활 방식을 바탕으로 소비자에게 나르시시즘을 불어넣는 사이비 심령술을 조장하고, 그럴 때 제품이 소비자의 마음에 불러일으키는 연상 이미지가 제품의 물리적 질보다 더 중요해진다. 제품과 소비자의 갈망을 연결시켜서 제품을 그것의 물리적 형태가 보증할 수 있는 것 이상으로 소비자에게 가치 있게 보이게 만드는 것, 이것이 광고와 브랜드화의 핵심이다."(제프리 밀러, 앞의 책) 그들은 눈에 보이지 않는 곳에 숨어 우리의 습관과 의견을 지능적으로 조작한다. 그런 점에서 그들은 우리의 눈에는 '보이지 않는 주인'들이다.

소비 자본주의 세상은 물질로 뒤덮여 있는 물질의 천국, 즉 물질주의적 세계일까? 보통은 그렇게 믿는다. 그러나 진실은 그 반대다. "소비자의 욕망에서 이윤을 얻는 마케팅으로 돌아가는 세상은 '물질주의적' 세상으로 '생필품화'할 리가 절대 없다. 차라리 제품도 소비자도 물질적인 질을 지닐 필요가 없는 가상 현실이 되기 쉽다. 마케팅의 논리적 정수는 조야한 물질주의가 아니라 「매트릭스」나 '세컨드 라이프'가 보여 주는 유혹적인 비물질주의다."(제프리 밀러, 앞의 책) 아이팟, 프라다 백, 티파니 목걸이, 아우디를 사들이고, 보톡스 주사, 유방 성형술 따위를 하는 데 지갑을 열라고 권하는 소비 자본주의가 위조해 내는 '천국'은 물질주의가 아니라 비물질주의다! 결국 이 '유혹적인 비물질주의'가 우리를 소비 나르시시즘으로 빠뜨리게 될 것이다. 이 나르시시즘의 징후는 이기심, 거만함, 예외성, 특권 의식, 예찬 추구, 성공 환상, 과대망상, 피해 의식, 무쾌감증, 정서 불안 따위다. 소비주의에 낚인 사람들은 소비 나르시시즘의 나락에 떨어져 오로지 자기만이 예외적이고 특권적으로 중요하고, 자기만이 힘, 총명함, 성적인 매혹을 지녔다는 망상 속에서 산다. 이 망상 속에서는 제 실패나 실망은 언제나 내가 아닌 외부의 잘못이다. 소비가 주는 기쁨의 유효 시간은 점점 짧아지고 결국 감각이 마비된다. 그러면 소박한 즐거움에는 반응하지 못하게 되고 더 강한 자극을 찾아 몸을 던진다. 무쾌감증에서 벗어나려고 코카인이나 마리화나가 주는 환각을 찾게 될지도 모를 일이다. 이런 나르시시즘의 수혈이 끊길 때 정서 불안과 피해망상과 같은 금단 현상에 빠질 수도 있다.

제품들이 그 소유주의 부와 지위와 취향을 드러낸다고 말하지만 피상적인 차원에서만 그렇다. 제품들은 일시적인 만족과 자기 과시적 도취를 준다. 이것들이 마음의 평화나 존재의 안정성에 기여하지도 않을 뿐 아니라 우리의 타고난 유전적 형질을 바꾸지도 않는다. 우리를 더 향기롭고 우아한 사람으로 만드는 것은 과시적 소비가 아니라 건강한 신체와 우리 내면의 숭고성, 즉 착한 마음씨, 유머, 예민한 감성, 높은 지능 등이다. 나의 자아는 내가 가진 제품들의 총합이 아니라 내면 형질, 이미 실현된 것들과 미래의 가능성들, 숭고한 꿈, 인류 공동체를 위한 원대한 기획을 향한 노력들의 총합이다. 당연히 어리석은 소비주의에 낚이지 않으려면 윤리적 소비자가 되어야 한다. 제품을 살 때 브랜드보다 먼저 누가 그것을 만들었는가를 살피자. 그 생산자에게 정당한 임금이 돌아갔는가를 따져 보자. 식품을 살 때는 먼 곳에서 온 것보다는 지역에서 나온 것을 사 먹자. 대형 마트의 냉장고에서 신선도를 유지하는 것들은 방부제를 뒤집어쓰고 외국에서 수입된 것일 가능성이 높다. 당연히 생산자와 소비자 사이에 직거래가 이루어지는 재래시장이나 생활 협동조합에서 파는 제 지역의 생산품들이 몸에 이롭다. 공정 무역으로 거래되는 제품을 사는 게 가난한 제3세계 사람들을 돕는 일이다. 커피, 설탕, 올리브유, 초콜릿, 의류 따위를 살 때 공정 무역 제품인가를 따지자. 아울러 같은 제품이라면 친환경 기업, 인권 경영 기업을 하는 제품을 구매하자. 이것이 건강한 지구 생태 환경을 위하고, 더 나은 세상을 만드는 일이다.

소비와 마케팅을 중심으로 돌아가는 이 소비 자본주의 세계는 지구 생명을 구성하는 물질과 에너지 흐름을 지배한다. 놀라워라, 그 결과 2000만 분의 1의 행운을 거머쥔 인간이라는 단일 종이 수만 종의 생물이 함께 나눠 써야 할 지구 생물권의 연간 생산량의 절반을 쓸어 간다. 생물학적 필요 이상의 낭비적 소비는 지구 생태의 건강함을 위해서 피해야 하는 추악이다. 고삐가 풀려 버린 자기 과시의 낭비적 소비의 고삐를 다시 틀어쥐고 통제하며, '작은 것이 아름답다'는 생태 미학의 지속적 실천, 그리고 윤리적 소비의 길로 나아가는 것만이 그 추악과 절대 악에서 우리를 구원할 것이다.

함께 읽으면 좋은 책들

닐 부어맨, 『나는 왜 루이비통을 불태웠는가?』, 최기철·윤성호 옮김, 미래의창, 2007

제프리 밀러, 『스펜트: 섹스, 진화 그리고 소비주의의 비밀』, 김명주 옮김, 동녘, 2010

천규석, 『천규석의 윤리적 소비』, 실천문학사, 2010

켈시 팀머맨, 『윤리적 소비를 말한다』, 김지애 옮김, 소울메이트, 2010

일은 영혼의 부패를 막는다

D. 미킨, 『인간과 노동』

사람을 평가할 때 한 가지 방법은 그가 무슨 일을 하는가를 알아보는 일이다. 죽은 사람에 대한 평가는 전적으로 그가 살았을 때 어떤 일을 했는가로 이루어진다. 일은 단순히 돈을 버는 것 이상의 사회적·문화적 맥락에서 의미가 있다. 자유로운 일은 인생의 만족과 자기 정체성을 갖는데 꼭 필요하다. 아울러 일을 함으로써 사회 공동체의 일원이 되고, 그 공동체 속에 뿌리를 내린다. 일을 갖지 못하는 것은 이중의 고통을 안겨 준다. 첫째, 일을 하지 못함으로써 수입이 없는 까닭에 궁핍에 따른 고통을 피할 수 없다. 둘째, 사회 공동체 속에 뿌리를 내리지 못하기 때문에 소외의 고통을 당한다. 일은 사회생활을 영위하는 데 소용되는 돈을 번다는 뜻을 넘어서서 세계 속에서 자기실현의 계기를 갖는다는 의미가 있다. 일의 영역에 제한이 없는 것과 마찬가지로 일은 항상 그 이상의 의미를 갖는다. "노동은 주먹의, 사고의, 마음의, 밤낮의 삶의 템포이며, 과학이요, 사랑이요, 예술이요, 신앙이며, 숭배며, 전쟁이다. 노동은 원자의 진동이며 별들과 태양을 움직이는 힘이다."(에르스트 웅거, D. 미킨, 『인간과 노동』에서 재인용) 일은 삶의 기반이고 신성한 의무다. 인류 역사에 출현한 모든 문명은 바로 그 원자의 진동이며 별들과 태양을 움직이는 힘인 사람의 노동에서 비롯된 것이다.

한 뛰어난 시인은 이렇게 노래한다. "누가 테베의 7대 피라미드를 건설했는가? / 역사책은 왕들의 이름으로 빽빽하다 / 왕들이 그 무거운 돌들을 끌어올리기라도 했단 말인가? / 만리장성이 완성된 날 저녁에 / 석공들은 어디로 사라졌는가?"(베르톨트 브레히트) 피라미드나 만리장성은 사람의 손으로 만들어진 웅장한 구조물이다. 이것들은 '일'하는 사람들의 손으로 만들어졌다. 누군가가 일을 하지 않았다면 인류의 위대한 유산이라고 일컬어지는 이들 구조물은 존재하지 않았을 것이다. 사람은 무엇보다도 호모 파베르(Homo faber), 즉 도구 제작자다. 사람이 본질에서 일하는 존재라는 사실은 일을 통해 자기실현에 다가가고, 일을 통한 "객체와 주체의 창조적 융합은 인간에게 위대성을 부여"(D. 미킨, 앞의 책)한다는 점에서 분명해진다. 그런 까닭에 인류의 역사는 곧 노동의 역사다. "노동은 경제적으로 필요한 것이며, 인간은 태초부터 살기 위해 노동을 해 왔다. 인간의 역사는 상당한 정도까지 노동의 형태와 생산 수단의 역사, 그리고 노동 과정에 의해 창조된 모임과 관계의 역사로 볼 수 있다."(D. 미킨, 앞의 책) 우리는 생존의 필요를 위해서 일하지만, 일은 생존의 필요만이 아니라 더 많은 보상을 준다. 일은 아노미, 뿌리 뽑힘, 소외를 극복하게 하고, 자아가 품고 있는 높은 이상을 실현하는 수단이다. 그보다 중요한 것은 의미 있는 일을 함으로써 자신의 윤리적 가치에 대한 확신을 갖게 된다는 점이다. 그러므로 자유롭고 창의적이며 공공석 가치를 갖는 일에서 지속적으로 소외되는 사람은 죽은 것과 마찬가지다. 위대한 작가 알베르 카뮈는 이렇게 말한다. "노동이 없으면 모든 생명은 부패하게 된다."(D. 미킨, 『인간과 노동』에서 재인용) 노동이 사회의 윤리적 기초를 이룬다는 것은 분명하다. 제 몸을 써서 하는 노동으로 제 생계를 세우는 사람에게는 누구도 함부로 할 수 없는 존엄성이 깃든다. 그러나 스스로 노동에서 소외되거나 면제된 자들은 누군가에게 빌붙어 제 생계를 해결해야 한다. 노동 없이 소득을 얻는 자의 영혼은 혼돈과 무질서에 떨어지고 그 속에서 타락하며 결국은 부패에 이르고 만다. 우리 사회에는 일을 할 수 있는 데도 불구하고 놀고 먹는 사람들이 많다. 놀고 먹는 사람들이 사회 질서를 어지럽히는 경우를 보는 것은 드물지 않다. 그게 문제인 것은 놀고 먹는 사람들이 협동적 조화가 필요한 사회에서 불협화를 만들어 내며 결국은 사회의 공정성을 해치기 때문이다

10여 년쯤에 서재 창가에 보리수나무를 심었다. 그 나무가 무성하게 자라 늦봄에는 가지마다 달콤한 빨간 열매가 가득 열린다. 그게 새들의 좋은 먹잇감이 되었다. 보리수가 익을 무렵이면 종일 갖가지 새들이 드나들며 홍보석 같은 열매를 쪼아 댄다. 물까마귀, 멧비둘기, 까치, 박새, 붉은머리오목눈이…… 들이 번갈아 가며 열매를 따 먹는 것이다. 그 새들의 생계 현장을 지켜보며, 새나 사람이나 생계를 위해 수족을 부지런히 놀리는 일은 숭고한 도덕적 책무임을 새삼 깨닫는다. 동물도 먹이 활동을 하고, 짝짓기 활동을 통해 자신의 DNA를 퍼뜨리고, 보금자리를 만드는 따위의 일을 한다. 그러나 동물과 사람이 일을 한다는 점에서는 같지만 둘의 생산 사이에는 근본적인 다름이 있다.

"동물은 단지 그 자신에게 혹은 그의 새끼들에게 직접적으로 필요한 것을 만들 따름이다. 그것은 일방적으로 생산하나, 인간은 반대로 보편

280

적으로 생산한다. 그것은 단지 직접적인 육체적 필요의 지배 아래서만 생산을 하나, 인간은 육체적 필요로부터 자유로운 때도 생산을 하며, 사실은 이 자유 속에서만 참답게 생산을 한다. 동물은 단지 그것 자체만을 생산하나 인간은 자연의 전체를 재생산한다. 동물의 생산은 직접적으로는 그의 육체에 소속되지만 인간은 자유롭게 그의 생산물과 마주 선다. 동물은 그가 소속한 종(種)의 표준과 필요에 맞추어 사물을 형성하지만 인간은 모든 종의 표준에 맞추어 생산할 줄을 알며 또한 모든 곳에서 어떻게 하면 고유의 표준을 객체에 적용시킬 것인지도 알고 있다. 그러므로 인간은 미의 법칙에 따라서 사물을 형성할 줄 아는 것이다."(카를 마르크스, 『경제·철학 수고(手稿)』, D. 미킨, 앞의 책에서 재인용)

동물은 단지 목전의 생물학적 필요를 충족시키기 위해서만 일한다. 반면 사람은 그것을 넘어서서 자아를 실현하고, 공익적 가치를 이루기 위해, 아울러 먹고사는 것과 무관하게 단지 탐미적 사물의 형성을 위해서도 기꺼이 일한다. 동물이 제 몸과 새끼들을 생명과 안전을 구축하는 소아적 기준의 활동에 머문다면, 사람은 노동 행위 속에서 자신을 실현하고 더 나은 사람으로 진화하는 노동의 윤리성을 추구한다는 점에서 사람은 동물보다 조금 더 숭고한 존재다.

몇 해 전 아버지를 여의고 혼자 밥을 끓이시는 팔순 노모를 시골로 모셨다. 노모는 영농인으로 변신했다. 노모는 텃밭에 감자를 심고 고구마를 심고, 들깨를 심고, 콩을 심으셨다. 땅의 빈자리마다 호박을 심고 갖가지 채소를 심으셨다. 시골에 내려온 뒤 동무도 없고 소일거리도 없어 무료하게 시간을 보내시더니 텃밭 가꾸기에 재미를 붙이셨다. 노모는 일을 하니 밥맛도 더 좋다고 하신다. 그러나 씨앗을 뿌리고 가꾸는 일은 쉽지 않다. 밭에 뿌린 씨앗들은 새들이 날아와 쪼아 먹고, 싹이 나면 고라니들이 내려와 잘라 먹었다. 가물면 싹들이 잘 자라도록 물을 주어야 하고, 수시로 풀들을 뽑아야 한다. 팔순 노모는 그 고단한 일을 잘도 하신다. 지난 가을에도 누런 호박덩이를 거두고, 들깨를 수확해 들기름을 몇 병 짜 오셨다. 팔순 노모가 새 일에 재미를 붙이고 그 일 속에서 생산의 기쁨과 경탄을 느끼는 걸 곁에서 지켜보는 일은 즐겁다. 사람은 대지를 갈고, 땡볕 아래서 잡초를 뽑고, 풀을 베고, 나무를 심고, 집을 짓고, 빵을 굽고, 아픈 사람들을 돌보고, 동화를 쓰고, 학생들을 가르치고, 날마다 기상 상태를 관측하고, 접시를 닦고, 주방에서 음식을 만들고, 그릇을 만드는 일들을 하며 평생을 보낸다.

일은 그가 속한 현실과 공동체 속에서 그의 자리를 확고하게 만들어 준다. 일하는 것의 보람과 효과는 우선 자기 자신에게서 찾아볼 수 있다. 자유 의지로 일하는 사람들은 그 일을 통해서 의미의 생산에 기여하고 있다는 확신 속에서 기쁨을 맛볼 수 있다. 일하는 사람은 노동의 순수함에 집중함으로써 불필요한 걱정과 근심이 만드는 압박감에서 놓여난다. 일은 그 자체로 삶이 되고, 그것의 심오함을 반복함으로써 인격을 닦는 수행이 되기도 한다. 그리하여 "일은 사람이 늙는 것을 막는 데 도움을 준다. 일이 곧 내 삶이다. 나는 일이 없는 삶을 생각할 수 없다. 일하는 사람은 결코 권태롭지 않고 늙지 않는다. 희망과 계획의 자리에 후회가 들어설 때 사람은 늙는다. 일과 가치 있는 것들에 대한 관심이 늙음을 막는 가장 훌륭한 처방이다."(헬렌 니어링, 『아름다운 삶, 사랑 그리고 마무리』)

일의 제일의적 효과는 다른 그 무엇이 아니라 바로 그것에 오롯하게 "정신을 팔게" 해 준다는 것이다. 이는 일하지 않는 자들을 관찰해 보면 분명해진다. 실직자나 노동 현장에서 물러난 퇴직자들은 처음엔 일에 놓여난 한가로움을 만끽하지만 나중에는 권태에 빠지게 된다. 그 권태 속에서 수없이 많은 잔근심의 포로가 된다. 그의 마음에는 온갖 헛된 망상과 근심거리들이 들끓는 전쟁터가 되는 것이다. 그 모든 사태는 그의 "정신을 팔게" 해 주는 일이 없기 때문에 생겨난다. "우리의 일은 적어도 우리가 거기에 정신을 팔게는 해 줄 것이다. 완벽에 대한 희망을 투자할 수 있는 완벽한 거품은 제공해 주었을 것이다. 우리의 가없는 불안을 상대적으로 규모가 작고 성취가 가능한 몇 가지 목표로 집중시켜 줄 것이다. 우리에게 뭔가를 정복했다는 느낌을 줄 것이다. 품위 있는 피로를 안겨 줄 것이다. 식탁에 먹을 것을 올려놓아 줄 것이다. 더 큰 괴로움에서 벗어나 있게 해 줄 것이다."(알랭 드 보통, 『일의 기쁨과 슬픔』) 일은 실존의 막연한 불안을 구체적인 것, 즉 육체의 피로와 교환하는 과정이다. 일에 몰입하여 크고 모호하고 불확실한 것들을 작고 분명하고 구체적인 목표로 지워 갈 때 우리는 봉급이라는 과실을 수확하고, 우리 의식을 갉아먹는 죽음이라는 항상적 불안에서 벗어난다.

젊은 시절에는 귀천을 따지지 말고 많은 일들을 해 보는 게 좋다. 특히 나이 들어서 하기 어려운 거친 일을 광범위하게 해 보는 게 좋다. 너무 안락하고 보수가 많은 일을 찾는 것은 좋지 않다. 많은 보수보다는 보람이 많은 일을 찾아서 하는 것이 좋다. 아니 차라리 무보수로 일하는 것도 좋다. 그러나 가족의 생계를 책임지는 처지가 되면 보수는 작고 보람은 큰 일은 할래야 할 수가 없다. 돈 때문에 하고 싶지 않은데 해야 될 일들이 있다. 그런 즐거움과 보람은 없고 강제된 수고는 많은 일들 속에서 '월요일부터 금요일까지' 죽어 가는 사람은 많다. 이때 일은 그것에 달라붙어 있는 노동자를 소외시킨다. 그들은 마지못해 일하며, 그 의미 없이 되풀이되는 노동 속에서 추악한 산업의 부속물로 전락할 따름이다. "사물과 상품의 세계에 점점 더 큰 가치가 부여됨과 비례해서 인간의 세계는 가치가 떨어져 간다. 사람의 노동은 '그 자신으로부터 역행하며 그로부터 독립되고 그에게 속하지 않는' 활동이 된다. 그의 노동은 그에게 본질적인 것이 되는 대신 외면적인 것이 되며, 그는 노동 속에서 그 자신을 긍정하는 것이 아니라 부정하게 된다. 마찬가지로 그는 그의 활동 속에서 기쁨을 느껴야 할 것임에도 불행을 맛보며, 그의 정신적·신체적 에너지를 자유롭게 발전시켜야 할 터임에도 '그 몸을 괴롭히고 정신을 파괴하게 된다.'"(D. 미킨, 앞의 책) 기쁨이 없는 강제적인 노동은 사람의 몸과 마음을 옥죄고 결국은 무너뜨린다. 일이 필요의 압박에서가 아니라 자발적이고 창의적인 것일 때 사람은 그 일 속에서 자기실현의 계기를 찾을 수 있다. 행복한 삶이란 나의 몸과 마음의 에너지를 사용해서 하는 일 속에서 자아-일의 통합이 이루어질 때, 즉 내 존재의 시간을 행복하게 쓸 때 비로소 가능해진다.

이 세상에는 수만 종류의 일이 있다. 그 일 중에서 자기의 적성에 맞는 일을 찾는 게 중요하다. 미래에 실현되는 가치만이 아니라 오늘 당장의 몸과 마음을 즐겁게 하는 일을 하는 게 중요하다. 즐거운 인생은 즐거운 일을 가질 때 비로소 실현된다. 자신의 신체적·정서적 상태와 잘 조화되는 일을 한다는 것은 자신을 미래가 아니라 지금-여기에 비끄러 매는 것, 즉 현재의 '훌륭한 평형 상태(good equilibrium)'에 삶을 세우는 것이다. 미래가 아니라 오늘의 삶에서 과실을 수확한다는 것은 인생 그 자체의 즐거움과 보람을 불확실한 미래의 어느 때로 미루는 게 아니라 즉각적으로 맛보게 한다. 그런 하루하루의 작은 성공이 모여서 미래의 큰 성공을 만드는 것이다. 어떤 사람은 천체 망원경으로 별을 들여다보고, 어떤 사람은 종일 텔레비전의 프로그램을 들여다본다. 어떤 사람은 물건을 팔고, 어떤 사람은 국수를 뽑는다. 일은 그 자체로서 평등하다. 하지만 한 치과 의사가 병원을 접고 우동집을 냈다는 기사를 읽을 때 나는 즐겁다. 대기업에 다니던 사람이 가족을 이끌고 농사를 짓기 위해 귀농했다는 소식을 들었을 때도 기쁘다. 제 몸에 맞지 않는 옷을 벗고 제 몸에 맞는 옷을 찾아 입는 것과 같기 때문이다. 가장 나쁜 일은 쉽게 돈 버는 일이다. 노동량이나 수고에 견줘 지나치게 많은 보수를 받는다는 것은 사회의 공정성을 해치는 일이다. 대개는 남에게 돌아갈 몫을 더 차지하는 것이다. 최악의 일은 남을 기망하거나 사회 정의에 어긋나는 사람의 이익을 돌보면서 돈 버는 일이다. 반면에 좋은 일들은 아픈 사람을 돌보는 일, 주린 사람에게 음식을 만들어 주는 일, 집 없는 사람의 집을 짓는 일, 사회적 약자의 이익을 돌보는 일, 그림을 그리고 동화를 쓰는 일 따위다. 그것들은 사람이 살아가는 데 꼭 필요한 일들이기 때문이다.

젊은이들이 힘은 덜 들고 보수가 많은 일자리를 찾는 것이 그다지 어여쁘지 않다. 그런 일자리를 차지하기 위해 청춘을 다 바치는 사람들이 때로는 걱정이 되고 불쌍해 보인다. 일 자체에서 보람과 즐거움을 찾을 수 있는 천직을 찾는 게 중요하다. 남들이 어떻게 보든 자기 일에서 보람과 신명을 찾는다면 그게 바로 천직이다. 보수가 많은 일보다는 보람이 많은 일을 찾으려는 젊은이들이 많은 사회가 건강한 사회다. 반대로 보람이나 즐거움보다는 단지 보수가 많은 일을 찾는 젊은이들이 많은 사회는 건강하지 않은 사회다. 그런 사회는 필연적으로 경쟁이 치열하고 여유가 없이 척박할 것임에 틀림없다. 나는 젊은 시절 한때 험한 일도 했지만 그 기간은 짧았다. 나는 일에 인생을 저당 잡히고 싶지는 않다. 나는 일속에서 새처럼 자유롭게 날고 싶다. 일을 통해서 물질 자원뿐 아니라 정신 자원, 즉 가치 있는 일을 하고 있다는 만족감과 더불어 내적인 평화와 고요도 함께 얻어야 한다. 내가 찾은 천직은 글쓰는 일이다. 나는 그 일

285

을 30년이 넘도록 하고 있다. 나는 많은 책들을 읽고 여행을 하면서 자유로운 사유와 상상력 속에서 책들을 구상하고 쓴다. 출판사에서 책을 내고 출판사에서 인세를 받는다. 그것으로 쌀을 사고 의료 보험료와 국민연금을 내고 자식 셋을 키웠다. 더러는 글쓰기가 하늘에 떠 있는 구름을 손을 뻗쳐 떼 내는 것과 비슷하다. 그것은 현실에 작동하는 중력의 법칙을 벗어나는 일이다. 더 높이 떠 있는 구름 조각을 떼 내었을 때는 박수를 받지만, 골육의 에너지를 구체적인 쓸모가 없는 공허함을 위해 방출했다는 수치심도 없지 않다. 지금까지 그 일에 만족했지만 가끔은 남몰래 새로운 일을 찾아 전업을 꿈꿔 본 것은 그 수치심 때문이다. 생계비를 벌어야 한다는 압박감에서 자유로워지면 나는 가구 만드는 일을 해 보고 싶다. 공방을 만들고 갖가지 도구들을 한쪽 벽에 가지런히 걸어 두고 가구를 만드는 일은 상상만 해도 즐겁다. 나는 가구를 만들고, 사람들은 공방을 찾아와 그 가구들을 구경하고 사 간다. 나는 최소한의 도구들을 써서 가구를 만드는 일을 하며, 그 창의적인 노동 속에서 '새로운 인간'으로 거듭날 것이다. 도구들은 나의 손과 기술의 통합이며 연장이다. 그때 나의 일은 기계적 예속과는 무관하게 나의 자발적이면서도 정직한 손과 원시적인 도구만으로 이루어지는 노동이 될 것이다. 나는 전업에 대해 진지하고 심각하게 고려해 볼 것이다. 가구를 만들면서 얻어지는 사유들을 모아 글을 쓸 수도 있을 것이다.

함께 읽으면 좋은 책들

제러미 리프킨, 『노동의 종말』, 이영호 옮김, 민음사, 2005

조엘 쿠퍼먼, 『훌륭한 인생에 관한 여섯 개의 신화』, 손정숙 옮김, 황소자리, 2010

알랭 드 보통, 『일의 기쁨과 슬픔』, 정영목 옮김, 이레, 2009

헬렌 니어링, 『아름다운 삶, 사랑 그리고 마무리』, 이석태 옮김, 보리, 1997

D. 미킨, 『인간과 노동』, 이동하 옮김, 한길사, 1982

장소, 삶을 떠받치는 토대

에드워드 렐프, 『장소와 장소 상실』

사람이 산다는 것은 어떤 장소에서 산다는 뜻이다. 장소는 삶을 떠받치는 토대다. 삶의 변전과 장소의 변전은 항상적으로 맞물려 있다. 삶이 그러하듯 장소들도 유동하고 변화한다. 얼음이 할퀴고 지나가고, 근처 화산에서 흘러나온 용암이 뒤덮고, 홍수의 거친 힘들이 토양의 약한 부분들을 파헤치고, 나무들의 씨앗들이 날아와 숲을 이루고, 나무들이 벌목된 뒤 포클레인이 땅을 파헤친 뒤 건물들이 들어선다. "우리의 장소는 우리의 실체의 한 부분입니다. 하지만 하나의 '장소'라 할지라도 거기에는 일종의 유동성이 있습니다."(게리 스나이더, 『야생의 삶』) 우리 삶의 역사는 바로 그 장소들의 경로에서 만들어진 역사다. 장소는 "현재와 과거의 소용돌이치는 힘들이 수없이 겹쳐진 자취"(게리 스나이더, 앞의 책)를 담은 명판(名板)이다. 장소란 과거와 현재에 걸쳐진 기후 변화와 유동성이 기록된 명판이다. 장소는 사람살이의 한 핵심 사건으로서 경험되는 그 무엇이다. 따라서 장소에는 그것이 겪어 낸 세월과 그 위에 살았던 사람의 애환이 함께 겹쳐져 역사가 씌어진다. 씌어지면서 지워지고, 다시 그 위에 무언가가 씌워진다. 장소는 책이다. '장소'란 책을 쓰는 것은 바로 장소 저 자신이다. 아울러 장소에 영향을 미치는 물, 바람, 숲, 동물, 사람도 '장소'의 공동 저자들로 이름을 올릴 만하다. 이렇듯 '장소'란 책은 여러 저자들에 의해 여러 번 되풀이해서 씌어진다. 우리가 어떤 사람인가는 일정 부분 우리가 어디서 살았는가에 따라 규정된다. 그렇기 때문에 사람은 심오하고 복잡한 세계를 구체적인 장소의 경험을 통해 이해하고 받아들인다. 아마도 철학자 하이데거가 말했듯 장소가 "인간 실존이 외부와 맺는 유대를 드러내는 동시에 인간의 자유와 실재성의 깊이를 확인하는 방식으로 인간을 위치"시킨다는 주장도 그런 맥락에서 이해할 수 있다. 장소의 본질과 의미를 현상학적으로 탐색하는 에드워드 렐프의 『장소와 장소 상실』을 만난 것은 행운이었다. 그 독서 경험에서 『장소의 탄생』에 대한 영감과 계시를 얻었다. "사실 사건과 행위는 장소의 맥락에서만 의미 있으며, 사건과 행위가 장소의 성격에 영향을 주지만, 장소의 성격에 의해 사건과 행위가 윤색되고 영향을 받기도 한다."(에드워드 렐프, 『장소와 장소 상실』)

장소는 개별자의 행위와 사건에 개입하고 그것을 윤색하고, 개별자의 실존에 의미를 부여한다. 아울러 심원한 중심으로, 혹은 무의식적인 의도성으로 작동하며 개인의 정체성과 집단의 문화적 정체성을 만드는 데 관여한다. "그러므로 장소의 기본적인 의미, 즉 장소의 본질은 위치에서 오는 것도, 장소가 수행하는 사소한 기능에서 오는 것도, 장소를 점유하고 있는 공동체에서 오는 것도, 피상적이고 세속적인 경험에서 오는 것도 아니다. 이들 모두가 장소의 일반적이고 필수적인 특징이긴 하지만, 장소를 인간 존재의 심원한 중심으로 정의하는 대체로 무의식적인 의도성에 장소의 본질이 있다. 결국 모든 사람은 태어나고, 자라고, 지금도 살고 있는, 또는 특히 감동적인 경험을 가졌던 장소와 깊은 관련을 맺고 있으며 그 장소를 의식하고 있다. 이러한 관계가 개인의 정체성과 문화적 정체성, 그리고 안정감의 근원이자, 우리가 세계 속에서 우리 자신을 외부로 지향시키는 출발점을 구성하고 있는 것으로 보인다. 프랑스의 철학자인 가브리엘 마르셀(Gabriel Marcel)은 '개인은 자신의 장소와 별개가 아니다. 그가 바로 장소이다.'라고 간단하게 요약했다."(에드워드 렐프, 앞의 책에서 재인용) 비약하자면 장소와 사람은 하나다. 살았던 그 많은 장소들이 내게 바로 나 자신이 될 수 있는 의식과 경험을 주었기 때문에 그 많은 장소들 하나하나는 바로 나 자신이라고 할 수 있다.

나는 내륙 출생이다. 나의 실존을 규정하는 '장소'는 한반도 중부 지방의 황토, 너른 들, 낮은 산, 사행(蛇行)으로 흘러가는 물들로 특징지어지는 내륙이라는 뜻이다. 나의 내면은 바다가 배제된 견고한 뭍의 정서와 유교에 바탕을 둔 농본 사회의 오래된 관습과 무관하지 않다. 나의 정체성은 그러한 내륙성에 의해 규정된다. "장소는 의도적으로 정의된 사물 또는 사물이나 사건들의 집합에 대한 맥락이나 배경이다. 혹은 장소 그 자체로도 의도의 대상이 될 수 있다. 전자의 맥락에서 보자면 모든 의식은 단지 무언가에 대한 의식일 뿐 아니라, 장소 내에 있는 무언가에 대한 의식이며 그런 장소들은 대개 사물과 그 사물의 의미의 측면에서 정의할 수 있다고 말할 수 있다. 장소가 그 자체로 사물의 속성을 가진다고 볼 때, 장소는 본질적으로 의도의 초점이며 대개는 고정된 위치를 가지고, 동일한 형태로 지속되는 특징들을 가진다. 그런 장소들은 수행하는 기능이나 공동체적, 개인적인 경험에 따라 정의할 수 있을 것이다. 장소는 거의 모든 스케일에서 존재하며, 우리 의도가 지향하고 초점을 맞추는 방식에 따라 달라진다. 예를 들어, 민족주의자로서 내 장소는 국가이지만, 다른 상황에서 내 장소는 내가 살고 있는 향토나 지역·도시·거리이며, 내 집인 주택이다."(에드워드 렐프, 앞의 책) 당연하다. 따지고 보면 삶이란 장소들의 경험에 지나지 않는다. 제 내면에 내륙성을 정체성으로 새긴 열일곱의 소년은 가출해서 동해안에서 바다를 처음으로 만난다. 집이 싫어서 나왔는지, 바다가 보고 싶어서 집을 나왔는지는 모호하다. 어쨌든 나는 조릿대가 밀생하는 언덕에 서서 하염없이 바다를 바라보고 서 있었다. 바람이 서걱거리며 불어 갔다. 그때 나는 실업계 고등학교를 팽개치고 나와 방황을 시작할 때였으니, 바다를 마주하고 서 있는 내 가슴은 차라리 불안과 두려움으로 떠는 한 마리 작은 짐승이었다. 한참 뒤에 읽은 조지훈의 「바다가 보이는 언덕에 서면」을 읽고 깜짝 놀랐다. 불안과 두려움에 떨며 바다를 보고 서 있는 한 소년의 심경이 그 시에 고스란히 겹쳐졌기 때문이다. "바다가 보이는 언덕에 서면 / 나는 아직도 작은 짐승이로다 // 인생은 항시 멀리 / 구름 뒤에 숨고 // 꿈결에도 아련한 / 피와 고기 때문에 // 나는 아직도 / 괴로운 짐승이로다 // 모래밭에 누워서 / 햇살 쪼이는 꽃조개같이 / 어두운 무덤을 헤매는 망령인 듯 / 가련한 거이와 같이 // 언젠가 한번은 / 손들고 몰려오는 물결에 휩싸일 // 나는 눈물을 배우는 짐승이로다 / 바다가 보이는 언덕에 서면." 그 뒤로 마흔 해쯤 흘렀다. 과연 나는 '눈물을 배우는 짐승'으로 오늘까지 헤매어 왔다. 이제 내게 남은 소망은 한 가지, 평화로운 땅에서 느림의 안식을 누리는 것이다.

다시 바다가 강렬하게 내 마음에 찍힌 것은 서른 해 전쯤 제주도에 갔을 때였다. 바다는 무국적(無國籍)이다. 항상 일렁이며 자신을 바라보는 자를 새로운 몽상으로 이끈다. 나는 그게 좋다. 바다는 정주(定住)를 허락하지 않는다. 바다는 떠도는 자의 몫이다. 바다는 모든 삶을 야성과 길들임 '사이'로 이끌고, '사이'에서의 삶이란 늘 오디세우스의 항해일 터다. 바다는 섬을 고립시킨다. 그래서 섬에서는 삶이 자연스럽게 유배의 형식을 띤다. 유배는 저 너머에 대한 꿈을 꾸게 한다. 그 점도 마음에 든다. 제주도는 느림의 땅, 바람의 섬이다. 그 제주도를 향한 간절한 마음으로 때로 시로 흘러나왔다. 가장 최근의 시는 협재 바다와 서귀포를 노래한 시다. "푸른 일획이다/이 세상 다시 오면/여기를 가장 먼저 달려와 보고 싶다/아련한 가을비 속에/죽은 고모 이마보다/찬 바다!"(졸시, 「협재 바다」) "연필과 노트를 산 뒤/인근 대학교 계단에 걸터앉아/웃통 벗고 농구하는 애들을 본다/새순들이 초록 입술 내밀어/햇빛을 쪽쪽 빨아들인다//어느 해 늦봄/햇빛은 비둘기 빛으로 내리고/바다 쪽에서 귀 없는 바람이 불어왔다/천도복숭아 먹은 뒤/복숭아 씨 같은/서귀포에 다시 가고 싶다."(졸시, 「서귀포」)

지금까지 서른 번쯤 제주도를 다녀왔다. 그사이에 정오와 질풍노도의 시기가 내 삶에서 지나갔다. 이제 만년(晩年)의 삶은 제주도에서 살아야겠다는 생각을 한다. 제주도는 내 만년의 삶을 받쳐 줄 토대가 될 것이다. 한라산과 수많은 오름들, 아열대 기후, 내륙에서는 볼 수 없는 열대 식물들, 청명한 하늘, 비자림 숲, 산굼부리, 동서와 남북으로 구불구불 이어지는 길들, 협재 바다, 돌과 바람들……. 사람이 어디에 사는가는 매우 중요한 요소다. 장소가 실존의 의미를 규정하는 까닭이다. 나는 제주도에서 살기를 꿈꾼다. 그것은 느린 삶에 대한 열망과 닿아 있다. 그동안 너무 빨리 달려왔으니, 이제는 그 속도를 늦추고 싶다. 셰익스피어는 "빨리 달리면 넘어지기 십상이다."라고 속삭인다. 이제 더는 넘어지는 일 따위는 없을 것이다. 제주도에서 내 삶은 온전하게 고요의 동학(動學) 속에 있게 되리라.

나는 제주도에서 내 생의 마지막 윤리적 계율을 완성할 것이다. 그 윤리의 바탕은 쓸데없이 생명을 해치지 않는다가 될 것이다. 제주도에 작은 집을 마련하고 집필실을 만든다. 뜰에는 모란과 작약을 심고, 낮은 돌담 가에는 열두 그루의 자두나무를 심겠다. 여름에는 꾸벅꾸벅 졸기도 하고, 환절기에는 가끔 감기에 걸려 기침을 하며 따뜻한 생강차를 마시며 『주역』이나 마르쿠스 아우렐리우스의 『명상록』을 백 번씩 천천히 읽겠다. 저녁에는 창가에 램프를 걸어 두고, 혼자 밥을 끓이시는 노모와 멀리 있는 딸과 돌아오지 않는 새들과 오래된 이야기들을 끌어 모아 몇 편의 인상적인 서정시를 쓰겠다. 한번 가서 돌아오지 않는 것들 때문에 삶은 하염없이 감미로움으로 물들며 대책 없이 깊어질 테니까. 새벽마다 마당을 비질하고 나무들을 가꾸며 오후에는 오름을 산책하며 밤에는 독학으로 그리스어를 익히고 악기를 배워 멋지게 연주하겠다. 멀리서 벗들이 찾아오면 바다에서 건져 온 해산물로 요리를 해서 그들을 배불리 먹이리라. 제주도에서 보내는 내 만년의 삶이 양명하기는 하겠으되 결코 한가롭지는 않을 것이다. 거기에서 내 삶에 지워진 유일한 의무는 충만한 삶이 불러오는 행복일 테니까!

함께 읽으면 좋은 책들

게리 스나이더, 『야생의 삶』, 이상화 옮김, 동쪽나라, 2000

에드워드 렐프, 『장소와 장소 상실』, 김덕현·심승희·김현주 옮김, 논형, 2005

장석주, 『장소의 탄생』, 작가정신, 2006

홍인희, 『우리 산하에 인문학을 입히다』, 교보문고, 2011

이국 취향
박상미, 『취향』

  세상에는 수많은 취향이 있다. 인류의 사람 숫자만큼이나 다양한 취향이 존재할 게다. 취향이란 무엇일까? 패션, 인테리어, 좋아하는 것과 싫어하는 것, 삶 자체에 의도하든 아니든 간에 나타나는 것이 취향이다. '나는 너와 취향이 달라.' 하고 말할 때 그것은 결국 나는 너와 다른 사람이라는 뜻이다. 내 생각에 취향은 본질에 덧씌워진 특이성이다. 누군가는 이렇게 말한다. "사물을 깊이 있게 차별하고 지각하고 보는 경험은 결국 독특한 어떤 것을 만들어 내게 되지요. 그게 취향이에요. 그리고 취향이란 그 사람(마다 다른) 감성의 풍향계라 할 수 있어요. 한 사람의 미적 방향성을 나타내 주는 지표 같은 거라는 얘기죠."(박상미, 『취향』) 이국 취향(exoticism)은 지금-여기에 없는 아름다움을 가지려는 욕망, 즉 진부하고 범속한 일상 저 너머에 있는 아름다움을 꿈꾸며 그것을 끌어다 현재화하려는 심미주의 취향이나 태도와 관련이 있다. 19세기 후반 서구 사회의 일부에서 일어난 동양 취향도 그 하나의 예다. 여기에는 아름다움이나 행복은 항상 여기가 아니라 저기에 있다는 믿음이 작동한다. 그러니까 이것의 핵심은 황홀경을 자극하는 부재하는 것에 대한 편애고, 장소의 이질성, 풍물의 특이성을 상상으로 살아 내기다. 우리 예술가들의 이국 취향은 대개는 향서(向西) 풍물에 편중되어 있다. 정지용이 "옮겨다 심은 종려나무 밑에 / 뻬뚜르 선 장명등 / 카페·프란스에 가자."(정지용, 「카페·프란스」)라고 할 때 카페·프란스는 여기 아닌 저기, 한 번도 살아 보지 못한 장소, 낯설고 신선한 이국적인 것의 기표다. 왜 예술가들은 이국 취향에 빠지는 것일까. 김종삼의 시에 나오는 그 많은 서양 음악가의 이름과 서양의 지명들, 박인환의 시에 불쑥불쑥 튀어나오는 외래어들은 그들의 이국 취향을 여과 없이 드러낸다. 두 사람의 이국 취향에는 차이가 있다. 김종삼에게는 그것을 지렛대 삼아 조악한 현실에서 도약하려는 절박성이 보이지만 박인환에게 그것은 촉각적이라는 것, 겉멋, 즉 낯선 것에 대한 선망과 정신이 덜 여문 데서 비롯된 감상주의에서 크게 벗어나지 못한다. 두 사람의 변별성은 그것을 제 살과 피로 육화한 것과 피상적이고 표면적 가치로 소비한 것의 차이로 드러난다. 고종석은 이렇게 말한다. "김종삼의 시가 박인환의 시에 견주어 덜 거북스럽게 읽히는 것은 그의 서양 취미가 박인환의 것보다 사뭇 익혀져 있는 듯 보이기 때문일 것이다. 기호에 대한 찰스 퍼스의 분류를 훔쳐 오자면, 박인환의 박래어(舶來語)들이 대체로 도상이나 지표에 그친 데 비해, 김종삼의 박래어들은 드물지 않게 상징에 이르렀다. 김종삼은 외국 이름이나 외래어들을 그려다 붙이며 제 교양이나 취향을 드러내는 데 그치지 않고, 거기에 의지해 정서적 확장과 공명을 이뤄 내는 데 자주 성공했다. 말하자면 김종삼은 그 고유 명사들을 장악하고 있었다. 물론 박인환도 뜬금없이 외래어들을 사용하지는 않았다. 그러나 그 박래어들은 향과 육즙이 듬뿍 담긴 상징의 과실로 익히는 데, 박인환은 김종삼에게 미치지 못했다."(고종석, 『모국어의 속살』)

이국 취향이 카오스나 대지의 힘들이 아니라 저 너머 세계에 대한 얄팍한 동경과 표피적인 호기심을 자양분 삼아 번창한다는 사실을 부정할 수가 없다. 간혹 대중가요 가사에도 이국 취향은 불쑥불쑥 솟구친다. 이때 그것은 본질, 특이성, 지각과는 미적 위계가 다른 정취, 혹은 분위기라고 할 수 있는 선택적 친화성의 범주에 드는 그 무엇이다. 널리 불린 노래 중에서 「홍콩 아가씨」만큼 대중의 이국 취향에 호소하는 노래를 찾기도 힘들 것이다. "별들이 소근대는 홍콩의 밤거리/나는야 꿈을 꾸며 꽃 파는 아가씨/그 꽃만 사 가시는 그리운 영난꽃/아 꽃잎처럼 다정한 그 사람이면/그 가슴 품에 안겨 가고 싶어요."(금사향 노래, 1952) 이 노랫말을 만든 사람이 실제로 홍콩을 갔는지 안 갔는지는 중요하지 않다. 아마도 가 보지 못했을 공산이 크다. 그랬으니 '별들이 소근대는' 따위의 비현실적인 노릿한 낭만에 기대어 먼 이국을 상상했겠지. 어쨌든 가난과 굶주림이 만성화된 전쟁 중인 나라의 처지에서 이국의 도시 밤거리에 넘실대는 풍요와 환락은 선망과 매혹의 대상이 되기에 충분했을 터다. 청각을 자극하는 어떤 소리들의 흥겨움에 넘치는 거리에서 '꽃 파는 아가씨'가 된다는 상상이 현실의 고달픔과 무미건조함에 대한 보상이 되었을 터다. 이 동경과 갈망은 낭만적 사랑과 하나로 겹쳐진다. 어쨌든 대중은 이국 도시를 그리며 삶의 고달픔과 메마름을 견디었을 것이다. 우리의 이국 취향을 자극하는 또 다른 노래는 「인도의 향불」이다. "공작새 날개를 휘감는 염불 소리/간지스 강 푸른 물에 찰랑거린다/무릎 꿇고 하늘에다 두 손 비는 인디아 처녀/파고다의 사랑이냐 향불의 노래냐/아 아 깊

어 가는 인도의 밤이여 // 야자수 잎사귀 무더운 저녁 바람 / 뱅갈사의 종
소리에 애달파진다 / 풍각 소리 자르메라에 춤을 추는 인디아 처녀 / 파고
다의 사랑이냐 향불의 노래냐 / 아 아 깊어 가는 인도의 밤이여."(현인 노
래, 1952) 이 노래가 널리 불린 게 전쟁의 와중이었다는 사실은 조금 의
아하다. 전쟁의 아수라 속에서 공작새, 염불 소리, 간지스 강(갠지스 강),
인디아 처녀, 야자수, 뱅갈사의 종소리, 풍각 소리 따위의 이국 풍물에
도취하는 것은 환각제에 기대어 몰아(沒我)의 경지, 혹은 '하이(high)'를
경험하려는 것과 마찬가지 심리다. 대중은 이런 노래를 들으며 잠시나마
끔찍한 현실에서 비켜서서 '하이'에 취했던 것이다.

　이국 취향을 얘기하면서 빼놓을 수 없는 사람이 이효석(1907~1942)
이다. 그는 당대에 '수재' 작가로 꼽혔다. 그의 짧은 생애는 식민지 시대
의 하중을 감당하는 어려움과 불행의 자취로 얼룩져 있다. 2007년은 김
소운·김달진·신석정 등과 더불어 그의 탄생 100주기였다. 1907년은 나
라가 어수선했다. 동아시아의 맹주로 떠오른 일본은 서구 열강과 잇달아
밀약이나 동맹을 맺으며 조선에 대한 종주권을 손에 넣고(강대국 마음대
로!) 1905년 11월 조선의 외교권을 강탈하는 을사늑약을 체결한다. 을사
년 국치에 의분을 참지 못한 민영환·조병세·홍만식 등이 스스로 목숨
을 끊고, 또 한쪽에서는 나라의 힘을 키우자는 자강(自强) 운동이 벌어진
다. 강원도 산골에서 태어난 그는 경성제대 법문학부 영문학과에서 유진
오와 함께 '2대 수재'로 꼽혔다. 대학을 졸업하고 백수로 지내다가 일본인
은사가 다리를 놓아 총독부 경무국 검열계에 들어간 것이 1930년이다.
취직한 지 열흘쯤 되는 날 광화문 거리를 걷는데 한 청년이 대뜸 길을 막
아서며 "너도 개가 다 됐구나!"라고 욕설을 하자 심약한 그이는 거리에
서 졸도한다. 끼니를 거를 만큼 궁색하던 그가 든든한 직장이었을 총독

부를 그만둔 건 그렇지 않아도 꺼림칙하던 차에 이런 봉변을 당한 곡절이 숨어 있었다. 그는 누구보다 서양을 동경해서 서양의 멋에 민감하고 그 멋을 즐긴 작가다. 그때가 일제 강점기였으므로 그의 유별난 취향은 비난의 근거가 되었다. 작품 「화분」에서 환멸 속에서 어떻게 사는가라고 물었을 때 작중 인물의 입을 빌려 이효석은 이렇게 대답한다. "그러게, 예술 속에서 살죠. 꿈속에서 아름다운 것을 생각하면서 살죠. 그것이 누구나 가난한 사람의 사는 법이지만, 주위의 가난한 꼴들을 보다가두 먼 곳에 구라파라는 풍성한 곳이 준비되어 있다는 것을 생각하면 신기한 느낌이 나면서 그래두 내뺄 곳이 있구나 하구 든든해져요."(이효석, 「화분」) 여기가 아닌 저기, 먼 곳 구라파는 당대 현실에 대한 환멸에서 벗어날 수 있는 상상의 도피처이자 상상이 지어 낸 낙원이다.

청년 작가 이효석의 초기 소설에는 어지러운 사회 상황에 맞서 투쟁하는 인물들이 자주 나온다. 첫 창작집 『노령근해』를 내던 해에 결혼을 하고, 함경남도 경성농업학교 영어 교사 자리를 얻어 근무하다가 이듬해 평양 숭실전문학교 교수로 옮기며 생활이 안정되자 연달아 작품들을 내놓는다. 1935년에서 1939년까지가 그의 절정기다. 1936년 10월 《조광》에 내놓은 「메밀꽃 필 무렵」은 한국 단편 소설의 백미로 꼽힌다. 고향인 강원도 봉평을 배경으로 한 소설을 내놓으며 크게 이름을 떨친다. 「돈(豚)」, 「수탉」, 「메밀꽃 필 무렵」에서 볼 수 있듯 이 무렵 그는 자연을 배경으로 삼아 토속적 정취가 나는 소재를 자주 다룬다. 애욕 따위를 직접 그리기보다는 돼지·개·나귀 같은 동물의 교미 장면을 끼워 넣어 표현하는 수법을 구사하는데, 이 바탕에는 사람도 자연의 일부라는 생각이 자리하고 있다. 초기에 사회성을 강하게 띤 작품들로 주목을 받으며 유진오와 함께 '동반자 작가'라는 평가로 이름을 얻은 그는 제 소설에 드리워진 경향성을 지우며 토속적 소재를 끌어온다. 작품에 배어 있는 짙은 향토성과는 어울리지 않게 그의 실생활은 온통 서양 편향이었다. 이 부조화는 흥미롭다. 당시 사진을 보면, 그의 모습 뒤로 보이는 그가 즐겨 들었을 서양 음악가들의 레코드판과 축음기, 그리고 크리스마스트리가 인상적이다. 지금부터 80여 년 전 집 안에 크리스마스트리 장식이라니! 그의 생활에 드러나는 두드러진 서양 편향은 그의 소설 독자라면 어리둥절할 만한 일이다.

이효석은 1942년 5월 25일 저녁 무렵 뇌막염으로 병원에 입원한 지 얼마 안 돼 죽음을 맞는다. 임종을 지킨 것은 모친과 그의 마지막 내연녀이자 평양에서 다방 마담을 하던 가수 왕수복이다. '동반자 작가'라는 가면을 벗고 심미감과 즐거움이 넘치는 소설 세계를 추구하던 그는 서른다섯 살이라는 너무 이른 나이에 세상을 떴다. 어떤 사람에게는 취향이 절대적 능동으로 발현하는 법이다. 장미를 좋아하고, 월부로 들여놓은 야마하 피아노로 쇼팽을 연주하는 취미를 갖고, 된장국보다는 버터나 통조림을 즐기던 그의 이국적 향서 문화 탐닉은 유별난 데가 있다. 이런 그를 꼬집어 '버터 냄새나는 작가'라고 비웃은 사람도 있었다.

세간의 비난에 짜증을 내며 "메주내 나는 문학이니 버터내 나는 문학이니 하고 시비함같이 주제넘고 무례한 짓은 없다."라고 그는 신경질적으로 반응했지만, 한껏 멋을 내고 제 취향에 흠뻑 젖어 산 것을 두고, 국권을 잃은 식민지 지식인이 아수라에 빠진 나라 형편은 나 몰라라 하고 제 취향에만 골똘했다고 타박한다 해도 틀리지는 않을 터다. 맵시가 나는 양복 차림에 나비 모양의 장식을 단 칠피 구두를 즐겨 신던 멋쟁이 작가에게서 이국 취향을 읽어 내는 것이나 그를 근거로 비난하는 일은 어렵지 않다. 그러나 그에게 이국 취향은 궁핍의 파토스를 넘어서려는 호사

300

취미가 아니라 심미적 자기실현의 계기를 위한 시공 이동 꿈꾸기, 혹은 감각의 근원 어루만지기, 혹은 열등감에서 허우적이는 자존감에 갑옷 입히기였음을 눈치채는 일은 쉽지 않다.

함께 읽으면 좋은 책들

고종석, 『모국어의 속살』, 마음산책, 2006

권명아 외, 「이효석 특집」, 《작가세계》(2007년 겨울, 통권 75호), 세계사, 2007

박상미, 『취향』, 마음산책, 2008

시간에 대해 말하다
크리스토퍼 듀드니, 『세상의 혼: 시간을 말하다』

저 먼 과거에 사람들은 분명 공간보다 시간이 매력적이고 더 많은 미덕을 갖고 있다고 믿었다. 우리는 시간의 편재를 느끼고 시간과 더불어 살아간다. 산다는 것은 시간 속에서 이루어지는 그 무엇이다. 무엇보다도 사람들은 시간을 연속성 안에서 인지하고, 그 연속성 안에서 시간의 본질을 찾으려고 한다. 정말 그럴까? 질 들뢰즈는 이렇게 말한다. "시간은 더 이상 연속성으로 정의되지 않는다. 왜냐하면 연속성은 단지 시간 안에 있는 사물과 운동에 관여할 뿐이기 때문이다. 만약 시간 자체가 연속적이라면 시간은 또 다른 시간과 연속할 필요가 있을 것이고, 또 무한히 그렇게 될 것이다. 사물들은 다양한 시간들 속에서는 서로서로 연속해 있으나, 또한 동일한 시간 속에서는 동시적으로 있는 등, 그렇게 고정되지 않은 시간 속에 머물러 있다. 이제는 시간을 연속성을 통해 정의하는 일, 공간을 동시성으로, 지속성을 연속성을 통해 정의하는 일은 더 이상 문제가 되지 않는다. 지속성, 연속성, 동시성은 시간의 양태들이자 관계들이다. 이처럼 시간은 더 이상 연속성을 통해 정의되지 않고 공간은 동시 존재를 통해 정의되지 않는다. 시간과 공간은 완전히 새로운 규정을 찾아야 한다. 운동하고 변화하는 모든 것은 시간 속에 있지만 시간 자체는 영원하지 않은 것처럼 변하지도 운동하지도 않는다. 시간은 변화하고 운동하는 모든 것의 형식이다. 그러나 시간 자체는 불변하는 형식이다. 시간은 영원한 형식은 아니지만 사실 영원하지 않은 것의 형식, 변화와 운동의 불변하는 형식이다."(질 들뢰즈, 『칸트의 비판 철학』) 철학자는 시간이 연속적인 그 무엇이 아니라고, 변하고 운동하는 것이 아니라 변화하고 운동하는 모든 것의 형식이라고 말한다. 시간에 대해 우리가 알고 있는 것을, 혹은 고정관념을 잠시 내려놓을 필요가 있을 듯싶다.

어쩌면 우리는 시간의 억류자들이다. "지난 3월 내가 서걱이는 대나무 옆에 섰을 때 시간은 모든 것 사이로 부는 바람처럼 느껴졌었다. 그런 느낌이 잘 포착해 낸 것은 시간의 편재하는 성품, 가장 작은 원자와 가장 큰 은하에 동시에 공재하는 시간의 존재 방식이었다. 또한 시간의 불가시성을, 시간의 바람이 불고 지나간 것이 무엇이든 그것의 조직과 형태를 변화시키는 힘을 잘 대변하고 있다. 하지만 이 비유는 시간의 일차원적 성격, 실은 시간이 전혀 이 세상을 통과하며 움직이지 않는다는 사실을 잘 나타내지 못한다. 만에 하나 움직인다 해도, 시간은 우리 우주 안에 있는 그 무엇과도 같지 않은 방식으로 움직인다."(크리스토퍼 듀드니, 『세상의 혼: 시간을 말하다』) 시간이 흐르면서 변화를 이끌고 역동하는 것이라면, 공간은 그저 텅 비고 고갈된 공허에 지나지 않았다. 시간은 움트는 싹이고 공간은 죽음과 고갈을 전시하는 편평한 폐허다. 그러나 공간은 시간을 넘어선다. "이제 시간이 지루하게 균질적인 것, 매번 똑같은 지거운 것이 되고, 속이 찬 자궁이라는 공간성에 대조되는, 남근적인 탄도가 된다."(테리 이글턴, 『반대자의 초상』) 반면 장소라는 형태를 띤 공간은 과거에는 시간의 미덕으로만 여겨졌던 움직임과 역동성을 제 정체성으로 품는다. 아마도 사람들이 공간에 대한 생각을 바꾸게 된 것은 아인슈타인 이후일 것이다. "공간은 움직이고 이질적이고 다층적이며, 이제는 순전한 공허가 아니라 역동적인 힘으로서, 마치 유기체처럼 변화했다."(테리 이글턴, 앞의 책) 그 역동적인 힘이 가능성에 제 젖을 물리며 그것을 기른다. 시간과 견주어 더 많은 가능성을 품고 있는 공간의 미덕과 효용성에 대한 새로운 발견이라고 할 만하다. 그러나 시간과 공간은 서로 배타적이기보다는 서로에게 스미고 섞인다는 점에서 상호적이다. 시간은 공간을 낳아 기르고 거꾸로 공간은 그 시간의 싹들이 자라나는 묘판(苗板)이다.

나는 시간을 느끼고 몸의 느낌 속에서 그것이 무엇인가를 안다. 그 앞에는 한 점의 모호함도 없다. 하지만 누군가 "시간이 무엇인가?"라고 묻는 순간 나는 시간에 대해 아무것도 대답할 수가 없다. 시간이 무엇인가를 묻는 물음에 한 시인은 이렇게 대답한다. "꽃잎이 이울고 새들의 깃이 접히는 그늘"(윤택수, 「금강산 포수」)이라고. 더 긴 시간이란 무엇인가를 묻는 물음에는 "이운 꽃잎이 돌이 되시고/새들의 깃에 싹이 돋아 꽃대가 올라오시는 어둠"(윤택수, 앞의 시)이라고 답한다. 우리는 시간의 젖과 꿀을 빨며 살지만 정작 시간의 정체가 무엇인지는 잘 모른 채 산다. 아니 시간 자체에 대해 알려고조차 하지 않는다. "시간의 흐름엔 삼차원적 방향이 없기 때문에 시간이 어떻게 분기하는지, 어떻게 과거에서 미래로 흘러가는지 상상하기가 어렵다. 하지만 시간은 상하로도, 좌우로도, 동서로도 움직이지 않는다. 시간의 움직임 또는 움직임의 결여를 이해하려는 시도는 내가 지금까지 마음에 그려 온 것들 중 가장 어려운 일이었다. 기껏 해야 비유를 만들어 내는 일이 고작이었는데, 그것이 시간을 정확하게 반영하진 못하겠지만 적어도 시간의 내재적 성품을 좀 더 본질적으로 이해할 수 있게는 해 주었다."(크리스토퍼 듀드니, 앞의 책) 시간은 그것의 정체성을 따져 물을 때 그 존재를 감추며 돌연 불가사의해진다. 내가 살아 보지 못한 수십억의 수십억 년이 이 우주 어딘가에, 절대 죽지 않는 그 무엇, 즉 내 생물학적 진화의 무한한 가능성으로, 새벽 여명과 같이 존재한다는 상상을 하면 온몸에 전율이 흐른다. 내게 시간은 여전히 매혹적이다. "오늘 오후 길 건너편 소나무를 보면서, 햇살이 그 잎에 폭포수처럼 쏟아지는 모습을 보면서 나는 또 다른 시간의 모습을 느꼈다. 그것은 고요한 연못에 비가 내리는 이미지로 내게 다가왔다. 여기저기 떨어지는 빗방울 하나하나 파문이 퍼지면서, 여러 개의 파문이 겹치고 확장된다. 그런 다음 나는 이 연못 표면이 두 개가 되는 것을 상상했다. 두 개의 투명한 표면이 아래위로 겹치는 것이다. 제2의 연못에도 빗방울이 튀며 물방울이 퍼져 나가는 것이 보였다. 다음 나는 이 두 개의 수면 위에 또 다른 수면이 겹치고, 또 하나 또 하나가 계속 겹쳐 놓여 마침내 셀 수도 없어지고 온 우주를 가득 채우는 것을 상상했다. 이제 하나의 빗방울이 만든 파문은 수평으로만 퍼지지 않고, 점점 확장되는 투명한 구 안에 또 다른 구 안으로 퍼지며 모든 층들로 다 퍼져 나간다. 내 생각에 시간은 과거에서 미래로 흐르지 않았고, 모든 것의 안으로부터 동시에, 도처에서 흐르는 것이었다."(크리스토퍼 듀드니, 앞의 책)

시간은 아득한 과거에는 존재하지 않았다. 그때는 낮과 밤의 뒤바뀜, 계절의 변화, 가는 해와 오는 해의 반복만이 있었을 뿐이다. 시간은 들리지도 않고 보이지도 않았으니 사람들이 그것을 알아차리기란 쉽지 않은 일이었다. 그래서 시간은 오랫동안 이름도 없이 태초의 무(無)로서 존재했을 뿐이다. 우주의 나이가 137억 년이라고 하는데 그 대부분의 세월 동안 시간은 무(無)였고, 그 무는 무무(無無)에서 흘러나왔고, 그 무무는 무무무(無無無)에서 발원하여 흘러나왔을 뿐이다. 초(秒), 분(分), 시(時), 일(日), 주(週), 월(月), 연(年)이 생겨나면서 시간은 비로소 존재하기 시작했다. 사람들은 밤하늘에 열두 번의 보름달이 떠오르면 한 해가 지나갔음을 알게 되었다. 계측할 수 있는 가장 짧은 단위의 시간은 펨토초다. 일천 조 분의 1초가 그것이다. 펨토초의 세계에서 사는 펨토리안의 눈으로 보자면 사람은 움직이지 않는 조각상이요, 영원히 존재하는 그 무엇이다. 펨토초보다 더 짧은 시간이 나타났다. 바로 아토초다. 아토초는 백경(10의 18승) 분의 1초다. "당신의 평범한 날은 1,440분이고, 이는 다시 86,400초로 구성되어 있다. 한 달을 평균 30일로 잡을 때 이는 2,592,200초이고, 다시 한 해를 30일이 12번 반복되는 것으로 할 때 이는 31,104,000초다. 이제 나의 36세 생일이 다가옴에 따라 나는 실은 단지 1,088,640,000초를 살아온 것이다."(글렌 굴드, 크리스토퍼 듀드니, 앞의 책에서 재인용) 아이들을 어른이 되게 하고, 모든 나무들을 자라게 하고, 익은 콩들을 발효시키고, 오래된 바위들에 이끼를 입히고, 건물들에겐 멋지고 품위 있는 과거의 광휘를 선물하는 시간은 명백하게 영장류의 것이 아니라 호모 사피엔스의 발명품이다.

시간은 대체로 차안(此岸)과 피안(彼岸) 사이에 걸쳐 놓은 놀라운 가설이다. 아울러 시간이란 종(種)과 종 사이의 미끄러짐이고, 종의 고리를 잇는 유전자의 세대론적 이동이며, 그리고 종의 수평적 지평선 안에서의 이주, 도약, 도망, 회귀다. "시간이 없다면 아무것도 없다. 시간은 무도장인 동시에 음악이다. 움직이는 모든 것과 움직이지 않는 듯 보이는 모든 것은 다 시간이 안무해 낸 춤이다."(크리스토퍼 듀드니, 앞의 책) 나의 육체적 삶은 시간이 준 놀라운 선물이다. 시간은 그 선물을 주었을 뿐 아니라 때가 되면 그 선물을 회수해 간다. 지구는 태양 주위를 시속 108,000킬로미터로 돌고 있는 생명체들이 탑승한 배다. 시간은 곧 장소이고, 거꾸로 말하자면 장소는 시간이다. 그래서 지구라는 배는 어제 있던 장소가 아니라 끊임없이 새로운 장소로 나아간다. 우리는 시간 속에서 진화의 긴 여정을 소화해 내야 하는 시간 여행자들이다. 지구가 은하 속을 떠가는 동안 시간은 우리의 육체적 삶을 해체해서 해조류와 균류로 만들었다가 다시 이끼, 나무, 초파리, 조개, 새로 만든다. 우리는 사람이 아니라 지금-여기에서 사람의 몸을 갖고 시간 속을 지나가고 있을 뿐이다. 다른 시간대에서는 이끼, 나무, 초파리, 조개, 새의 몸을 갖고 시간속을 지나갈 것이다. 생명이란 시간의 음악에 맞춰 추는 춤이다. 시간은 우리 세포 속의 유전자에 들어와 다양한 변주곡에 맞춰 춤을 춘다. 결국 우리 삶이란 시간의 춤일 따름이니, 시간은 위대한 안무가이자 능란한 춤꾼인 셈이다.

시간은 '지금'으로 흘러왔다가 끊임없이 '지금'을 지나 또 다른 '지금'을 향하여 나아간다. 우리가 '지금'이라고 말하는 순간 그 '지금'은 과거의 '지금'이 되어 버리고, 미래의 '지금'이었던 순간들이 방금 지나가 과거가 되어 버린 그 '지금'이 비운 자리를 차지한다. 사실을 말하자면 현재의 '지금'은 없고, 이미 말해진 '지금'이란 금방 과거 속으로 돌아가 버린 '지금'들뿐이다. 그러므로 가없는 시간의 바닷속에서 수없이 많은 거품으로 바글거리는 '지금'들은 덧없다. '지금'들은 헛된 낭비이며, 상상 임신이고, 어리석은 지나침이다. 더 정확하게 말하자면 '지금'이란 이미 지나가 버린 과거의 기억들이 지각 속에 복귀하는 희귀한 현재를 말한다. 그러나 엄밀히 말하자면 지각 속에 복귀하는 그것들이 '과거'라는 증거는 매우 회미하다. 그것들은 지나간 것이 아니라 저 먼 시간 속에서 태어나 현재까지 끊어지지 않고 이어지는 실재(reality)다. 그것은 현재와 몸을 섞고 있거나―현재는 과거와 삼투하는 근미래(近未來)다―스며들며―현재는 과거와 융합하는 근미래다―일어나는 거품들, 즉 미래들의 과거다. 라이너 마리아 릴케는 이렇게 말한다. "미래는, 우리 안에 있는 미래 자신을 변화시키기 위하여, 미래가 도래하기 훨씬 전에, 우리 안으로 들어온다."(크리스토퍼 듀드니, 앞의 책) 미래는 현재에 있지만 우리가 그것을 알아채지 못하는 것은 그것이 충분하지 않은 상태로, 혹은 모든 곳에 균질하지 않은 상태로 존재하기 때문이다. 현재란 과거의 발현에 의해 몸을 얻어 드러나는 미래에 지나지 않는다. 없던 것이 갑자기 나타나 과거의 교착이나 잔여물을 품고 과거-현재라고 주장한다면, 과거는 지나가 버린 미래들, 즉 지나가면서 현재라는 사생아를 낳는 미혼모들이다.

시간은 비이성적 냉담함으로 무장한 난폭한 파괴자다. 시간이 지나간 뒤에 살아남는 것은 아무것도 없다. 심지어 제 일가붙이나 제자들마저 모조리 살해한다. 크로노스가 제 자식들을 먹어 치우듯이. 그러므로 시간이 지나간 자리에는 깨어진 사랑, 죽어 버린 시체들, 주춧돌만 남고 사라진 웅장한 절들, 세상의 모든 불타 버린 숲들, 폐허들만 남는다. 어떤 건물들이 시간을 견디고 꿋꿋하게 서 있다면 그것은 폐허로 돌아갈 운명의 일시적인 유예일 따름이다. 그런 점에서 "시간은 위대한 스승이긴 하지만, 불행히도 자신의 제자를 모조리 죽여 버린다."(엑토르 베를리오즈, 크리스토퍼 듀드니, 앞의 책에서 재인용)는 말은 진실이다. 시간은 불꽃이고, 홍수다. 태우고, 휩쓸고, 부수고 지나간다. 시간의 앞자락은 시간이 살해한 것들의 피로 물들어 있다. 그러므로 시간은 핏빛이다. 시간은 포식자다. 시간은 만물을 집어삼키고 끝내는 제 자신마저도 삼킨다.

너무도 당연하지만 시간은 되돌아가지 않는다. 저 그리스의 한 현자가 말했듯 우리는 같은 강물에 두 번 발을 씻을 수가 없다. 이때 강물은 흘러가는 시간이다. 찰나로 반짝이며 흘러가는 시간은 반복을 모른다. 그것은 흘러가 버리는 것이므로 붙잡을 수도 없다. 시간은 흐름이 아니라 정지 혹은 비약의 시점에서만 제 존재를 드러낸다. 시간은 정지한 적이 없는데 흐름을 정지시키고 멈춘 상태에서 전체에서 저를 작게 쪼개 제 존재를 반짝이는 그 많은 찰나와 순간은 어떻게 된 것일까? 사실을 말하자면 시간은 선형상의 흐름을 갖고 있지 않다. 흐르지 않으니까 멈춤도 없다. 공중을 나는 화살은 영원히 표적에 도달하지 못한다는 제논의 가설은 거짓이다. 제논에 따르면 표적을 향해 나는 화살이 중간쯤 왔을 때 화살은 여전히 남은 거리를 날아야 한다. 남은 거리를 반으로 나누면 화살은 다시 그 거리만큼 날 것이다. 표적까지의 거리를 이렇게 계속 점점 더 잘게 쪼개 반분한다면 화살은 영원히 표적에 도달할 수 없다. 이것이 '제논의 화살'이라는 명제로 널리 알려진 패러독스다. 제논의 패러독스에 따르면 움직이는 화살은 실은 움직이지 않는 것이다. 제논은 분할이 불가능한 흐름인 운동을 분할이 가능하다고 전제하고, 경로가 그리는 선에 대해 참인 것은 그 운동에서도 참이라는 가정을 전제함으로써 치명적인 오류에 빠져들었다. 아마도 유일하게 순간의 시간을 멈추고 장악할 줄 아는 것은 위빠싸나 수행자들이다. 시간이 멈추는 것은 영적인 찰나가 제 모습을 드러내는 경이의 순간이다. 시간을 멈추거나 느리게 조정하는 일은 위빠싸나 수행자들만이 할 수 있는 일이다. 그들은 찰나들을 그냥 무심히 흘려 버리는 게 아니고 그 찰나를 단순하면서도 심오한 각(覺)의 그물로 포획한다. 그 각의 그물 속에서 지금-여기는 살아 있는 물고기처럼 퍼덕거린다. 이게 어떻게 가능할까? 달팽이가 지나간 자리, 비행의 궤적, 날아가는 새의 활공 동선에서 우리는 시간의 흔적을 발견한다. 위빠싸나 수행자들은 그들의 존재로서 찰나가 되어 버림으로써 그렇게 한다. 그들은 달팽이가 되어 달팽이가 지나간 자리를 반추한다. 그들은 날아가는 새의 활공 동선에 제 의식을 겹쳐 냄으로써 그 시간을 살아 낸다. 그들은 움직일 때 흐르는 시간에 의식을 집중한다.

전작 『밤으로의 여행』에서와 마찬가지로 『세상의 혼: 시간을 말하다』에서도 듀드니의 숨길 수 없는 박물적 지식과 감성의 조합은 빛을 발한다. 황혼에서 새벽까지 이어지는 시간들을 관찰하고 시적인 서술 속에서 밤의 현존을 살려 낸 『밤으로의 여행』에서 특별한 책 읽기의 기쁨을 오롯하게 맛보았던 나는 『세상의 혼: 시간을 말하다』가 나온다는 소식을 듣고 오랫동안 기다려 왔다. 그리고 출판사의 배려로 듀드니의 한국어판 신작이 책이 되어 나오기 전에 먼저 읽는 뜻밖의 행운을 누렸다. 우선 듀드니의 책들은 명석한 수사학의 기둥이 떠받치고 있는 회랑(回廊) 같다. 이를테면 다음과 같은 문장들이 그렇다. "디지털 문자반은 시간이 조악한 차원에서 미세한 차원으로 미끄러져 가는 스펙트럼이다. 좌측에는 움직이지 않는 시(時)가 신문 헤드라인처럼 버티고 있고, 그다음에는 분(分)의 행렬이 근엄하게 이어지고, 그 뒤를 초(秒)가 째깍거리며 쫓아간다. 그 오른쪽에는 1/10초가 있는데 괴롭도록 빨리 지나간다. 하지만 가장 매혹적인 것은 1/100초다. 녀석들은 폭포수나 광선 쇼처럼 최면을 거는 것 같다. 미친 듯이 춤추는 이것들은 너무나 바르게 획 지나가 버려 읽을 수조차 없다." 듀드니의 문장들은 노릇하고 권태로운 생의 순간들 속에서 솟구치며 사라져 간 시적 각성의 시간들을 회상할 때 아름답고, 흘러간 시간과 흘러온 시간 사이에서 사실 관계를 규명할 때 명석하다. 그 아름다움과 명석함을 뒤섞고, 거기에 자연 과학과 철학과 문학을 비벼서 시간에 대한 서정적 이해라는 지평을 열어 갈 때 끔찍하다. 욕망하지만 내 손이 가 닿을 수 없는 매혹적인 것들! 가질 수 없는 것을 욕망하는 생은 다 끔찍하다. 듀드니는 시간의 기원, 시간의 역설, 시간이 미치는 영향에 대해 이론적으로 쓰지 않는다. 다만 살아온 시간들을 직조하여 아름다운 시간들의 태피스트리를 만들어 내고 있다. 우리 삶을 떠받치고 있는 저변들인 시간 속에서 솟구치고 공중에서 흩어지고 잘게 쪼개져 끝내 사라지는 시간들을, 아니 시간들의 기미들을 명민하게 붙잡아 내고 있는 것이다. 시간이라는 우주적 추상을 뒤뜰, 사계, 이웃들과 함께한 세상들이라는 실재 속으로 끌어내는 그의 놀라운 시적 통찰, 그리고 생동하는 문장들에 나는 거듭 놀라고 흥분하고 매혹당한다. 듀드니의『세상의 혼: 시간을 말하다』를 읽는 일은 시간에 대한 메마른 지식을 얻는 순간이 아니라 이 우주적 진실과 조우하는 즐겁고 유쾌한 여행의 순간이다.

함께 읽으면 좋은 책들

스튜어트 매크리디 엮음,『시간에 대한 거의 모든 것들』, 남경태 옮김, 휴머니스트, 2010

질 들뢰즈,『칸트의 비판 철학』, 서동욱 옮김, 민음사, 1995

크리스토퍼 듀드니,『세상의 혼: 시간을 말하다』, 진우기 옮김, 예원미디어, 2010

테리 이글턴,『반대자의 초상』, 김지선 옮김, 이매진, 2010

먹는다는 것에 대하여

마이클 폴란, 『잡식 동물의 딜레마』

집 주변으로 잔설이 희끗희끗하고, 호수는 꽝꽝 얼어붙었다. 몸이 으슬으슬해서 멸치를 팔팔 끓여 우려낸 국물에 삶은 국수를 말아 한 끼를 때운다. 입안이 개운하고 배는 불룩하다. 뭔가를 먹는 일은 그 자체로 생의 순수한 황홀경이다. 지금부터 70여 년 전 저 북방의 한 시인은 국수를 소재로 삼아 빼어난 시를 남겼다. "눈이 많이 와서/산엣새가 벌로 내려 메기고/눈구덩이에 토끼가 더러 빠지기도 하면/마을에는 그 무슨 반가운 것이 오는가 보다/한가한 애동들은 어둡도록 꿩 사냥을 하고/가난한 엄매는 밤중에 김치 가재미로 가고/마을을 구수한 즐거움에 싸서 은근하지 홍성홍성 들뜨게 하며/이것은 오는 것이다/이것은 어느 양지귀 혹은 응달 쪽 외따른 산옆 은댕이 예데가리밭에서/하룻밤 뽀오얀 흰 김 속에 접시귀 소기름불이 뿌우현 부엌에/산멍에 같은 분틀을 타고 오는 것이다/이것은 아득한 옛날 한가하고 즐겁던 세월로부터/실 같은 봄비

속을 타는 듯한 여름볕 속을 지나서 들쿠레한 구시월 갈바람 속을 지나서/대대로 나며 죽으며 죽으며 나며 하는 이 마을 사람들의 의젓한 마음을 지나서 텁텁한 꿈을 지나서/지붕에 마당에 우물든덩에 함박눈이 푹푹 쌓이는 여느 하룻밤/아배 앞에 그 어린 아들 앞에 아배 앞에는 왕사발에 아들 앞에는 새끼 사발에 그득히 사리워 오는 것이다/이것은 그 곰의 잔등에 업혀서 길러 났다는 먼 옛적 큰마니가/또 그 집 등새기에 서서 재채기를 하면 산넘엣 마을까지 들렸다는/먼 옛적 큰아바지가 오는 것같이 오는 것이다//아, 이 반가운 것은 무엇인가/이 희스무레하고 부드럽고 수수하고 슴슴한 것은 무엇인가/겨울밤 쩡하니 익은 동치미국을 좋아하고 얼얼한 댕추가루를 좋아하고 싱싱한 산꿩의 고기를 좋아하고/그리고 담배 내음새 탄수 내음새 또 수육을 삶는 육수국 내음새 자욱한 더북한 삿방 쩔쩔 끓는 아르굴을 좋아하는 이것은 무엇인가//이 조용한 마을과 이 마을의 의젓한 사람들과 살뜰하니 친한 것은 무엇인가/이 그지없이 고담(枯淡)하고 소박(素朴)한 것은 무엇인가."(백석, 「국수」, 1941. 4) 국수는 소맥이라고 부르는 밀을 도정하고 제분해서 얻는 밀가루로 만든다. 밀가루는 글루텐이라는 단백질의 함량 차이에 따라 강력분·중력분·박력분으로 나뉘는데, 국수는 중력분으로 만든다. 기원전 4000년 무렵의 황하 유역의 유적지에서 국수 비슷한 것이 발굴된 것을 보아 국수의 역사가 아주 오래되었음을 알 수 있다. 우리 민족도 일찍부터 국수를 먹었다. 본디 국수는 귀한 잔치에 내놓는 음식이었다. 미국의 원조 물자로 밀가루가 흔해지면서 국수는 서민 음식으로 자리 잡는다. 저 산골에 국수틀이 있었나 보다. 시인이 먹었다는 이 국수는 밀이 아니라 "어느 양지귀 혹은 응달 쪽 외따른 산옆 은댕이 예데가리밭"에서 수확한 메밀을 빻아 국수틀로 뽑은 것이다. 아배는 왕사발에, 아들은 새끼

사발에 국수가 그득히 담겨 온다. 쩔쩔 끓는 아랫목에서 아버지와 아들이 후루룩거리며 국수를 먹는 광경이 손에 잡힐 듯하다. 선배 시인의 흥겨운 시를 떠올리며 국수 한 그릇을 거뜬히 비우고, 새삼 '먹는다는 것'의 본질에 대해 생각에 잠긴다.

시인 두보는 대력(大曆) 3년(768년), 강릉(지금의 후베이 성)에 사는 동생 두관에게서 편지 한 통을 받는다. 편지에는 살기 좋은 땅을 찾았으니 하루 속히 싼샤(三峽)에서 나오라고 적혀 있었다. 두보가 살던 고장의 산천은 장엄하되 풍토는 거칠고 인정은 메마른 곳이었다. 진저리가 났던 터라 두보는 서둘러 가족과 함께 살던 고장을 떠나 강릉으로 떠난다. 가족은 강릉의 당양 현에 머물게 하고, 두보 자신은 강릉에 거처를 두고 사람들을 두루 만난다. 계절이 바뀌자 가족에게서 편지를 받는데, 지게미나 채소마저도 먹지 못한다고 적혀 있었다. 친지들에게 어려움을 호소하고 손을 벌려 보았으나 그들이 재물을 나눠 주려고 하지 않았다. 그들은 날이 갈수록 가난한 두보를 멀리했다. 두보는 가족에게 돌아가며 강릉에서의 굴욕을 "배고파 집집에서 쌀을 꾸고, 근심에 겨워 도처에서 술을 찾았네."라고 시에 적었다. 그해 가을 두보는 다시 가족을 이끌고 강릉을 떠나 동으로 나아가 살길을 찾았다. 두보는 강물을 따라 이리저리 떠도는 제 처지를 비관하며 "먹을 것을 구하려 괴롭게 꼬리쳤지만, 늘 은혜 갚은 물고기를 생각하였네."라고 시에 적었다. 가난 때문에 처자식의 입에 들어갈 음식을 구할 수 없는 가장의 비애와 쓰라림은 두보라고 더하거나 덜하지 않았다. 입에 들어가는 음식이 끊긴 자의 처지는 그 어떤 비참함보다 더 남루하고 비천하다. 훗날 시성(詩聖)으로 추앙을 받은 두보도 저와 제 식구들의 입에 들어가는 음식이 끊기는 지경이 되자 제 인생을 돌아보고는 "버려진 물건 같은 백 년 인생"이라고 괴로워하며 탄식

했다. 사람이 음식을 먹는 것은 자연으로 타고난 바다. "사람은 위로 하늘과 이어지지 않고, 아래로 땅에 박혀 있지도 않다. 오로지 위장을 근본으로 삼기에 먹지 않으면 결코 살 수 없다."(왕런샹,『중국 음식 문화사』) 우리 몸에 입과 이가 있는 것은 음식을 씹고 삼키기 위함이고, 몸 아래에 구멍이 있는 것은 먹은 것을 배설하기 위함이다. 옛사람은, 사람의 삶이란 것이 음식에서 기(氣)를 얻는 것은 마치 초목이 흙에서 기를 얻는 것과 같다고 적었다.

한 위대한 서양 작가는 사람을 음식을 담는 가죽 자루라고 비범한 성찰을 적었다. 사람이 먹고 마시는 생물학적 존재라는 사실은 사람의 본질을 규명하는데 지나쳐서는 안 될 중요한 조건 중의 하나다. 인류는 자연에서 나는 것을 가리지 않고 먹는 잡식 동물이다. "우리가 잡식 동물이라는 사실은 우리의 육체(인간은 잡식 동물에 알맞은 다용도의 치아와 턱이 발달해 있다. 그리하여 고기를 찢거나 풀을 갈고 빻는 일을 똑같이 잘할 수 있다.)와 영혼 양 측면에서 우리의 본성을 형성하는 데 많은 영향을 끼쳤다. 우리의 뛰어난 관찰력과 기억력, 그리고 자연 세계에 대한 궁금증과 실험적 자세는 상당 부분 잡식 동물이라는 생물학적 사실에서 기인한다. 우리는 다른 생물들의 저항을 무력화시키고 그들을 음식으로 삼기 위해 다양한 방식으로 적응해 왔다."(마이클 폴란,『잡식 동물의 딜레마』) 사람이 생물계에서 우월적 지위를 가진 포식자로 우뚝 설 수 있었던 것은 자연환경을 불과 도구를 써서 음식 사슬로 편입하여 바꾸는 최적화 수단을 발견했기 때문이다. 사람은 불을 다룰 줄 알고, 동식물을 채집하고 포획하여 도구를 써서 소화하기 쉬운 음식으로 만드는 존재다. 다시 말하면 "우리는 음식을 통해 자연을 문화로 바꾸고, 세계의 육신을 우리의 몸과 마음으로 탈바꿈시킨다."(마이클 폴란, 앞의 책) 인류의 역사는 우리 몸 밖의 자연을 우리 몸 안으로 들여보낸 것을 큰 축으로 삼는 역사다. 사람은 지구 위에 출현한 이래 무언가를 먹고 살아왔으며, 종을 퍼뜨려 온 존재다. "우리가 먹는 음식은 다름 아니라 세상의 몸이다."(마이클 폴란, 앞의 책) 우리는 세상의 몸을 먹고 그 세상의 일부로서 살아가는 것이다. 따라서 먹고 마시는 것과 관련된 역사는 곧 인류 생존의 장엄한 역사다.

사람이 가진 하향하는 물질의 흐름을 거슬러 오르는 생명의 약동(elan vital)은 우리 몸 안에 들이는 외부의 물질에서 나온다. 이 물질이 곧 음식이다. 음식은 에너지를 만들고, 그 에너지는 생명의 불꽃을 타오르게 한다. 먹고 마시지 않는다면 우리의 몸은 머지않아 작동을 멈추게 될 것이다. 인류는 자연에서 나는 거의 모든 것을 먹는 잡식 동물이지만, 음식은 삼가고 가려 먹는 게 마땅한 일이다. 원나라의 음선태감(飮膳太監)의 직위에 있던 흘사혜(忽思慧)는 이렇게 적었다. "비록 음식에는 백 가지 맛이 있지만 그 정수를 구해야 한다. 그 음식 안에 양생을 보태고 돕는 데 좋은 점, 새 것과 묵은 것의 차이, 온냉한열(溫冷寒熱)의 성질, 다섯 가지 맛의 편중으로 생기는 병이 있는지를 헤아려야 한다. 만약 맛이 지나치게 좋고, 새로운 것과 오래된 것을 가리지 않고, 만들 때 기준을 초과했다면 모두 질병을 초래할 수도 있다. 마땅하면 행하고, 마땅하지 않으면 피해야 한다. 만약 임산부가 행동을 삼가지 않고, 유모(乳母)가 먹는 음식을 조심하지 않으면, 태어날 아이에게 병이 생긴다. 만약 먹는 데만 몰두하고 피해야 할 음식을 잊어버린다면, 질병이 생겨 몸에 잠복해 있어도 죽을 때까지 깨닫지 못한다. 백 년 인생을 한때의 맛으로 잃어버린다면 그 얼마나 애석한 일인가!"(『음선정요(飮膳正要)』, 왕런샹, 앞의 책에서 재인용) 근대 이전에 인류는 먹을거리가 부족해서 걱정이었지만, 이제는 풍요한 먹을거리 앞에서 무엇을 어떻게 먹을 것인가 하는 역설적인 곤경과 만난다. 자본주의와 산업 기술은 음식의 영양학적 성분만이 아니라 음식 사슬까지 비틀어 버린다. 온갖 화학 물질을 첨가한 뒤 우리 식탁에 오르는 현대의 가공식품들은 우리 몸에 해로울 수도 있다. 오늘날의 육류 대부분은 공장식 농장에서 사육된 닭이나 돼지나 소를 도살해서 얻은 것들이다. 야생과는 달리 공장식 농장에서 사육되는 동물들은 우리 식탁에 오르는 과정에서 학대를 당한다. "소는 뿔을 제거당하고 거세되고 호르몬과 항생제가 투약되고 살충제가 뿌려지고 시멘트 판에 올려진다. 또한 적절한 몸무게가 될 때까지 곡물, 톱밥, 찌꺼기, 오물을 먹으며, 트럭을 타고 자동화된 도축장으로 운송되며 그곳에서 도살된다."(제러미 리프킨, 『육식의 종말』) 쇠고기에는 다량의 호르몬과 항생제, 그리고 살충제가 들어 있고, 소들의 사육과 도축은 그 동물들에게 고통을 주는 방식으로 이루어진다. 육식 행위는 동물에게 고통을 주는 잔혹한 방식으로 고기를 얻는 이런 현대적 시스템에 대해 고민하게 하고, 자신의 목적을 위해 다른 사람을 이용하는 것이 도덕적으로 옳지 않다고 하면서, 사람이 아니라고 해서 다른 동물들을 자신의 목적을 위해 이용하는 것은 괜찮단 말인가 하는 윤리적 딜레마에 빠지게 한다. 그런 까닭으로 어떤 사람들은 기꺼이 육식의 관행을 버리고 채식주의자의 길을 택한다. 채식주의자로 산다는 것은 인류의 치아와 위장 따위의 소화 기관 구조에 새겨진 "지구상에서 존재한 오랜 시간 동안 고기를 먹고 살아왔다는 진화사의 사실"을 거스르는 일이고, 다수의 육식주의자들에 둘러싸여 상대적으로 소수인 채식주의자로 살아가는 것에서 빚어지는 소외와 불편을 견뎌 내야 함을 뜻한다. 먹는 행위는 목숨 줄과 이어져 있고, 인류는 살기 위해서는 반드시 먹어야 한다. 그게 진실이다. 우리가 무엇을 먹느냐에 따라 우리는 달라진다. 음식이라는 표층 아래에 "실제로는 정치, 경제, 사회, 기술 등 여러 요소가 혼합된 인간 문화의 정수"(장인용, 『식전』)가 숨어 있는 까닭이다. 오늘 내가 먹은 음식이 내일의 나를 만든다. 우리 입으로 들어오는 음식은 생태학적으로, 그리고 정치적으로 우리를 바꾸고 우리가 어떤 사람인가를 드러낸다.

함께 읽으면 좋은 책들

마이클 폴란, 『잡식 동물의 딜레마』, 조윤정 옮김, 다른세상, 2008

왕런샹, 『중국 음식 문화사』, 주영하 옮김, 민음사, 2010

장인용, 『식전(食傳)』, 뿌리와이파리, 2010

제러미 리프킨, 『육식의 종말』, 신현승 옮김, 시공사, 2002

한성무, 『두보 평전』, 김의정 옮김, 호미, 2007

웰 다잉을 생각함

헬렌 니어링, 『아름다운 삶, 사랑 그리고 마무리』,
스콧 니어링, 『스콧 니어링 자서전』

늦은 오후에 집 근처에 있는 산림욕장까지 걸어간다. 활엽수들이 잎 없는 빈 가지로 서 있고, 그 아래 잔설이 희끗희끗하다. 겨울 오후의 잔 광은 활엽수들이 성기게 서 있는 사이로 뻗쳐 들어와 잔설 위에서 부서 진다. 가랑잎이 쌓인 곳에 까만 고라니 배설물이 보인다. 이 한겨울에도 생명 가진 것이 먹이 활동을 하면서 산 흔적이다. 나는 고라니의 배설물을 한참 들여다보고 일년생 초본 식물들이 메마른 채 무너져 있는 숲속을 거닐며, 나를 꿰뚫고 지나가는 '현재'에 대한 생각에 빠져든다. "현재의 현전은 현재의 모면할 수 없음에서, 현재의 어쩔 수 없는 그 자신으로의 회귀에서, 현재의 그 자신으로부터의 분리 불가능성에서 기인한다." (에마뉘엘 레비나스, 『존재에서 존재자로』) 내가 겨울 오후의 짧은 빛이 비쳐드는 시공을 걷고 있다는 사실은 꿈도 아니고 놀이도 아니다. 그건 현재라는 중력이 나를 얼어붙은 땅 위에 붙들어 고정시켰기 때문에 가능

319

해진 삶이다. 나는 현재에서 현재에로 회귀하는 운동이다. 나는 삶으로서 생명의 지속으로서의 현재와 현재 속에 깃든 수많은 죽음을 사유한다. 나는 현재 속에 있고, '현재'와 '나'는 하나다. 나는 겨울 숲속에서 돌연 나를 스치고 지나가는 슬픔을 느낀다. 기원이 모호한 이 슬픔이란 무엇인가? 내가 존재함의 비롯한 이 막연한 슬픔의 본질은 "순간 속에서 소진되는 존재의 무한성"(에마뉘엘 레비나스, 앞의 책)일 것이다. 100세 생일을 한 달 남겨 두고, "나는 더 이상 먹지 않으려고 합니다."라는 선언과 함께 곡기를 끊고 자발적으로 죽음을 맞은 스콧 니어링(1883~1983)을 떠올린다. 그 죽음을 가장 가까이에서 지켜본 사람은 "그 죽음은 느리고 품위 있는 에너지의 고갈이고, 평화롭게 떠나는 방법이자, 스스로 원한 것이었다."라고 말한다. 잘 산다는 것은 잘 죽는 것과 이어져 있음을 새삼 깨닫고, 스스로에게 잘 죽을 수 있을까라는 질문을 던진다.

나는 잘 살고 있는 것일까? 과연 잘 산다는 것은 어떻게 사는 것을 말하는가? 충만한 삶을 살 것. 진정한 자유를 누리고 살 것. 균형 잡힌 인격체로서의 삶을 살 것. 남에게 피해를 주지 않는 삶을 살 것. 이렇게 충분히 살고 맞는 죽음이라면 후회가 남지 않을 것이다. 『장자』의 「양생주」에 나오는 우화다. 포정이 소를 잡는데, 칼을 쓰는 솜씨가 신기에 가까웠다. 칼이 우아하게 움직이며 내는 소리가 은나라 탕왕 때의 명곡인 상림(桑林)의 무악(舞樂)처럼 들렸다. 포정이 말하기를, "소인은 자연의 이치에 따라 껍질과 살, 살과 뼈 사이에 크게 비어 있는 곳을 후려치고 크게 열려 있는 틈으로 칼을 가져갑니다. 자연의 이치에 의지하여 큰 틈새로 들이밀고 큰 구멍을 통행하여 본래의 자연을 따릅니다. 소의 몸이 가진 결을 따라 움직이는 것이지요. 그러므로 아무리 작은 인대나 힘줄이라도 건드리는 법이 없습니다. 더군다나 중요한 관절은 손도 대지 않습니다.

그동안 수천 마리의 소를 잡았습니다만, 칼날은 숫돌에서 막 갈아 낸 것처럼 잘 듭니다. 관절 사이에는 틈이 있고 칼날은 실상 두께가 없습니다. 두께가 없는 것을 그런 틈새에 넣으니 텅 빈 듯 넓어서 칼질은 춤을 추듯 반드시 여유로워집니다. 바로 그런 까닭으로 소인의 칼날은 처음 숫돌에서 갈았을 때처럼 아직도 예리한 것입니다." 포정은 자연의 이치에 따라 칼을 쓴다고 했다. 포정은 이와 같이 칼을 쓰는 기술을 익히는 데 많은 세월을 바친 끝에 마침내 완전한 경지에 올랐다. 잘 사는 법도 이와 같지 않을까?

숲속에 어지러운 발자국을 남기며 걷는 동안 벌써 해가 뉘엿뉘엿 지고 있다. 숲에는 어둠의 그림자가 내리고, 대기는 찬 기운을 품는다. 나는 삼림욕장에서 돌아온 뒤 서재에 들어가 책 두 권을 들고 책상 앞에 앉는다. 헬렌 니어링이 쓴 『아름다운 삶, 사랑 그리고 마무리』와 스콧 니어링이 쓴 『스콧 니어링 자서전』이다. 스콧 니어링은 1883년 미국 펜실베이니아 주의 한 부유한 집안에서 태어났다. 그는 은둔과 노동, 절제와 겸손, 분명한 삶의 원칙에 충실한 삶을 살았다. 그는 노동자와 사회주의를 옹호하고, 전쟁을 반대하는 평화주의자였다. 그는 자신의 예순두 번째 생일이었던 1945년 8월 6일에 일본 히로시마에 원폭 투하를 결정한 미국 대통령에게 편지를 썼다. "당신의 정부는 더 이상 나의 정부가 아닙니다. 오늘부터 우리의 길은 갈라집니다. 당신은 세계를 파괴하고 이 세상을 고통에 빠뜨리는 당신의 행로를 가겠지요. 그것은 자살 행위입니다. 나는 협력과 사회 정의, 그리고 인간의 행복에 기초한 사회의 건설을 돕는 일에 착수할 것입니다."(스콧 니어링, 『스콧 니어링 자서전』) 무엇보다도 그의 뛰어난 통찰력은 미국 문명에 대한 날카로운 비판에서 드러난다. 그는 미국의 군사주의, 국내 문제이든 국제 문제이든 힘이 곧 정의라는 "폭력배들의 불문율을 지도적 원리로 채택"함으로써 스스로 파멸의 길로 들어섰다고 날선 비판을 한다. 지난 200년 동안 미국은 다양한 에너지원과 광물들, 즉 철, 구리, 석탄, 원유를 공업 생산과 도시 건설, 그리고 크고 작은 전쟁을 벌이는데 마구 퍼 썼다. 지난 세기에 미국이 서구 문명의 중심에 있었고, 인간 사회를 조직·관리하는데 효율적인 방법을 내놓기도 했지만, 그보다 반인류적 정책과 진부한 생활 방식에 깃든 "비효율적이고 비경제적이고 추악하고 반사회적이고 비윤리적이고 부도덕함"은 전쟁과 자원 고갈과 폐기물과 환경 오염이라는 파멸의 길을 닦는 데도 앞장섰다. 그는 미국의 풍요가 곧 끝장나리라는 것을 적어도 반세기는 앞서서 내다보았다. 미국의 파멸은 예정된 것이었다. 애초부터 미국의 이상과 목표, 제도와 정책, 그리고 시스템이 진부함과 파렴치함에서 출발했기 때문이다. "문명의 경제적 양상(미국의 과도한 판매 제일주의)은 잠재적 풍요로움이 지배하는 시대에는 진부한 것에 지나지 않는다. 가정 또는 인위적으로 고안된 희소성의 원칙에 기반한 경제학은 시간이 흐를수록 그 효력을 잃고 있다. 모든 사람이 풍요를 누릴 수 있는 상황임에도 가격을 유지하고 좀 더 많은 돈을 벌기 위해 일부러 품귀 현상을 조장하는 것은 파렴치하고 부정한 행위다. 이러한 시스템은 결국 자기 무게에 눌려 압사할 수밖에 없다. 애초 그 목표 자체가 부당한 것이기 때문이다."(스콧 니어링, 앞의 책)

스콧 니어링은 생각과 행동이 일치하는 삶을 살았다. 미국이 나아간 반도덕과 파렴치한 행로를 거스르는 진보적 사고와 행동 양식은 필연적으로 권력과 주류 사회와의 마찰을 부를 수밖에 없었다. 그는 펜실베이니아 대학에서 경제학을 가르치다가 정치적으로 민감한 문제에 앞장서다가 교수직에서 쫓겨나고, 스파이 혐의를 뒤집어쓰고 연방 법정에 피고로 서고, 논문과 책들은 출판 금지를 당하고, 보수적인 언론에 의해 위험 분자, 과격 분자로 낙인찍혀 사회적인 냉대와 소외를 당한다. "추악하고 방종한 방식"의 미국적 삶의 방식에 등을 돌리고 그것을 자신의 삶에서 떼어 낸 그는 노쇠하여 도무지 회생의 기미가 엿보이지 않는 자본주의가 강요하는 삶의 방식을 버리고 시골로 들어갔다. 그는 스스로 집을 짓고 자급자족적인 생활을 했는데, 농사를 지으며 그것을 돈벌이로 이용하는 대신에 최소 한도의 생활비를 버는 일로 만족했다. 그는 살아가는 데 필요한 최소 한도의 현금 액수를 정하고 그만큼만 환금 작물을 생산하고 더 많은 시간을 자신과 가족을 위해 썼다. "시골 생활의 매력은 자연과 접하면서 생계를 위한 노동을 한다는 것이었다. 생계를 위한 노동 네 시간, 지적 활동 네 시간, 좋은 사람들과 친교하며 보내는 네 시간이면 완벽한 하루가 된다. 생계를 위한 노동은 신분상 깨끗한 손과 말끔한 옷, 현실 세계에 대한 상아탑적 무관심에 젖어 있는 교사에게서 기생 생활의 때를 벗겨 준다."(스콧 니어링, 앞의 책)

나날의 삶이 이어져 한 사람의 생을 이룬다. 그러므로 나날의 삶을 어떤 일을 하면서 꾸리는가가 중요하다. 스콧 니어링은 그날마다 삶을 꾸리는 원칙으로 열한 가지를 제시한다. "첫째, 어떤 일이 일어나도 당신이 할 수 있는 한 최선을 다하라. 둘째, 마음의 평정을 유지하라. 셋째, 당신이 좋아하는 일을 찾아라. 넷째, 집, 식사, 옷차림을 간소하게 하고 번잡스러움을 피하라. 다섯째, 날마다 자연과 만나고 발밑에 땅을 느껴라. 여섯째, 농장 일 또는 산책과 힘든 일을 하면서 몸을 움직여라. 일곱째, 근심을 떨치고, 하루하루씩 살아라. 여덟째, 날마다 다른 사람과 무엇인가를 나누라. 혼자라면 누군가에게 편지를 쓰고, 무엇인가 주고 어떤 식으로든 누군가를 도와라. 아홉째, 삶과 세계에 대해 생각해 보는 시간을 가져

라. 할 수 있는 한 생활에서 유머를 찾아라. 열째, 모든 것에 내재해 있는 하나의 생명을 관찰하라. 열한째, 모든 피조물에 애정을 가져라."(헬렌 니어링,『아름다운 삶, 사랑 그리고 마무리』) 스콧 니어링은 1983년 8월 6일에 100세 생일을 맞고 8월 24일에 눈을 감았다. 죽음이란 존재와 현상에 일어나는 하나의 질적인 변화다. 무엇보다도 심장의 정지, 뇌 기능의 정지라는 몸의 죽음을 통해서 사람은 죽음을 겪는다. 죽음을 통해서 '나'라고 할 수 있는 주체를 형성하는 자기 동일성의 해체를 겪는다. 죽음은 '나'라고 부를 수 있는 것의 파괴와 해체를 통해 완성된다. '나'의 죽음은 당연히 가족과 사회 공동체 안에서의 '나'의 결락으로 이어진다. 모든 생명체에게 죽음은 피할 수 없는 숙명이다. 태어나는 순간부터 우리는 죽음을 향해 출발한다. 죽음은 삶과 별개의 것이 아니라 그 일부다. 인도의 시인 타고르는 이렇게 적는다. "탄생이 삶이듯 죽음도 삶입니다. 드는 발도 걸음이고 내딛는 발도 걸음입니다." 철학자 에피쿠로스에 따르면 사람이 죽음과 만나는 경우는 단 한 번도 없다. 먼저 살아 있는 동안에는 살아 있으니 죽음과 무관하고, 죽은 다음에는 죽음을 의식하지 못하니 역시 죽음과 무관하다고 말한다. 따라서 '나 자신의 죽음'이란 우리가 경험할 수 없는 영역에 속한다. 우리가 죽음에 대해서 갖고 있는 경험과 의식은 모두 타인의 죽음을 통해 얻어진 것들이다.

그 죽음 때문에 삶은 새로운 빛을 얻는다. 하지만 사람에게 죽음이란 벗어날 길 없는 자연 현상이며 그 의미가 일거에 무화되는 잔혹한 폭력으로 겪는 생물학적 사건이다. "죽음이란 생명이 가진 시간적 한계이다. 인간은 죽음 뒤에도 이어질 자취, 예컨대 자손, 업적, 작품, 명예 등을 남김으로써 그 수명의 한계를 넘어서려 한다."(이윤,『굿바이 카뮈』) 죽음이 가리키는 것은 생명이 가진 시간적 한계다. 그것은 무(無), 그것도 깊이를 헤아릴 수 없을 정도로 아주 깊은 무. 내가 죽은 뒤에도 세계의 평온한 일상성이 그대로 유지된다는 사실은 얼마나 잔인한가! 존재를 말소하는 죽음 뒤에 남는 것, 과연 자손, 업적, 작품, 명예 따위가 가치가 있는가?

스콧 니어링은 완전하고 조화로운 삶을 살았다. 그의 죽음은 충분히 영예로웠다. 잘 산다는 것은 잘 죽음을 위한 예비 조건이다. 뒤집어 말하자면 잘 죽음은 잘 살았다는 증거다. 그는 충만한 삶을 누리는 데 필요한 네 가지의 조건을 들었다. 첫째는 생존력이다. 생존력은 건강한 신체와 그 신체의 기력을 보존함에서 나온다. 더불어 균형을 이룬 감정과 민감한 양심, 직관력, 분명한 인생관이 있어야 한다. 둘째는 여러 행동 노선에서 올바른 선택을 하게 하는 지혜다. 셋째는 이 선택에 따라서 살아갈 수 있는 내 안의 잠재력이 있어야 한다. 넷째는 자연에서 체험할 수 있는 조화로운 삶에 대한 자극을 느끼고 받아들일 수 있는 감응력이다.

겨울의 숲에서 웰 다잉에 대해 생각한 오늘, 나는 충분히 잘 살았는가? 레오나르도 다빈치는 "잘 보낸 하루가 행복한 잠을 가져오듯이, 잘 보낸 삶은 행복한 죽음을 가져온다."라고 했다. 오늘밤 나는 행복한 잠을 이룰 수 있을까? 오늘 하루는 내가 행복한 죽음에 더 다가가는 데 충분히 기여했을까? 미래에 닥칠 내 죽음은 내가 맞는 새로운 기회이자 가능성일 것이다. 밖은 이미 어둡고, 어둠을 등진 유리창에 비친 내 모습을 바라본다. 유리창에 비친 것은 꿈도 아니고 놀이도 아닌, 지금 여기, 그 속에서 현재의 현전으로 서 있는 '나'다. 저 먼 시간 속에서 온 나는 현재의 사라짐 속에서 나 자신을 회수하여 다시 새로운 현재 속에 회귀시키는 '나'이고, 그 '나'를 딛고 다른 '나'로 나아가는 타아(他我)일 것이다. "좀 더 완전한 삶을 살기 위해서 인간은 자신을 넘어서 다른 사람, 또는

하나의 이념과 목표를 향해 부단히 나아가지 않으면 안 된다."(스콧 니어링, 앞의 책)

함께 읽으면 좋은 책들

스콧 니어링, 『스콧 니어링 자서전』, 김라합 옮김, 실천문학사, 2000

에마뉘엘 레비나스, 『존재에서 존재자로』, 서동욱 옮김, 민음사, 2003

이윤, 『굿바이 카뮈』, 필로소픽, 2012

최준식, 『죽음의 미래』, 소나무, 2011

한국죽음학회, 『한국인의 웰 다잉 가이드라인』, 대화문화아카데미, 2010

헬렌 니어링, 『아름다운 삶, 사랑 그리고 마무리』, 이석태 옮김, 보리, 1997

왜 타자의 부름에
응답해야 하는가?

강영안, 「타인의 얼굴: 레비나스의 철학」

누구나 사람은 저 자신으로서 산다. 먹고 마시고 잠자는 것은 오로지 자기 보존을 위한 것이다. 이것은 개별자에게 부여된 숭고한 의무이지만 자기 보존은 나의 노력만으로 이루어지지 않는다. 그것은 타인과의 협력 속에서 이루어지는 것. 다시 말해 사람은 낱낱으로 분리되어 '자기성'에 갇힌 섬이 아니다. 이때 '자기성'이란 정확하게 말하자면 각자가 드러내는 '기질적 표상'이다. 사람은 '자기성'에 갇힌 존재이면서 동시에 숱한 타자들과 연루되고 그 연관성에 놓인 맥락의 삶을 산다. 산다는 것은 사람과 사람으로 연결된 이 세계 안에서 산다는 뜻이다. 어떤 삶도 저 홀로 이루어지지 않는다. 자기를 떠나 타인들과 연결됨으로써 삶은 이루어진다. 자기를 닫고 사는 것은 불가능하다. 어떤 사람들은 타인을 향해 마음을 닫는다. 마치 마음을 닫은 것처럼 말하고 행동한다. 실은 마음을 닫은 게 아니라 닫은 척하고 사는 것이다. 그는 제 삶을 위해 필요한 많은 것들을 타인에게 빚지고 살면서 그것을 모른 척하는 사람이다. 우리는 누군가 땀 흘려 농사를 지었기 때문에 굶지 않을 수 있고, 누군가 옷을 만들었기 때문에 헐벗지 않고, 누군가 집을 지었기 때문에 밖에서 추위에 떨지 않을 수 있다.

　사람은 누구나 마음을 갖고 있다. 우리가 어떤 삶을 사느냐는 이 마음에서 나오는 힘이 결정한다. 마음이란 무엇인가? 우선 사람이란 의식을 가진 존재다. 의식이란 "마음, 정서, 태도, 인식, 무의식"(이영돈, 『KBS 특별 기획 다큐멘터리: 마음』) 등을 포괄하는 것이다. 이 의식이란 우산 아래 마음과 뇌가 있다. 뇌는 뉴런(neuron)이라는 신경 세포와 그 신경 세포의 끝을 구성하는 시냅스(synapse)로 이루어져 있고, "100억 개가 넘는 신경 세포 뭉치가 이끌어 내는 복잡한 생존 반응"(이영돈, 앞의 책)을 이끌어 낸다. 뇌가 없다면 동물 수준의 자극과 본능적 반응으로 이루어진 낮은 차원의 생존은 가능하겠지만, 먹고 마시고 잠자는 활동을 포함하여 외부 환경에 대한 정보를 저장하고 처리하며 충동과 본능을 억제하고 사고와 의지를 발현시키며 이루어지는 보다 복잡한 수준의 삶은 없다. 신경 세포와 시냅스는 어떻게 작용하며 마음을 만들어 내는가? "신경 세포 하나에는 핵을 가진 세포체, 긴 것은 1미터가 넘는 한 개의 축색 돌기, 그리고 다른 신경 세포를 향해 뻗은 1000~1만 개의 수상 돌기가 있다. 외부에서 자극이 들어오면 이 자극은 전기 신호가 되어 신경 세포의 수상 돌기로 들어오고, 이 신호는 세포체를 거쳐 축색 돌기로 전달되며, 이때 축색 돌기 끝에 도달한 전기 신호는 시냅스를 자극해 신경 전달 물질을 분비시킨다. 이때 전기 신호가 화학 신호로 바뀌는 것이다. 이를 신경 세포의 흥분이라고 한다. 신경 전달 물질은 다른 신경 세포의 수상 돌기 끝에 있는 시냅스로 전달된다. 두 시냅스는 100만 분의 2센티미터 떨어져 있다. 이렇게 전달된 신경 전달 물질은 전기 신호로 바뀌어 세포체를 거쳐 축색 돌기로 가서 시냅스를 자극하면 신경 전달 물질이 나오고 이는 다른 신경 세포의 수상 돌기 시냅스로 전달되어 전기 신호가 되고, 또 계속 다른 신경 세포로 전달된다. 이렇게 해서 신경 세포 네트워크가 형성된다."(이영돈, 앞의 책) 마음은 뇌 안에서 이루어지는 생화학적 기능과 활동을 가리킨다. 즉 신경 전달 물질을 주고받는 신경 세포들 사이에 작동하는 감정과 정신 기능과 시냅스 간의 상호 작용 일체를 뭉뚱그려 말한다.

나 아닌 타인을 향해, 세계를 향해 열린 마음을 갖고 살아야 한다. 어떻게? 타인을 '영접'하고 '환대'함으로써. 주린 자와는 먹을 것을 나누고, 억울한 자가 있다면 그 억울한 사정에 귀를 기울이고, 아픈 사람과는 기꺼이 그 아픔을 나누고 보살핌을 베푸는 게 타인을 영접함이다. 불의로 고통받는 사람이 있다면 기꺼이 그 고통에 동참할 수 있는 마음을 품어야 하고, 무거운 짐을 지고 있는 사람이 있다면 그 짐을 질 수 있는 마음을 품어야 한다. 그게 열린 마음이다. 누군가 울고 있다면 그 울음은 나의 것이 되어야 한다. 누군가 굶주리며 죽어 가고 있다면 그 주림의 고통은 나의 것이 되어야 한다. 타자의 주림 앞에 설 때 나는 초월의 가능성을 시험받는다. "배고픔은 공간적인 의미에서 '바깥'과 구별되는 '비공간적인 바깥'을 보여 주는 통로, 다시 말해 존재 저편, 존재와 다른 차원으로 초월할 수 있는 통로다. 배고픔은 내가 마술에 걸린 환상의 세계에 살고 있는 것이 아니라 실제적인 현실 세계에 살고 있음을 보여 주면서 동시에 타인의 배고픔에 대한 반응을 통해, 나를 벗어나 바깥으로 초월할 수 있는 가능성을 보여 주는 현상이다."(강영안, 『타인의 얼굴: 레비나스의 철학』) 열린 마음이 나를 초월적 가능성으로 이끈다. 나의 필요와 욕망을 넘어서서 타자의 필요와 욕망에 반응하고 그것을 내 것으로 감응할 수 있는 능력이 자기를 넘어선 사람됨의 증표다. 그런 까닭에 '활짝 열린 존재'가 되는 것은 선택적 윤리가 아니라 사람으로서 마땅히 그러해야 함, 즉 도덕적 본성에 속한다.

그런데 타인에게 마음을 연다는 것은 '나'의 희생이 필요하다. 이런 희생은 사람이 한뉘를 살아가면서 끊임없이 생겨난다. 한 사람의 한뉘는 끊임없는 선택을 해야 하는데, 선택이란 그것에서 "배제당하는 다른 대안을 포기"해야 하는 것이며, 이때 포기란 곧 희생이기 때문이다. 공직자로 살려면 부당한 돈을 멀리해야 하고, 성직자로 살려면 음주 가무와 쾌락을 멀리 해야 한다. 그 원칙을 거스를 때 언젠가는 반드시 동티가 난다. 희생이란 그 "본질이 코스트(cost, 비용)"이고, 그것은 "특정 '목적'을 달성하기 위하여 발생하는 '희생(forgoing)'"(윤석철, 『삶의 정도』)이다. 사람이 코스트 최소화 목적 함수의 삶을 추구하는 것은 "유한한 자원(물자와 에너지) 속에서 유한한 시간(자기에게 주어진 수명) 속을 살아가는 생명체"이기 때문이다. 코스트 최소화(cost minimization)는 사람과 자연이 추구하는 가장 중요한 목적 함수라는 것이다. "높은 곳에 흐르는 물질은 흐르는 물처럼 계속 아래로 내려와 위치 에너지(potential energy)를 최소화하려고 노력한다. 이는 자연이 에너지를 최소화하려는 목적 함수를 가지기 때문이다. 자연은 자기가 보유하고 있는 에너지를 가능한 한 모두 발산하여 에너지가 최소화된 상태에서 안정(stability)을 찾으려고 노력한다." 그런 까닭에 "에너지 최소화 상태에 도달한 자연물은 가장 안정적이고 가장 지속 가능하므로, 장기적 차원에서 가장 경제적인 것이 된다"(윤석철, 앞의 책). 사람이 살아가는 데 코스트 최소화의 원칙이 반드시 올바른 것만은 아니다. 돈과 시간과 에너지를 가장 작게 쓰는 단기 최적이

장기 최적을 훼손하는 경우가 생각보다 많이 생겨난다. 예를 들면 공짜라고 산에 나무를 모조리 베어다 땔감으로 쓰고 나면 헐벗은 산의 지반이 약해져서 나중에 산사태가 일어나고, 재산과 목숨을 잃는 참담한 결과를 불러올 수 있다. 기업이 눈앞의 비용을 줄이려고 꼼수를 부리다가 발각되어 더 큰 비용을 치러야 하는 곤경에 처하기도 한다. 단기 최적이 장기 최적을 훼손하는 경우들이다. 타인에게 마음을 여는 '나'의 희생은 곧 미래, 즉 장기 최적을 위해 단기 최적의 패러다임을 포기하는 것이다. 코스트 최소화라는 목적 함수를 추구하는 것은 자연에 작동하는 섭리를 따르는 것이기도 하지만, 사람은 그것을 거슬러 살기도 한다. 바로 자연에 없는 '이타적 마음'을 갖고 있는 까닭이다. 레비나스는 이것을 "타인에 의한 나의 일깨움"(강영안, 앞의 책)이라고 말한다. 이 일깨움으로 '나'는 벌떡 일어나서 타인에 의한, 타인에 대한 책임, 즉 윤리 의식으로 타인의 부름에 응답한다. 그렇지 않다면 생판 모르는 지하철 선로에 떨어진 남을 구하기 위해 제 목숨을 희생하는 일이나, 가난하게 살며 평생 모은 거금을 선뜻 장학금으로 내놓는 김밥 할머니들의 선행을 우리는 도무지 이해할 수 없을 것이다.

나와 너는 마음과 마음으로 연결된다. 사람은 더불어 소통하고 살도록 태어난 존재들이다. 나와 네가 마음을 닫고 불통한다면, 그런 세계가 바로 지옥이다. 나의 행복이 너의 불행을 담보해야만 한다면 나는 타자에게 아무것도 아닌 것, 아니 소규모의 끔찍한 재앙에 지나지 않는다. 재앙이 되지 않으려면, 한 시인의 어법을 빌리자면, 나는 너에게 가서 꽃이 되어야 한다. 사람이 꽃이 되는 일은 타인의 부름에 응답함으로써 가능해진다. 그것의 핵심은 내 안으로 타인을 모심, 혹은 '내 안에 있는 타자'를 깨우는 일이다. "내 안에 들어온 타자는 내 안에서 타자를 위해 짐을 짊어질 수 있도록 나를 키워 낸다."(강영안, 앞의 책) 타인의 일깨움에 의한 책임에 자신을 바치는 것은 "나를 '윤리적 불면'으로, 나를 타인에 의해 사로잡힌 존재로 몰아넣는 일에 머물지 않는다. 타인의 일깨움은 나를 높이 세워 주고 나를 고귀한 존재로 만든다."(강영안, 앞의 책) 우리가 마음을 열지 않고, 손을 잡고 나란히 걷지 않는다면, 우리는 겨울의 추위와 잿빛 하늘 아래서 저마다 신음하다가 죽을 것이다. "쌀쌀한 도시에서/손을 잡고서/나란히 둘이서 걷는 사람만/언젠가 한 번은 봄을 볼 수 있으리"(라이너 마리아 릴케, 「봄을 그대에게」). 타인을 위해 나를 주는 것, 즉 희생은 대가를 바라지 않는다. 만일 대가를 바라고 했다면 그것은 거래에 지나지 않는다. 타인의 부름에 응답하지 않는 것은 우리의 윤리적 소명을 저버리는 일이며, 이것이 곧 악이다. 타인의 부름에 마음을 열고 응답하는 것이 악과 죄에서 벗어나 고귀한 존재로 거듭나는 일이다.

함께 읽으면 좋은 책들

강영안, 『타인의 얼굴: 레비나스의 철학』, 문학과지성사, 2005

박문호, 『뇌 생각의 출현』, 휴머니스트, 2008

윤석철, 『삶의 정도』, 위즈덤하우스, 2011

이영돈, 『KBS 특별 기획 다큐멘터리: 마음』, 예담, 2006

말 많고 탈 많은 정치 '들'

조르조 아감벤, 『호모 사케르』

한 사람이 바다에서 표류하다가 용케도 살아남아 무인도에 가 닿는다. 그는 무인도의 황량함과 적막함 속에서 모든 생물학적 필요를 스스로 발명하고 조달하며 혼자서 살아간다. 영국의 작가 대니얼 디포의 장편 소설 『로빈슨 크루소』의 모험 이야기다. 1719년에 나온 이 소설의 원제는 『요크의 선원 로빈슨 크루소의 생애와 이상하고 놀라운 모험』이다. 과연 사람은 혼자 살 수 있을까? 무인도에 표착한 주인공은 배에서 식량·의류·무기를 가져오고, 살 집을 짓고, 염소를 기르며 거친 자연 속에서 혼자 사는 법을 터득한다. 마침내 28년 만에 우여곡절을 겪으며 다시 고국으로 돌아온다. 로빈슨 크루소의 삶은 상상으로나 가능하지 실제로는 불가능하다. 동물들의 세계에서 그는 목소리라는 음성 신호의 능력은 있으나 말을 잃은 상태에 놓이기 때문이다. 말이 없는 곳에서는 사람으로서의 삶이 아니라 오로지 동물로서의 생존만이 가능하다. 말이 없는 세계에서는 살아도 산 게 아니다.

아리스토텔레스의 저 유명한 '인간은 정치적 동물'이라는 명제는 말의 공유라는 전제에서만 가능하다. 말은 정치의 필수 불가결한 전제 조건이고 그 기반이다. 차라리 말은 정치 행위를 이루는 성분 그 자체다. 본능으로 내지르는 소리나 외침이 아니라 선과 악, 정의와 불의를 분별하고 드러내는 언어를 가진 생명체라는 기반 위에서 사람은 도시를 만들고 국가를 만든다. 그런 까닭에 말하는 존재 속에서 정치가 출현하고, 정치 행위는 "보이지 않았던 것을 보이게 하며, 킁킁대는 동물로 취급되었던 사람을 말하는 존재"(자크 랑시에르, 『문학의 정치』)로 만든다.

사람은 '차이들'을 가진 사람들 속에서 살기 위해 정치 공동체를 발명한다. 정치 공동체는 그 '차이들'에서 비롯된 갈등을 비폭력적인 방법으로 관리·조정·타협·개량하기 위해 권력 기구와 각종 위원회들을 만든다. 로빈슨 크루소에게는 필요 없었지만 문명 세계에서 함께 살아가는 사람들에게는 정치가 필요하다. 푸코라면 권력이라고 불렀을 것을, 들뢰즈와 가타리라면 욕망의 미시 정치학이라고 불렀을 것을 나는 뭉뚱그려 정치'들'이라고 부른다. 정치'들'은 사회관계 속으로 스미고 몸을 관통해서 사람과 사람 사이에서 관계의 절단면들이 덧나지 않게 하는 항생제로 작동한다. 아니 정치는 작동하는 게 아니라 차라리 산포되는 것이다. 정치는 현실을 만들어 도처에 흩뿌린다. 정치는 사람을 포획하고, 아울러 사람은 정치를 포획함으로써 현실을 생산하고 흩뿌린다. 사람은 정치 '안'에 있으면서 항상 자신을 정치 '밖'에 두려고 한다. 사람들은 정치적 삶에 포획되어 있으면서도 정치의 공백 지대, 예외 상태로 미끄러져 달아난다.

분명한 것은 우리가 정치'들' 속에서 숨 쉬며 산다는 사실이다. 당신이 정치에 관심이 있든 없든 정치'들'은 벌거벗은 생명에 관여한다. 더 정확하게 말하자면 당신은 그저 살아가는 게 아니라 정치'들'에 포획당해 산다. 당신이 정치와 무관한 삶을 살았다고 착각하는 것은 당신의 벌거 벗은 생명에 관여하는 정치적인 것들이 은폐의 층위에 숨어 있는 까닭 이다. 실은 아주 정교하게 발달한 정치 기술은 우리를 감싸고 존재 내 부로 스며든다. 미셸 푸코는 『성의 역사 1: 앎의 의지』에서 "근대적 인간 은 생명 자체가 정치에 의해 문제시되는 동물이다."라고 했다. 사람은 태 어나는 순간부터 국가 권력의 메커니즘에 귀속되는데, 중요한 국가 자원 으로 관리되기 위해 주민 등록 번호 따위와 같은 형태의 식별 번호를 부 여받는다. 갓난아기는 태어나는 순간에 이미 국가의 납세 자원, 노동 자 원, 병역 자원으로 관리되는 것이다. 자기가 낳은 태아를 유기하거나 죽 인 미혼모들이 처벌받는 것은 그들이 국가 자원에 손실을 입혔기 때문이 다. 현대 사회에서 사람은 태어나기는 벌거벗은 생명으로 태어나지만 존 재하는 것은 정치적인 다양한 체계의 구속에서만 가능하다. 다시 말해 우리는 벌거벗은 생명으로 태어나지만 그것은 곧 정치'들' 속으로 속절 없이 붙잡혀 정치적인 삶을 살 수밖에 없다는 것이다. 정치'들'은 우리의 의지나 선택과 상관없이 생물학적 생명과 그 신체의 건강을 정치 공동체 의 중요한 사안으로 다룬다. 그리하여 생명 권력의 규율적 통제 아래서 만 벌거벗은 생명은 주권을 부여받고 정치적 생명을 얻는다. 그래서 푸 코는 살아 있는 생명체로서 우리의 생명이 정치에 포섭되는 동시에 거꾸 로 정치 그 자체가 우리의 자연적 신체 속에서 포섭된다는 이중적 구속 의 맥락에서 '생명 정치'라는 독자적 개념을 내놓는다. 정치'들'은 벌거벗 은 신체로 태어난 사람을 생명 정치적 신체로 탈바꿈하는 과정이고, "정 치라는 장소에서 '삶'이 가치 있는 삶으로 변형"(조르조 아감벤, 『호모 사 케르』)하는 방식이다.

'벌거벗은 생명'이란 개념은 조르조 아감벤의 『호모 사케르』에서 가져온 것이다. 아감벤은 벌거벗은 생명을 이중적인 속성을 가진 것, 즉 "살해는 가능하되 희생물로 바칠 수는 없는 생명"이라고 말한다. 벌거벗은 생명은 법적·정치적 질서와 그 장치에서 미끄러져 나가며, 끝없이 다시 그것으로 귀속한다. 아감벤은 벌거벗은 생명이 "국가 권력이 조직되는 동시에 그것으로부터의 해방이 이루어지는 유일한 장소"이고 국가 권력에 의해 작동되는 "규율화 과정은 생명체로서의 인간이 더 이상 정치권력의 대상이 아니라 주체로 자신을 드러내는 과정, 즉 근대 민주주의의 탄생이라는 또 다른 과정과 대체로 일치하는 것 같다."(조르조 아감벤, 앞의 책)라고 적는다.

정치의 발생론적 목적 함수는 무엇인가? 그것은 벌거벗은 생명의 보전이고(법으로 구현된 모든 정치에서는 살인을 금지한다.), 삶의 쾌청함이며(모든 개별자에게 행복 추구의 권리를 보장한다.), 궁극적으로 가치 있는 삶의 부양에 있다.(만인에 대한 만인의 투쟁을 금지한다.) 그러나 정치는 분쟁이 있는 곳에서만 제 존재를 드러낸다. "정치가 의존하는 소여는 항상 분쟁적일 수밖에 없다."(자크 랑시에르, 『문학의 정치』) 이를테면 체포 명령, 소환, 기소, 구금 등에 의해 신체는 정치의 그물망 속으로 들어간다. 그 밖에는 항상적으로 신체는 정치의 바깥, 즉 예외 지대에 놓인다. 예외의 본질은 바깥으로 밀려남이다. 중요한 것은 밀려남, 즉 배제는 바로 그 배제로 인해 다시 규칙과의 새로운 관계가 성립된다는 점이다. "하지만 예외의 가장 고유한 특징은 배제된 것은 바로 배제되었다는 사실 때문에 규칙과 완전히 무관해지지 않으며, 반대로 규칙의 정지라는 형태로 규칙과의 관계를 유지한다는 점이다. 규칙은 더 이상 적용되지 않고 예외로부터 철수하는 가운데 예외에 적용된다."(조르조 아감벤, 앞의 책)

정치는 벌거벗은 생명에 '인권'이라는 옷을 입혀 그것을 보호한다. 그리하여 아무런 사회적 가치도 갖지 않은 생명을 살 가치가 있는 존재로 탈바꿈시키는 것이다. 이제 모든 생명은 함부로 죽일 수 없는 불가침의 존재로 거듭난다. 하지만 정치는 벌거벗은 생명에 입혔던 '인권'이라는 옷을 다시 벗긴다. 그 많은 수용소들은 '인권'이라는 옷이 벗겨진 채 벌거벗은 생명으로 돌아간 사람들을 모아 놓은 곳이다. 히틀러가 만든 수용소들, 북한의 정치범 수용소들이 그렇다.

1992년 10월 29일 밤, 나는 서울 외곽의 한 수용소(법이 정한 명명법에 따르면 구치소다.)에서 벌거벗겨지는 경험을 한 바 있다. 나는 한 필화 사건의 종범으로 긴급 구속되었다. 나는 처벌받는 '정치적 신체'로 변신한다. 강제 구금 그 자체가 처벌이다. 그에 따라 자고 일어나는 것, 먹는 것, 운동하는 것은 내가 원하는 바가 아니라 국가의 법이 정한 바에 따라야만 했다. 나는 비좁은 공간 속에 여러 사람들과 함께 갇힌 채 그들이 깨우는 시각에 일어나고, 그들이 정한 시간에 주는 밥을 먹고, 그들이 정한 시간에 나가 운동을 했다. 그들은 포승줄로 묶인 내 신체를 검찰청으로 소환하여 몇 가지를 묻고 다시 수용소로 되돌려 보냈다. 내가 할 수 있는 것은 나를 내버린 법을 준수하는 것 말고 아무것도 할 것이 없었다. 나는 법을 향해 무력하게 내버려졌다. 장 뤽 낭시는 그것을 "주권자의 추방령에 넘겨진 존재"라고 말한다. 나는 그 수용소에서 내버려진 존재의 빈궁함을 온몸으로 겪었다. "내버려짐이란 이런저런 법원에 출두하라는 소환장을 통해 이루어지는 것이 아니다. 반대로 그것은 법 그 자체이자 전체성으로서의 법 앞에 무조건 출두하라는 강제다. 마찬가지로(동일한 것이지만) 추방된다는 것을 의미한다. 법의 절대성 앞으로 불려 나온 추방된 자는 또한 법의 모든 판결 외부로 내버려진다."(장 뤽 낭시, 『정언 명령』, 조르조 아감벤, 앞의 책에서 재인용) 무엇이 무엇을 내버렸는가? 내게 수용소로 추방령을 내린 것은 무엇인가? 그때 내가 구금되어서 깨달은 것은 항상적으로 나는 존재자의 내버려진 존재로 살고 있었다는 것, 다만 그것이 일상에 의해 은폐되어 있을 뿐이라는 사실이다.

정치는 항상적으로 우리를 감시하고, 우리를 소환할 준비를 완료하고, 언제라도 우리를 법의 모든 판결 외부로 내버릴 준비가 끝나 있었던 것이다. 국가-기계는 체포와 구금을 하고, 대량 살상의 명령을 내리거나 그에 대한 사후 승인을 한다. 우리 삶에 대한 통제력은 우리 것이 아니다. 그것은 국가 질서를 위한 권력 기구와 그 규범들에 위임되어 있었다. 따라서 우리 삶을 결정하는 것은 언제나 우리 바깥에 있는 국가-기계에 의해 생산되는 정치'들'이었다. 국가의 본질적인 기능은 포획이고, 우리는 국가-기계라는 포획으로 그것의 내부에 지층화되어 있을 뿐이다. 그때 강제된 구금의 경험은 일종의 생명 정치적 현상 중의 하나로 우리가 잠재적으로는 추방된 자, 늑대 인간, 소각로에서 한 줌의 연기로 사라질 수도 있는 벌거벗은 생명이라는 깨달음을 낳았다. 그 깨달음 앞에서 나는 한없이 무력했다. 그 무력함으로 나는 절망했다. 그 절망에서 나를 일으켜 세운 것은 국가-기계가 아니라(그것은 언제라도 정치'들'에 의해 끔찍한 폭력-기계로 탈바꿈할 수 있다.) 나 자신의 약함과 강함을 정직하게 볼 수 있는 양심의 예민한 자각과 타인의 고통에 공감함이고, 생명의 뜨거움으로 발현하는 나쁜 정치'들'에 대한 내 능동적 저항이다. 살아 있다면, 항상 저항하라!

함께 읽으면 좋은 책들

미셸 푸코, 『성의 역사 1: 앎의 의지』, 이규현 옮김, 나남, 2004

자크 랑시에르, 『문학의 정치』, 유재홍 옮김, 인간사랑, 2011

조르조 아감벤, 『호모 사케르』, 박진우 옮김, 새물결, 2008

폴 패튼, 『들뢰즈와 정치』, 백민정 옮김, 태학사, 2005

불면의 밤들

빌 헤이스, 『불면증과의 동침』

잠은 여러 종류다. 새우잠, 괭이잠, 노루잠, 토끼잠, 개잠, 갈치잠과 같
이 동물 이름이 붙은 잠이 있는가 하면, 그 깊고 옅음에 따라 겉잠, 선잠,
풋잠, 수잠, 여원잠과 속잠, 굳잠, 귀잠으로 나누는 잠도 있다. 이 밖에도
일잠, 꾀잠, 헛잠, 돌꼇잠, 말뚝잠, 등걸잠, 한뎃잠, 도둑잠이 있다. 사로잠
은 염려가 되어 마음을 놓지 못하고 조바심하며 자는 잠이고, 그루잠은
깨었다가 다시 드는 잠이다. 아주 잘 잔 잠, 깨어났을 때 피로가 말끔히
풀린 잠은 밤새 한 번도 깨지 않고 자는 잠을 일컫는 온잠이나 통잠일
것이다. "밥이 하늘인 것처럼 잠도 하늘이다."(장승욱, 『사랑한다 우리말』)

　잠이 건강을 목표로 삼는 근력 운동은 아니지만 잠을 잘 자는 사람은
건강하다. 잠은 이성에 들린 광기와 야만성을 진정시키고, 흐트러진 생
명 리듬을 바로잡아 주는 효과가 있다. 분명한 것은 삶의 질이 수면의 질
에 비례한다는 점이다. 잠이 얕고 불규칙하다면 삶은 조잡하고 칙칙해지

며, 잠이 깊고 규칙적이라면 삶은 평화롭고 화사해진다. 낮의 활동과 결과가 삶을 만들지만 그걸 보이지 않는 곳에서 거드는 게 밤의 잠이다. 숙면에의 욕구는 세계의 안전성에 대한 신뢰와 하나로 겹쳐진다. 잠을 잘자는 사람들은 안정된 인격과 편안한 심성을 갖는다. 대개의 사람들은 잠이 "후천적 능력"(빌 헤이스, 『불면증과의 동침』)이라는 사실을 알지 못하고, 잠이 다섯 단계의 수면 주기로 나뉘고 밤잠을 자는 내내 수면 주기가 다양하게 변하면서 반복한다는 걸 알지 못한다. 사람은 렘수면(REM sleep) 중에 그날 있었던 여러 가지 기억을 정리한다. "렘수면 중 해마에 임시 저장된 기억을 뇌의 피질에 분산, 보관하는 것이다. 이때 불필요한 것을 버린다. 그렇다면 사람들은 왜 꿈을 다 기억하지 못할까? 그것은 해마에서 피질로 정보가 이동할 때 뇌의 기억을 관장하는 회로가 끊어졌다 이어졌다를 반복하기 때문이다."(이영돈, 『KBS 특별 기획 다큐멘터리: 마음』) 렘수면 중에 뇌가 기억을 정리하는 과정에서 꿈을 꾼다. 아울러 감정을 진정시킨다. 따라서 렘수면을 오래 박탈당한 사람은 기억력이 나빠지고 롤러코스터를 탄 것같이 감정 기복이 심해진다.

잠에 관한 연구에서 렘수면의 발견은 역사적인 사건이다. 유진 아제린스키는 우연히 그 사실을 발견하고 1953년 9월 4일자 《사이언스》에 그 연구 논문을 발표한다. 렘수면에 대한 연구로 수면이 항상적으로 똑같고 불변이 아니라는 게 밝혀지고, 아울러 꿈은 우발적인 것이 아니라 일정한 간격을 두고 꾼다는 것도 밝혀진다. 아제린스키는 사람들이 급속 안구 운동을 하는 주기에 깨어날 때 꿈을 자세히 기억한다는 것에 착안하여 꿈을 잘 꾸는 수면 주기를 찾아낸다. 그게 바로 렘수면이다. 렘수면은 90분 주기로 반복하고, 그래서 하룻밤에도 여러 번에 걸쳐 꿈을 꾼다. "렘수면 중인 성인의 신체는 소란스럽다. 심장 박동, 호흡, 혈압은 번딕스럽게 오르내리고, 남성은 발기하고 여성은 음핵이 확대되며, 뇌파는 연속 방출된다. 이런 신체 활동이 일어나는 와중에도, 모든 운동 근육은 마비되어 있다."(빌 헤이스, 앞의 책)

항상 문제가 되는 것은 잠이 아니라 불면이다. 처음 찾아온 불면의 밤을 대개는 대수롭지 않은 사건으로 여긴다. 그런데 불연속적으로 찾아들고 그 빈도가 늘면서 이 하찮은 것이 결코 하찮은 것이 아니라는 것을, 불면의 밤이 늘면서 몸은 차츰 무거워지고(만성 피로 증후군!) 사태의 심각성이 드러난다. 불면은 존재의 잉여들을 남김없이 빼앗아 가면서 의식은 조각조각 나고 삶은 내면에서 균열을 일으키며 깨져 버린다. 불면증 환자란 사실은 잠을 못 자는 사람이 아니라 잠에서 벗어날 수 없는 사람이다. 평생을 불면증과 싸워 온 사람은 이렇게 고백한다. "잠은 마치 천국 같다. 그리고 어떻게 보면 천국이기도 하다. 초기 인류는 잠자는 동안 영혼이 신체를 떠나 환상적인 장소들을 여행하고 그것이 꿈으로 나타난다고 생각했고, 이는 영혼과 사후 세계의 존재성에 영감을 줬다. 그때와 마찬가지로, 지금도 여전히 천국은 영원한 환상적인 꿈과 같은 것이라 널리 여겨지고 있다. 지옥은 악몽인 동시에, 인페르노에서 단테가 상상을 펼쳤던 것처럼, 끝없는 불면증에 시달리는 공간이다."(빌 헤이스, 앞의 책) 불면의 밤들이 숨기고 있는 메마름과 괴로움은 역설적으로 우리가 아무 노력도 하지 않고 취하던 그 달콤한 잠들이 축복이었음을 새삼스럽게 일깨운다. 불면의 밤을 겪기 전에는 잘 잔다는 것이 떠도는 존재를 이 세계 어딘가에 고정시켜 온갖 수고에서 우리 몸과 영혼을 해방시키고, 그리하여 삶을 온전하게 향유하는 데 꼭 필요한 활력과 역동성을 되돌려 준다는 사실을 우리는 인식하지 못했다.

잠잔다는 것은 자신을 하나의 장소에 연루시키고, 그 장소를 신체와 현존의 일부로 승인했다는 표시다. 잠은 생리 심리학적으로 몸-영혼의 떠돎을 멈추고 하나의 장소를 부동성 속에서 존재의 기반으로 사유화하는 방식이다. "잠을 청하는 것, 그것은 암중모색 같은 것을 통해 이와 같은 접촉의 길을 찾는 것이다. 잠에서 깨어난 자는 껍질 속의 알처럼 그 자신의 부동성 속에 갇혀 있는 자신을 발견한다. 기반 속에 버려져 있는 것은 동시에 잠을 구성하는 은신처를 제공한다. 잠을 통해 존재는 파괴되지 않고 중지된 채로 머문다."(에마뉘엘 레비나스,『존재에서 존재자로』) 잠은 모든 교육과 훈육의 고단함과 지루함에서 우리를 구원한다. 아울러 노동의 의무와 척박하고 위험한 세계 조건에서 우리를 끌어내 안전한 피난처로 이끈다. 이 피난처에서 우리는 손에 쥐고 있는 도구들을 놓고 생각으로 달궈진 의식을 쉬게 하며 그 무엇도 굳이 기억하려고 애쓰지 않는다. 오히려 잠은 일과 생각과 기억에서 우리를 떼어 내고 그것에서 달아나게 한다. 잠은 단절이자 중지이고, 망각이다. 마침내 잠이 우리 몸을 혼곤하게 덮친다. 잠은 존재의 안쪽에 휴식의 무늬들을 아로새기면서 몸과 영혼에게 달콤한 휴식을 수유(授乳)한다. 어딘가에 잠들어 있는 동안 그 장소 바깥 어디에도 나는 없다. 잠에 빠져 있는 동안 나는 이 세계 어디에도 부재한다. 잠은 그 부재에 대한 완벽한 알리바이다.

잠드는 것은 하나의 장소를 전유한다는 뜻이다. 잠들려는 사람은 잠들 곳을 차지해야 한다. 그곳이 자기 방이든, 누구의 다락방이든, 호텔의 침대든, 노숙자가 차지한 공원의 의자든, 잠들려는 사람은 장소를 찾아야 하고, 그 장소를 유일무이한 곳으로 수락해야 한다. 잠을 이루지 못한 것은 그 한 장소를 찾지 못했기 때문이다. "잠을 이루지 못한다는 것, 그것은 분명 자기 자리를 찾지 못한다는 것이다. 잠 못 이루는 자는 돌아눕고, 또 돌아누우면서 이 진정한 자리를 발견하고자 한다. 그는 그곳이 유일무이한 자리라는 것을 알고 있으며, 오로지 이 지점에서만 세상이 거대한 방황을 포기하리란 것을 알고 있다."(모리스 블랑쇼, 『문학의 공간』) 잠든 장소는 우리가 두리번거리는 행위를 멈춘 곳이고 존재가 웅크리며 현전이 자기 동일성으로 다시 출현하기까지 저를 숨기는 은신처다. 잠은 존재가 어떤 장소와의 은밀한 공모를 했다는 증거다. 그리하여 장소들은 존재함의 순간들을 끌어안으면서 자기 정립의 절대 조건으로 드러난다. 잠과 삶은 이 장소들 위에서 일어나는 순간의 사건들 그 자체다.

불면이란 무엇인가? 신체의 활동을 중지하고 이완되는 것에 대한 태만, 수면 리듬의 거부, 최종적으로는 잠의 가능성에 대한 태업이다. 잠의 가장자리에서 깨어 있는 존재는 아무 의미도 없는 공회전을 계속한다. 불면은 공허 속으로 끊임없이 존재를 방출하는 것이다. 깨어 있음이 다 불면인 건 아니다. 그냥 깨어 있음은, 롤랑 바르트의 용어를 빌리자면 "중립적 깨어남"(롤랑 바르트, 『중립』)이다. 잠에 들려는 욕망이 있는 한에서 또는 육체의 거부로 그 욕망이 좌절되는 한에서 깨어 있음은 불면이 된다. 잠의 가장자리로 밀려난 육체는 눈 뜨고 잘 수 없다는 한 가지 걱정으로 뻣뻣해진다. "깨어 있음은 익명적인 것이다. 밤에, 불면 속에 나의 깨어 있는 상태가 있는 것이 아니다. 깨어 있는 것은 밤 자체다. 그것은 깨어 있다. 이 익명적인 깨어 있음 속에서 나는 완전히 존재에 노출되어 있다. 이 깨어 있음 속에서, 나의 불면을 채우는 모든 사유는 아무것에 대해서도 중지되지(고정되지) 않는다."(에마뉘엘 레비나스, 앞의 책) 이때 깨어 있음은 존재의 잉여성을 남김없이 존재 바깥으로 흘려보내는 일이다. 그들은 공회전을 멈출 아무 수단도 갖지 못한 채 속수무책으로 당한다. 불면으로 괴로워하는 사람들이란 잠을 못 자는 사람들이 아니라 (당사자들은 잠을 못 잔다고 생각하지만) 질이 낮은 수면을 이어 가는 사람들이다. 그들은 짧게 끊어지면서 불연속으로 이어지는 얕은 잠을 잔다. 한마디로 잠을 찔끔거린다. 그들은 모자라는 잠을 보충하기 위해 기회가 있을 때마다 꾸벅꾸벅 졸며 늘 질이 좋은 잠에 목말라한다.

잠은 불면의 필요조건이다. 잠잔다는 것은 의식이 망각(이것은 의식의 은신처다!)이라는 층위로 사라졌다가 다시 잠들기 이전의 의식으로 돌아오며 자기 동일성을 얻는 과정이다. 잠은 의식이 출현하는 기반이고, 깨어 있는 의식이 삶에 선행하는 것이라면 그런 조건 안에서 사람은 잠들 수 있는 능력 그 자체다. "잠이라는 내면, 하나의 절대 사적인 영역을 '기반'으로 가지지 않고서는 인간(또는 인간 의식)은 도저히 탄생할 수 없다. 이런 뜻에서 인간은 잠이라는 '비세계적' 내면을 본질로 가지고 있는 실체다."(서동욱, 앞의 책) 잠에서 깨어났을 때 카프카의 「변신」에 나오는 그레고르 잠자는 흉측한 벌레로 변신한 제 몸을 보고 경악한다. 이 놀람은 자기 동일성이 깨진 것에 대한 놀람이다. 잠들기 전의 자기, 혹은 의식이 아무 손상을 입지 않고 다시 동일한 상태로 깨어난다는 신뢰가 있기 때문에 잠은 편안해진다. 「변신」은 그런 예측 가능한 세계의 기초적 토대가 깨진 상황을 제시한다. 오늘과 내일 사이에는 이토록 예측 불가능한 불안과 혼돈이 내재해 있다. 이런 세계에서 누가 편안하게 잠들 수 있겠는가! "일반적으로 잠은 신뢰의 행위 자체"(롤랑 바르트, 앞의 책)다. 그 믿음이 깨졌다면 잠은 불신될 수밖에 없다. 그레고르는 "사람이란 잘 만큼은 자야 해."라며 여전히 잠에 매달리지만, 이미 세계에 대한 신뢰의 바탕은 깨진 상태다. 그가 겪는 고통은 곧 세계의 기반 자체가 물렁물렁해져서 더는 안전한 삶을 향유할 수 없게 된 자의 악몽이 낳은 고통이다. 잠을 자지 못하는 사람은 대개는 걱정이 많은 사람이다. 그는 세계에 대한 불신과 불요불급한 걱정들 때문에 잠의 입구에서 한없이 망설이며 서

성거린다. 밤이 다 새도록.

함께 읽으면 좋은 책들

롤랑 바르트, 『중립』, 김웅권 옮김, 동문선, 2004

모리스 블랑쇼, 『문학의 공간』, 이달승 옮김, 그린비, 2010

빌 헤이스, 『불면증과의 동침』, 이지윤 옮김, 사이언스북스, 2008

서동욱, 『일상의 모험』, 민음사, 2005

에마뉘엘 레비나스, 『존재에서 존재자로』, 서동욱 옮김, 민음사, 2003

이영돈, 『KBS 특별 기획 다큐멘터리: 마음』, 예담, 2006

장승욱, 『사랑한다 우리말』, 하늘연못, 2007

쓰레기가 되는 삶들

지그문트 바우만, 『쓰레기가 되는 삶들』

2011년 3월 초순, 일본 북동부 지역을 휩쓴 대지진 현장을 보여 주는 동영상에서 나를 가장 경악시킨 것은 해일의 거대함이다. 집과 건물들, 생활 집기들, 자동차와 선박들, 각종 시설물들, 건축 자재들을 해일이 순식간에 집어삼키고 내륙 안쪽으로 밀고 들어왔다. 그걸 보는데, 정말 끔찍했다. "네 울부짖은들 천사의 열에서 누가 들어주랴."(라이너 마리아 릴케, 「두이노의 비가」) 나는 의식의 안쪽을 예리하게 찔러 오는 '태어남의 불편'을 느꼈다. 동시에 세계의 종말이란 게 있다면, 아마도 저럴 것이라고 상상했다. 거대 해일은 한순간에 살림의 터전을 초토화하고 쓰레기 더미로 만들었다. 우리가 감추고 있던 것들, 어떤 방어막에 가려진 것들, 결코 드러내고 싶지 않던 삶의 실체와 비밀들을 그것은 만천하에 까발려 드러낸다. 그 잔해물의 일부가 바다로 흘러드는데, 여기에는 20만여 채나 되는 파괴된 건축물들과 실종자 1만 4000명의 시신들도 포함되어 있다.

347

이것은 해류를 타고 하루에 16킬로미터씩 태평양 동쪽으로 나아가고 있다. 돌이키기조차 괴롭고 끔찍한 것은 그 규모가 아니다. 우리가 그토록 꼭꼭 숨기려는 비밀의 가차없는 폭로의 놀라움에 있다. 즉 사람이 쓰레기의 지속적인 생산자이자, 사람이 쓰레기가 될 수도 있다는 저 공공연한 비밀 말이다.

현대적 생활 방식이 낳은 최대의 과제는 썩지 않고 분해되지 않은 채 산처럼 쌓이는 쓰레기 더미다. 임의적이고 방향을 예측할 수 없는 방식으로 움직이는 지구화의 힘들, 질서 구축과 경제적 진보에서 따돌림당한 채 그 부작용으로 '쓰레기가 되는 삶들'은 양산된다. 육지에서 흘러들고 배에서 투척된 쓰레기들에서 플라스틱은 파도에 으깨지고 자외선에 노출되어 잘게 분해되어 거대한 섬을 이루고 바다 위를 부유한다. 해양학자의 보고에 따르면 태평양 한가운데 떠 있는 이 플라스틱 쓰레기 섬들은 그 지름이 수백 킬로미터에 이르고 남한 땅의 열네 배가 넘는 규모다. 가히 지구의 제7대륙이라고 할 만하다. 쌀알처럼 잘게 쪼개진 플라스틱 잔해물을 바닷새나 물고기들이 삼키면 거기에 함유된 유해 물질들이 바닷새나 물고기들의 몸속에 축적된다. 먹이 사슬의 위계에서 이것을 상위 동물들이 먹고 다시 최상위에 있는 사람들이 먹으면 생물 농축(biomagnification)이라는 악순환이 일어날 게 분명하다.

쓰레기야말로 현대의 삶을 규정하는 가장 중요한 요소다. 모든 유용한 생산이 있는 곳에서는 쓰레기가 나온다. 현대의 생산 활동과 쓰레기 생산은 연동되어 있다. 따라서 쓰레기를 얼마나 잘 처리할 수 있느냐의 문제는 현대 안에서 이루어지는 삶이 얼마나 쾌적해지느냐와 직결된다. 지그문트 바우만은 이렇게 말한다. "쓰레기는 모든 생산의 어둡고 수치스러운 비밀이다. 아마 비밀로 남아 있는 것이 나을지도 모르겠다. 산업계의 우두머리들은 쓰레기에 대한 언급 자체를 하지 않으려고 하며, 강한 압력을 가해야만 그것의 존재를 인정한다. 그러나 설계도에 따른 삶에서는 과잉이라는 전략을 피할 수 없기 때문에, 그리고 생산 활동을 자극하고 격려하고 유발하는 전략 또한 쓰레기 생산을 자극하기 때문에 쓰레기 은폐는 매우 어렵게 된다. 쓰레기는 그 엄청난 양 때문에 감추거나 은폐하는 것이 불가능하다. 따라서 쓰레기 처리 산업은 결코 사라지지 않을 현대적 생산의 한 부분(다른 수단에 의한 은폐 정책으로서, 이후의 억눌린 것의 복귀를 막는 것이 목표인 보안(안전) 서비스 산업과 더불어)인 것이다. 현대적 생존(현대적 생활 방식의 생존)은 얼마나 솜씨 좋고 능숙하게 쓰레기를 치울 수 있느냐에 달려 있다."(지그문트 바우만, 『쓰레기가 되는 삶들』)

어떤 대상도 그것의 내재적 특성 때문에 쓰레기가 되지는 않는다. 물건들은 추하고 쓸모가 없어서 버려지는 것이 아니라 쓰레기장으로 향하기 때문에 추하고 쓸모가 없는 것이다. 쓰레기는 대상에게 가해지는 외부의 분리와 변성 작용의 결과물이다. "형태 없는 원석 덩어리 안에 감추어져 있는 완벽한 형상에 대한 전망이 그것의 탄생 행위에 선행한다. 쓰레기는 그러한 형상을 숨기고 있는 포장이다. 그러한 형상을 드러내 우리 눈앞에 나타나게 하고 진정한 조화와 아름다움 속에서 완성된 형태를 감상하려면 먼저 형상을 둘러싸고 있는 것을 풀어야 한다. 어떤 것이 창조되려면 다른 어떤 것이 쓰레기가 되어야 한다."(지그문트 바우만, 앞의 책) 이발소나 미용실에 가서 머리카락을 다듬을 때 잘려 나간 것들은 쓰레기로 처리된다. 멋과 품위를 위한 설계와 분리 조작으로 잘린 머리카락 때문에 우리는 보다 참신하고 단정한 용모를, 전과 달라진 멋진 맵시를 얻지만, 신체의 일부일 때 소중한 것으로 간주되던 머리카락은 잘리자마자 오염 물질이라는 지위로 격하된다. 이렇듯 쓰레기는 생산과 장

조에 따르는 필수 불가결한 요소다. 그러나 쓰레기는 항상적으로 나쁘기만 한 게 아니다. 그것은 새로운 것, 좋은 것, 우월한 것을 추출해 내는 데 필요한 조건이다. 쓰레기는 양면성을 갖고 있다. 그 양면성 때문에 쓰레기는 숭고하다. 창조의 산파이며 동시에 장애물이 되는 내재적 모호함, 그리고 매혹과 혐오라는 양가감정의 경계에서 쓰레기는 숭고해진다.

버려져도 괜찮은 모든 것들. 불량품, 폐기물, 찌꺼기, 이 모든 것이 쓰레기다. 쓰레기란 항상 잉여에서 태어난다. 사이버 공간에는 과잉 정보들이 넘친다. 이것들은 인간 두뇌나 그 어디에도 저장할 수 없을 만큼 거대하고, 피상적으로 훑어보는 것조차 불가능할 정도로 무한하다. 그 어디에도 흡수되지 않은 채 사이버 공간에서 뜻없이 떠도는 과잉 정보들은 월드 와이드 웹을 "무한히 넓고 기하급수적으로 확장 중인 정보-쓰레기통"(지그문트 바우만, 앞의 책)으로 만든다. 이것들은 바다 위에 떠도는 쓰레기 섬과 대칭을 이룬다. 그뿐 아니다. 생존 경쟁에서 밀려난 사람들, 자신을 부양할 수가 없어서 국가의 생계 보조 공여 수단(실업 수당, 보조금, 각종 수당)에 의지하는 '잉여'의 존재들 역시 쓰레기로 분류된다. '그들'은 항상 '우리들'보다 사악하고 나쁘다. '그들'은 사회의 건강을 위해서 폐기되어야 마땅하다. '그들'은 집과 일정한 직업 없이 떠돌며 항상 주거가 불안정하다. '그들' 존재 자체가 악덕이고 위험하다. 주류 사회에서 배제된 인간 폐기물들은 '감옥'으로 보내진다. 감옥은 재활, 교화, 재교육의 장치가 아니다. 감옥은 배제와 통제의 메커니즘 안에서 작동하는 정치 장치다. 정치는 사회에 유해한 인간과 그렇지 않은 인간을 분리한다. 감옥은 부패한 것들을 철저하게 감추는 '밀폐된 용기'다. 경계 바깥을 맴도는 경계 안쪽의 정상적인 가동을 위해서 '그들'은 단지 격리될 뿐이다. '그들'은 재활용이 아니라 폐기의 수순을 밟는다. '그들'은 인간 쓰레기이기 때문이다. 세상의 모든 감옥과 수용소는 바로 잉여의 존재로 낙인찍힌 '그들'이 격리되고 버려지는 장소들이다.

지구 대부분을 장악한 자본주의의 위기는 곧 지구의 위기다. 그것은 인류가 추구한 현대화의 필연적 결과다. 그 위기의 핵심은 인류가 만들어낸 쓰레기가 그것을 처리, 저장, 재활용할 수 있는 범주를 넘어서는 데 있다. 인간이 만든 물건들이 쓰레기가 될 뿐만 아니라 우리 인간이 쓰레기가 되고 있는 시대로 들어섰다. 지구의 현대화된 모든 곳에서 배출하는 잉여 쓰레기의 양이 그것을 처리할 수 있는 인간의 능력은 넘어선다면, 결국 지구는 인간이 만든 쓰레기 더미에 뒤덮일 것이다. "지금 현대성의 승리가 낳은 매우 치명적인, 아마도 가장 치명적인 결과는 인간 쓰레기 처리 산업의 첨예한 위기일 것이다. 인간 쓰레기의 생산량은 현존 처리 능력을 초과함에 따라 현재의 전 지구적 현대성은 다시 흡수할 수도 없앨 수도 없는 자신의 쓰레기에 파묻혀 질식할 가능성이 높다."(지그문트 바우만, 앞의 책) 쓰레기 처리는 인류가 당면한 오늘의 과업이면서 동시에 미래에 해결해야 할 치명적인 숙제다.

"설계가 있는 곳에 쓰레기도 있다."(지그문트 바우만, 앞의 책) 혼돈과 무질서와 무법성이 될 수 있는 것은 설계 과정에서 철저하게 버려지고 배제된다. 왜 그럴까? 그것은 질서 구축의 장애물이고 혼돈을 불러오는 원인이기 때문이다. "혼돈은 질서의 분신이며, 마이너스 기호가 붙은 질서다. 즉 어떤 것이 제자리에 놓여 있지 않고 제 기능을 수행하고 있지도 않은 상태다."(지그문트 바우만, 앞의 책) 아울러 모든 주권에서 배제되는 순간 인간은 쓰레기로 전락한다. "설계된 형태에 맞지 않거나 앞으로 맞지 않게 될 일부 사람들이 바로 그들이다. 또는 설계의 순수성을 더럽히고 그로 인해 투명성을 흐리게 할 사람들."(지그문트 바우만, 앞의 책) 카프카가 그린 괴물과 돌연변이들, 집 없이 떠도는 부랑자들, 괴짜, 잠재적 범죄자들. 국가와 법이 우리를 지켜 줄까? 그 믿음은 어리석다. 인종 청소란 쓰레기들을 치우는 게 아니다. 인종 청소의 본질은 질서 구축 과정에서 장애가 되는 무고한 생명들을 배제하려고 벌이는 무차별한 살상이다. 그것은 온갖 대의로 치장되지만 중대한 범죄다. 일반적으로 국가와 법은 규율을 위반함으로써 자신을 지키는 폭력들을 합법화하고 당위들로 포장한다. "법은 자신을 지키지 않음으로써 자신을 지키며, 아무것도 지키지 않는 문지기에 의해 지켜지고 있으며, 문은 열려 있지만 무엇인가에도 열려 있지 않다."(데리다, 「선입견」) 법은 설계이고, 설계에 작용하는 권력이다. 법이 "예외화에 따른 포함적 배제를 통해 자기 내부로 포획해 들일 수 있는 것만으로 이루어져 있다."라고 말하는 아감벤의 통찰은 얼마나 명쾌한가! 법은 그것이 있을 필요가 전혀 없는 곳에서 생겨나고, 제 규범의 바깥으로 미끄러져 나감으로써 효력을 만든다. 저 수많은 예외 조항들! 법은 그 많은 예외와의 관계를 통해서만 비로소 자신을 법으로 지탱할 수 있다.

동일본 지진과 해일로 최악의 원전 사고가 발생했다. 후쿠시마 원전을 중심으로 반경 20킬로미터 안쪽은 강제 피난 구역으로 정해졌다. 평상시 방사능 수치보다 500배가 넘는 그 땅을 떠나 사람들은 흩어졌다. 체르노빌에서 그랬듯이 그 반경 안의 모든 건물과 물건들은 쓰레기가 되었다. 방사능에 오염된 것들은 재활용할 수도 없고, 그 반경 안은 거대한 쓰레기 하치장으로 변했다. 그럼에도 삶은 지속된다. 아울러 "쓰레기는 아마 우리 시대의 가장 괴로운 문제인 동시에 가장 철저하게 지켜지는 비밀"(지그문트 바우만, 앞의 책)이라는 사실도 바뀌지 않는다. 동일본 지진과 해일에서 살아남은 사람들은 부수적 희생자들일 뿐이지 인간 쓰레기가 아니다. 희생자들이 할 일은 무엇인가? 기다리는 일이다. "기다리는 것은 수치이며, 기다리는 것의 수치는 기다리는 사람에게 되돌아온다."(지그문 트 바우만, 앞의 책) 할지라도. 다른 선택이 없다. 기대와 불확실성 사이 에서 기다림이 수치라 할지라도 기다려야 한다. 기다리면서 '쓰레기가 되 는 삶'으로 모는 모든 악덕들, 즉 자본과 자원의 독점, 집단의 광기, 유전 자 변형, 불공정 무역 등에 저항하며, 걸고 볼품 있는 삶을 만들려고 애 써야 한다.

함께 읽으면 좋은 책들

지그문트 바우만, 『쓰레기가 되는 삶들』, 정일준 옮김, 새물결, 2008

지그문트 바우만, 『유동하는 공포』, 함규진 옮김, 산책자, 2009

조르조 아감벤, 『호모 사케르』, 박진우 옮김, 새물결, 2008

조르조 아감벤, 『예외 상태』, 김항 옮김, 새물결, 2009

필사적으로 사는 정신

안도 다다오, 『나, 건축가 안도 다다오』

잘 산다는 것은 무엇인가? 사람은 "유한한 자원(물자와 에너지) 속에서 유한한 시간(자기에게 주어진 수명) 속을 살아가는"(윤석철, 『삶의 정도』) 존재다. 자연 수명도 그렇고, 물자와 에너지도 무한하지 않다. 이 유한한 자원과 시간을 낭비하지 않고 효율적으로 쓰는 문제는 사람으로서 잘 사는 문제와 직결된다. 게다가 개별자의 삶을 둘러싼 세계의 유동과 가변은 예측할 수 없을 정도로 다양하게 펼쳐진다. "인간의 삶에서 자원과 시간의 낭비를 최소화하는 것은 당연하고 옳은 일이 된다. 인간이 소모하는 자원과 시간을 코스트(cost)라는 개념으로 묶으면, '코스트 최소화'는 인간이 추구해야 할 가장 중요한 목적 함수가 될 것이다."(윤석철, 앞의 책) 한정된 자원과 시간을 낭비한다면 삶의 가능성은 그만큼 줄어들 것이다. 따라서 코스트 최소화라는 목적 함수는 인생 자산을 성공적으로 운용하는 데 핵심적인 요소다. 자신의 능력과 시간과 에너지라는

354

인생 자산을 코스트 최소화라는 목적 함수에 맞춰 운용할 때 당연히 자기 분야에서 성공 가능성은 높아질 것이다. 그러나 성공하는 사람에게는 능력·시간·에너지 그 이상의 무엇이 필요하다. 그게 무엇일까? 열정과 도전 정신이다. 그것은 자신을 연소시키는 불이다. 능력·시간·에너지는 땔감이다. 땔감이 아무리 많이 쌓여 있어도 불이 없으면 그것을 태울 수가 없다.

안도 다다오(安藤忠雄, 1941~)는 일본 오사카 출신의 세계적인 건축가다. 고등학교만을 졸업하고 독학으로 건축가가 된 사람이다. 도판으로 그가 설계한 건축물들을 보았는데, 장식을 배제하고 단순미를 강조하는 그 건축물들은 매혹적이었다. 그는 누구보다도 일본적 전통, 즉 자연에 대한 경외, 사물 사이에 공백을 두는 '간(間)'의 미학, 질서를 존중하는 자세를 중시한다. 그런 기초적 바탕 위에서 저만의 건축 미학을 구현하는 그의 건축 세계를 떠받치는 두 가지 요소는 단순함의 미학과 격렬한 '도전 정신'이다. 그의 건축 미학은 거칠고 단단한 노출 콘크리트 마감으로 일관하는 금욕주의적 태도와, 철저하게 기하학의 단순한 원리에 충실한 설계를 통해 구현된다. 건축물을 완강하게 거부하는 자연 입지의 장애와 한계에 굴복하지 않고 오히려 그것을 매력적 요소로 활용하는 맹렬한 도전 정신은 그가 지향하는 건축 세계의 핵심 미학으로 절묘하게 드러난다. "위태로운 자리에 그야말로 목숨을 걸고 건물을 지은 원점에는 역시 인간의 순수한 도전 정신이 있었던 것은 아닐까. 건축을 철저히 거부하려는 것처럼 준엄하게 깎아지른 자연. 그래도 어떻게든 그 자리에 건물을 짓고 말겠다는 도전 정신."(안도 다다오, 『나, 건축가 안도 다다오』) 그는 건축가로서도 훌륭하지만, 역경을 견디고 걸출한 건축가로 우뚝 선 그의 사람됨과 순탄치 않은 인생 역정에서도 배울 바가 크다. 그에게는 보통 사람이 갖지 않은 뭔가 특별한 것이 있다. 전문적 지식과 훈련이 요구되는 건축가들의 경쟁 세계에서 대학이라는 체계적 지식 습득의 과정을 건너뛰고 독학으로 세계 수준에 도달했다는 그 사실 하나만으로도 그는 충분히 존경받을 만하다. "사무소 출범 때부터 나를 찾아오는 젊은이는 대개 혜택받은 환경에서 대학 교육을 받은, 사회적으로 말하자면 지식층에 속하는 사람들이었다. 그들에게는 나처럼 거칠고 공격적인 성격을 지닌 사람 자체가 충격일 것이고, 이 수수께끼 같은 인종이 가차 없이 고함을 지르는 상황 자체가 공포였을 것이다."(안도 다다오, 앞의 책) 스스로 고백하고 있듯 그는 거칠고 공격적인 성향을 가진 사람이다. 그것을 인생의 자산으로 삼고, 경쟁력의 핵심 요소로 발전시켰다는 점에서도 그의 비범성은 여지없이 드러난다.

젊은 시절 한때는 프로 복서를 하고, 6회전을 뛰는 선수로까지 승승장구한다. 그러나 일본 권투계 스타인 하라다 선수가 체육관에서 연습하는 모습을 보고, 그의 스피드, 파워, 심폐 기능, 회복력이 자신과는 다른 차원이라는 판단이 서자 즉시 권투를 그만둔다. 스무 살 시절 헌책방에서 르 코르뷔지에의 건축 책을 접하고는 충격을 받는다. 그 책은 헌책이라도 값이 꽤 비쌌다. 그는 나중에 그 책을 손에 넣을 수 있었다. "가까스로 내 차지가 되자 그냥 들여다보는 것만으로는 성이 차지 않아 도면이나 드로잉을 베끼기 시작했다. 거의 모든 도판을 기억해 버렸을 정도로 르 코르뷔지에의 건축 도면을 수없이 베껴 보았다." 독학으로 건축 공부를 시작한 것이다. 얼마 뒤에는 일본 근대 건축의 영웅인 단게 겐조(丹下健三)의 건축물들과 일본의 고건축을 둘러보는 순례 여행을 한다. 스물네 살이 되던 해에 세계 여행을 떠난다. 시베리아 철도를 타고 모스크바를 거쳐 핀란드, 프랑스, 스위스, 이탈리아, 그리스, 스페인을 돌아보고,

남프랑스 마르세유에서 화객선을 타고 아프리카 케이프타운을 거쳐 마다가스카르, 인도, 필리핀을 경유하는, 7개월 남짓의 긴 여정이었다. 안도다다오는 이 여행에서 그리스 아크로폴리스 언덕의 파르테논 신전, 근대건축의 명작들, 안토니오 가우디와 그의 건축물, 그리고 르 코르뷔지에의 건축들을 꼼꼼하게 눈으로 보고 온몸으로 감동을 느낀다. 혈기왕성한 20대에 도쿄에 가서 당시 아방가르드라 불리던 젊은 아티스트의 작업을 열심히 챙겨 보며 내적 자극을 받는다. 그들에게서 남을 흉내 내지 말고 독창적인 것에 몰입하기, 기성의 모든 것에서 자유로워지기 따위의 내적 자극을 받은 것이다. "기성의 것들을 부정하고 현재에 반역한다."는 것은 1968년의 세계적인 혁명 운동에서 시작된 시대의 거대한 흐름이고, 그것은 1960년대 신흥 경제 대국으로 떠오르던 젊은 일본을 관통하는 시대정신이었다. 안도 다다오는 그런 시대와의 능동적인 소통을 하며 기성의 것들에 저항하고 현재에 반역하는 시대정신의 정수를 제 것으로 만든다. 그 결과 제 인생을 주체적으로 설계하고 새로운 것을 하며 사는 것이야말로 현재에 반역하는 삶이라는 걸 뼛속 깊이 새길 수 있었다. 당시의 실험 예술가들에게서 수혈받은 이 시대정신은 야생의 인간이던 안도 다다오에게는 정말 훌륭한 인생 자산이 될 수 있었다. 그리고 1960년대 말 오사카의 우메다에 작은 건축 사무소를 연다.

건축은 돈과 인력, 그리고 재료의 제약 속에서 이루어지는 사회적인 생산 행위다. 어디 그뿐인가. 건축주의 편협한 사고, 사회나 법규의 제약도 장애다. 건축은 여러 잡다한 장애를 뚫고 나오는 예술 행위다. "건축은 표현 예술의 하나이며, 큰 자금과 많은 인력이 필요한 지극히 사회적인 생산 행위다."(안도 다다오, 앞의 책) 그는 이 짧은 문장으로 건축의 본질을 꿰뚫는다. 그야말로 촌철살인이다. 그가 설계하고 지은 건축물들은 잡다한 장애와의 타협을 거부하고 애초의 착상을 밀고 나간 결과물들이다. 거주의 공간을 만드는 일이 건축의 본질이다. 대개의 삶은 집과 함께 시작한다. 그런 맥락에서 집은 존재의 시원(始原)이다. 그는 1974년 초, '스미요시 나가야'의 설계를 시작한다. 폭 3.6미터의 좁은 지형, 저비용 예산의 장애를 딛고, "극소라는 말로 표현해야 마땅한 대지에서 자연과 공생"하는 가정집이 탄생한다. 이 집을 설계하며 그는 과연 주거란 무엇인가라는 물음과 싸웠다. 그 결과 "자연의 일부로 존재하는 생활이야말로 주거의 본질"이라는 대답을 얻었다. 안도 다다오는 이 작은 집의 설계로 건축계의 주목을 받는다. 그는 무엇보다도 강인한 마음을 가진 사람이다. 그는 누군가가 집을 설계해 달라고 찾아오면 이렇게 말한다. "삶의 터를 잡고 산다는 것은 때로는 힘든 일일 수가 있다. 나에게 설계를 맡긴 이상 당신도 완강하게 살아 내겠다는 각오를 해 주기 바란다."(안도 다다오, 앞의 책) 금욕적이고 강인한 사람답게 그가 지향하는 건축도 "금욕적이고 강인하게 사는 사람을 위한 집"이다. 그는 집을 지을 때마다 안팎 모두 노출 콘크리트로 일관하는 금욕적인 공간을 만들고, 철저히 기하학에 의지한 단순한 구성을 고집한다. 왜 노출 콘크리트인가. 그는 1970년대 초부터 자신의 건축에 노출 콘크리트를 도입하는데, 그것은 미학적 의도에서만이 아니라 제한된 예산과 대지에서 최대한의 공간을 확보할 수 있는 가장 간단하고 비용이 적게 드는 해결책이기 때문이다. "사람들 마음에 그저 공간 체험만을 남길 수 있는 간소하고 강력한 공간. 벽이 잘라 놓은 공간 분할과 비춰 드는 빛으로 모든 것을 말할 수 있는 알몸뚱이 건축. 그 이미지를 실현할 벽에는 강력함보다도 섬세함이, 거침보다도 매끄러움과 감촉의 부드러움이 요구된다. 일상적으로 흔히 접하는 나무와 종이로 지은 집에 익숙한 일본인의 감성에도 부응할 수 있는 콘크리트이어야 한다."(안도 다다오, 앞의 책) 노출 콘크리트로 마감되는 그의 건축물들은 단순함으로 이룩한 빼어난 숭고미, 자연 입지에 대한 독창적인 해석, 어떤 장애에도 굴복하지 않는 강인함의 구현, 거친 자연마저 압도해서 일구는 웅대한 구성력 따위에서 우월하다. 나는 그의 건축물 중에서도 특히 1988년 홋카이도에 지은 '물의 교회'와 1989년에 저예산으로 책정된 공사비의 압박 가운데 완공한 '빛의 교회'를 좋아한다. 벽과 천장이 모두 노출 콘크리트로 된 '빛의 교회'는 빛과 그림자의 절묘한 조화 속에서 엄숙하고 아름다운 공간이 구현된 건축물이다. 거친 콘크리트 박스에 개구부를 통해 강렬한 빛이 직선으로 비껴들자 공간은 돌연 숭고함으로 물든다. 건축가 안도 다다오의 건축 미학의 결정체는 바로 "극단적이다 싶을 만큼 절제하는 금욕적 생활에 대한 무의식적 동경"이 빚은 '빛의 교회'다.

안도 다다오는 무수한 실패를 딛고 일어선 사람이다. "폐쇄적이고 보수적인 일본 사회에서 아무런 뒷배도 없고 혼자 건축가로 일했으니 순풍에 돛단배처럼 살아왔을 리가 없다. 여하튼 매사 처음부터 뜻대로 되지 않았고, 뭔가를 시작해도 대개는 실패로 끝났다."(안도 다다오, 앞의 책) 당연히 실패는 부끄러운 일이 아니다. 실패에 굴복하지 않는 사람에게 실패는 자신을 단련하는 계기일 뿐 아니라 더 높이 도약하기 위한 훌륭한 자양분이기도 하다. 안도 다다오는 늘 역경에 처하고, 그 역경 속에서 '연전연패'를 거듭하면서도 실패에 끝내 무너지지 않고 일어선다. 어쨌든 세계적인 건축가로 우뚝 선 그의 '성공 신화' 뒤에는 무수한 실패의 쓰라림이 숨어 있다. 그는 패자 부활전을 통해서 올라와 성공의 신화를 써 나간 사람이다. 나는 그에게서 한 줄기 희망의 빛을 보았다. "그래도 얼마 남지 않은 가능성에 기대를 품고 애오라지 그림자 속을 걷고, 하나를 거머쥐면 이내 다음 목표를 향해 걷기 시작했고, 그렇게 작은 희망의 빛을 이어

나가며 필사적으로 살아온 인생이었다."(안도 다다오, 앞의 책) 혹시 당신은 이 사회의 패자라고 생각하는가? 그렇다면 안도 다다오에게서 필사적으로 사는 정신을 배워야 한다. 강인하게 살아남으려고 저를 둘러싼 비우호적인 환경과 치열하게 싸우는 완강함 말이다.

함께 읽으면 좋은 책들

안도 다다오, 『나, 건축가 안도 다다오』, 이규원 옮김, 안그라픽스, 2009

안도 다다오, 『안도 다다오: 안도 다다오가 말하는 집의 의미와 설계』, 송태욱 옮김, 미메시스, 2011

안도 다다오, 『연전연패』, 우동선 옮김, 까치, 2004

윤석철, 『삶의 정도』, 위즈덤하우스, 2011

후루야마 마사오, 『안도 다다오』, 김미리 옮김, 마로니에북스, 2010

돈아, 돌아라

김찬호, 『돈의 인문학』

　돈이란 무엇일까? 사람들이 코웃음 치고 말 물음이다. 돈은 돈이다. 더더욱 코웃음 칠 만한 대답이다. 돈은 돌아서 돈이다. 돌지 않는 건 돈이 아니다. 배추밭에 묻은 고액권 지폐 부대, 물품 보관소에 맡겨진 사과 박스를 채운 현금, 서랍에 쌓인 한 움큼의 동전들은 도는 것을 멈췄기에 더는 돈 구실을 하지 못한다. 돈에는 이름이 적혀 있지 않다. 돈은 따로 주인이 없으니 세상 모두의 것이면서 누구의 것도 아니다. 돌아서 내게 들어온 돈도 끝내 내 것이 아니다. 다만 내 손을 잠시 거쳐 돌아 나가는 것일 따름이다. 이렇듯 돈은 끊임없이 세상을 돌면서 경세제민(經世濟民)을 일구는 역군이다.

　세상에 많은 돈이 돌아다니지만 돈은 눈에 보이지 않는다. 돈을 볼 수 있다는 것은 착각이다. 화폐 중심의 시장 경제 안에서 금융업이 발달하고 복잡해질수록 돈은 교묘한 방식으로 제 존재를 숨긴다. 눈에 보이지 않는 돈은 하나의 '추상'이자 '기호'이고 미래 가치의 효용에 대한 하나의 '공약(公約/空約)'이다. 그러나 돈은 분명히 있다. 아울러 돈의 권력도 엄연하다. 돈은 시장을 지배하는 '보이지 않는 손'이 되어 세상을 제 마음대로 움직이고 조종한다.

돈으로 옷도 사고, 보석도 사고, 명품 가방도 사고, 가구도 사고, 집도 사고, 유학도 가고, 성형 수술을 해서 미인이 되기도 하고, 심지어는 가난한 나라의 여자를 사서 결혼을 한다. 세상에는 돈으로 할 수 없는 것보다 할 수 있는 것이 훨씬 더 많다. 돈으로 소비의 황홀경을 누릴 수 있으니, 돈만 있다면 행복해질 수 있으리라고 믿는다. 그래서 너도나도 돈을 좇는다. 대부분의 사람들은 돈을 사랑한다. 때때로 비리와 탈법의 매개가 되기도 한다. 그래서 돈은 만악(萬惡)의 근원이다. 돈이 "최상의 종이고, 최악의 주인"(베이컨)이라지만 아직까지 돈이 싫다고 내치는 사람은 보지 못했다. 사람들은 왜 돈을 좋아할까? 돈이 지위가 되기도 하고 권력의 원천이 되기 때문이다. 아니 그보다는 돈으로 못할 일이 없다는 돈에 실린 과잉 환상 때문인지도 모른다. 믿기지 않지만, 돈의 불멸성에 기대어 돈만이 우리를 구원할 것이란 믿음을 섬기는 무신론적 신앙도 우리 사회의 어느 한구석에서 꿋꿋하게 자라고 있다. 한 사회학자는 이렇게 적는다. "그 무소불위의 절대자인 돈을 붙들고 있음으로써 우리는 불멸의 환상을 누릴 수 있다. 나의 존재를 지워 버리려 하는 온갖 힘에 맞서 자아를 지켜 내고 '살아 있음'을 확인하고 선언할 수 있도록 해 주는 것이 바로 돈이다."(김찬호, 『돈의 인문학』) 아하, 이 험한 세상에 돈이 나를 지켜 준다니! 이보다 더 고마운 존재가 어디 있겠는가. 사람들이 돈의 권력 속에서 안거하기 위해 오랜 우정조차 헌신짝처럼 내던지는 것을 받아들이자. 돈만을 믿고 섬기는 자들은 그만큼 허약하고 불안한 존재들이니까.

철학자 에마뉘엘 레비나스는 "돈의 객관성은 양도할 수 없는 재산의 폐지이며, 타인의 출현을 전제한다."(서동욱, 『철학 연습』)라고 했다. 돈이 나오기 전 사람의 노동력과 사물들은 사적(私的) 가치에 머물렀다. 누구나 납득하고 받아들일 수 있는 공적 가치 체계 속에서 그것들의 가치를 가늠할 수 없었기 때문에 그것들은 교환/거래가 힘들었다. 달리 말하면 양도할 수 없는 재산에 지나지 않았다. 돈이 나오자 비로소 그것들은 객관적인 가치의 '양'을 갖게 되었고, 양도가 가능한 재산으로 탈바꿈했다. 세상에 존재하는 모든 것들, 눈에 보이는 것들과 눈에 보이지 않는 것들까지 다 돈의 기준에 의해 그 가치가 매겨진다. 돈이 객관적 기준으로 우뚝 섰기 때문이다. 아울러 돈은 사람과 사람 사이를 매개하는 미디어다. 우리는 알 수 없는 사람들과 거래를 하고 관계를 맺는다. 그 거래와 관계를 가능케 하는 것이 돈이다.

살아 있는 동안 사람은 경제 활동을 한다. 돈 세상에 몸을 던져 산다는 뜻이다. 사람들은 돈을 받고 노동력을 판다. 그 돈으로 삶을 꾸리고 타인도 부양한다. "'존재함'이란 불가결하게 보수에, 바로 돈에 의존"(서동욱, 앞의 책)하는 것이다. 사람이 돈에 의존해 사는 것은 맞지만 돈이 모든 걸 해결해 주는 것은 아니다. 결정적인 순간에 돈은 쓸모가 없는 경우가 종종 나타난다. 현진건의 단편 소설 「운수 좋은 날」은 돈이 아무 짝에도 쓸모가 없어진 경우를 적나라하게 묘사한다. 인력거꾼 김 첨지는 그날따라 나가지 말고 자신의 곁에 있어 달라고 떼쓰는 병든 아내를 뿌리치고 거리에 나온다. 김 첨지는 돈을 벌려고 이리저리 분주하게 뛰어다녔는데, 그날은 운수가 좋았나 보다. 다른 날보다 벌이가 좋았다. 기분이 좋아진 김 첨지는 아내가 좋아하는 설렁탕을 사 들고 집으로 돌아온다. 그러나 아내는 이미 죽은 뒤였다. 크게 낙담한 김 첨지는 "이 원수엣 돈!

이 육시를 할 돈!" 하고 술김에 돈을 집어던진다. 김 첨지는 왜 돈을 집어던졌을까? 돈이 병든 아내를 위한 가치를 실현해 주리라 믿었지만, 돈이 김 첨지의 뜻을 배신했기 때문이다. 돈이 죽은 아내를 살려 자신이 사 온 설렁탕을 먹게 할 수 없다는 사실 앞에서 김 첨지는 좌절하고 낙담했던 것이다. 돈을 많이 벌어 운수 좋은 날은 졸지에 아주 운수 사나운 날이 되었다.

돈은 사람을 죽이기도 하고 살리기도 한다. 그런 뜻에서 돈은 알 수 없는 마성(魔性)을 지닌 그 무엇이다. "돈은 인간사의 희로애락을 모두 담아내고 빚어내는 블랙박스다."(김찬호, 앞의 책) 70여 년 전 한 소설가가 제 벗에게 이런 편지를 썼다. "나는 참말로 일어나고 싶다. 지금 나는 병마와 최후 담판이다. 흥패가 이 고비에 달려 있음을 내가 잘 안다. 나에게는 돈이 시급히 필요하다. 그 돈이 없는 것이다."(김유정) 폐결핵을 앓았던 김유정은 제 생명이 꺼져 가는 것을 알아차렸다. 그 병마와 최후 담판을 짓고 싶었다. 그래서 휘문고보 동창인 안회남에게 편지를 썼다. 그 편지에 재미있는 번역거리를 구해 보라고, 그러면 그걸 번역해서 보낼 테니 돈을 만들어 보내 달라는 간곡한 부탁을 담았다. 그 돈으로 닭 서른 마리를 고아 먹고, 땅꾼을 사서 살모사와 구렁이를 십여 마리 달여 먹고 기력을 회복하겠다는 제 생각을 적었다. 김유정은 춘천의 내로라하는 토호의 아들로 태어났지만 일찍이 부모를 여의고 방탕한 형을 둔 탓에 평생을 돈에 쪼들리며 가난에서 허우적댔다. 생과 최후 담판을 짓는 순간에도 벗에게 돈 부탁을 해야만 했다. 그 눈물겨운 편지에 대한 답장을 받기도 전에 그는 불귀의 객이 되고 말았다.

자본주의 세상에서는 날이 갈수록 돈이 위세를 떨치지만 항상 그런 것만은 아니다. 돈이 제 구실을 하는 것은 돈이 필요한 때와 장소에서만 가능하다. 세상에 부자들만 있다면 돈은 무용지물이 되고 말 것이다. 돈은 그걸 필요로 하는 사람이 많을 때 가치가 올라가고 제 구실을 다한다. "돈을 필요로 하는 타인이 존재할 때, 그리고 상대방이 그 돈에 상응한다고 여겨지는 가치의 재화나 서비스를 제공해 줄 수 있을 때 돈은 비로소 제 구실을 한다. 따라서 돈이 있는 사람들은 돈이 없는 사람들에게 의존한다고 볼 수 있다. 물론 그 반대도 마찬가지다. 결국 상호 의존의 사회적 관계 속에서 돈은 효능을 발휘하는 것이다."(김찬호, 앞의 책)

돈이 어느 한쪽으로만 몰리면 필경 사단이 난다. 빈부 격차가 심해 사회 양극화의 골이 깊어지면 사회 기반 전체가 불안정해진다. 돈도 하나의 생태계다. 이 생태계에 위기의 징후들이 보인다. 돈이 돌지 않는 것이다. 이즈막 한국의 대기업들의 행태는 정말 뻔뻔스럽다. 소규모 자영업자의 영역까지 침범하고 독식하는 대기업의 게걸스러운 작태는 그야말로 돈의 생태계를 짓밟는 짓이다. 대기업이 만든 스마트폰이나 가전 기기를 사용하고, 대기업이 지은 아파트에서 살고, 대기업이 만든 식품을 사서 먹는 것은 소시민들이다. 그 소시민들에게 돌아가는 돈의 흐름조차 끊으면 대기업을 떠받치는 사회적 기반은 물러질 수밖에 없다. 중소기업의 불황, 자영업자들의 몰락, 중산층과 서민의 파산, 그 결과는 내수 시장의 침체로 이어질 것이고, 그 피해가 대기업만을 피해 갈 리는 없다. 돈이 한쪽으로만 몰리고, 남은 한쪽에는 돈줄이 끊겨 지옥이나 다를 바 없다면, 그런 세상은 동티가 나고, 결국은 나쁜 세상이 되고 만다. 나쁜 세상은 뒤집히거나 무너진다. 돈은 골고루 널리 돌아야 한다. 돈이 돌아야 사는 일이 신명나고 나라 경제가 우뚝 서야 너도나도 삶이 윤택해진다. 돈을 가진 사람은 풀어라. 쌓은 것은 돈이 아니다. 돌아야 돈이다. 돈아, 돌아라, 자꾸 돌아라.

함께 읽으면 좋은 책들

고미숙, 『돈의 달인, 호모 코뮤니타스』, 그린비, 2010

김찬호, 『돈의 인문학』, 문학과지성사, 2011

서동욱, 『철학 연습』, 반비, 2011

참고 문헌

기다린다는 것-사뮈엘 베케트, 『고도를 기다리며』

모리스 블랑쇼, 『기다림 망각』, 박준상 옮김, 그린비, 2009

사뮈엘 베케트, 『고도를 기다리며』, 오증자 옮김, 민음사, 2012

알랭 바디우, 『사도 바울』, 현성환 옮김, 새물결, 2008

망각이라는 몹쓸 질병-모리스 블랑쇼, 『기다림 망각』

공임순, 『식민지의 적자들』, 푸른역사, 2005

모리스 블랑쇼, 『기다림 망각』, 박준상 옮김, 그린비, 2009

모리스 블랑쇼, 『도래할 책』, 심세광 옮김, 그린비, 2011

윤해동, 『식민지 근대의 패러독스』, 휴머니스트, 2007

일요일, 무거운 삶에 내리는 보상-에마뉘엘 레비나스, 『존재에서 존재자로』

서동욱, 『차이와 타자』, 문학과지성사, 2000

에마뉘엘 레비나스, 『존재에서 존재자로』, 서동욱 옮김, 민음사, 2003

필립 들레름, 『첫 맥주 한 모금 그리고 다른 잔잔한 기쁨들』, 김정란 옮김, 장락, 1998

헨리 데이비드 소로, 『월든』, 강승영 옮김, 은행나무, 2011

살아남기 위해, 웃어라―앙리 베르그송, 『웃음』

발터 벤야민, 『보들레르의 파리』, 조형준 옮김, 새물결, 2008

앙리 베르그송, 『웃음/창조적 진화/도덕과 종교의 두 원천』, 이희영 옮김, 동서문화사, 2008

프리드리히 니체, 『짜라투스트라는 이렇게 말했다』, 최승자 옮김, 청하, 1984

EBS 지식채널e, 『지식 e SEASON 2』, 북하우스, 2007

공항, 존재 전환의 변곡점―알랭 드 보통, 『공항에서 일주일을: 히드로 다이어리』

김연수, 『여행할 권리』, 창비, 2008

김우창, 『법 없는 길』, 김우창 전집, 민음사, 2006

니콜 라피에르, 『다른 곳을 사유하자』, 이세진 옮김, 푸른숲, 2007

알랭 드 보통, 『공항에서 일주일을: 히드로 다이어리』, 정영목 옮김, 청미래, 2009

알랭 드 보통, 『동물원에 가기』, 정영목 옮김, 이레, 2006

프리드리히 니체, 『도덕의 계보』, 강태원 옮김, 다락원, 2009

한병철, 『피로 사회』, 김태환 옮김, 문학과지성사, 2012

내 안의 노마디즘―자크 아탈리, 『호모 노마드, 유목하는 인간』

니콜 라피에르, 『다른 곳을 사유하자』, 이세진 옮김, 푸른숲, 2007

이진경, 『노마디즘』 1, 2권, 휴머니스트, 2002

자크 아탈리, 『살아남기 위하여』, 양영란 옮김, 위즈덤하우스, 2010

자크 아탈리, 『호모 노마드, 유목하는 인간』, 이효숙 옮김, 웅진닷컴, 2005

질 들뢰즈·펠릭스 가타리, 『천 개의 고원』, 김재인 옮김, 새물결, 2001

유동하는 세계에서 살아가기―지그문트 바우만, 『고독을 잃어버린 시간』

지그문트 바우만, 『고독을 잃어버린 시간』, 조은평 · 강지은 옮김, 동녘, 2012

지그문트 바우만, 『모두스 비벤디』, 한상석 옮김, 후마니타스, 2010

지그문트 바우만, 『쓰레기가 되는 삶들』, 정일준 옮김, 새물결, 2008

지그문트 바우만, 『액체 근대』, 이일수 옮김, 강, 2009

지그문트 바우만, 『유동하는 공포』, 함규진 옮김, 산책자, 2009

쾌활하고 빠르고 조밀하고 날카로운―롤랑 바르트, 『중립』

그레이엄 앨런, 『문제적 텍스트 롤랑 바르트』, 송은영 옮김, 앨피, 2006

롤랑 바르트, 『글쓰기의 영도』, 김웅권 옮김, 동문선, 2007

롤랑 바르트, 『기호의 제국』, 김주환 옮김, 민음사, 1997

롤랑 바르트, 『롤랑 바르트가 쓴 롤랑 바르트』, 이상빈 옮김, 강, 1997

롤랑 바르트, 『문학은 어디로 가고 있는가?』, 유기환 옮김, 강, 1998

롤랑 바르트, 『사랑의 단상』, 김희영 옮김, 동문선, 2004

롤랑 바르트, 『신화론』, 정현 옮김, 현대미학사, 1995

롤랑 바르트, 『이미지와 글쓰기』, 김인식 엮어옮김, 세계사, 1993

롤랑 바르트, 『작은 사건들』, 김주경 옮김, 동문선, 2003

롤랑 바르트, 『중립』, 김웅권 옮김, 동문선, 2004

롤랑 바르트, 『카메라 루시다―사진에 관한 노트』, 조광희 옮김, 열화당, 1998

롤랑 바르트, 『텍스트의 즐거움』, 김희영 옮김, 동문선, 2002

벵상 주브, 『롤랑 바르트』, 하태환 옮김, 민음사, 1994

수전 손택, 『우울한 열정』, 홍한별 옮김, 이후, 2005

별종이자 자기가 속한 종의 마지막 짐승―장 폴 사르트르, 『말』

로널드 애런슨, 『사르트르와 카뮈: 우정과 투쟁』, 변광배 · 김용석 옮김, 연암서가, 2011

베르나르 앙리 레비, 『사르트르 평전』, 변광배 옮김, 을유문화사, 2009

장 폴 사르트르, 『말』, 정명환 옮김, 민음사, 2008

장 폴 사르트르, 『실존주의는 휴머니즘이다』, 박정태 옮김, 이학사, 2008

장 폴 사르트르, 『구토』, 방곤 옮김, 문예출판사, 1999

장 폴 사르트르, 『자유의 길』, 최석기 옮김, 고려원미디어, 1996

장 폴 사르트르, 『변증법적 이성 비판』, 박정자 옮김, 나남, 2009

장 폴 사르트르, 『존재와 무』, 정소정 옮김, 동서문화사, 2009

못 말리는 자유주의자—고종석, 『감염된 언어』

고종석, 『감염된 언어』, 개마고원, 1999

고종석, 『경계긋기의 어려움』, 개마고원, 2009

고종석, 『고종석의 여자들』, 개마고원, 2009

고종석, 『국어의 풍경들』, 문학과지성사, 1999

고종석, 『기자들』, 민음사, 1993

고종석, 『도시의 기억』, 개마고원, 2008

고종석, 『독고준』, 새움, 2010

고종석, 『말들의 풍경』, 개마고원, 2012

고종석, 『모국어의 속살』, 마음산책, 2006

고종석, 『바리에떼: 문화와 정치의 주변 풍경』, 개마고원, 2007

고종석, 『사랑의 말, 말들의 사랑』, 문학과지성사, 1996

고종석, 『서얼단상』, 개마고원, 2010

고종석, 『신성동맹과 함께 살기』, 개마고원, 2006

고종석, 『어루만지다: 사랑의 말, 말들의 사랑』, 마음산책, 2009

고종석, 『언문세설』, 열림원, 1999

고종석, 『엘리아의 제야』, 문학과지성사, 2003

고종석, 『자유의 무늬』, 개마고원, 2002

고종석, 『제망매(祭亡妹)』, 문학동네, 1997

고종석, 『책읽기 책일기』, 문학동네, 1997

고종석, 『코드 훔치기』, 마음산책, 2000

고종석, 『히스토리아』, 마음산책, 2003

미셸 푸코를 기억하라!—미셸 푸코, 『감시와 처벌: 감옥의 역사』

김현, 『미셸 푸코의 문학 비평』, 문학과지성사, 1999

디디에 에리봉, 『미셸 푸코, 1926~1984』, 박정자 옮김, 그린비, 2012

미셸 푸코, 『감시와 처벌: 감옥의 역사』, 오생근 옮김, 나남, 2011

미셸 푸코, 『광기의 역사』, 이규현 옮김, 나남, 2011

미셸 푸코, 『나, 피에르 리비에르』, 심세광 옮김, 앨피, 2008

미셸 푸코, 『담론의 질서』, 이정우 옮김, 중원문화, 2012

미셸 푸코, 『말과 사물』, 이규현 옮김, 민음사, 2012

미셸 푸코, 『비정상인들』, 박정자 옮김, 동문선, 2001

미셸 푸코, 『사회를 보호해야 한다』, 박정자 옮김, 동문선, 1998

미셸 푸코, 『성의 역사』, 이규현 옮김, 나남, 2004

미셸 푸코, 『이것은 파이프가 아니다』, 김현 옮김, 민음사, 1995

미셸 푸코, 『임상 의학의 탄생』, 홍성민 옮김, 이매진, 2006

미셸 푸코, 『정신병과 심리학』, 박혜영 옮김, 문학동네, 2002

미셸 푸코, 『주체의 해석학』, 심세광 옮김, 동문선, 2007

미셸 푸코, 『지식의 고고학』, 이정우 옮김, 민음사, 1992

수유연구실, 연구공간 너머, 『책과 만나다』, 그린비, 2002

이영남, 『푸코에게 역사의 문법을 배우다』, 푸른역사, 2007

질 들뢰즈, 『푸코』, 허경 옮김, 동문선, 2003

콜린 고든, 『권력과 지식』, 홍성민 옮김, 나남, 1991

리좀으로 살라─질 들뢰즈·펠릭스 가타리, 『천 개의 고원』

라파엘 앙토방, 『오후 3시』, 권명희 옮김, 열림원, 2008

마이클 하트, 『들뢰즈 사상의 진화』, 김상운·양창렬 옮김, 갈무리, 2004

서동욱, 『들뢰즈의 철학』, 민음사, 2002

이정우, 『천 하나의 고원』, 돌베개, 2008

질 들뢰즈·펠릭스 가타리, 『앙띠 오이디푸스』, 최명관 옮김, 민음사, 1994

질 들뢰즈·펠릭스 가타리, 『천 개의 고원』, 김재인 옮김, 새물결, 2001

A.C. 그레일링, 『다음 세상의 교양을 위한 새 인문학 사전』, 윤길순 옮김, 웅진지식하우
스, 2010

고된 노동을 돌아보라─프리드리히 니체, 『차라투스트라는 이렇게 말했다』

고병권, 『니체의 위험한 책, 차라투스트라는 이렇게 말했다』, 그린비, 2003

도미니크 르스텔, 『동물성』, 김승철 옮김, 동문선, 2001

이수영, 『명랑 철학: 니체를 읽는 아홉 가지 키워드』, 동녘, 2011

이진경, 『불온한 것들의 존재론』, 휴머니스트, 2011

질 들뢰즈, 『니체와 철학』, 이경신 옮김, 민음사, 2001

질 들뢰즈·펠릭스 가타리, 『천 개의 고원』, 김재인 옮김, 새물결, 2001

프리드리히 니체, 『즐거운 학문』, 안성찬 옮김, 책세상, 2005

프리드리히 니체, 『차라투스트라는 이렇게 말했다』, 장희창 옮김, 민음사, 2004

서평, 그 사소한 정치─테리 이글턴, 『반대자의 초상』

가스통 바슐라르, 『공간의 시학』, 곽광수 옮김, 동문선, 2003

김종주, 『이청준과 라깡』, 인간사랑, 2011

서현, 『또 한 권의 벽돌』, 효형출판, 2011

슬라보예 지젝, 『실재의 사막에 오신 것을 환영합니다』, 이현우·김희진 옮김, 자음과모
음, 2011

월터 카우프만, 『인문학의 미래』, 이은정 옮김, 동녘, 2011

윤성근, 『심야책방』, 이매진, 2011

이현우, 『그래도 책읽기는 계속된다』, 현암사, 2012

이현우, 『로쟈와 함께 읽는 지젝』, 자음과모음, 2011

테리 이글턴, 『반대자의 초상』, 김지선 옮김, 이매진, 2010

고백의 윤리학─신성일, 「청춘은 맨발이다」

세르주 에페즈, 『실수 없이 제대로 사랑할 수 있을까?』, 배영란 옮김, 황소걸음, 2011

신성일, 『청춘은 맨발이다』, 문학세계사, 2011

이장욱 소설집, 『고백의 제왕』, 창비, 2010

존 A. 워커, 『유명짜한 스타와 예술가는 왜 서로를 탐하는가』, 홍옥숙 옮김, 현실문화연
구, 2006

자본이 내 감정을 관리한다고?─에바 일루즈, 『감정 자본주의』

게리 주커브 · 린다 프란시스, 『감정을 과학한다』, 윤규상 옮김, 이레, 2007

앨리 러셀 혹실드, 『감정 노동』, 이가람 옮김, 이매진, 2009

에바 일루즈, 『감정 자본주의』, 김정아 옮김, 돌베개, 2010

흡연, 발명된 습관이자 문화─샌더 L. 길먼·저우 쉰, 『흡연의 문화사』

강준만, 『담배의 사회 문화사』, 인물과사상사, 2011

리처드 클라인, 『담배는 숭고하다』, 허창수 옮김, 문학세계사, 1995

베르트랑 베르줄리, 『내가 행복해야만 하는 이유』, 심민화 옮김, 개마고원, 2008

샌더 L. 길먼 · 저우 쉰, 『흡연의 문화사』, 이수영 옮김, 이마고, 2006

이옥, 『연경, 담배의 모든 것』, 안대회 옮김, 휴머니스트, 2008

채식주의자로 산다는 것-배수아, 『당나귀들』, 한강, 『채식주의자』

모비 · 박미연, 『고기, 먹을수록 죽는다』, 함규진 옮김, 현암사, 2011

배수아, 『당나귀들』, 이룸, 2005

제러미 리프킨, 『육식의 종말』, 신현승 옮김, 시공사, 2002

한강, 『채식주의자』, 창비, 2007

A.C. 그레일링, 『다음 세상의 교양을 위한 새 인문학 사전』, 윤길순 옮김, 웅진지식하우
스, 2010

사람들이 여행에 대해 말하지 않은 것-알랭 드 보통, 『여행의 기술』

김연수, 『여행할 권리』, 창비, 2008

니콜 라피에르, 『다른 곳을 사유하자』, 이세진 옮김, 푸른숲, 2007

샤를 피에르 보들레르, 『악의 꽃』, 김붕구 옮김, 민음사, 2001

스테판 말라르메, 『목신의 오후』, 김화영 옮김, 민음사, 1974

알랭 드 보통, 『여행의 기술』, 정영목 옮김, 이레, 2004

이진명, 『밤에 용서라는 말을 들었다』, 민음사, 2007

에드워드 사이드, 『문화와 제국주의』, 박홍규 옮김, 문예출판사, 2005

클로드 레비스트로스, 『슬픈 열대』, 박옥줄 옮김, 한길사, 1998

파스칼, 『팡세』, 이환 옮김, 민음사, 2003

그래도 사랑하라-롤랑 바르트, 『사랑의 단상』

김영민, 『사랑, 그 환상의 물매』, 마음산책, 2004

롤랑 바르트, 『사랑의 단상』, 김희영 옮김, 문학과지성사, 1991

앙드레 기고, 『사랑의 철학』, 김병욱 옮김, 개마고원, 2008

알랭 핑켈크로트, 『사랑의 지혜』, 권유현 옮김, 동문선, 1998

군중, 그들은 누구인가?-엘리아스 카네티, 『군중과 권력』

귀스타브 르봉, 『군중 심리』, 김성균 옮김, 이레미디어, 2008

김수영, 『거대한 뿌리』, 민음사, 1995

막스 피카르트, 『우리 안의 히틀러』, 김희상 옮김, 우물이있는집, 2005

엘리아스 카네티, 『군중과 권력』, 반성완 옮김, 한길사, 1982

찰리 맥케이, 『대중의 미망과 광기』, 이윤섭 옮김, 창해, 2004

한용운, 『님의 침묵』, 하서, 2005

결혼을 꼭 해야 돼?-울리히 벡·엘리자베트 벡, 『사랑은 지독한 그러나 너무나 정상적인 혼란』

목수정, 『뼛속까지 자유롭고 치맛속까지 정치적인』, 레디앙, 2008

박현욱, 『아내가 결혼했다』, 문이당, 2006

울리히 벡·엘리자베트 벡, 『사랑은 지독한 그러나 너무나 정상적인 혼란』, 강수영·권기돈·배은경 옮김, 새물결, 2002

이만교, 『결혼은 미친 짓이다』, 민음사, 2000

전경린, 『내 생에 꼭 하루뿐일 특별한 날』, 문학동네, 1999

칼릴 지브란, 『예언자』, 정창영 옮김, 물병자리, 2007

프란츠 카프카, 『변신』, 이재황 옮김, 문학동네, 2005

축구는 인생이다-크리스토프 바우젠바인, 『축구란 무엇인가』

김훈, 『공 차는 아이들』, 생각의나무, 2006

닉 혼비, 『피버 비치』, 이나경 옮김, 문학사상사, 2005

제임스 조이스, 『젊은 예술가의 초상』, 이상옥 옮김, 민음사, 2001

크리스토프 바우젠바인, 『축구란 무엇인가』, 김태희 옮김, 민음인, 2010

프랭클린 포어, 『축구는 어떻게 세계를 지배했는가』, 안명회 옮김, 말글빛냄, 2005

문학, 쓸모없음의 쓸모—김현, 『한국 문학의 위상』

김현, 『말들의 풍경』, 문학과지성사, 1992

김현, 『분석과 해석/보이는 심연과 안 보이는 역사 전망』, 문학과지성사, 2003

김현, 『상상력과 인간/시인을 찾아서』, 문학과지성사, 1991

김현, 『한국 문학의 위상/문학 사회학』, 문학과지성사, 1999

서동욱, 『익명의 밤』, 민음사, 2010

신형철, 『몰락의 에티카』, 문학동네, 2008

걷는 자가 아니라 멈춘 자가 피로하다—김훈, 『칼의 노래』

김훈, 『칼의 노래』, 생각의나무, 2001

노자, 『도덕경』, 오강남 엮어옮김, 현암사, 1995

롤랑 바르트, 『중립』, 김웅권 옮김, 동문선, 2004

에마뉘엘 레비나스, 『존재에서 존재자로』, 서동욱 옮김, 민음사, 2003

옥타비오 파스, 『태양의 돌』, 김주현 옮김, 삼성서적, 1990

장자, 『장자』, 김학주 옮김, 연암서가, 2010

장 폴 사르트르, 『구토』, 방곤 옮김, 문예출판사, 1999

폴 발레리, 『해변의 묘지』, 김현 옮김, 민음사, 1973

프리드리히 니체, 『짜라투스트라는 이렇게 말했다』, 최승자 옮김, 청하, 1984

강남 좌파—베르나르 앙리 레비, 『그럼에도 나는 좌파다』

강준만, 『강남 좌파』, 인물과사상사, 2011

미셸 투르니에, 『상상력을 자극하는 110가지 개념』, 이용주 옮김, 한뜻, 1995

베르나르 앙리 레비, 『그럼에도 나는 좌파다』, 변광배 옮김, 프로네시스, 2008

베르나르 앙리 레비, 『사르트르 평전』, 변광배 옮김, 을유문화사, 2009

베르나르 앙리 레비, 『인간의 얼굴을 한 야만』, 박정자 옮김, 프로네시스, 2008

베르나르 앙리 레비·미셸 우엘벡, 『공공의 적들』, 변광배 옮김, 프로네시스, 2010

베르트랑 베르줄리, 『무거움과 가벼움에 관한 철학』, 백선희 옮김, 개마고원, 2008

제프 일리, 『The left』, 유강은 옮김, 뿌리와이파리, 2008

사랑은 노래를 낳고-니클라스 루만, 『열정으로서의 사랑』

고종석, 『사랑의 말, 말들의 사랑』, 문학과지성사, 1996

김소연, 『마음사전』, 마음산책, 2008

니클라스 루만, 『열정으로서의 사랑』, 정성훈·권기돈·조형준 옮김, 새물결, 2009

로버트 무질, 『특성 없는 남자』, 고원 옮김, 이응과리을, 2010

이영미, 『한국대중가요사』, 시공사, 1998

일연, 『삼국유사』, 김원중 옮김, 민음사, 2008

최영미, 『서른, 잔치는 끝났다』, 창작과비평사, 1994

황동규, 『三南에 내리는 눈』, 민음사, 1990

황지우, 『구반포 상가를 걸어가는 낙타』, 미래사, 1991

진부한 악의 모습들-폴 리쾨르, 『악의 상징』

리처드 커니, 『이방인, 신, 괴물』, 이지영 옮김, 개마고원, 2004

막스 피카르트, 『우리 안의 히틀러』, 김희상 옮김, 우물이있는집, 2005

아돌프 히틀러, 『나의 투쟁』, 이명성 옮김, 홍신문화사, 2006

이청준, 『벌레 이야기』, 열림원, 2002

폴 리쾨르, 『악의 상징』, 양명수 옮김, 문학과지성사, 1999

프리드리히 니체, 『짜라투스트라는 이렇게 말했다』, 최승자 옮김, 청하, 1984

당신도 누군가의 타자다-리처드 커니, 『이방인, 신, 괴물』

강영안, 『타인의 얼굴: 레비나스의 철학』, 문학과지성사, 2005

리처드 커니, 『이방인, 신, 괴물』, 이지영 옮김, 개마고원, 2004

서동욱, 『차이와 타자』, 문학과지성사, 2000

에마뉘엘 레비나스, 『시간과 타자』, 강영안 옮김, 문예출판사, 1999

장 폴 사르트르, 『존재와 무』, 손우성 옮김, 삼성출판사, 1999

한용운, 『님의 침묵』, 하서, 2005

통섭이 뭔 말이야?-에드워드 윌슨, 『통섭』

에드워드 윌슨, 『통섭』, 최재천·장대익 옮김, 사이언스북스, 2005

웬델 베리, 『삶은 기적이다』, 박경미 옮김, 녹색평론사, 2006

이인식, 『지식의 대융합』, 고즈윈, 2008

최재천·주일우 엮음, 『지식의 통섭』, 이음, 2007

외로우니까 사람이다-울프 포샤르트, 『외로움의 즐거움』

니클라스 루만, 『열정으로서의 사랑』, 정성훈·권기돈·조형준 옮김, 새물결, 2009

롤로 메이, 『사랑과 의지』, 박홍태 옮김, 한벗, 1981

마르틴 부버, 『나와 너』, 표재명 옮김, 문예출판사, 2001

울프 포샤르트, 『외로움의 즐거움』, 윤진희 옮김, 한얼미디어, 2006

정호승, 『외로우니까 사람이다』, 열림원, 2011

존 쿠퍼 포우어스, 『고독의 철학』, 이윤기 옮김, 까치, 1988

불륜, 사랑과 결혼 사이-루이즈 디살보, 『불륜, 오리발 그리고 니체』

기 드 모파상, 『박제된 손』, 한용택 옮김, 우물이있는집, 2007

롤로 메이, 『사랑과 의지』, 박홍태 옮김, 한벗, 1981

루이즈 디살보, 『불륜, 오리발 그리고 니체』, 박에스더 옮김, 산해, 2006

알레산드로 바리코, 『비단』, 김현철 옮김, 새물결, 2006

울리히 벡·엘리자베트 벡, 『사랑은 지독한 그러나 너무나 정상적인 혼란』, 강수영·권
기돈·배은경 옮김, 새물결, 2002

추적, 『명심보감』, 김원중 옮김, 글항아리, 2012

D.H. 로렌스, 『채털리 부인의 연인』, 이인규 옮김, 민음사, 2003

전복적 사유의 글쓰기-발터 벤야민, 『일방통행로』

강수미, 『아이스테시스: 발터 벤야민과 사유하는 미학』, 글항아리, 2011

게르숌 숄렘, 『한 우정의 역사: 발터 벤야민을 추억하며』, 최성만 옮김, 한길사, 2002

발터 벤야민, 『일방통행로』, 조형준 옮김, 새물결, 2007

제이 파리니, 『벤야민의 마지막 횡단』, 전혜림 옮김, 솔, 2010

문제는 속도가 아니라 깊이야!-윌리엄 파워스, 『속도에서 깊이로』

김현승, 『가을의 기도』, 미래사, 2003

밀란 쿤데라, 『느림』, 김병욱 옮김, 민음사, 2012

빌 버포드, 『앗 뜨거워』, 강수정 옮김, 해냄, 2007

에릭 슐로서, 『패스트푸드의 제국』, 김은령 옮김, 에코리브르, 2001

에마뉘엘 레비나스, 『존재에서 존재자로』, 서동욱 옮김, 민음사, 2003

윌리엄 파워스, 『속도에서 깊이로』, 임현경 옮김, 21세기북스, 2011

윤덕노, 『음식잡학사전』, 북로드, 2007

조지 오웰, 『위건 부두로 가는 길』, 이한중 옮김, 한겨레출판사, 2010

카를로 페트리니, 『슬로푸드, 맛있는 혁명』, 김종덕·황성원 옮김, 이후, 2008

자유 죽음에 대해 숙고함-장 아메리, 『자유 죽음』

다자이 오사무, 『사양』, 유숙자 옮김, 소화, 2002

다자이 오사무, 『청춘의 착란』, 박현석 옮김, 사과나무, 2010

에밀 뒤르켐, 『자살론』, 황보종우 옮김, 청아출판사, 2008

에밀 시오랑, 『독설의 팡세』, 김정숙 옮김, 문학동네, 2004

장 아메리, 『자유 죽음』, 김희상 옮김, 산책자, 2010

질 들뢰즈, 『주름, 라이프니츠와 바로크』, 이찬웅 옮김, 문학과지성사, 2004

오래된 강을 바라보며—게리 스나이더, 『지구, 우주의 한 마을』

게리 스나이더, 『지구, 우주의 한 마을』, 이상화 옮김, 창비, 2005

레이첼 카슨, 『침묵의 봄』, 김은령 옮김, 에코리브르, 2002

알도 레오폴드, 『모래땅의 사계』, 윤여창·이상원 옮김, 푸른숲, 1999

윌리엄 셰익스피어, 『햄릿』, 최종철 옮김, 민음사, 2009

헬레나 노르베리 호지, 『오래된 미래』, 양희승 옮김, 중앙북스, 2007

메멘토 모리—데이비드 실즈, 『우리는 언젠가 죽는다』

데이비드 실즈, 『우리는 언젠가 죽는다』, 김명남 옮김, 문학동네, 2010

미겔 데 우나모노, 『생의 비극적 의미』, 장선영 옮김, 삼성출판사, 1990

엘리자베스 퀴블러 로스, 『죽음과 죽어 감』, 이진 옮김, 이레, 2008

이지훈, 『존재의 미학』, 이학사, 2008

케네스 J. 도카·존 D. 모건 엮음, 『죽음학의 이해』, 김재영 옮김, 인간사랑, 2006

토머스 캐스카트·대니얼 클라인, 『시끌벅적한 철학자들 죽음을 요리하다』, 윤인숙 옮김, 함께읽는책, 2010

나는 소비한다, 고로 존재한다—제프리 밀러, 『스펜트: 섹스, 진화 그리고 소비주의의 비밀』

닐 부어맨, 『나는 왜 루이비통을 불태웠는가?』, 최기철·윤성호 옮김, 미래의창, 2007

제프리 밀러, 『스펜트: 섹스, 진화 그리고 소비주의의 비밀』, 김명주 옮김, 동녘, 2010

천규석, 『천규석의 윤리적 소비』, 실천문학사, 2010

켈시 팀머맨, 『윤리적 소비를 말한다』, 김지애 옮김, 소울메이트, 2010

일은 영혼의 부패를 막는다—D. 미킨, 『인간과 노동』

제러미 리프킨, 『노동의 종말』, 이영호 옮김, 민음사, 2005

조엘 쿠퍼먼, 『훌륭한 인생에 관한 여섯 개의 신화』, 손정숙 옮김, 황소자리, 2010

알랭 드 보통, 『일의 기쁨과 슬픔』, 정영목 옮김, 이레, 2009

헬렌 니어링, 『아름다운 삶, 사랑 그리고 마무리』, 이석태 옮김, 보리, 1997

D. 미킨, 『인간과 노동』, 이동하 옮김, 한길사, 1982

장소, 삶을 떠받치는 토대—에드워드 렐프, 『장소와 장소 상실』

게리 스나이더, 『야생의 삶』, 이상화 옮김, 동쪽나라, 2000

마르쿠스 아우렐리우스, 『명상록』, 천병희 옮김, 숲, 2005

쑨 잉퀘어 · 양이밍, 『주역』, 박삼수 옮김, 현암사, 2007

에드워드 렐프, 『장소와 장소 상실』, 김덕현 · 심승희 · 김현주 옮김, 논형, 2005

장석주, 『몽해항로』, 민음사, 2010

장석주, 『장소의 탄생』, 작가정신, 2006

조지훈, 『승무』, 미래사, 2002

홍인희, 『우리 산하에 인문학을 입히다』, 교보문고, 2011

이국 취향—박상미, 『취향』

고종석, 『모국어의 속살』, 마음산책, 2006

권명아 외, 「이효석 특집」, 《작가세계》(2007년 겨울, 통권 75호), 세계사, 2007

박상미, 『취향』, 마음산책, 2008

이효석, 『메밀꽃 필 무렵』, 소담출판사, 1995

이효석, 『이효석 단편 전집』, 가람기획, 2006

정지용, 『정지용 전집』, 민음사, 2005

시간에 대해 말하다—크리스토퍼 듀드니, 『세상의 혼: 시간을 말하다』

스튜어트 매크리디 엮음, 『시간에 대한 거의 모든 것들』, 남경태 옮김, 휴머니스트, 2010

윤택수, 『새를 쏘러 숲에 들다』, 아라크네, 2003

질 들뢰즈, 『칸트의 비판 철학』, 서동욱 옮김, 민음사, 1995

크리스토퍼 듀드니, 『밤으로의 여행』, 연진희 · 채세진 옮김, 예원미디어, 2008

크리스토퍼 듀드니, 『세상의 혼: 시간을 말하다』, 진우기 옮김, 예원미디어, 2010

테리 이글턴, 『반대자의 초상』, 김지선 옮김, 이매진, 2010

먹는다는 것에 대하여-마이클 폴란, 『잡식 동물의 딜레마』

마이클 폴란, 『잡식 동물의 딜레마』, 조윤정 옮김, 다른세상, 2008

백석, 『정본 백석 시집』, 고형진 엮음, 문학동네, 2007

왕런샹, 『중국 음식 문화사』, 주영하 옮김, 민음사, 2010

장인용, 『식전(食傳)』, 뿌리와이파리, 2010

제러미 리프킨, 『육식의 종말』, 신현승 옮김, 시공사, 2002

한성무, 『두보 평전』, 김의정 옮김, 호미, 2007

웰 다잉을 생각함-헬렌 니어링, 『아름다운 삶, 사랑 그리고 마무리』,
스콧 니어링, 『스콧 니어링 자서전』

스콧 니어링, 『스콧 니어링 자서전』, 김라합 옮김, 실천문학사, 2000

에마뉘엘 레비나스, 『존재에서 존재자로』, 서동욱 옮김, 민음사, 2003

장자, 『장자』, 안동림 옮김, 현암사, 2010

최준식, 『죽음의 미래』, 소나무, 2011

한국죽음학회, 『한국인의 웰 다잉 가이드라인』, 대화문화아카데미, 2010

헬렌 니어링, 『아름다운 삶, 사랑 그리고 마무리』, 이석태 옮김, 보리, 1997

왜 타자의 부름에 응답해야 하는가?-강영안, 『타인의 얼굴: 레비나스의 철학』

강영안, 『타인의 얼굴: 레비나스의 철학』, 문학과지성사, 2005

박문호, 『뇌 생각의 출현』, 휴머니스트, 2008

윤석철, 『삶의 정도』, 위즈덤하우스, 2011

이영돈, 『KBS 특별 기획 다큐멘터리: 마음』, 예담, 2006

말 많고 탈 많은 정치'들'−조르조 아감벤, 『호모 사케르』

대니얼 디포, 『로빈슨 크루소』, 윤혜준 옮김, 을유문화사, 2008

미셸 푸코, 『성의 역사 1: 앎의 의지』, 이규현 옮김, 나남, 2004

자크 랑시에르, 『문학의 정치』, 유재홍 옮김, 인간사랑, 2011

조르조 아감벤, 『호모 사케르』, 박진우 옮김, 새물결, 2008

폴 패튼, 『들뢰즈와 정치』, 백민정 옮김, 태학사, 2005

불면의 밤들−빌 헤이스, 『불면증과의 동침』

롤랑 바르트, 『중립』, 김웅권 옮김, 동문선, 2004

빌 헤이스, 『불면증과의 동침』, 이지윤 옮김, 사이언스북스, 2008

서동욱, 『일상의 모험』, 민음사, 2005

에마뉘엘 레비나스, 『존재에서 존재자로』, 서동욱 옮김, 민음사, 2003

이영돈, 『KBS 특별 기획 다큐멘터리: 마음』, 예담, 2006

장승욱, 『사랑한다 우리말』, 하늘연못, 2007

프란츠 카프카, 『변신』, 이재황 옮김, 문학동네, 2005

쓰레기가 되는 삶들−지그문트 바우만, 『쓰레기가 되는 삶들』

라이너 마리아 릴케, 『두이노의 비가』, 이정순 옮김, 현암사, 2006

지그문트 바우만, 『쓰레기가 되는 삶들』, 정일준 옮김, 새물결, 2008

지그문트 바우만, 『유동하는 공포』, 함규진 옮김, 산책자, 2009

조르조 아감벤, 『호모 사케르』, 박진우 옮김, 새물결, 2008

조르조 아감벤, 『예외 상태』, 김항 옮김, 새물결, 2009

필사적으로 사는 정신−안도 다다오, 『나, 건축가 안도 다다오』

안도 다다오, 『나, 건축가 안도 다다오』, 이규원 옮김, 안그라픽스, 2009

안도 다다오, 『안도 다다오: 안도 다다오가 말하는 집의 의미와 설계』, 송태욱 옮김, 미

메시스, 2011

안도 다다오, 『연전연패』, 우동선 옮김, 까치, 2004

윤석철, 『삶의 정도』, 위즈덤하우스, 2011

후루야마 마사오, 『안도 다다오』, 김미리 옮김, 마로니에북스, 2010

돈아 돌아라—김찬호, 『돈의 인문학』

고미숙, 『돈의 달인, 호모 코뮤니타스』, 그린비, 2010

김찬호, 『돈의 인문학』, 문학과지성사, 2011

서동욱, 『철학 연습』, 반비, 2011

현진건, 『운수 좋은 날』, 문학과지성사, 2008

일상의
인문학

**넓게 읽고
깊이 생각하기**

1판 1쇄 펴냄 2012년 9월 28일
1판 5쇄 펴냄 2017년 10월 25일

지은이   장석주
발행인   박근섭·박상준
펴낸곳   (주)민음사

출판등록   1966. 5. 19. 제16-490호
주소   서울특별시 강남구 도산대로1길 62(신사동) 강남출판문화센터 5층
           (우편번호 06027)
대표전화   515-2000
팩시밀리   515-2007
홈페이지   www.minumsa.com

ISBN 978-89-374-8589-3 03100